시편

묵상과 기도

왕이신 그리스도와 함께 부르는 노래

최 은 석

시편 묵상과 기도

초판발행일 2024. 8. 15
저　자 최 은 석
만든이 최 은 석
출판사 배움의숲
　　　　 서울특별시 강동구 풍성로 35길 19, 지층.
　　　　 010-9850-5412
값 24,000원
ISBN 979-11-93456-17-0

이 책에 사용한 <성경전서 개역개정판> 시편의 저작권은 대한성서
공회 소유이며 대한성서공회의 허락을 받고 사용하였음

서론

시편은 그리스도 안에서 그리스도와 함께 드리는 기도입니다. 시편은 구약의 성도뿐 아니라 신약 교회에서도 오랫동안 찬송시와 기도로 사용되었습니다. 그런데 20세기에 들어서면서 개혁교회 일부를 제외하고 찬송가 혹은 복음송에 자리를 내주어 거의 사용되지 않은 실정입니다. 시편의 구절들을 근거로 만들어진 찬송가들이 있지만, 시편 전체의 신학을 담아내기에는 역부족입니다. 그렇게 시편이 담고 있는 보화를 멀리하는 것은 그리스도의 교회에 큰 손실이 아닐 수 없습니다.

〈시편 묵상과 기도〉는 2023년 한 해 동안 제자의숲교회 성도와 지인들에게 공유했던 것을 묶은 겁니다. 시편을 쉽게 이해하고 찬송과 기도로 활용할 수 있도록 했습니다. 무엇보다 그리스도를 중심으로 해석하고, 하나님 나라 복음 안에서 시편을 설명하였습니다. 하루에 한 편씩(혹은 일부)을 개인, 가정 혹은 공동체에서 사용한다면 신앙과 경건에 큰 유익이 되리라 봅니다. 묵상의 끝에 기도를 적었습니다만 시편 본문만 한 기도가 어디에 있겠습니까? 해석으로 본문의 의미를 살핀 후 시편 본문으로 기도하는 것이 가장 좋은 방법일 겁니다.

시를 지어 노래하고 기도하는 사람을 시인, 신자, 노래하는 자 등 여러 호칭을 사용하였습니다. 부족함이 많은 해설서지만 시편에 대한 가르침이 많지 않은 때 조금이나마 시편의 부요함을 맛볼 수 있도록 작은 징검다리 하나 놓았다고 생각해 주시길 바랍니다. 교정에 도움을 준 한아름 자매에게 감사를 전합니다. 자매가 본문을 따라 묵상하고 기도하며 격려를 아끼지 않았던 일도 기억하고 있습니다. 시편으로 함께 찬양하며 예배해 온 제자의숲교회 지체들이 없었다면 시편 묵상집을 내놓지 못했을 겁니다. 시편으로 그리스도와 함께 하나님을 예배하는 이곳이 이미 하나님 나라입니다. 그리스도를 따르는 좁은 길에 늘 힘이 되어 주는 아내와 아들에게 기쁨으로 감사와 사랑을 전합니다.

목차
CONTENTS

제 1 권	6

제 2 권	142

제 3 권	236

제 4 권	304

제 5 권	368

우리의 왕이신 그리스도와
함께 부르는 시와 찬미와 신령한 노래들

제1권

시편 1편 복 있는 사람

¹ 복 있는 사람은 악인들의 꾀를 따르지 아니하며
죄인들의 길에 서지 아니하며
오만한 자들의 자리에 앉지 아니하고
² 오직 여호와의 율법을 즐거워하여
그의 율법을 주야로 묵상하는도다
³ 그는 시냇가에 심은 나무가 철을 따라 열매를 맺으며
그 잎사귀가 마르지 아니함 같으니
그가 하는 모든 일이 다 형통하리로다
⁴ 악인들은 그렇지 아니함이여 오직 바람에 나는 겨와 같도다
⁵ 그러므로 악인들은 심판을 견디지 못하며
죄인들이 의인들의 모임에 들지 못하리로다
⁶ 무릇 의인들의 길은 여호와께서 인정하시나
악인들의 길은 망하리로다

시편에 대해 마르틴 루터는 이렇게 썼습니다. "[시편을] 작은 성경이라고 불러도 좋을 것 같다. 시편에는 성경 전체의 모든 것이 가장 아름답고 간략하게 담겨 있다. 시편은 사실 훌륭한 교본 또는 안내서이다." 시편은 하나님의 성품과 주권과 통치를 잘 보여주고 있습니다. 시편은 우리가 어떻게 기도하고 어떻게 탄식할지 그리고 어떻게 찬양할지를 가르쳐줍니다. 시편을 노래함으로 시편이 말하는 것을 믿고

시편이 느끼는 것을 우리가 느끼며 시편을 따라 고백하고 찬송하게 될 겁니다.

시편 1편은 복 있는 사람에 관해 노래합니다. 복 있는 사람은 "악인들의 꾀를 따르지 아니하며 죄인들의 길에 서지 아니하며 오만한 자들의 자리에 앉지 아니하고 오직 여호와의 율법을 즐거워하여 그의 율법을 주야로 묵상하는" 사람입니다. 어떻게 이렇게 할 수 있을까요? 하나님을 사랑하며 그를 영화롭게 하려는 사람은 시편의 가르침을 따라 살아보려고 각오할 겁니다. 그런데 이 기준을 충족할 수 있는 사람이 있습니까? 이 시편을 읽으면서 "어떻게 복 있는 자가 될 수 있을까?"라고 묻지 말고 "누가 복 있는 사람인가?"를 물어야 합니다.

2편에 등장하는 여호와의 "아들"만이 여호와의 말씀을 즐거워하고 묵상하는 분이고 온전히 순종하는 분입니다. 그가 복 있는 사람입니다. 그는 여호와의 기름 부음 받은 자로 그의 백성들의 왕이며 그의 교회의 머리입니다.

누구도 자기의 의지와 노력으로 복 있는 자리에 갈 수 없습니다. 여전히 그것을 해보려는 사람은 있지만 그럴 수 있는 사람은 없습니다. 그리스도에게 속한 사람들은 그리스도와 연합한 자가 되어 복 있는 자가 됩니다. 값없이 그리스도의 의가 주어졌습니다.

그리스도 안에 있어서 당신은 복 있는 사람이며 의인입니다. 시냇가에 심은 나무와 같이 열매를 맺으며 하나님께서 인정하시는 사람입니다. 그에게 속한 자는 이 은혜가 놀랍고 감사하여 여호와 하나님의 모든 말씀을 즐거워하며 그 말씀을 주야로 묵상합니다.

기도:
하나님 아버지, 은혜에 감사합니다. 그리스도 안에 있는 자가 복되다는 말씀에 "그렇지 않다"라는 불신을 제거해 주시고 오직 그리스도만을 붙들고 하나님 앞에 담대히 서게 하옵소서. 여호와 하나님과 당신의 말씀을 즐거워하게 하옵소서. 예수 그리스도의 이름으로 기도합니다. 아멘.

시편 2편 그 아들에 입 맞추라

¹ 어찌하여 이방 나라들이 분노하며
민족들이 헛된 일을 꾸미는가
² 세상의 군왕들이 나서며 관원들이 서로 꾀하여
여호와와 그의 기름 부음 받은 자를 대적하며
³ 우리가 그들의 맨 것을 끊고
그의 결박을 벗어 버리자 하는도다
⁴ 하늘에 계신 이가 웃으심이여 주께서 그들을 비웃으시리로다
⁵ 그 때에 분을 발하며 진노하사 그들을 놀라게 하여 이르시기를
⁶ 내가 나의 왕을 내 거룩한 산 시온에 세웠다 하시리로다
⁷ 내가 여호와의 명령을 전하노라 여호와께서 내게 이르시되
너는 내 아들이라 오늘 내가 너를 낳았도다
⁸ 내게 구하라 내가 이방 나라를 네 유업으로 주리니
네 소유가 땅끝까지 이르리로다
⁹ 네가 철장으로 그들을 깨뜨림이여
질그릇 같이 부수리라 하시도다
¹⁰ 그런즉 군왕들아 너희는 지혜를 얻으며
세상의 재판관들아 너희는 교훈을 받을지어다
¹¹ 여호와를 경외함으로 섬기고 떨며 즐거워할지어다
¹² 그의 아들에게 입 맞추라 그렇지 아니하면
진노하심으로 너희가 길에서 망하리니
그의 진노가 급하심이라
여호와께 피하는 모든 사람은 다 복이 있도다

2편은 1편과 함께 시편의 정문입니다. 1편에서 "복 있는 사람"으로 시작하여 2편에서 "복이 있도다"로 마칩니다. 1편에서 "복 있는 사람"은 여호와의 말씀을 즐거워하여 묵상하는 자라고 하였는데, 2편에서는 여호와의 통치하심에 피하는 사람이 복이 있다고 합니다. 여호와의 말씀을 즐거워하는 것과 그분께 피하는 것은 다른 것이 아닙니다.

1~3절에서는 세상의 통치자들이 여호와와 그의 기름 부음 받은 자(메시아/그리스도)를 대적하여 그의 통치를 벗어나고자 하는 계략이 쓸데없음을 밝힙니다. 4~6절은 세상 왕들의 반역에 대한 하나님의 말씀입니다. 하나님이 그들을 비웃으시며 하나님이 택하신 왕을 거룩한 산 시온에 세웠다고 선언하십니다. 7~9절은 하나님의 택하신 왕의 말씀입니다. 하나님께서 그에 대하여 "너는 내 아들이라 오늘 내가 너를 낳았도다"라고 하셨으며 이방 나라와 땅끝까지 통치하도록 그에게 맡기셨습니다. 그래서 그 왕은 반역자들을 철장으로 심판하실 겁니다. 10~12절은 땅의 통치자들에 대한 경고입니다. 여호와를 경외하고 그가 세우신 아들에게 복종하라고 합니다. 그에게 피하는 모든 사람에게는 복이 있습니다.

신약의 사도들은 십자가에 죽으신 나사렛 예수가 다윗이 시편에서 예언한 분으로 증거합니다(행 4:25~26). 세상의 권력을 가진 사람들뿐 아니라 하나님을 알지 못하는 사람들은 하나님의 통치를 벗어나 독립을 선언합니다. 그것은 하나님께 대한 반역입니다. 자유에 이르는 길이 아니라 오히려 하나님의 진노하심에 이르는 길이며 죄와 죽음의 속박에 놓이는 길입니다. 여호와는 그의 말씀대로 아들을 보내시고 의롭게 통치하십니다. 그를 경외하고 그의 아들에 입 맞추는 것이 의와 자유에 이르는 길입니다.

기도:
통치자이신 여호와와 그의 아들이신 그리스도 앞에 엎드립니다. 여호와 하나님의 통치 아래 있는 것이 안식임을 알게 하옵소서. 우리를 영원히 다스리시옵소서. 예수 그리스도의 이름으로 기도합니다. 아멘.

시편 3편 여호와여 나의 대적이 어찌 그리 많은지요

[다윗이 그의 아들 압살롬을 피할 때에 지은 시]
1 여호와여 나의 대적이 어찌 그리 많은지요
일어나 나를 치는 자가 많으니이다
2 많은 사람이 나를 대적하여 말하기를
그는 하나님께 구원을 받지 못한다 하나이다 (셀라)
3 여호와여 주는 나의 방패시요 나의 영광이시요
나의 머리를 드시는 자이시니이다
4 내가 나의 목소리로 여호와께 부르짖으니
그의 성산에서 응답하시는도다 (셀라)
5 내가 누워 자고 깨었으니 여호와께서 나를 붙드심이로다
6 천만인이 나를 에워싸 진 친다 하여도
나는 두려워하지 아니하리이다
7 여호와여 일어나소서 나의 하나님이여 나를 구원하소서
주께서 나의 모든 원수의 뺨을 치시며 악인의 이를 꺾으셨나이다
8 구원은 여호와께 있사오니
주의 복을 주의 백성에게 내리소서 (셀라)

시편은 다섯 권으로 구성되어 있습니다.* 첫 권은 41편까지인데 대부분이 도움을 구하는 기도입니다.

2편에서 여호와 그의 기름 부음 받은 자의 통치를 선언하고 그것을 거부하는 자들에 대한 심판을 경고합니다. 하나님이 우리를 다스리신다고 해서 우리에게 위협이 없는 것이 아닙니다. 세상은 아직 싸움 중입니다. 여호와의 기름 부음 받은 다윗 왕은 대적에 둘러싸여 있습니다. 대적은 하나님이 구원하지 못하실 것이라고 말합니다.

다윗은 여호와께서 자기를 도우셨던 일들을 기억하고 믿음으로 고백합니다. "여호와여 당신은 나의 방패시요 나의 영광이시요 나의 머

리를 드시는 자이십니다" 그리고 확신으로 여호와께 부르짖습니다. 다윗은 여호와께서 일어나 원수들을 심판하실 것을 과거의 일처럼 선언합니다. 그는 여호와의 구원 곧 복이 자기와 백성에게 임할 것을 확신합니다.

대적들은 다윗 왕뿐 아니라 여호와를 반역하는 이들입니다. 또한, 다윗 왕이 미리 보여주고 있는 예수 그리스도를 반역하는 이들입니다. 그리스도를 대적하는 이들도 하나님이 그분을 구원하지 못할 것이라고 확신했습니다(마 27:42~43). 하지만 그리스도는 하나님의 약속을 믿었고 승리하셨습니다.

우리도 대적에 둘러싸여 있습니다. 죄와 죽음의 두려움과 질병과 불안이 엄습하고 대적들은 우리가 하나님께 구원을 받지 못한다고 말합니다. 우리는 우리의 왕 그리스도께 속해 있습니다. 우리의 왕은 죄와 죽음을 이기셨습니다. 그러므로 우리도 반드시 이깁니다. 이렇게 외치며 하나님께 나아갑시다.

여호와여 주는 나의 방패시요 나의 영광이시요
나의 머리를 드시는 자이시니이다.

기도:
여호와 나의 하나님, 대적들의 모습이 보이고 그들의 소리가 들릴 때 저는 두렵습니다. 나의 구원의 하나님만 바라보고 그 말씀에만 귀를 기울이게 하옵소서. 나는 두려워하지 않겠습니다. 여호와여 일어나 나를 구원하소서. 예수 그리스도의 이름으로 기도합니다. 아멘.

* 시편 각 권의 배경:
1권은 다윗 왕의 통치 이야기로 시작합니다. 2권은 다윗과 솔로몬의 통치 기간을 다룹니다. 3권은 분열 왕국의 시기와 북 왕국이 앗수르에, 남왕국이 바벨론에 멸망하는 배경을 가지고 있습니다. 4권은 바벨론에 있는 포로된 백성들이 정체성과 의미를 찾으려고 고군분투합니다. 5권에서는 예루살렘으로의 귀환과 하나님을 통치자로 하는 새 이스라엘의 건설을 경축합니다.

시편 4편 내 의의 하나님이여

[다윗의 시, 인도자를 따라 현악에 맞춘 노래]
[1] 내 의의 하나님이여 내가 부를 때에 응답하소서
곤란 중에 나를 너그럽게 하셨사오니
내게 은혜를 베푸사 나의 기도를 들으소서
[2] 인생들아 어느 때까지 나의 영광을 바꾸어 욕되게 하며
헛된 일을 좋아하고 거짓을 구하려는가 (셀라)
[3] 여호와께서 자기를 위하여
경건한 자를 택하신 줄 너희가 알지어다
내가 그를 부를 때에 여호와께서 들으시리로다
[4] 너희는 떨며 범죄하지 말지어다
자리에 누워 심중에 말하고 잠잠할지어다 (셀라)
[5] 의의 제사를 드리고 여호와를 의지할지어다
[6] 여러 사람의 말이 우리에게 선을 보일 자 누구뇨 하오니
여호와여 주의 얼굴을 들어 우리에게 비추소서
[7] 주께서 내 마음에 두신 기쁨은
그들의 곡식과 새 포도주가 풍성할 때보다 더하니이다
[8] 내가 평안히 눕고 자기도 하리니
나를 안전히 살게 하시는 이는 오직 여호와이시니이다

다윗의 영광(명성)을 욕되게 하고 비방하는 사람들은 힘 있고 부유한 자들입니다. 그들에게는 "곡식과 새 포도주가 풍성"(7) 합니다. 그들은 힘과 권력으로 다윗을 향해 자격이 없다고 비난합니다. 다윗은 이전에 곤란 중에 도우셨던 하나님께 도움을 구합니다. 하나님을 "내 의의 하나님"으로 부르며 자신의 의로움을 하나님이 증명해 주시길

바라고 있습니다. 하나님께서는 당신을 위하여 "경건한 자"로 다윗을 택하셨습니다. 그러므로 다윗을 비방하는 것은 그를 택하신 자를 비방하는 것과 같은 일입니다. 하나님의 백성들은 공동체 예배에서 이 시편을 부르며 자신들이 비방당할 때 어떻게 할지를 배웠고 하나님을 의지했습니다.

3~5절의 "너희"를 다윗의 대적으로 이해할 수도 있고 함께 예배하는 백성들로 이해할 수도 있습니다. "너희는" 여호와께서 경건한 자를 택하셨음을 알아야 합니다. 다윗이 하나님을 부를 때에 하나님께서 들으실 겁니다. "너희는 떨며 범죄하지" 않아야 하고 "자리에 누워 심중에 말하고 잠잠"해야 합니다. 하나님께서 내 편이시기 때문입니다. 그리고 "의의 제사를 드리고 여호와를 의지"해야 합니다.

다윗은 하나님이 자기의 의로움이시며 자기를 택하신 분이라는 확신에 근거하여 "주님이 내 마음에 두신 기쁨"이 풍성하다고 말합니다. 그리고 자기를 안전히 살게 하시는 여호와 하나님으로 인해 평안히 눕고 자기도 한다고 선언합니다.

하나님의 자녀가 다윗과 같은 상황에 있을 때 하나님이 어떻게 우리의 도움이 되시는지 바울은 이렇게 말합니다. "[33] 누가 능히 하나님께서 택하신 자들을 고발하리요 의롭다 하신 이는 하나님이시니 [34] 누가 정죄하리요 죽으실 뿐 아니라 다시 살아나신 이는 그리스도 예수시니 그는 하나님 우편에 계신 자요 우리를 위하여 간구하시는 자시니라"(로마서 8:33~34)

비방하는 사람들에 둘러싸일 때, 누구도 내 편이 되어 지지해 주지 않을 때조차 하나님은 그리스도 안에서 나를 사랑하시고 용서하시고 용납하십니다.

기도:
하나님이시여, 그리스도가 저에게 지혜와 의로움과 거룩함과 구원함이 되셨으니 저는 그 안에서 안전합니다. 저를 자격 없다고 비난하는 이들에게서 건져 주시옵소서. 예수 그리스도의 이름으로 기도합니다. 아멘.

시편 5:1~6 여호와여 나의 말에 귀를 기울이사

[다윗의 시, 인도자를 따라 관악에 맞춘 노래]
[1] 여호와여 나의 말에 귀를 기울이사
나의 심정을 헤아려 주소서
[2] 나의 왕 나의 하나님이여 내가 부르짖는 소리를 들으소서
내가 주께 기도하나이다
[3] 여호와여 아침에 주께서 나의 소리를 들으시리니
아침에 내가 주께 기도하고 바라리이다
[4] 주는 죄악을 기뻐하는 신이 아니시니
악이 주와 함께 머물지 못하며
[5] 오만한 자들이 주의 목전에 서지 못하리이다
주는 모든 행악자를 미워하시며
[6] 거짓말하는 자들을 멸망시키시리이다
여호와께서는 피 흘리기를 즐기는 자와
속이는 자를 싫어하시나이다

    시편 5편은 다윗의 간구(1~3, 7~8, 11~12)와 악인에 대한 고발(4~6, 9~10)이 교차하고 있습니다. 다윗이 살아가는 세상, 그가 다스리는 나라의 형편이 어떤지를 알 수 있습니다. 그것은 곧 우리가 사는 세상이기도 합니다. 예수님은 하나님 나라 비유를 통해 세상의 끝이 오기까지 좋은 곡식과 가라지가 함께 자라게 된다고 말씀하셨습니다. "[24] 예수께서 그들 앞에 또 비유를 들어 이르시되 천국은 좋은 씨를 제 밭에 뿌린 사람과 같으니 [25] 사람들이 잘 때에 그 원수가 와서 곡식 가운데 가라지를 덧뿌리고 갔더니 [26] 싹이 나고 결실할 때에 가라지도 보이거늘"(마태복음 13:24~26)

이 시편은 이러한 세상에서 의인이 어떤 태도로 살아야 하는지를 보여줍니다. 1~3절에서 다윗은 하나님께서 기도를 들으시기를 반복적으로 구합니다. "나의 말에 귀를 기울이사", "내가 부르짖는 소리를 들으소서", "나의 소리를 들으시리니". 4:3에 하나님께서 택하신 자의 기도를 들으신다고 고백한 대로 확신으로 하나님께 간구합니다. 4~6절은 악인에 대한 하나님의 뜻이 어떠한지를 말하고 있습니다. 하나님은 죄악을 기뻐하지 않으십니다. 오만한 자, 모든 행악자, 거짓말하는 자, 피 흘리기를 즐기는 자, 속이는 자는 하나님께서 싫어하시며 그들을 멸하실 겁니다. 1편에서 말하는 것처럼 하나님의 다스리심 안에 있는 자는 악인의 삶과 구별되어야 합니다.

다윗은 하나님을 나의 왕 나의 하나님으로 부릅니다. 하나님만이 주권을 가지고 자기의 삶에 행하시기를 바랍니다. 그리고 자신은 온전히 하나님의 인도하심에 따르겠다는 헌신이 이 고백에 담겨 있습니다. 그는 왕으로의 자기 역할이 하나님께서 위임하신 권세라는 것을 알고 있습니다. 그래서 하나님의 은혜와 능력으로 살아가려고 아침에 하나님께 부르짖습니다. 우리의 역할도 하나님의 권세를 위임받은 것입니다. 가정, 직장, 사회, 교회에서 왕이신 하나님의 대리자로 권세를 위임받아 섬기는 일입니다. 하나님께서 "그들에게 복을 주시며 하나님이 그들에게 이르시되 생육하고 번성하여 땅에 충만하라 땅을 정복하라 … 모든 생물을 다스리라"(창 1:28) 하신 명령의 연장선에 서 있습니다.

기도:
여호와, 나의 왕 나의 하나님이여 나의 말에 귀를 기울이소서. 세상의 악에 대하여 불평하지 말며 시기하지 말고 두려워하지 않게 하소서. 하나님께서 그들을 미워하시니 그들은 멸망하게 될 겁니다. 하나님께서 맡기신 일을 성령의 도우심으로 감당하게 하옵소서. 예수 그리스도의 이름으로 기도합니다. 아멘.

시편 5:7~12 오직 나는 주의 풍성한 사랑을 힘입어

⁷ 오직 나는 주의 풍성한 사랑을 힘입어
주의 집에 들어가 주를 경외함으로 성전을 향하여 예배하리이다
⁸ 여호와여 나의 원수들로 말미암아 주의 의로 나를 인도하시고
주의 길을 내 목전에 곧게 하소서
⁹ 그들의 입에 신실함이 없고 그들의 심중이 심히 악하며
그들의 목구멍은 열린 무덤 같고 그들의 혀로는 아첨하나이다
¹⁰ 하나님이여 그들을 정죄하사 자기 꾀에 빠지게 하시고
그 많은 허물로 말미암아 그들을 쫓아내소서
그들이 주를 배역함이니이다
¹¹ 그러나 주께 피하는 모든 사람은 다 기뻐하며
주의 보호로 말미암아 영원히 기뻐 외치고
주의 이름을 사랑하는 자들은 주를 즐거워하리이다
¹² 여호와여 주는 의인에게 복을 주시고
방패로 함 같이 은혜로 그를 호위하시리이다

다윗은 이어지는 두 번째 연에서도 악인들을 고발합니다. "그들의 입에 신실함이 없고 그들의 심중이 심히 악하며 그들의 목구멍은 열린 무덤 같고 그들의 혀로는 아첨"합니다. 모두 말에 관한 겁니다. 말에는 사람을 죽이는 치명적인 힘이 있습니다. 다윗은 하나님께서 그들을 정죄하여 자기 꾀에 빠지기를 간구합니다.

다윗이나 다윗과 같이 이 시편으로 노래하거나 기도하는 이들에게는 죄가 없을까요? 그래서 악인을 정죄하시고 그들을 쫓아내 달라고 구할 수 있는 것일까요? 그렇지 않습니다. 누구도 하나님 앞에서 죄 없다 할 수 없습니다(요일 1:10).

다윗은 "주의 풍성한 사랑을 힘입어" 주의 집에 들어가 예배한다고 합니다. 성전에 나가는 것은 장소의 의미도 있지만, 하나님의 임재하심, 하나님 앞에 나아가는 겁니다. 그는 "주의 풍성한 사랑을 힘입어" 하나님께 나아갑니다. "사랑"은 헤세드라는 단어입니다. 보통은 '인자'나 '자비'로 번역됩니다. 헤세드는 하나님께서 언약한 자기 백성에게 베푸시는 변함없는 사랑과 자비를 의미합니다. 그 풍성한 헤세드를 힘입어서만 하나님 앞에 나아갈 수 있습니다. 히브리서에서 "그러므로 우리는 긍휼하심을 받고 때를 따라 돕는 은혜를 얻기 위하여 은혜의 보좌 앞에 담대히 나아갈 것이니라"(히 4:16) 라고 담대하게 말할 수 있는 것도 같은 이유입니다. 그렇게 여호와께 피하는 자는 그의 보호로 말미암아 영원히 기뻐하게 되고 즐거워하게 됩니다.

"주의 의로 나를 인도하소서 주의 길을 내 목전에 곧게 하소서"(8)

"여호와여 의인에게 복을 주시고 방패로 함 같이 은혜로 그를 호위하시리이다"(12)

우리는 세상의 끝인 추수 때가 되기 전에는 언제나 악인과 함께 살아가게 됩니다(마 13:30). 그렇지만 여호와 하나님이 주시는 복과 은혜로 그분에게 피하는 자는 여호와로 인하여 기뻐하게 된다는 확신을 가질 수 있습니다.

기도:
여호와 나의 하나님, 하나님의 풍성한 헤세드를 힘입어 하나님의 보좌로 나아갑니다. 죄와 허물로 죽은 저를 살리셨으니 이전의 길로 가지 않게 하옵소서. 악의 유혹에서 건져주옵소서. 방패로 두르심 같이 은혜로 호위하여 주옵소서. 예수 그리스도의 이름으로 기도합니다. 아멘.

시편 6편 여호와여 나를 책망하지 마소서

[다윗의 시, 인도자를 따라 현악 여덟째 줄에 맞춘 노래]
[1] 여호와여 주의 분노로 나를 책망하지 마시오며
주의 진노로 나를 징계하지 마옵소서
[2] 여호와여 내가 수척하였사오니 내게 은혜를 베푸소서
여호와여 나의 뼈가 떨리오니 나를 고치소서
[3] 나의 영혼도 매우 떨리나이다 여호와여 어느 때까지니이까
[4] 여호와여 돌아와 나의 영혼을 건지시며
주의 사랑으로 나를 구원하소서
[5] 사망 중에서는 주를 기억하는 일이 없사오니
스올에서 주께 감사할 자 누구리이까
[6] 내가 탄식함으로 피곤하여 밤마다 눈물로 내 침상을 띄우며
내 요를 적시나이다
[7] 내 눈이 근심으로 말미암아 쇠하며
내 모든 대적으로 말미암아 어두워졌나이다
[8] 악을 행하는 너희는 다 나를 떠나라
여호와께서 내 울음 소리를 들으셨도다
[9] 여호와께서 내 간구를 들으셨음이여
여호와께서 내 기도를 받으시리로다
[10] 내 모든 원수들이 부끄러움을 당하고 심히 떪이여
갑자기 부끄러워 물러가리로다

다윗은 매우 심각한 위기 가운데 있는 듯합니다. 그의 육체는 수척하고 뼈가 떨립니다. 이것이 육체의 질병에 의한 것인지 영적인 어려

움이 육체로 표현된 것인지 아니면 둘 다인지는 알 수 없습니다. 다윗은 이러한 상황을 하나님의 분노의 책망과 진노의 징계로 이해하고 있습니다. 죄의 고백이나 용서를 구하는 내용이 없는 것으로 보아 어떤 죄에 대하여 하나님께서 책망하신다고 말하는 것은 아닙니다. 고통 가운데서는 우리도 다윗처럼 이렇게 기도하게 됩니다.

"여호와여 어느 때까지니이까
여호와여 돌아와 나의 영혼을 건지시며
주의 사랑(헤세드)으로 나를 구원하소서"

다윗은 탄식하며 밤마다 눈물로 침상을 적십니다. 다윗은 대적들 때문에 눈이 어두워졌다고 합니다. 대적들은 욥을 대하는 친구들처럼 다윗이 병들고 고통 가운데 있는 것은 하나님께 죄를 지었기 때문이라고 했을 겁니다. 그들의 말은 다윗을 더욱 괴롭게 합니다. 하지만 다윗은 그들을 물리치고 하나님께서 기도를 들으신다고 말합니다. 하나님께서 기도에 응답하심으로 원수들을 부끄럽게 하실 것이라고 확신합니다.

우리가 어느 때라도 무죄하다고 말할 수는 없지만, 그리스도 안에서 하나님께서 우리를 정죄하지 않으신다는 말씀을 믿어야 합니다. 우리가 겪는 어려움은 죄에 대한 형벌이라기보다 아버지 사랑의 징계입니다. 그것은 우리가 그리스도를 닮도록 하는 교훈입니다(히 12:3~5). "주께서 그 사랑하시는 자를 징계하시고 그가 받아들이시는 아들마다 채찍질하심이라"(히 12:6). 그러므로 낙심하지 말고 여호와 하나님을 찾아야 합니다.

기도:
하나님 아버지, 사랑하시는 아들이라도 징계하시는 줄을 압니다. 그런데도 고통스러워 몸부림하며 울부짖을 수밖에 없습니다. 대적의 말이 하나님이 기도를 듣지 않으신다고 합니다. 고난의 시간이 길지 않게 하옵소서. 낙심하지 않게 하옵소서. 기도를 들으시고 아버지의 사랑으로 구원하옵소서. 예수 그리스도의 이름으로 기도합니다. 아멘.

시편 7:1~9 여호와 내 하나님이여 주께 피하오니

[다윗의 식가욘, 베냐민인 구시의 말에 따라 여호와께 드린 노래]
1 여호와 내 하나님이여 내가 주께 피하오니
나를 쫓아오는 모든 자들에게서 나를 구원하여 내소서
2 건져낼 자가 없으면
그들이 사자 같이 나를 찢고 뜯을까 하나이다
3 여호와 내 하나님이여
내가 이런 일을 행하였거나 내 손에 죄악이 있거나
4 화친한 자를 악으로 갚았거나
내 대적에게서 까닭 없이 빼앗았거든
5 원수가 나의 영혼을 쫓아 잡아 내 생명을 땅에 짓밟게 하고
내 영광을 먼지 속에 살게 하소서 (셀라)
6 여호와여 진노로 일어나사 내 대적들의 노를 막으시며
나를 위하여 깨소서 주께서 심판을 명령하셨나이다
7 민족들의 모임이 주를 두르게 하시고
그 위 높은 자리에 돌아오소서
8 여호와께서 만민에게 심판을 행하시오니
여호와여 나의 의와 나의 성실함을 따라 나를 심판하소서
9 악인의 악을 끊고 의인을 세우소서
의로우신 하나님이 사람의 마음과 양심을 감찰하시나이다

옳고 그름을 따지기 위한 송사에 휘말려 본 사람은 그것이 얼마나 힘든 일인지 압니다. 더군다나 무죄한 자가 부당하게 고발당하는 경우는 그의 의로움이 증명되기까지 괴로운 시간을 보내게 됩니다. 다윗은 사울 왕의 가문인 베냐민 사람 구시에 의해 거짓 고소를 당하였던 것 같습니다. 다윗은 그 괴로움을 이렇게 표현합니다. "그들이 사

자 같이 나를 찢고 뜯을까 하나이다"(2) 다윗은 자신의 무죄를 주장합니다. 구시의 말대로 악을 행하였다면, 화친한 자를 악으로 갚았다면, 대적에게서 까닭 없이 빼앗았다면 "원수가 나의 영혼을 쫓아 잡아 내 생명을 땅에 짓밟게 하고 내 영광을 먼지 속에 살게 하소서"(5)라고 합니다. 다윗의 주장은 자기가 모든 일에 의롭다는 것이 아닙니다. 그리스도 외에는 누구도 그렇게 주장할 수 있는 사람은 없습니다. 다윗은 자기가 고발당하는 죄들에서 무죄하다고 말합니다.

다윗은 자기를 위하여 여호와께서 깨셔서 그 진노로 대적을 막아달라고 간구합니다(6). 그리고 이것이 단지 자신만의 문제가 아니라 민족들과 관련된 보편적인 하나님의 정의(심판) 문제라고 합니다(7). 만민에게 하나님의 정의를 따라 심판하시듯이 자신의 의와 성실함을 보시고 판단하여 달라고 합니다.

이 땅에서 억울하게 죽임을 당하는 모든 이들의 기도가 응답 되는 것은 아닙니다. 하지만 정의를 구하는 성도들의 기도는 반드시 응답되어 종말에 악에 대한 심판으로 나타나게 될 겁니다(계 6:10, 16:20). 그러면 지금 우리의 고난과 억울함은 어떻게 해야 하나요? 이 땅에서 하나님의 정의가 바로 드러나지 않는다고 해서 악의 편에 설 수는 없습니다. 그것은 지금이나 마지막 날에나 파멸할 뿐입니다. 신자는 의와 성실함으로 살아가며 여호와 하나님께 피하는 것을 복으로 여겨야 합니다. 아삽은 이렇게 고백합니다. "하나님께 가까이함이 내게 복이라"(시 73:28).

기도:
여호와 하나님이여, 당신은 만민의 심판자이십니다. 이 땅에 하나님의 정의가 실현되게 하옵소서. 악인의 손에서 저(우리)를 건져주옵소서. 제가 누군가에게 대적이 되어 하나님 심판의 대상이 되는 일이 없게 하옵소서. 하나님께 피하여 갈 수 있음을 복으로 여기게 하시고 평안하게 하옵소서. 예수 그리스도의 이름으로 기도합니다. 아멘.

시편 7:10~17 그의 의를 따라 감사함이여

¹⁰ 나의 방패는 마음이 정직한 자를
구원하시는 하나님께 있도다
¹¹ 하나님은 의로우신 재판장이심이여
매일 분노하시는 하나님이시로다
¹² 사람이 회개하지 아니하면 그가 그의 칼을 가심이여
그의 활을 이미 당기어 예비하셨도다
¹³ 죽일 도구를 또한 예비하심이여
그가 만든 화살은 불화살들이로다
¹⁴ 악인이 죄악을 낳음이여
재앙을 배어 거짓을 낳았도다
¹⁵ 그가 웅덩이를 파 만듦이여
제가 만든 함정에 빠졌도다
¹⁶ 그의 재앙은 자기 머리로 돌아가고
그의 포악은 자기 정수리에 내리리로다
¹⁷ 내가 여호와께 그의 의를 따라 감사함이여
지존하신 여호와의 이름을 찬양하리로다

1~9절에서 다윗은 자신의 무죄를 주장하고 하나님의 정의로운 심판이 있기를 간구했습니다. 10~17절에서 그는 하나님의 의를 신뢰하고 감사하겠다고 고백합니다. 그러면서 악인들이 회개하지 않을 때 그들에게 미칠 화를 선언합니다.

마지막 추수 때까지 밭에 곡식과 가라지가 함께 자라는 것처럼 세상 끝까지 악은 있을 것입니다. 그렇다고 하나님께서 세상을 정의로 다스리지 않는다고 생각해서는 안 됩니다. "하나님은 의로우신 재판장이시며 매일 분노하시는 하나님"이십니다. 12~16절은 하나님께서

회개하지 않는 악인을 어떻게 심판하시는지 보여주고 있습니다. 활은 이미 당기어 준비되었고 악인은 죄악을 낳고 재앙을 배어 거짓을 낳게 됩니다. 자기가 판 함정에 빠지며 재앙과 포악은 자기에게로 돌아갑니다. 하나님을 떠나 죄악 가운데 있는 자는 속히 회개하여 하나님의 진노하심을 받지 않도록 해야 합니다. 시편 2:12의 경고에 귀를 기울여야 합니다.

"그의 아들에게 입맞추라 그렇지 아니하면 진노하심으로 너희가 길에서 망하리니 그의 진노가 급하심이라 여호와께 피하는 모든 사람은 다 복이 있도다"

다윗은 악인에 대한 심판을 하나님께 맡기고 하나님을 방패로 삼습니다. 하나님은 친히 다윗의 방패가 되어 주십니다. 1절에서 "여호와 내 하나님이여 … 나를 구원하여 내소서"라고 부르짖던 다윗은 17절에서는 하나님께 감사하며 찬양합니다. "내가 여호와께 그의 의를 따라 감사함이여 지존하신 여호와의 이름을 찬양하리로다" 죽음의 두려움에서 시작된 기도는 찬양으로 마칩니다. 시편을 한번 읽어 내려가는 동안 우리 안에 이런 놀라운 변화가 일어나기는 어렵습니다. 하지만 우리가 하나님께 피하여 가서 간구할 때 성령께서 진리를 따라 생각하게 하시고 믿음을 더해 주십니다. 그리고 마침내 의로우신 하나님을 찬양하게 하십니다. 조급한 마음으로 하나님 앞을 떠나지 말고 찬양으로 나아가기까지 깊은 은혜를 경험하게 되길 바랍니다.

기도:
여호와 내 하나님이여, 허물과 죄로 죽은 우리를 긍휼하심으로 살리셨나이다. 그리스도가 우리의 의의 방패가 되어 주시니 감사합니다. 우리가 다시 악의 길에 서지 않게 하옵시며 우리가 부당하게 화를 당하는 일이 없게 하옵소서. 세상에 하나님의 정의가 나타나게 하옵소서. 저는 오직 여호와의 의를 따라 감사하며 지존하신 여호와의 이름을 찬양하리이다. 예수 그리스도의 이름으로 기도합니다. 아멘.

시편 8편 주의 이름이 온 땅에 어찌 그리 아름다운지요

[다윗의 시, 인도자를 따라 깃딧에 맞춘 노래]
¹ 여호와 우리 주여 주의 이름이 온 땅에 어찌 그리 아름다운지요
주의 영광이 하늘을 덮었나이다
² 주의 대적으로 말미암아
어린아이들과 젖먹이들의 입으로 권능을 세우심이여
이는 원수들과 보복자들을 잠잠하게 하려 하심이니이다
³ 주의 손가락으로 만드신 주의 하늘과
주께서 베풀어 두신 달과 별들을 내가 보오니
⁴ 사람이 무엇이기에 주께서 그를 생각하시며
인자가 무엇이기에 주께서 그를 돌보시나이까
⁵ 그를 하나님보다 조금 못하게 하시고
영화와 존귀로 관을 씌우셨나이다
⁶ 주의 손으로 만드신 것을 다스리게 하시고
만물을 그의 발 아래 두셨으니
⁷ 곧 모든 소와 양과 들짐승이며
⁸ 공중의 새와 바다의 물고기와
바닷길에 다니는 것이니이다
⁹ 여호와 우리 주여 주의 이름이 온 땅에 어찌 그리 아름다운지요

시편 3~7편까지는 하나님의 도움을 구하는 시입니다. '대적들과 같은 세상에 살며 고난의 길을 걷는 나는 누구인가?'라고 질문할만한데 다윗은 여호와 하나님께 눈을 돌립니다. "여호와 우리 주여 당신*의 이름이 온 땅에 어찌 그리 아름다운지요" 시편 8편은 시편에서 처음 등장하는 찬송시입니다. 찬양의 감탄으로 여호와의 이름을 부르는 것은 이 시의 독특함입니다. 1절과 9절은 같은 문장으로 수미쌍관을 이룹니다.

여호와의 이름이 온 땅에 아름답고 그의 영광이 하늘을 덮었습니

다. 하나님은 어린아이와 젖먹이들을 통해서도 원수들과 보복자들을 잠잠하게 하시는 분이십니다. 세상을 지으시고 통치하시는 하나님의 능력을 볼 때 사람을 생각하시고 돌보시는 것이 기이합니다. 그 심정이 4절에 담겨 있습니다. 하나님께서는 사람을 하나님보다 조금 못하게 하시고 영화와 존귀로 관을 씌우셨습니다(어떤 성경 사본에는 '천사보다 조금 못하게'라고 되어 있습니다). 그리고 당신의 손으로 만드신 것을 사람에게 다스리게 하십니다. 그것이 여호와 하나님의 영광을 더욱 빛나게 합니다.

　세상을 다스리라는 말씀은 아담과 하와를 만드신 여섯째 날에 하셨습니다. 하지만 인간이 범죄함으로 세상을 다스리는 권한이 상실되었고 세상은 복종하지 않았습니다. 그리스도께서 오셔서 죄를 구속하심으로 하나님과 사람, 사람과 자연의 관계도 회복하셨으며 온전히 회복하실 겁니다. 우리는 이 말씀대로 되기를 소망하며 살아갑니다. 아직 우리의 통치가 온전하지 않다고 해도 세상은 우리에게 맡겨진 것이 분명합니다. 그러므로 우리는 이 땅을 보존하고 지키는 일에 그 누구보다 책임이 있습니다.

　기도:
　여호와 우리 주여, 당신의 이름이 온 땅에 어찌 그리 아름다운지요. 하나님께서 만드신 세상을 우리에게 다스리게 하심으로 세상에 대하여 우리를 왕 같게 하셨습니다. 죄로 인해 상실한 왕권을 그리스도께서 오셔서 회복하시니 감사합니다. 우리가 비록 어린아이와 젖먹이의 수준이지만 하나님의 권능으로 세우시고 우리에게 맡기신 영역을 다스리게 하옵소서. 예수 그리스도의 이름으로 기도합니다. 아멘.

　* 개역개정 성경은 하나님에 대한 호칭으로 '즈'(아도나이)를 사용할 때 말고도 '당신'(you)을 '주'로 번역했습니다. 하나님을 '당신'으로 호칭하는 것이 우리의 어법에 맞지 않기 때문인데 구분해서 읽는 것이 좋습니다.

시편 9:1~12 내가 전심으로 여호와께 감사하며

[다윗의 시, 인도자를 따라 뭇랍벤에 맞춘 노래]
¹ 내가 전심으로 여호와께 감사하오며
주의 모든 기이한 일들을 전하리이다
² 내가 주를 기뻐하고 즐거워하며
지존하신 주의 이름을 찬송하리니
³ 내 원수들이 물러갈 때에 주 앞에서 넘어져 망함이니이다
⁴ 주께서 나의 의와 송사를 변호하셨으며
보좌에 앉으사 의롭게 심판하셨나이다
⁵ 이방 나라들을 책망하시고 악인을 멸하시며
그들의 이름을 영원히 지우셨나이다
⁶ 원수가 끊어져 영원히 멸망하였사오니
주께서 무너뜨린 성읍들을 기억할 수 없나이다
⁷ 여호와께서 영원히 앉으심이여
심판을 위하여 보좌를 준비하셨도다
⁸ 공의로 세계를 심판하심이여
정직으로 만민에게 판결을 내리시리로다
⁹ 여호와는 압제를 당하는 자의 요새이시요
환난 때의 요새이시로다
¹⁰ 여호와여 주의 이름을 아는 자는 주를 의지하오리니
이는 주를 찾는 자들을 버리지 아니하심이니이다
¹¹ 너희는 시온에 계신 여호와를 찬송하며
그의 행사를 백성 중에 선포할지어다
¹² 피 흘림을 심문하시는 이가 그들을 기억하심이여
가난한 자의 부르짖음을 잊지 아니하시도다

시편 9편과 10편은 구조와 내용에 있어서 하나의 시인데 나뉘어 있습니다.* 단락의 내용은 이렇습니다. 9:1~12 찬양과 신뢰, 9:13~20 간청, 10:1~11 악인의 위협과 불경건에 대한 고발, 10:12~18 간청과 신뢰.
9:1~12에서 다윗은 과거에 하나님께서 구원하셨던 일들을 기억하

고 하나님께 감사하며 찬송합니다. 하나님은 재판장(심판자)으로 다윗과 그의 나라를 의로 다스리고 원수를 심판하셨습니다. 하나님의 의로우신 통치는 영원하며 온 세계에 미칩니다. 원수는 멸망하고 그들의 이름은 지워지고 그들의 도시와 나라는 사라졌습니다. 하나님을 대적한 나라들과 왕들과 사람들은 역사에서 사라지고 하나님의 교회(백성)는 영원한 하나님의 복과 위로를 얻습니다.

하나님은 압제당하는 자들에게 요새이십니다. 환난 때 피하고 의지할 분이십니다. 여호와의 이름을 아는 자는 그를 의지하며 도움을 받습니다. 이 시에서 다윗과 그의 나라를 위협하는 원수는 하나님이 없다고 하는 무신론으로 무장한 자로 도덕적으로도 부패한 자들입니다. 그들은 피를 흘리게 하며 가난한 자들을 압제합니다. 하나님은 그들의 부르짖음을 잊지 않으십니다.

주께서 행하신 기이한 일들을 기억하고 감사하는 일은 우리를 어려운 중에도 낙심하지 않고 하나님께 나아가도록 돕습니다. 하나님께서 우리를 구원하신 일과 시험과 악에서 건지신 일에 감사하십시오. 날마다 베푸시는 하나님의 은혜에 감사하십시오.

기도:

여호와 하나님, 죄와 죽음과 사탄에게서 구원하신 기이한 일에 대하여 전심으로 하나님께 감사드립니다. 그리고 날마다 베푸시는 은혜에 감사합니다. 이미 베푸신 은혜를 생각할 때에 장래에도 우리가 하나님께 피하여 부르짖는 것을 들으시고 도으실 것을 믿습니다. 저의 눈을 열어 의로 통치하시는 하나님을 보게 하옵소서. 예수 그리스도의 이름으로 기도합니다. 아멘.

* 시편 9편과 10편은 하나의 알파벳 시입니다. 알파벳 시란 알파벳 순서에 따라 알파벳으로 시작하는 단어가 모든 절의 앞에 오게 하는 겁니다. 예를 들어 ㄱ으로 시작되는 단어가 1, 2절의 첫 단어, ㄴ으로 시작되는 단어로 3, 4절의 첫 단어가 되게 하는 식입니다. 번역 성경에는 이것이 구현되지 않았습니다. 9, 10편은 몇 개의 알파벳이 빠져 있어서 불완전한 형태입니다.

시편 9:13-20 여호와여 내게 은혜를 베푸소서

13 여호와여 내게 은혜를 베푸소서
나를 사망의 문에서 일으키시는 주여
나를 미워하는 자에게서 받는 나의 고통을 보소서
14 그리하시면 내가 주의 찬송을 다 전할 것이요
딸 시온의 문에서 주의 구원을 기뻐하리이다
15 이방 나라들은 자기가 판 웅덩이에 빠짐이여
자기가 숨긴 그물에 자기 발이 걸렸도다
16 여호와께서 자기를 알게 하사 심판을 행하셨음이여
악인은 자기가 손으로 행한 일에 스스로 얽혔도다 (힉가욘, 셀라)
17 악인들이 스올로 돌아감이여
하나님을 잊어버린 모든 이방 나라들이 그리하리로다
18 궁핍한 자가 항상 잊어버림을 당하지 아니함이여
가난한 자들이 영원히 실망하지 아니하리로다
19 여호와여 일어나사 인생으로 승리를 얻지 못하게 하시며
이방 나라들이 주 앞에서 심판을 받게 하소서
20 여호와여 그들을 두렵게 하시며
이방 나라들이 자기는 인생일 뿐인 줄 알게 하소서 (셀라)

하나님의 통치가 있다고 악인이 일어나지 않는 것이 아닙니다. 그

리스도의 나라가 완성되기까지 악인들은 이 땅에 계속 있을 테지만 우리는 믿음으로 우리에게 주어진 삶을 살아야 합니다.

다윗은 하나님의 은혜를 간청합니다.

"여호와여 내게 은혜를 베푸소서
나를 사망의 문에서 일으키시는 당신은
나를 미워하는 자에게서 받는 나의 고통을 보소서"

다윗은 하나님께서 행하시기를 바라는 믿음으로 말을 이어갑니다. 하나님 통치의 성읍인 시온에서 주의 구원을 기뻐할 것이요, 이방 나라들은 자기가 판 웅덩이에 빠지고 자기가 숨긴 그물에 자기 발이 걸릴 것이요, 악인들은 스올(사망의 장소)로 돌아갈 겁니다.

다윗은 "알다"와 "잊어버리다"라는 단어를 반복합니다. 여호와께서 심판하시는 것은 자기를 "알게" 하시는 겁니다(16). 하나님이 없다고 믿는 이들에게 심판을 통해 하나님이 주권자이심을 알리십니다. 다윗은 이방 나라들이 자기가 인생일 뿐임을 "알게" 해 달라고 간구합니다(20). 하나님께 피하여 간 궁핍한 자들은 하나님께서 항상 "잊어버리지" 않으시지만(18), 하나님을 "잊어버린" 자들은 심판을 받게 됩니다(19).

하나님을 아는 것이 영생이라 하신 주님의 말씀은 진리입니다(요 17:3). 하나님을 아는 지혜의 영을 우리에게 허락하신 하나님을 찬양합니다. 하나님께서 우리를 위해 일어나사 하나님을 알지 못하는 원수의 미워함과 그들이 파 놓은 웅덩이와 그들이 친 그물에서 우리를 건지실 겁니다.

기도:
하나님 아버지, 저를 사망의 문에서 일으키소서. 저를 위하여 일어나사 하나님과 저를 대적하는 원수에게서 건지소서. 하나님을 대적하는 것이 하나님을 알지 못하는 사람이든 질병이나 가난이나 죄나 무엇이든 승리를 얻지 못하게 하소서. 하나님께서 저를 항상 잊지 아니하시는 것처럼 제가 하나님을 기뻐하고 즐거워하며 찬송하게 하옵소서. 예수 그리스도의 이름으로 기도합니다. 아멘.

시편 10:1~11 여호와여 어찌하여 환난 때에 숨으시나이까

¹ 여호와여 어찌하여 멀리 서시며
어찌하여 환난 때에 숨으시나이까
² 악한 자가 교만하여 가련한 자를 심히 압박하오니
그들이 자기가 베푼 꾀에 빠지게 하소서
³ 악인은 그의 마음의 욕심을 자랑하며
탐욕을 부리는 자는 여호와를 배반하여 멸시하나이다
⁴ 악인은 그의 교만한 얼굴로 말하기를
여호와께서 이를 감찰하지 아니하신다 하며
그의 모든 사상에 하나님이 없다 하나이다
⁵ 그의 길은 언제든지 견고하고
주의 심판은 높아서 그에게 미치지 못하오니
그는 그의 모든 대적들을 멸시하며
⁶ 그의 마음에 이르기를 나는 흔들리지 아니하며
대대로 환난을 당하지 아니하리라 하나이다
⁷ 그의 입에는 저주와 거짓과 포악이 충만하며
그의 혀 밑에는 잔해와 죄악이 있나이다
⁸ 그가 마을 구석진 곳에 앉으며
그 은밀한 곳에서 무죄한 자를 죽이며
그의 눈은 가련한 자를 엿보나이다
⁹ 사자가 자기의 굴에 엎드림 같이
그가 은밀한 곳에 엎드려 가련한 자를 잡으려고 기다리며
자기 그물을 끌어당겨 가련한 자를 잡나이다
¹⁰ 그가 구푸려 엎드리니
그의 포악으로 말미암아 가련한 자들이 넘어지나이다
¹¹ 그가 그의 마음에 이르기를 하나님이 잊으셨고
그의 얼굴을 가리셨으니 영원히 보지 아니하시리라 하나이다

시편 10편에 들어서면서 다윗은 악인의 죄를 고발합니다. 그들은 교만하여 가련한 자를 심히 압박합니다(2). 마음의 욕심을 자랑하며 탐욕을 부리고 여호와를 배반하여 멸시합니다(3). 그의 교만한 얼굴로 여호와께서 자기들의 행위에 간섭하지 않으신다고 하며 하나님이 없다고 합니다(4). 하나님의 심판이 자기에게 미치지 못한다고 자랑합니다(5~6). 그의 입에는 저주와 거짓과 포악이 충만합니다(7). 은밀한 곳에서 무죄한 자를 죽입니다(8). 은밀한 곳에 엎드려 가련한 자를 잡습니다(9). 그러면서 하나님이 잊으셨고 보지 않으신다고 조롱합니다.

하나님이 없다고 하는 무신론자가 모두 부도덕한 것은 아닙니다. 하지만 다윗이 고발하는 무신론자는 본성의 부패함으로 교만하게 악을 행하며 가련한 자들을 압박하고 그 어떤 것도 두려워하지 않는 사람처럼 행동합니다. 그들은 하나님과 인간 모두를 대적합니다.

1절에서 다윗은 하나님을 찾는 것으로 고발을 시작했습니다.

"여호와여 어찌하여 멀리 서시며 어찌하여 환난 때에 숨으시나이까"

하나님께서 자기 백성을 돕지 않으시고 멀리 서시며 숨으신다고 말합니다. 다윗의 불평이 녹아 있습니다. 그렇지만 여호와 하나님만이 이 악인들을 심판하실 분이라는 믿음은 저버리지 않습니다. 대적을 만났을 때나 괴로움을 당할 때 불평하지 않고 고상한 말로 기도해야 하는 것은 아닙니다. 괴로움과 불평, 악인에 대한 두려움과 그들에 대한 의로운 분노가 기도에 포함될 수 있습니다. 그 과정을 통해 믿음으로 하나님께 나아가야 합니다.

기도:

여호와 하나님, 하나님이 없다고 교만하게 말하며 악을 행하는 사람들을 어찌하여 심판하지 않으십니까? 왜 하나님의 자녀들이 악인에게 압박을 받게 하십니까? 어찌하여 우리를 어려움 가운데 두십니까? 그리하실지라도 믿음으로 하나님을 바라게 하옵소서. 악에게 지지 않게 하옵소서. 예수 그리스도의 이름으로 기도합니다. 아멘.

시편 10:12~18 여호와여 일어나옵소서

¹² 여호와여 일어나옵소서 하나님이여 손을 드옵소서
가난한 자들을 잊지 마옵소서
¹³ 어찌하여 악인이 하나님을 멸시하여 그의 마음에 이르기를
주는 감찰하지 아니하리라 하나이까
¹⁴ 주께서는 보셨나이다
주는 재앙과 원한을 감찰하시고 주의 손으로 갚으려 하시오니
외로운 자가 주를 의지하나이다
주는 벌써부터 고아를 도우시는 이시니이다
¹⁵ 악인의 팔을 꺾으소서
악한 자의 악을 더 이상 찾아낼 수 없을 때까지 찾으소서
¹⁶ 여호와께서는 영원무궁하도록 왕이시니
이방 나라들이 주의 땅에서 멸망하였나이다
¹⁷ 여호와여 주는 겸손한 자의 소원을 들으셨사오니
그들의 마음을 준비하시며 귀를 기울여 들으시고
¹⁸ 고아와 압제 당하는 자를 위하여 심판하사
세상에 속한 자가 다시는 위협하지 못하게 하시리이다

앞에서 악인의 죄악을 구체적으로 고발한 다윗은 이제 하나님께서 그들을 심판하시고 의인을 도우시기를 간청합니다. 그의 간청의 말은 다른 표현으로 반복됩니다. "여호와의 일어나옵소서", "하나님이여 손

을 드옵소서", "악인의 팔을 꺾으소서"

감히 하나님께 이렇게 하시도록 믿음으로 간청할 수 있을까 싶습니다. 다윗은 하나님께서 택하신 자의 기도를 들으시는 줄을 알고 있습니다(시 4:3). 이 믿음은 자신의 의로움에서 나오는 것이 아닙니다. 그는 하나님이 택하신 왕이며 하나님이 그의 의로우심이 되신다는 것을 알고 있습니다. 신자는 다윗과 같은 믿음으로 하나님께 간구할 수 있습니다. 그리스도가 우리의 의로움과 거룩함과 구원함이 되십니다(고전 1:30). 그의 긍휼하심을 힘입어 우리는 하나님께 담대하게 나가서 돕는 은혜를 얻습니다(히 4:15, 16).

다윗은 대적에게 압박을 받는 사람들을 여러 말로 표현합니다. 가난한 자(12), 외로운 자(14), 고아(14), 겸손한 자(17), 고아와 압제당하는 자(18) 등. 시편은 하나님을 경외하며 그의 통치 아래서 그의 통치의 말씀을 따라 사는 이들을 이런 식으로 부릅니다. 하나님이 계시지 않는다면, 하나님께서 우리의 기도를 듣지 않으신다면, 하나님께서 악인들의 죄를 감찰하지 않으신다면, 그들을 심판하지 않으신다면 우리는 세상에서 가장 불쌍한 존재들입니다. 그러나 하나님의 능력이 그리스도를 죽은 자 가운데서 살리신 것처럼 우리에게 베풀어져 우리를 그리스도의 영광과 그의 나라에 이르게 하셨습니다. 그러므로 우리는 잠시 세상의 환난 중에서도 왕이신 하나님을 바라보아야 합니다.

기도:
여호와여, 우리를 긍휼히 여기시는 우리의 대제사장 그리스도를 의지하여 담대하게 하나님께 나아갑니다. 저는 가난한 자이며 고아와 같이 세상에 돌보는 자가 없으며 외로운 자입니다. 여호와 하나님, 가난한 자를 잊지 마옵소서, 외로운 자가 주를 의지하나이다. 주는 고아를 도우시는 분이십니다. 여호와께서 영원토록 저의 왕이시오니 의로 다스리소서. 여호와여 일어나옵소서, 하나님이여 손을 드옵소서. 악에게서 건지시옵소서. 예수 그리스도의 이름으로 기도합니다. 아멘.

시편 11편 내가 여호와께 피하였거늘

[다윗의 시, 인도자를 따라 부르는 노래]
[1] 내가 여호와께 피하였거늘
너희가 내 영혼에게 새 같이
네 산으로 도망하라 함은 어찌함인가
[2] 악인이 활을 당기고 화살을 시위에 먹임이여
마음이 바른 자를 어두운 데서 쏘려 하는도다
[3] 터가 무너지면 의인이 무엇을 하랴
[4] 여호와께서는 그의 성전에 계시고
여호와의 보좌는 하늘에 있음이여
그의 눈이 인생을 통촉하시고
그의 안목이 그들을 감찰하시도다
[5] 여호와는 의인을 감찰하시고
악인과 폭력을 좋아하는 자를 마음에 미워하시도다
[6] 악인에게 그물을 던지시리니
불과 유황과 태우는 바람이 그들의 잔의 소득이 되리로다
[7] 여호와는 의로우사 의로운 일을 좋아하시나니
정직한 자는 그의 얼굴을 뵈오리로다

위험이 있을 때 당신은 어디로 피합니까? 다윗이 사울과 압살롬의 위협을 피해 이곳저곳으로 도망 다니지 않은 것은 아니지만 언제나 여호와를 피난처로 삼았습니다. 여호와께 피하는 다윗의 행동이 어리

석다는 듯이 어떤 사람들은 조언합니다. "새 같이 네 산으로 도망하라" 위험을 피할 수 있는 이성적인 선택을 하라는 겁니다. 터가 무너져서 의인이 아무것도 할 것이 없는 상황입니다. 그렇다고 모든 것이 끝이 아닙니다. 여호와께서 그의 성전에 계십니다.

다윗은 세상의 터가 무너진 상황에서도 여호와께서 여전히 통치하시는 분이라고 선포합니다. "여호와는 그의 성전에 계시고" 성전은 장소의 의미보다 하나님이 그의 성전에서 통치하시는 분임을 말하는 겁니다. 그것은 다음절에 구체적으로 표현됩니다. "여호와의 보좌는 하늘에 있음이며 그의 눈이 인생을 통촉하시고", "의인을 감찰하시고 악인과 폭력을 좋아하는 자를 마음에 미워"하십니다. 여호와는 의로우사 의로운 일을 좋아하"시기에 여전히 정직한 자가 하나님의 얼굴을 뵙게 됩니다.

당신의 삶의 터는 무엇입니까? 가정일 수도 있고, 회사일 수도 있습니다. 어떤 이에게 정치적인 신념이나 사회의 이념일 수도 있습니다. 국가의 질서일 수도 있습니다. 어떤 이들은 돈을, 어떤 이는 지식을, 어떤 이는 사람들의 인정을 삶의 터로 삼고 살아갑니다. 그 어떤 것도 우리에게 영원한 터가 될 수는 없습니다. 의로우신 하나님만이 우리가 의지할 영원한 터입니다. 하늘에 보좌를 두시고 인생을 살펴보시며 특히 당신의 자녀들과 동행하시는 하나님께로 피하여 가시기 바랍니다.

기도:
하나님 아버지, 세상은 신자들이 아버지이신 하나님께 피하여 가는 것을 어리석다고 합니다. 세상의 힘과 돈과 학력과 사람을 의지하라고 합니다. 그것이 견고한 터라도 되는 듯이 말입니다. 세상을 통치하시는 분은 여호와 하나님이십니다. 하나님의 눈이 인생을 보고 계십니다. 하나님께서 악인을 미워하시니 그들이 얻을 것은 심판의 바람뿐입니다. 하나님 앞에 정직하게 행하기를 힘쓰게 하여 주옵소서. 저는 피난처이신 하나님을 의지하나이다. 예수 그리스도의 이름으로 기도합니다. 아멘.

시편 12편 여호와여 도우소서

[다윗의 시, 인도자를 따라 여덟째 줄에 맞춘 노래]
1 여호와여 도우소서 경건한 자가 끊어지며
충실한 자들이 인생 중에 없어지나이다
2 그들이 이웃에게 각기 거짓을 말함이여
아첨하는 입술과 두 마음으로 말하는도다
3 여호와께서 모든 아첨하는 입술과
자랑하는 혀를 끊으시리니
4 그들이 말하기를 우리의 혀가 이기리라
우리 입술은 우리 것이니 우리를 주관할 자 누구리요 함이로다
5 여호와의 말씀에
가련한 자들의 눌림과 궁핍한 자들의 탄식으로 말미암아
내가 이제 일어나 그를 그가 원하는 안전한 지대에 두리라
하시도다
6 여호와의 말씀은 순결함이여
흙 도가니에 일곱 번 단련한 은 같도다
7 여호와여 그들을 지키사
이 세대로부터 영원까지 보존하시리이다
8 비열함이 인생 중에 높임을 받는 때에
악인들이 곳곳에서 날뛰는도다

시의 1절과 8절에 "인생"이라는 말로 수미쌍관을 이룹니다. 다윗은

자기의 시대를 "비열함이 인생 중에 높임을 받는 때"라고 하였습니다. "비열함"이란 무가치함, 무익함의 의미입니다. 가치 없는 것, 쓸모없는 것, 인생이나 사회에 파괴적인 것이 가치 있게 여겨지는 세상입니다. 그러한 난국에는 경건하고 충실한 자를 찾기가 어려운 법입니다. 경건하다, 충실하다는 것은 하나님의 언약적 사랑을 받고 하나님의 성품을 닮은 것입니다. 악인들의 특징은 그들의 혀에 있습니다. 그들은 이웃에게 거짓을 말하며 아첨합니다. 두 마음으로 말합니다. 그들은 자기들의 혀를 누가 다스릴 수 있느냐고 자랑합니다. 이 말은 하나님과 그분 말씀의 다스림을 받지 않겠다는 말입니다.

그러나 다윗은 여호와가 다스리신다고 말합니다. 여호와는 그의 말씀으로 다스리십니다. 그의 말씀은 흙 도가니에 일곱 번 단련한 은같이 순결합니다. 은이 불의 시험을 통과하여 순결하게 된 것처럼 하나님의 말씀은 역사를 통해 진리임이 인정되었다는 의미입니다. 하나님의 말씀은 인생의 유일한 지침으로 듣고 새겨야 할 진리입니다. 하나님께 피하는 백성들을 지키신다는 약속도 반드시 지켜질 말씀입니다. 가련한 자들의 눌림과 궁핍한 자들의 탄식을 들으시고 하나님께서 일어나 안전한 지대에 두실 겁니다. 이 세대로부터 영원까지 보존하실 겁니다.

가치 없는 것이 인정받는 시대에 악인들의 무가치한 말과 영원한 하나님의 말씀이 대조를 이루고 있습니다. 당신을 흔드는 말들에 귀를 기울이지 말고 하나님의 언약의 말씀을 믿음으로 붙드십시오.

기도:
하나님 아버지, 세상에서 들리는 수많은 말과 정보, 지식 중에 옳고 그름을 분별할 수 있는 지혜를 주옵소서. 많은 사람이 따르는 가치 없는 것보다 하나님의 언약의 말씀을 믿고 따르는 경건하고 충실한 자가 되게 하옵소서. 진실한 마음으로 하나님을 섬기며 사람을 대하게 하옵소서. 그리스도께서 우리를 위한 경건하고 충실한 대제사장이 되어 주시니 감사드립니다. 예수 그리스도의 이름으로 기도합니다. 아멘.

시편 13편 여호와여 어느 때까지니이까

[다윗의 시, 인도자를 따라 부르는 노래]
¹ 여호와여 어느 때까지니이까 나를 영원히 잊으시나이까
주의 얼굴을 나에게서 어느 때까지 숨기시겠나이까
² 나의 영혼이 번민하고 종일토록 마음에 근심하기를
어느 때까지 하오며
내 원수가 나를 치며 자랑하기를 어느 때까지 하리이까
³ 여호와 내 하나님이여 나를 생각하사 응답하시고
나의 눈을 밝히소서 두렵건대 내가 사망의 잠을 잘까 하오며
⁴ 두렵건대 나의 원수가 이르기를 내가 그를 이겼다 할까 하오며
내가 흔들릴 때에 나의 대적들이 기뻐할까 하나이다
⁵ 나는 오직 주의 사랑을 의지하였사오니
나의 마음은 주의 구원을 기뻐하리이다
⁶ 내가 여호와를 찬송하리니
이는 주께서 내게 은덕을 베푸심이로다

  믿음이 있다면 어떤 일이 있어도 하나님께 불평하지 않고 믿음의 고백만 해야 한다고 생각하는 사람들이 있습니다. 다윗의 시를 보면 그것이 정직하지 않은 것임을 알 수 있습니다. 다윗은 자신이 겪는 고난에 대하여 하나님께 묻습니다.
  "여호와여 어느 때까지니이까
  나를 영원히 잊으시나이까
  주의 얼굴을 나에게서 어느 때까지 숨기시겠나이까"(1)
  다윗은 "영혼이 번민하고 종일토록 마음에 근심하"고 있다고 말합

니다. "어느 때까지 하리이까"라고 반복하여 묻습니다. 그가 무엇 때문에 그렇게 고민과 근심 중에 있는지는 알 수 없습니다. 그런데 다윗은 그것이 하나님께서 그 얼굴을 자신에게서 숨기셔서 된 일이라고 투정을 합니다. 그러면서 다윗은 하나님께 도움을 구합니다. 하나님께서 그를 버린 것이 아니라는 것을 알기 때문입니다. 하나님이 얼굴을 숨기셨다는 생각으로 아주 낙심하고 우울한 상태에 이르지 않게 해 달라고 간구합니다.

"나를 생각하사 응답하시고 나의 눈을 밝히소서
두렵건대 내가 사망의 잠을 잘까 하오며"(3)

다윗은 근심과 두려움을 하나님께 쏟아 놓습니다. 믿음이 없기 때문이 아닙니다. 오히려 하나님과 언약 안에 있기에 언약에 신실하신 하나님께 도움을 구할 수 있습니다. 그런 마음이 5~6절에 표현되어 있습니다.

"나는 오직 주의 사랑을 의지하였사오니…
내가 여호와를 찬송하리니…"

신자가 고난을 받을 때 대개 자신에게서 원인을 찾곤 합니다. 내가 무슨 죄를 지어서 이런 어려움을 주시는가? 하나님을 경외하는 자라도 책망받을 죄가 하나도 없다고는 할 수 없기에 고난의 원인을 자신에게 찾으려고 합니다. 하지만 하나님의 인자하심(헤세드)을 믿으십시오. 그리스도 안에서 우리를 정죄하지 않으심을 믿으십시오. 죄가 있을지라도 고백하면 용서하심을 믿으십시오(요일 1:9). 그리고 하나님께 있는 모습 그대로 나아가 마음을 쏟으십시오.

기도:
하나님 아버지, 모든 것을 다 아시는 하나님께 나아갈 때도 그럴싸한 모습으로 나가려는 외식이 저에게 있지 않습니까? 근심하며 괴로운 것, 두려운 것을 인정하지 못하고 말씀드리지 못하고 있지 않습니까? 있는 그대로 정직하게 마음을 쏟아 놓을 수 있는 자유와 하나님의 사랑에 대한 확신을 주옵소서. 예수 그리스도의 이름으로 기도합니다. 아멘.

시편 14편 여호와께서 하늘에서 인생을 굽어살피사

[다윗의 시, 인도자를 따라 부르는 노래]
1 어리석은 자는 그의 마음에 이르기를 하나님이 없다 하는도다
그들은 부패하고 그 행실이 가증하니 선을 행하는 자가 없도다
2 여호와께서 하늘에서 인생을 굽어살피사
지각이 있어 하나님을 찾는 자가 있는가 보려 하신즉
3 다 치우쳐 함께 더러운 자가 되고
선을 행하는 자가 없으니 하나도 없도다
4 죄악을 행하는 자는 다 무지하냐
그들이 떡 먹듯이 내 백성을 먹으면서
여호와를 부르지 아니하는도다
5 그러나 거기서 그들은 두려워하고 두려워하였으니
하나님이 의인의 세대에 계심이로다
6 너희가 가난한 자의 계획을 부끄럽게 하나
오직 여호와는 그의 피난처가 되시도다
7 이스라엘의 구원이 시온에서 나오기를 원하도다
여호와께서 그의 백성을 포로 된 곳에서 돌이키실 때에
야곱이 즐거워하고 이스라엘이 기뻐하리로다

"하나님이 없다"라고 말하는 무신론자가 교회 밖에만 있는 것은 아닙니다. 교회 안에 들어 있는 이들 중에도 실천적인 무신론자들이 있습니다. 드라마, 영화 등 다양한 매체에서 고발할 의도로 등장시킨

기독교인들이 바로 이런 사람들입니다. 이론으로는 하나님을 예배하는 의식에 참여하지만, 하나님이 인생을 살피시거나 의인들의 기도를 들으시고 그들의 피난처가 되신다는 것을 믿지 않습니다. 당연히 그들은 하나님을 두려워하지 않으며 그 행실이 부패하고 가증합니다.

이 시편은 그런 어리석은 악인들이 결코 하나님과 그의 백성들을 이기지 못할 것이라는 교훈을 담고 있는 지혜시입니다. 탄식이나 간구나 감사의 내용이 들어 있지 않습니다.

어리석은 자는 하나님이 "없다"라고 말하지만, 다윗은 오히려 선을 행하는 자가 "없다", 하나도 "없다"라고 말하여 그들의 주장을 반박합니다. 그들은 행실에서는 더럽고 지성에 있어서는 무지합니다. 그들은 "여호와께서 하늘에서 인생을 굽어살피사 지각이 있어 하나님을 찾는 자가 있는가" 보려 하신다는 사실을 알지 못합니다. 칼빈은 "누구든지 하나님께 나아가려고 더욱 노력할수록 하나님이 그에게 이성을 주셨음을 더 확실히 입증하는 것"이라고 했습니다. 여호와를 부르지 않는 그들은 지각이 없는 자입니다.

여호와께서는 하늘에서 인생을 굽어살피십니다. 그는 의인의 자녀들(세대)과 함께 계십니다. 그들의 피난처가 되시며 약속하신 구원자 그리스도를 보내십니다. 그가 오셔서 모든 포로 된 상황에서 회복하실 겁니다.

기도:

하나님 아버지, 저에게 성령을 보내셔서 하나님과 예수 그리스도를 알게 하심을 감사드립니다. 제 마음의 눈을 열어 하나님을 보게 하시고 그 영광된 하나님께 소망을 두고 피하여 가는 것이 풍성한 삶임을 알게 하셔서 감사합니다. 어리석고 지각없는 사람들의 가증한 행실과 괴롭힘을 두려워하지 않게 하시고 피난처 되시는 하나님께 피하여 위로를 얻게 하옵소서. 죄와 지각없는 자들에게서 지켜 주시옵소서. 즐거움과 기쁨이 회복되게 하옵소서. 예수 그리스도의 이름으로 기도합니다. 아멘,

시편 15편 여호와의 장막에 머무를 자 누구오니이까

[다윗의 시]
¹ 여호와여 주의 장막에 머무를 자 누구오며
주의 성산에 사는 자 누구오니이까
² 정직하게 행하며 공의를 실천하며
그의 마음에 진실을 말하며
³ 그의 혀로 남을 허물하지 아니하고
그의 이웃에게 악을 행하지 아니하며
그의 이웃을 비방하지 아니하며
⁴ 그의 눈은 망령된 자를 멸시하며
여호와를 두려워하는 자들을 존대하며
그의 마음에 서원한 것은 해로울지라도 변하지 아니하며
⁵ 이자를 받으려고 돈을 꾸어 주지 아니하며
뇌물을 받고 무죄한 자를 해하지 아니하는 자이니
이런 일을 행하는 자는 영원히 흔들리지 아니하리이다

여호와의 장막(성소)은 거룩한 산으로 지정된 시온에 있습니다. 그곳은 하나님의 임재를 상징하는 장소입니다. 1절은 하나님의 임재의 장소인 성소에 들어갈 수 있는 자가 누구인지 묻습니다. 나머지는 그에 대한 답입니다. 거룩하신 하나님이 계신 곳에 들어가 하나님을 뵙고 교제할 수 있는 사람은 죄가 없는 사람이어야 합니다. 그는 정직하며 공의를 행하며 마음에 진실을 말해야 합니다. 남의 허물을 들추어내지 않고 이웃에게 악을 행하지 않아야 합니다. 폭력적인 이자로 이웃을 해롭게 해서는 안 됩니다. 이런 사람은 하나님이 계시는 곳에 들어가 영원히 흔들리지 않는 안전을 보장받습니다.

"바로 내가 이런 사람입니다"라고 말할 수 있는 사람이 있을까요?

다른 사람보다 도덕적인 사람이 있을 수는 있지만 완벽하게 말씀에 순종하여 의로운 사람이 있겠습니까? 조금 더 노력하여 이 자격을 갖출 수는 있는 것인가요? 힘써야 하겠지만 우리의 힘으로 자격을 갖출 수는 없다는 것이 정직한 고백이 아닐까요?

 그러면 우리에게는 하나님의 거룩한 임재의 자리로 나갈 소망이 없는 겁니까? 그렇지 않습니다. 하나님께서 시온에 세우신 아들에게로 피하여 가는 길이 있습니다. 하나님의 아들은 우리에게 그리스도가 되시고 우리의 머리(대표)가 되셔서 그의 온전한 순종으로 하나님이 요구하시는 의를 이루셨습니다. 그래서 우리는 그리스도 안에서 그리스도가 얻으신 혜택에 참여하게 됩니다. 그리스도가 받으신 의로우심이 그리스도를 믿는 우리의 것이 됩니다. 그렇게 해서 우리의 의가 아닌 그리스도의 의로 값없이 하나님의 성소에 들어가고 그곳에 머물 자격을 얻게 됩니다. 사실은 우리가 간 것이 아니라 하나님께서 그리스도 안에서 우리에게 오신 것입니다. 이것을 임마누엘(하나님이 우리와 함께 계시다)이라고 합니다. 삼위일체 하나님이 우리 안에 거하심으로 우리를 하나님의 성전이 되게 하셨습니다. 우리는 하나님의 거룩하심과 같이 거룩한 자가 되었습니다. 그렇다면 어떻게 살아야 하겠습니까?

 기도:
 여호와 하나님, 거룩하신 하나님의 성소에 살 수 있는 자가 누구이겠습니까? 하나님께 가까이함이 우리의 죄악을 드러낼 뿐입니다. 하나님의 자비로우신 은혜로 우리를 위한 중보자를 보내주셨습니다. 그리스도께서 십자가에서 저의 모든 죄를 대속하여 주시고 율법에 온전히 순종하심으로 저의 의로움이 되어 주시니 감사합니다. 저를 거룩하신 삼위일체 하나님이 거하시는 성전으로 삼으시니 제 앞에 항상 하나님을 모십니다. 이 믿음이 삶의 거룩함으로 이웃에 대한 사랑으로 나타나게 하옵소서. 예수 그리스도의 이름으로 기도합니다. 아멘.

시편 16편 여호와여 주밖에는 나의 복이 없습니다

[다윗의 믹담]
[1] 하나님이여 나를 지켜 주소서 내가 주께 피하나이다
[2] 내가 여호와께 아뢰되 주는 나의 주님이시오니
주밖에는 나의 복이 없다 하였나이다
[3] 땅에 있는 성도들은 존귀한 자들이니
나의 모든 즐거움이 그들에게 있도다
[4] 다른 신에게 예물을 드리는 자는 괴로움이 더할 것이라
나는 그들이 드리는 피의 전제를 드리지 아니하며
내 입술로 그 이름도 부르지 아니하리로다
[5] 여호와는 나의 산업과 나의 잔의 소득이시니
나의 분깃을 지키시나이다
[6] 내게 줄로 재어 준 구역은 아름다운 곳에 있음이여
나의 기업이 실로 아름답도다
[7] 나를 훈계하신 여호와를 송축할지라
밤마다 내 양심이 나를 교훈하도다
[8] 내가 여호와를 항상 내 앞에 모심이여
그가 나의 오른쪽에 계시므로 내가 흔들리지 아니하리로다
[9] 이러므로 나의 마음이 기쁘고 나의 영도 즐거워하며
내 육체도 안전히 살리니
[10] 이는 주께서 내 영혼을 스올에 버리지 아니하시며
주의 거룩한 자를 멸망시키지 않으실 것임이니이다
[11] 주께서 생명의 길을 내게 보이시리니
주의 앞에는 충만한 기쁨이 있고
주의 오른쪽에는 영원한 즐거움이 있나이다

16편은 다윗이 하나님에 대한 신뢰를 고백하는 시입니다. 다윗은

여호와가 "나의 주님"이시며 "주밖에는 나의 복이 없다"라고 고백합니다(1~2). 주밖에 복이 없다는 것이 무엇인지 그 내용이 뒤에 따라 나옵니다. 하나님께 부르심을 받은 성도들을 즐거움으로 삼고 다른 신을 섬기는 자들의 제사에 관여하지 않습니다(3~4). 여호와께서 주신 것을 만족하고 감사하게 생각합니다(5~6). 여호와의 훈계에 귀를 기울이며 동행함으로 흔들리지 않습니다(7~8). 여호와의 언약을 신뢰함으로 마음과 영혼과 육체가 안전하다는 확신으로 하나님을 찬양합니다(9~11).

이 시를 온전히 이해하기 위해서는 베드로와 바울이 16편을 어떻게 이해했는지 알아야 합니다. 베드로는 16:8~11을 인용하면서 예수 그리스도의 부활에 관한 예언으로 해석합니다(행 2:25~32). 베드로는 다윗은 죽어 장사 되었지만, 그리스도는 죽음을 보지 않았다고 합니다. 바울도 16:10을 예수님에 관한 것으로 인용합니다(행 13:33~38).

다윗은 하나님의 약속에 의지하여 하나님을 복으로 고백했습니다. 또한, 성령에 의해 그리스도의 부활에 관해 예언했습니다. 우리는 이 시편을 그리스도 안에서 우리의 것으로 고백해야 합니다. 그리스도가 하나님께 모든 은사를 받아 우리에게 나눠주셨습니다. 그리스도 안에서 우리는 하나님을 우리의 복으로 고백합니다. 하나님은 항상 내 앞에 임마누엘 하나님으로 계시며 우리에게 생명의 길을 보이시고 충만한 기쁨과 영원한 즐거움을 주십니다.

기도:
여호와 하나님, 하나님은 나의 복입니다. 그리스도 안에서 하나님 나라와 교회(성도들)와 가정과 일과 삶의 터전을 주셨습니다. 임마누엘이신 하나님께서 항상 저와 동행하신다는 것을 믿음으로 의식하게 하옵소서. 그로 인해 제 마음과 영이 기쁨이 가득하게 하시고 육체도 평안하게 하옵소서. 예수 그리스도의 이름으로 기도합니다. 아멘.

시편 17:1~5 여호와여 의의 호소를 들으소서

[다윗의 기도]
1 여호와여 의의 호소를 들으소서
나의 울부짖음에 주의하소서
거짓 되지 아니한 입술에서 나오는
나의 기도에 귀를 기울이소서
2 주께서 나를 판단하시며
주의 눈으로 공평함을 살피소서
3 주께서 내 마음을 시험하시고
밤에 내게 오시어서 나를 감찰하셨으나
흠을 찾지 못하셨사오니
내가 결심하고 입으로 범죄하지 아니하리이다
4 사람의 행사로 논하면
나는 주의 입술의 말씀을 따라 스스로 삼가서
포악한 자의 길을 가지 아니하였사오며
5 나의 걸음이 주의 길을 굳게 지키고
실족하지 아니하였나이다

다윗은 자기의 공의에 근거하여 자기를 치는 자들에게서 구하여 달라고 하나님께 간구합니다. 다윗과 같이 당당하게 구할 수 있는 사람이 있을까요? 다윗은 도덕적으로 완전하다고 주장하는 것이 아닙니다. 적어도 원수들이 자기를 비방하는 것과 같은 죄를 자신이 범하지는 않았다는 겁니다. 왕으로서 통치하는 일에 공정하지 않은 일은 없었다는 겁니다. 다윗은 자기의 호소가 의의 호소이며 거짓되지 않은 입술의 기도라고 합니다. 하나님께서 판단하시고 시험하시고 감찰하시며 흠을 찾지 못하셨다고 합니다. 이렇게 당당할 수 있는 것은 그가 하나님의 말씀을 따라 그 길을 굳게 걸었기 때문입니다.

사도 요한은 이렇게 말합니다. "[21] 사랑하는 자들아 만일 우리 마음이 우리를 책망할 것이 없으면 하나님 앞에서 담대함을 얻고 [22] 무엇이든지 구하는 바를 그에게서 받나니 이는 우리가 그의 계명을 지키고 그 앞에서 기뻐하시는 것을 행함이라"(요한일서 3:18~22)

사도 요한은 우리가 서로 사랑함으로 하나님 앞에서 담대함을 얻고 구할 수 있다고 말합니다. 모든 이를 사랑하는 것은 불가능하지만 사랑해야 하는 형제자매를 사랑할 때 하나님께 나아가는 담대함을 갖게 됩니다. 우리의 사랑이 그리스도의 중보를 대신하는 것은 아닙니다. 형제 사랑이 우리가 그리스도 안에 있음을 확신하게 합니다. 도덕적으로 완전한 사람만 하나님 앞에 설 수 있다고 생각해서는 안 됩니다. 우리를 위해 죄의 값을 치르신 그리스도가 우리를 하나님의 보좌로 이끄는 유일한 중보자가 되십니다.

기도:
하나님 아버지, 저는 하나님 앞에 의의 호소를 할 수 있습니까? 모든 일에 죄가 없다고 할 수는 없지만, 원수가 비방하는 일에 떳떳한가요? 제 마음이 책망하는 것에 대해서 하나님 앞에 고백합니다. 저의 죄를 사하여 주옵소서. 하나님이 그리스도 안에서 용서하시고 정죄하지 않으신 후에는 담대하게 하옵소서. 그리고 의의 길로 걸어가게 하옵소서. 예수 그리스도의 이름으로 기도합니다. 아멘.

시편 17:6~15 나는 의로운 중에 주의 얼굴을 뵈오리니

^{6} 하나님이여 내게 응답하시겠으므로 내가 불렀사오니
내게 귀를 기울여 내 말을 들으소서
^{7} 주께 피하는 자들을 그 일어나 치는 자들에게서
오른손으로 구원하시는 주여 주의 기이한 사랑을 나타내소서
^{8} 나를 눈동자 같이 지키시고
주의 날개 그늘 아래에 감추사
^{9} 내 앞에서 나를 압제하는 악인들과
나의 목숨을 노리는 원수들에게서 벗어나게 하소서
^{10} 그들의 마음은 기름에 잠겼으며
그들의 입은 교만하게 말하나이다
^{11} 이제 우리가 걸어가는 것을 그들이 에워싸서 노려보고
땅에 넘어뜨리려 하나이다
^{12} 그는 그 움킨 것을 찢으려 하는 사자 같으며
은밀한 곳에 엎드린 젊은 사자 같으니이다
^{13} 여호와여 일어나 그를 대항하여 넘어뜨리시고
주의 칼로 악인에게서 나의 영혼을 구원하소서
^{14} 여호와여 이 세상에 살아 있는 동안
그들의 분깃을 받은 사람들에게서 주의 손으로 나를 구하소서
그들은 주의 재물로 배를 채우고 자녀로 만족하고
그들의 남은 산업을 그들의 어린아이들에게 물려 주는 자니이다
^{15} 나는 의로운 중에 주의 얼굴을 뵈오리니
깰 때에 주의 형상으로 만족하리이다

다윗은 자신이 하나님의 은혜를 입은 자임을 압니다. 하나님은 그

의 기도를 들으시는 분이고 기이한 사랑(헤세드)을 주시며 눈동자같이 지키시고 주의 날개 그늘 아래 감추시는 분입니다. 그리스도 안에 있는 우리도 다윗과 같이 고백할 수 있습니다. 하나님께서 우리를 사랑하시되 기쁨을 이기지 못하실 정도로 사랑하십니다(합 3:17).

다윗은 자기를 노리는 원수들의 악함에 대해 하나님께 고발합니다. 그들의 마음은 기름에 잠겼습니다. 이것은 배부른 자의 교만함과 무감각함을 말하는 겁니다. 그들은 움킨 것을 찢으려는 사자 같이 맹렬하고 자비가 없습니다. 그들은 이 땅에서 풍요로우며 그들의 자녀들도 풍요를 이어갑니다. 그러나 그들의 풍요는 "이 세상에 살아 있는 동안"뿐입니다.

마지막 구절에 다윗의 소망이 나타납니다. 다윗은 의로운 중에 하나님의 얼굴을 뵙고 하나님의 형상으로 만족하며 깬다고 합니다. "깰 때"는 하나님이 구원하시는 아침을 말하는 것이기도 하고, 부활의 날을 말하기도 합니다. 세상의 원수는 이 땅에서 풍요를 누리지만, 다윗은 하나님께서 그를 의롭게 여기심으로 하나님의 얼굴, 하나님의 형상을 뵐 수 있는 것으로 만족합니다. 그 은혜와 사랑이 영원하기 때문입니다. 다윗은 "내가 여호와를 항상 내 앞에 모심이여 그가 나의 오른쪽에 계시므로 내가 흔들리지 아니하리로다"(시 16:8) 라고 합니다. 하나님께서 그의 형상이요 영광이신 그리스도와 함께 우리에게 오셨습니다. 임마누엘이신 하나님은 우리와 항상 함께 계십니다.

기도:
하나님 아버지, 우리의 대적이며 동시에 하나님의 원수는 이 세상에서 풍요를 자손에게까지 물려줍니다. 그들은 그것을 자랑하며 교만하게 하나님의 백성을 압제하고 넘어뜨리려 합니다. 하지만 하나님께서 그들을 대항하여 넘어뜨리시고 우리를 구원하실 줄을 믿습니다. 이 땅에 사는 동안 눈동자와 같이 지켜 주시고 주의 날개 아래 감추어 주십시오. 예수 그리스도의 이름으로 기도합니다. 아멘.

시편 18:1~6 여호와여 내가 주를 사랑하나이다

[여호와의 종 다윗의 시, 인도자를 따라 부르는 노래, 여호와께서 다윗을 그 모든 원수들의 손에서와 사울의 손에서 건져 주신 날에 다윗이 이 노래의 말로 여호와께 아뢰어 이르되]
¹ 나의 힘이신 여호와여 내가 주를 사랑하나이다
² 여호와는 나의 반석이시요 나의 요새시요 나를 건지시는 이시요
나의 하나님이시요 내가 그 안에 피할 나의 바위시요
나의 방패시요 나의 구원의 뿔이시요 나의 산성이시로다
³ 내가 찬송 받으실 여호와께 아뢰리니
내 원수들에게서 구원을 얻으리로다
⁴ 사망의 줄이 나를 얽고 불의의 창수가 나를 두렵게 하였으며
⁵ 스올의 줄이 나를 두르고 사망의 올무가 내게 이르렀도다
⁶ 내가 환난 중에서 여호와께 아뢰며 나의 하나님께 부르짖었더니
그가 그의 성전에서 내 소리를 들으심이여
그의 앞에서 나의 부르짖음이 그의 귀에 들렸도다

시편 18편은 사무엘하 22장을 반복합니다. 사무엘하에서는 다윗의 생애 끝에 하나님의 구원에 감사하는 것으로 보입니다. 시편에서는 3~17편까지의 싸움이 잠시 끝나고 하나님의 도우심을 찬송하는 시로 자리를 잡고 있습니다.

1~6절은 환난에서 구원하시는 하나님을 신뢰하는 찬양입니다. 다윗은 어느 사건 하나를 말하지 않고 인생 중에 겪었던 고난을 돌아봅니다. 그가 겪었던 환난은 "사망의 줄", "불의의 창수", "스올의 줄", "사망의 올무"였습니다. 그 환난 중에서 하나님께 부르짖었더니 하나님께서 그의 성전에서 들으셨습니다.

하나님은 다윗에게 반석, 요새, 건지시는 이, 피할 나의 바위, 방패, 구원의 뿔 그리고 산성이 되어 주셨습니다. 이렇게 여러 비유를 사용한 곳은 여기가 유일합니다. 의미가 비슷하지만 이러한 반복을 통해 다윗은 하나님이 도움이 되셨음을 강조합니다.

당신은 하나님을 무엇이라 표현할 수 있습니까? 다윗의 표현을 빌려서 말할 수 있습니까? 하나님은 세상을 창조하신 후 멀리 계셔서 우리의 인생과는 관계없는 분이 아닙니다. 그는 자기를 찾는 자들의 기도를 들으시고 응답하시는 분이십니다.

다윗은 하나님을 깊이 사랑한다고 고백합니다.

"나의 힘이신 여호와여 내가 주를 사랑하나이다"

다윗은 하나님을 "나의 힘"이라고 말합니다. 요술램프에 들어 있어 필요할 때 불러내는 그런 유의 신으로 생각하고 있는 것은 아닙니다. 그의 의지가 되며 사랑하는 분입니다. 하나님께 직접 사랑을 고백하는 표현은 이것이 유일합니다. 하나님은 당신에게 어떤 분입니까? 이렇게 고백할 수 있기를 바랍니다.

"나의 힘이신 여호와여 내가 당신을 사랑하나이다"

기도:

여호와 하나님, 나의 힘이시여, 나의 부르짖음을 들으시고 구원하여 주심을 감사합니다. 하나님은 저를 사망에서 건지셔서 하나님 나라로 옮기셨습니다. 이제까지 도우셨던 하나님이 장래에도 신실하게 도우실 것을 믿습니다. 그리스도를 통해 사랑을 확증하셨으니 저도 흔들리지 않는 마음으로 하나님을 사랑하게 하옵소서. 나의 하나님, 내가 당신을 사랑합니다. 예수 그리스도의 이름으로 기도합니다. 아멘.

시편 18:7~19 땅이 진동하고 산들의 터도 요동하였으니

⁷ 이에 땅이 진동하고 산들의 터도 요동하였으니
그의 진노로 말미암음이로다
⁸ 그의 코에서 연기가 오르고 입에서 불이 나와 사름이여
그 불에 숯이 피었도다
⁹ 그가 또 하늘을 드리우시고 강림하시니
그의 발아래는 어두캄캄하도다
¹⁰ 그룹을 타고 다니심이여
바람 날개를 타고 높이 솟아오르셨도다
¹¹ 그가 흑암을 그의 숨는 곳으로 삼으사
장막 같이 자기를 두르게 하심이여
곧 물의 흑암과 공중의 빽빽한 구름으로 그리하시도다
¹² 그 앞에 광채로 말미암아 빽빽한 구름이 지나며
우박과 숯불이 내리도다
¹³ 여호와께서 하늘에서 우렛소리를 내시고
지존하신 이가 음성을 내시며 우박과 숯불을 내리시도다
¹⁴ 그의 화살을 날려 그들을 흩으심이여
많은 번개로 그들을 깨뜨리셨도다
¹⁵ 이럴 때에 여호와의 꾸지람과 콧김으로 말미암아
물밑이 드러나고 세상의 터가 나타났도다
¹⁶ 그가 높은 곳에서 손을 펴사 나를 붙잡아 주심이여
많은 물에서 나를 건져내셨도다
¹⁷ 나를 강한 원수와 미워하는 자에게서 건지셨음이여
그들은 나보다 힘이 세기 때문이로다
¹⁸ 그들이 나의 재앙의 날에 내게 이르렀으나
여호와께서 나의 의지가 되셨도다
¹⁹ 나를 넓은 곳으로 인도하시고 나를 기뻐하시므로
나를 구원하셨도다

다윗은 여호와 하나님의 구원하심을 시각적으로 표현하고 있습니다. 다윗을 구원하실 때 땅이 진동하고 하늘에서 불이 내려오는 일은 없었습니다. 이것은 출애굽 시기에 모세와 이스라엘 백성이 경험한 겁니다. 그때 하나님은 땅과 산들을 흔드시고 불과 흑암과 구름과 우렛소리와 우박과 하늘에서 내리는 숯불을 사용하셨습니다.

다윗이 과거 경험을 사용하여 구원하심을 표현하는 것은 자연 현상을 통해서라도 하나님이 우리 가까이 계시며 구원하시는 분이라는 것을 기억하게 하려는 겁니다. 다윗에게도 그리고 우리에게도 출애굽 백성들이 겪었던 일이 없다 할지라도 하나님은 그보다 큰 능력을 우리에게 베푸시고 우리를 흑암의 권세에서 건지셨습니다. 바울은 히브리서에서 "옛적에 선지자들을 통하여 여러 부분과 여러 모양으로 우리 조상들에게 말씀하신 하나님이 이 모든 날 마지막에는 아들을 통하여 우리에게 말씀"하셨다고 증언합니다(히 1:1, 2). 땅과 하늘이 진동하는 것에 비하면 하나님 아들의 성육신과 십자가와 부활은 얼마나 큰 우주적인 사건입니까. 그리스도를 죽은 자 가운데서 살리신 하나님의 능력이 우리를 "흑암의 권세에서" "아들의 나라로" 옮기셨습니다(골 1:13). 우리는 지금 그 나라와 권세와 능력 안에 있습니다.

기도:
하나님은 전능하십니다. 그 힘을 흑암의 권세에서 저를 구원하시기 위해 사용하심을 감사드립니다. 자연의 움직임을 볼 때마다 하나님이 기뻐하시는 자를 위해 역사하시는 능력을 생각하게 하옵소서. 저의 눈을 열어 주셔서 이미 하나님 나라에 들어와 있음을 보게 하옵소서. 여전히 계속되는 싸움 중에서도 우리를 구원하여 주실 것을 믿나이다. 여호와는 나의 의지가 되십니다. 예수 그리스도의 이름으로 기도합니다. 아멘.

시편 18:20~30 여호와께서 내 의를 따라 상 주시며

²⁰ 여호와께서 내 의를 따라 상 주시며
내 손의 깨끗함을 따라 내게 갚으셨으니
²¹ 이는 내가 여호와의 도를 지키고
악하게 내 하나님을 떠나지 아니하였으며
²² 그의 모든 규례가 내 앞에 있고
내게서 그의 율례를 버리지 아니하였음이로다
²³ 또한 나는 그의 앞에 완전하여
나의 죄악에서 스스로 자신을 지켰나니
²⁴ 그러므로 여호와께서 내 의를 따라 갚으시되
그의 목전에서 내 손이 깨끗한 만큼 내게 갚으셨도다
²⁵ 자비로운 자에게는 주의 자비로우심을 나타내시며
완전한 자에게는 주의 완전하심을 보이시며
²⁶ 깨끗한 자에게는 주의 깨끗하심을 보이시며
사악한 자에게는 주의 거스르심을 보이시리니
²⁷ 주께서 곤고한 백성은 구원하시고
교만한 눈은 낮추시리이다
²⁸ 주께서 나의 등불을 켜심이여
여호와 내 하나님이 내 흑암을 밝히시리이다
²⁹ 내가 주를 의뢰하고 적군을 향해 달리며
내 하나님을 의지하고 담을 뛰어넘나이다
³⁰ 하나님의 도는 완전하고 여호와의 말씀은 순수하니
그는 자기에게 피하는 모든 자의 방패시로다

20~24절에서는 하나님께서 왕을 구원하신 이유를 말합니다. 그것은 왕의 의로움 때문입니다. 다윗은 "의"를 행하였고 "손이 깨끗"했습니다. 그는 여호와의 도를 지키고 하나님을 떠나지 않았습니다. 하나님의 모든 규례와 율례를 따랐습니다. 하나님께서는 그의 의를 따라 그에게 상을 주시며 갚아 주셨습니다. 백성들은 왕에게 속하였기 때문에 하나님께서 왕에게 주시는 은혜는 백성들에게 베풀어집니다. 예수 그리스도만이 자기의 의를 따라 하나님께서 갚으신다고 말할 수 있습니다. 그리스도는 우리의 왕이요 머리(대표)로서 십자가에 죽기까지 순종하심으로 하나님의 모든 율법의 요구를 이루셨습니다. 이러한 "그리스도의 의"는 예수를 믿는 이들에게 전하여져서 그들도 의롭다는 인정을 받게 됩니다.

25~30절은 하나님께서 왕을 신실하게 대하신 내용입니다. 하나님은 왕에게 자비를 나타내시고 완전하심과 깨끗하심을 보이셨습니다. 등불이 되어 주시고 피하는 모든 자의 방패가 되어 주십니다. 왕에게뿐 아니라 왕에게 속한 모든 자에게도 신실하신 하나님이십니다. 왕의 의로움과 왕을 대하는 하나님의 신실하심은 하나님께 피하여 가는 모든 사람에게 큰 위안이 됩니다.

하나님은 사악한 자에게는 거스르시고 교만한 자의 눈은 낮추십니다. 왕에게 속한 백성이 그의 다스리는 규례를 따라 살아가는 것이 당연한 것처럼 하나님의 말씀에 순종하여야 합니다. 그것이 우리를 담대하게 하여 주를 의뢰하고 적군을 향해 달리며 담을 뛰어넘게 합니다.

기도:
하나님 아버지, 그리스도의 의로 저에게 옷을 입혀 주시고 그 의를 따라 제게 은혜를 베푸시니 감사합니다. 제 안에 주신 그리스도의 영이신 성령을 따라 하나님의 말씀을 따라 걸어가게 하옵소서. 하나님의 뜻을 거스르는 세상을 두려워하지 않게 하시고 하나님을 의지하는 데서 나오는 담대함으로 적군을 향해 달리며 담을 넘게 하옵소서. 예수 그리스도의 이름으로 기도합니다. 아멘.

시편 18:31~36 여호와 외에 누가 하나님인가

³¹ 여호와 외에 누가 하나님이며
우리 하나님 외에 누가 반석이냐
³² 이 하나님이 힘으로 내게 띠 띠우시며
내 길을 완전하게 하시며
³³ 나의 발을 암사슴 발 같게 하시며
나를 나의 높은 곳에 세우시며
³⁴ 내 손을 가르쳐 싸우게 하시니
내 팔이 놋 활을 당기도다
³⁵ 또 주께서 주의 구원하는 방패를 내게 주시며
주의 오른손이 나를 붙들고
주의 온유함이 나를 크게 하셨나이다
³⁶ 내 걸음을 넓게 하셨고
나를 실족하지 않게 하셨나이다

다윗은 왕인 자신을 무장시켜 그 사명을 성공적으로 수행하게 하신 여호와를 찬양합니다. 찬양은 "여호와 외에 누가 나의 하나님이며 우리 하나님 외에 누가 반석이냐"고 수사학적 질문으로 시작합니다. 굳이 상대의 대답이 필요하지 않은 질문으로 여호와가 전능하신 하나님이라는 것을 강조합니다.

다윗은 전능하신 하나님께서 자신을 어떻게 무장시키셨는지 개인적인 경험을 찬양의 근거로 제시합니다. 하나님이 힘으로 다윗을 띠 띠우시고 그 길을 완전하게 하셨습니다. 띠는 군인이 힘을 발휘하기 위해 차는 겁니다. 그의 힘은 하나님에게서 나옵니다. 하나님께서 그의 발을 암사슴 발같이 민첩하게 달리게 하시고 승리의 높은 곳에 세우셨습니다. 그의 손을 가르쳐 싸우게 하시되 보통 사람은 당길 수 없는 놋 활을 당길 수 있게 하셨고 구원하는 방패를 주셔서 대적의 공격에 방어할 수 있게 하셨습니다. 하나님의 오른손은 권능을 의미합니다. 그의 권능으로 붙드시고 대적을 이기게 하시고 온유함으로 그를 크게 하셨습니다. 온유함은 관대하심입니다. 그의 걸음을 자유롭고 안전하게 하시고 발목이 흔들리지 않도록 붙드셨습니다.

전능하신 하나님께서 다윗을 무장시키신 것이 우리에게는 어떻게 적용될까요? 바울이 에베소 교회에 보낸 편지에서 이렇게 말합니다.

"[10] 끝으로 너희가 주 안에서와 그 힘의 능력으로 강건하여지고 [11] 마귀의 간계를 능히 대적하기 위하여 하나님의 전신 갑주를 입으라 [12] 우리의 씨름은 혈과 육을 상대하는 것이 아니요 통치자들과 권세들과 이 어둠의 세상 주관자들과 하늘에 있는 악의 영들을 상대함이라"(에베소서 6:10~12)

우리는 영적인 세력들과 싸움 중입니다. 바울은 우리에게 하나님 안에서 그의 힘의 능력으로 강건하여지라고 합니다. 하나님께서는 그의 말씀과 성령으로 우리를 무장하여 대적을 상대하게 하십니다. 우리를 대적하는 세력이 어떠하든 여호와는 전능하신 하나님으로 우리를 이기게 하십니다.

기도:
여호와 하나님, 저는 그리스도의 군사로 부르심을 받았습니다. 저의 싸움은 하나님께 속한 것입니다. 저의 앞에 있는 대적이 골리앗과 같은 장수라 할지라도 능히 싸워 이기도록 저를 하나님의 힘으로 무장하여 주옵소서. 반석이신 하나님께 의지하여 두려워하거나 흔들리지 않게 하옵소서. 저의 발을 암사슴 발같이 민첩하게 하시고 저의 손을 가르쳐 싸우게 하옵소서. 예수 그리스도의 이름으로 기도합니다. 아멘.

시편 18:37~45 하나님께서 능력으로 내게 띠 띠우사

³⁷ 내가 내 원수를 뒤쫓아가리니
그들이 망하기 전에는 돌아서지 아니하리이다
³⁸ 내가 그들을 쳐서 능히 일어나지 못하게 하리니
그들이 내 발아래에 엎드러지리이다
³⁹ 주께서 나를 전쟁하게 하려고 능력으로 내게 띠 띠우사
일어나 나를 치는 자들이 내게 굴복하게 하셨나이다
⁴⁰ 또 주께서 내 원수들에게 등을 내게로 향하게 하시고
나를 미워하는 자들을 내가 끊어 버리게 하셨나이다
⁴¹ 그들이 부르짖으나 구원할 자가 없었고
여호와께 부르짖어도 그들에게 대답하지 아니하셨나이다
⁴² 내가 그들을 바람 앞에 티끌같이 부숴뜨리고
거리의 진흙 같이 쏟아 버렸나이다
⁴³ 주께서 나를 백성의 다툼에서 건지시고
여러 민족의 으뜸으로 삼으셨으니
내가 알지 못하는 백성이 나를 섬기리이다
⁴⁴ 그들이 내 소문을 들은 즉시로 내게 청종함이여
이방인들이 내게 복종하리로다
⁴⁵ 이방 자손들이 쇠잔하여 그 견고한 곳에서 떨며 나오리로다

하나님께서는 능력으로 왕에게 띠 띠우셨습니다. 그를 무장시켜서 대적과 싸우게 하셨습니다. 왕은 원수를 뒤쫓아 무찌르되 그들이 망하기 전에는 돌아서지 않을 겁니다. 대적은 왕 앞에 엎드러지고 굴복하게 됩니다. 그들은 바람 앞에 티끌 같이 부숴지고 거리의 진흙같이 쏟아집니다. 왕이 자신의 힘으로 대적을 이긴다고 말하지 않습니다. 왕은 그 일이 하나님께서 하시는 일로 말합니다. "주께서 … 내게 굴복하게 하셨나이다"(39), "주께서 … 내게로 행하게 하시고 … 내가 끊어 버리게 하셨나이다"(40) 다윗은 하나님께서 은사를 주셔서 싸우게 하셨지만, 하나님께서 친히 원수를 굴복하게 하셨다고 말합니다. 우리는 때로 하나님의 능력과 은사가 있으면 그것으로 싸워 이길 수 있다고 생각합니다. 여전히 우리는 하나님을 의지하여야 합니다. 하나님께서 함께하시는 것이 무엇보다도 큰 은혜입니다.

다윗의 찬양은 그의 삶에서 일부 성취되었습니다. 그리고 오실 그리스도에게서 온전히 완성될 겁니다. 시편 110:1은 원수들이 그리스도의 발아래 있는 비전을 보여줍니다.

"[1] 여호와께서 내 주에게 말씀하시기를 내가 네 원수들로 네 발판이 되게 하기까지 너는 내 오른쪽에 앉아 있으라 하셨도다"

이 예언은 아직 완성되지 않았지만, 그리스도께서 십자가에서 죽으셨다가 다시 살아나심으로 이미 죄와 사망과 사탄을 이기셨습니다. 그리고 그의 나라가 완성되기를 기다리고 계십니다. 그리스도의 승리는 우리의 승리입니다.

기도:

하나님 아버지, 우리 왕이신 그리스도가 원수를 이기게 하시고 원수가 완전히 패할 때까지 하나님 우편에서 다스리게 하시니 감사합니다. 진리의 말씀과 성령으로 무장시켜 그리스도의 좋은 군사로 주를 따르게 하옵소서. 영적 싸움에서 뒤로 물러서지 않고 믿음으로 승리하게 하옵소서. 예수 그리스도의 이름으로 기도합니다. 아멘.

시편 18:46~50 여호와는 살아 계시니

⁴⁶ 여호와는 살아 계시니 나의 반석을 찬송하며
내 구원의 하나님을 높일 지로다
⁴⁷ 이 하나님이 나를 위하여 보복해 주시고
민족들이 내게 복종하게 해 주시도다
⁴⁸ 주께서 나를 내 원수들에게서 구조하시니
주께서 나를 대적하는 자들의 위에 나를 높이 드시고
나를 포악한 자에게서 건지시나이다
⁴⁹ 여호와여 이러므로 내가 이방 나라들 중에서 주께 감사하며
주의 이름을 찬송하리이다
⁵⁰ 여호와께서 그 왕에게 큰 구원을 주시며
기름 부음 받은 자에게 인자를 베푸심이여
영원토록 다윗과 그 후손에게로다

여호와는 살아계십니다. 다윗이 이렇게 말하는 것은 두 가지 의미가 있습니다. 하나는 이방 민족이 섬기는 우상은 돌과 나무와 금은으로 만들어진 죽은 신인 것에 비하여 여호와는 보이지 않는 분이지만 죽은 신이 아니라는 의미입니다. 다른 하나는 여호와는 살아계시며 스스로 존재하시는 분이라는 겁니다. 하나님은 사람이 만든 신이 아닙니다. 여호와가 먼저 계시고 사람의 삶을 주관하십니다. 여호와는 다윗을 세우시고 그를 구원하신 분입니다. 악인을 심판하시고 하나님께 피하는 자를 보호하시는 것도 그가 살아계신 하나님이시기 때문입니다.

여호와는 다윗을 모든 민족 위에 높이셨습니다. 여러 민족의 으뜸으로 삼으셨으며 알지 못하는 백성이 섬기게 하시고(43), 이방인들이 복종하고(44) 이방 자손들이 떨며 그에게 나오게 하셨습니다(45). 민족들이 복종하게 하셨고(47), 대적들 위에 높이 드시고(48), 이방 나라 중에 찬송하게 하셨습니다(49).

다윗의 뛰어난 업적으로 자랑하는 것이 결코 아닙니다. 다윗을 통해 하나님이 통치하심이 얼마나 크고 위대한지를 보여주신 겁니다. 이것은 다윗의 자손으로 오시는 그리스도를 통해 세우시는 하나님 나라의 성격을 보여주는 것이기도 합니다. 하나님 나라는 이스라엘이나 유대에 국한되지 않습니다. 모든 민족이 하나님께 나아와 섬기는 나라가 될 겁니다. 바울은 49절을 로마서에서 인용하였습니다.

"⁹ 이방인들도 그 긍휼하심으로 말미암아 하나님께 영광을 돌리게 하려 하심이라 기록된 바 그러므로 내가 열방 중에서 주께 감사하고 주의 이름을 찬송하리로다 함과 같으니라"(로마서 15:9)

우리는 이방인입니다. 하나님께서 긍휼히 여기셔서 자기 백성이 아닌 이들을 자기 백성이 되게 하셨습니다. 하나님께 감사하며 찬송하게 하심이 우리에게 큰 복입니다.

감사한다(49)는 말은 히브리어로 "야다"인데 감사하다, 찬양하다, 고백하다 등의 뜻을 가진 단어입니다. 이것은 하나님이 어떤 분이신지, 그가 어떤 일을 행하셨는지를 인정하고 선언하는 겁니다. 온 세상의 일뿐 아니라 우리의 모든 일이 살아계신 여호와 하나님으로 된 일입니다. 그의 이름을 찬송합니다.

기도:
여호와 하나님은 살아계십니다. 다윗에게 언약하신 대로 그의 후손으로 그리스도가 나오게 하셨습니다. 하나님 나라의 이방인인 저에게 긍휼을 베푸셔서 그 나라 백성이 되게 하시고 하나님의 자녀가 되게 하심을 감사드립니다. 그리스도 안에서 베풀어주신 모든 은혜를 생각하며 하나님 아버지께 항상 감사드립니다. 예수 그리스도의 이름으로 기도합니다. 아멘.

시편 19:1~6 하늘이 하나님의 영광을 선포하고

[다윗의 시, 인도자를 따라 부르는 노래]
1 하늘이 하나님의 영광을 선포하고
궁창이 그의 손으로 하신 일을 나타내는도다
2 날은 날에게 말하고 밤은 밤에게 지식을 전하니
3 언어도 없고 말씀도 없으며 들리는 소리도 없으나
4 그의 소리가 온 땅에 통하고
그의 말씀이 세상 끝까지 이르도다
하나님이 해를 위하여 하늘에 장막을 베푸셨도다
5 해는 그의 신방에서 나오는 신랑과 같고
그의 길을 달리기 기뻐하는 장사 같아서
6 하늘 이 끝에서 나와서 하늘 저 끝까지 운행함이여
그의 열기에서 피할 자가 없도다

시편 19편은 1~6에서는 창조 질서가 하나님의 영광을 선포한다고 하고, 7~14절에서는 율법이 하나님의 영광을 나타낸다고 교훈하는 지혜시입니다. 시가 쓰일 당시에 사람들은 자연을 신으로 숭배했습니다. 특히 시에 등장하는 하늘과 태양을 신으로 생각하고 섬겼습니다. 그런데 다윗은 바로 그것들이 하나님의 영광을 선포한다고 노래합니다. 하나님에 대한 지식은 날이 날에게 밤은 밤에게 전하는 방식으로, 그것은 언어도 말씀도 소리도 없지만, 고대로부터 지금까지 전해졌습니다. 그것은 마치 시간과 공간을 연결하는 줄(그의 소리)이 있어서 하나님에 관한 지식을 전달하고 있는 것처럼 그려집니다(4).

사람들은 태양을 하늘에 떠서 인간의 삶을 주관하는 정의로운 신으로 생각했습니다. 해가 지면 들어갔다가 아침에 다시 나오는 것이 마치 태양이 머무는 장소가 있는 것처럼 생각되었을 겁니다. 그 태양에 대해서 시편은 하나님이 해를 위하여 장막을 베푸셨다고 합니다. 태양이 머무는 제한된 공간을 하나님이 만드셨다는 의미입니다. 그것이 힘센 장사와 같고 하늘에 있을 때 그 열기를 피하는 자가 없지만, 이 또한 하나님이 정하신 범위 안에서 역할을 하는 겁니다. 고대인들은 하늘과 태양을 신격화하였지만, 현대인들은 그것을 우주 진화의 결과물이라고 생각합니다. 하늘과 태양에 대한 과학적인 접근은 어쩔 수 없는 일이겠지만 우리는 영적인 눈으로 세상을 볼 수 있어야겠습니다. 하늘과 태양뿐 아니라 모든 자연은 하나님이 손으로 하신 일을 나타내고 하나님의 영광을 선포하고 있습니다.

날이 날에게 밤은 밤에게 하나님에 대한 지식을 전달하며 오늘에 이르렀고 우리가 사는 동안에 이 일은 계속 이어질 겁니다. 우리가 접하는 시간과 공간이 그리고 그 안에서 벌어지는 일상이 하나님의 영광을 담고 있습니다. 태양의 열기와 그 에너지에서 피할 수 없는 것처럼 우리는 하나님의 선하심과 그 은혜 안에 살고 있습니다. 더군다나 천지를 지으신 하나님이 그리스도 안에서 우리에게 오셨고 성령과 함께 우리를 삼위일체 하나님의 거처(성전)로 삼으셨다는 것은 얼마나 놀라운 일인가요! 하나님을 찬양합니다.

기도:
높고 넓은 하늘과 그 위의 우주와 하늘의 별들을 지으신 하나님을 찬양합니다. 그 지으신 것들이 하나님의 영광을 나타내고 지혜를 선포합니다. 만물을 자연으로만 보지 않고 그것이 전하는 하나님을 아는 지식을 듣고 보게 하셔서 감사합니다. 오늘 하루도 제가 살아가는 낮과 밤의 시간이 품고 있는 하나님의 선하심을 기뻐하며 감사하게 하옵소서. 예수 그리스도의 이름으로 기도합니다. 아멘.

시편 19:7~14 여호와의 율법은 완전하여

⁷ 여호와의 율법은 완전하여 영혼을 소성시키며
여호와의 증거는 확실하여 우둔한 자를 지혜롭게 하며
⁸ 여호와의 교훈은 정직하여 마음을 기쁘게 하고
여호와의 계명은 순결하여 눈을 밝게 하시도다
⁹ 여호와를 경외하는 도는 정결하여 영원까지 이르고
여호와의 법도 진실하여 다 의로우니
¹⁰ 금 곧 많은 순금보다 더 사모할 것이며
꿀과 송이꿀보다 더 달도다
¹¹ 또 주의 종이 이것으로 경고를 받고
이것을 지킴으로 상이 크니이다
¹² 자기 허물을 능히 깨달을 자 누구리요
나를 숨은 허물에서 벗어나게 하소서
¹³ 또 주의 종에게 고의로 죄를 짓지 말게 하사
그 죄가 나를 주장하지 못하게 하소서
그리하면 내가 정직하여 큰 죄과에서 벗어나겠나이다
¹⁴ 나의 반석이시요 나의 구속자이신 여호와여
내 입의 말과 마음의 묵상이 주님 앞에 열납되기를 원하나이다

다윗은 율법의 완전함을 찬양하며 여호와를 높입니다. 율법은 증거, 교훈, 계명, 경외하는 도, 법 등으로 표현되었습니다. 그것들은 여호와의 말씀에 대한 동의어입니다.

자연 만물이 하나님의 영광을 소리 없이 찬양하는 반면 여호와께서

는 인간에게 "말씀"을 주셔서 그 말씀을 연구하여 여호와를 아는 지식을 갖고 여호와를 영화롭게 하도록 하셨습니다.

여호와의 율법에 대한 묘사는 자연 만물 중에 으뜸인 태양과 비교됩니다. 사람들은 태양의 열기와 힘으로 생물이 생명을 유지한다고 생각합니다. 시인은 여호와의 율법의 완전함이 영혼을 소성시킨다고 합니다. 여호와 교훈의 정직함은 기쁨을 줍니다. 여호와 말씀의 탁월함과 아름다움은 백성들이 말씀을 사모하게 합니다. 말씀의 탁월함과 아름다움은 여호와의 성품과도 같습니다. 성경을 읽고 묵상해야 하는 가장 강력한 동기는 말씀의 아름다움입니다.

종(왕)은 여호와의 말씀에서 경고를 받습니다. '경고를 받는다'라는 말은 '빛나다', '빛을 보내다'라는 의미입니다. 태양은 자연에 빛을 제공하지만, 말씀은 우리의 영혼에 생명을 주고 그 말씀은 그것을 지키는 자에게 상을 줍니다. 상은 하나님과 그의 돌보심입니다.

또한, 종은 말씀으로 자기의 허물을 깨닫고 거기에서 벗어나기를 기도합니다. 고의로(거만하게, 하나님을 대적하는) 죄를 짓지 않게 하시고 죄가 주장하지 못하게 하시기를, 그리하여 정직하게(온전하게) 되어 말씀과 언약을 배반하는 일이 없기를 구합니다. 그리고 끝으로 이 모든 고백과 기도가 주께 열납되기를 구합니다.

여호와의 말씀이 우리의 생명을 회복하게 하셨고 눈을 밝혀 여호와 하나님을 보게 하셨습니다. 여호와의 말씀을 사모하고 그 말씀의 경고(빛)를 따라 살며, 죄에서 떠나 하나님께 온전히 드려지는 삶을 소원하시길 바랍니다.

기도:
하나님 아버지, 자비를 베푸셔서 하나님 말씀의 아름다움을 보게 하시고 꿀과 송이 꿀보다 더 단맛을 알게 하옵소서. 그리하여 말씀을 읽고 배우고 묵상하게 하옵소서. 그 가르침을 지키는 것이 무거운 짐이 아니며 상이 됨을 알게 하옵소서. 반석이시며 구속자이신 여호와 하나님께 저의 모든 것을 드리는 삶이 되게 하옵소서. 예수 그리스도의 이름으로 기도합니다. 아멘.

시편 20편 환난 날에 네게 응답하시고

[다윗의 시, 인도자를 따라 부르는 노래]
[1] 환난 날에 여호와께서 네게 응답하시고
야곱의 하나님의 이름이 너를 높이 드시며
[2] 성소에서 너를 도와주시고 시온에서 너를 붙드시며
[3] 네 모든 소제를 기억하시며
네 번제를 받아 주시기를 원하노라 (셀라)
[4] 네 마음의 소원대로 허락하시고
네 모든 계획을 이루어 주시기를 원하노라
[5] 우리가 너의 승리로 말미암아 개가를 부르며
우리 하나님의 이름으로 우리의 깃발을 세우리니
여호와께서 네 모든 기도를 이루어 주시기를 원하노라
[6] 여호와께서 자기에게 기름 부음 받은 자를
구원하시는 줄 이제 내가 아노니
그의 오른손의 구원하는 힘으로
그의 거룩한 하늘에서 그에게 응답하시리로다
[7] 어떤 사람은 병거 어떤 사람은 말을 의지하나
우리는 여호와 우리 하나님의 이름을 자랑하리로다
[8] 그들은 비틀거리며 엎드러지고 우리는 일어나 바로 서도다
[9] 여호와여 왕을 구원하소서
우리가 부를 때에 우리에게 응답하소서

이 시편은 환난 날을 맞닥뜨린 "너"를 위한 기도입니다. 1~5절까지 등장하는 "너"는 누구이며 "너"를 위해 기도하는 "우리"는 누구일까

요? "너"는 여호와께서 기름 부으신 왕입니다. 아마도 왕은 전쟁의 직전에 있는 듯합니다. 그의 군사력은 강하지 않습니다. 그와 백성들에게 전쟁은 환난입니다. 왕은 전쟁을 앞두고 하나님의 성소로 나와 하나님께 제사하며 은혜를 구합니다. 왕의 백성도 왕을 위해 하나님께 간구합니다. 1~5절이 왕을 위한 기도입니다. 6~8절에서 왕의 백성들은 여호와께서 왕을 도우실 것을 확신하고 9절에서 다시 한번 간구합니다.

왕에게 속한 백성으로 왕을 위한 기도는 당연합니다. 특히 그가 세상의 나라들처럼 병거와 말의 힘을 의지하지 않고 하나님을 의지하고 있으니 말입니다. 왕의 승리는 백성의 승리이며 하나님의 승리입니다. 그래서 승리의 개가를 부를 때 하나님의 이름으로 승리의 깃발을 세우고(5) 여호와 하나님의 이름을 자랑하게 됩니다(7).

우리의 왕이신 그리스도는 죄와 사탄과 죽음을 이기셨습니다. 우리는 그리스도께 속한 백성이요 그의 몸을 이루고 있는 지체로서 그리스도 안에서 이미 승리하였습니다. 그리고도 우리는 그리스도의 남은 싸움을 싸웁니다. 우리는 영적 전쟁 가운데 있습니다. 그리스도는 우리를 위해 항상 간구하시고 성령께서도 탄식하심으로 우리를 도우십니다. 이 시편은 환난 날에 있는 우리를 위한 그리스도와 성령의 기도로 읽을 수 있습니다. 그리고 환난 중에 있는 우리의 믿음의 지체들을 위한 기도이기도 합니다.

기도:
여호와 하나님, 저를 위한 그리스도와 성령의 기도를 들으시고 응답하심을 믿습니다. 저를 위한 누군가의 기도를 들으시니 감사합니다. 환난 중에 있는 왕의 백성을 위해 기도합니다. 우리의 왕 그리스도에게 응답하시고 그를 높이 드시고 그를 도우시고 그를 붙드시옵소서. 그의 마음의 소원대로, 그의 모든 계획이 이루어지기를 원합니다. 세상의 힘을 의지하지 않게 하시고 오직 하나님의 이름을 자랑하게 하옵소서. 예수 그리스도의 이름으로 기도합니다. 아멘.

시편 21:1~6 왕이 주의 힘으로 말미암아 기뻐하며

[다윗의 시, 인도자를 따라 부르는 노래]
¹ 여호와여 왕이 주의 힘으로 말미암아 기뻐하며
주의 구원으로 말미암아 크게 즐거워하리이다
² 그의 마음의 소원을 들어주셨으며
그의 입술의 요구를 거절하지 아니하셨나이다 (셀라)
³ 주의 아름다운 복으로 그를 영접하시고
순금 관을 그의 머리에 씌우셨나이다
⁴ 그가 생명을 구하매 주께서 그에게 주셨으니
곧 영원한 장수로소이다
⁵ 주의 구원이 그의 영광을 크게 하시고
존귀와 위엄을 그에게 입히시나이다
⁶ 그가 영원토록 지극한 복을 받게 하시며
주 앞에서 기쁘고 즐겁게 하시나이다

시편 21편은 20편 기도에 대한 응답으로 읽힙니다. 20편에서 공동체는 환난 중에 있는 왕의 기도를 이루어 주시기를 구하였습니다. 그리고 21:1~6은 여호와께서 왕의 마음의 소원을 들어주셔서 구원하신 것을 즐거워한다는 내용입니다. 여호와께서는 왕의 입술의 요구를 거절하지 않으셨습니다. 여호와께서는 그 택하신 자의 기도를 항상 들어 주십니다. 여호와께서 아름다운 복으로 그를 영접하시고 순금 관을 그의 머리에 씌우셨습니다(3). 왕에게 생명을 주셔서 장수하게 하심으로 그의 나라를 든든하게 하십니다.

이 시편은 왕의 대관식에 불렸을 겁니다. 다윗을 사울과 그의 대적의 손에서 건지사 왕으로 세우신 것처럼 우리의 왕이신 그리스도를 높여 모든 이름 위에 뛰어난 이름을 가진 주가 되게 하셨습니다. 하나님 아버지께서는 우리 주님의 기도를 항상 들으셨습니다. 주께서 나사로의 무덤 앞에서 이렇게 기도합니다. "아버지여 내 말을 들으신 것을 감사하나이다 항상 내 말을 들으시는 줄을 내가 알았나이다"(요 11:41, 42). 여호와는 "아름다운 복", "영원토록 지극한 복"을 왕에게 주셨고 그로 인해 여호와 앞에 기쁘고 즐겁게 하셨습니다.

이 시편은 그리스도 안에 있는 신자들에게도 적용됩니다. 우리는 그리스도 안에서 택하심을 받은 자들이며 "무엇이든지 기도하고 구하는 것은 받은 줄로 믿으라 그리하면 너희에게 그대로 되리라"(막 11:24)는 말씀을 들었습니다. 우리가 이 말씀을 충분히 경험하지 못한다고 해서 이 약속의 말씀을 기한 지난 보증수표로 여겨서는 안 됩니다. 우리는 아버지께 구하고 찾고 두드릴 수 있는 자리에 있습니다. 우리는 그리스도가 받으신 복에 참여하는 자가 되었습니다. 그리스도와 함께 하나님의 아들이요 상속자입니다. 왕과 제사장이 되었습니다. 우리는 여호와께서 주시는 복으로 기쁘고 즐거워하는 자가 되었습니다.

기도:
하나님 아버지, 우리 주님의 기도를 들으사 그를 죽음을 이기고 부활하여 우리의 왕, 우리의 주가 되게 하셔서 감사합니다. 우리 주께 하늘의 모든 신령한 복을 주셔서 그리스도 안에 있는 우리도 복을 누리게 하시니 감사합니다. 우리 왕의 이름을 힘입어 담대하게 하나님께 나아가 간구하게 하시고 구한 것을 받게 하옵소서. 아버지께서 우리에게 주신 복으로 기뻐하고 즐거워하게 하옵소서. 예수 그리스도의 이름으로 기도합니다. 아멘.

시편 21:7~13 왕이 여호와를 의지하오니

⁷ 왕이 여호와를 의지하오니
지존하신 이의 인자함으로 흔들리지 아니하리이다
⁸ 왕의 손이 왕의 모든 원수들을 찾아냄이여
왕의 오른손이 왕을 미워하는 자들을 찾아내리로다
⁹ 왕이 노하실 때에 그들을 풀무불 같게 할 것이라
여호와께서 진노하사 그들을 삼키시리니 불이 그들을 소멸하리로다
¹⁰ 왕이 그들의 후손을 땅에서 멸함이여
그들의 자손을 사람 중에서 끊으리로다
¹¹ 비록 그들이 왕을 해하려 하여 음모를 꾸몄으나
이루지 못하도다
¹² 왕이 그들로 돌아서게 함이여
그들의 얼굴을 향하여 활시위를 당기리로다
¹³ 여호와여 주의 능력으로 높임을 받으소서
우리가 주의 권능을 노래하고 찬송하게 하소서

여호와께서 왕의 기도를 응답하신 것에 대한 감사찬양(1~6)에 이어 7~13절에서 왕은 여호와의 대적을 멸한다고 선언합니다. 왕이 높임을 받은 것으로 전쟁이 끝나지 않습니다. 전쟁은 계속됩니다. 왕은

여호와를 의지함으로 대적을 무찌르고 그들의 계획이 서지 못하게 하며 도망하게 할 겁니다. 대적의 자손들까지 결망하게 된다는 것은 왕의 나라가 영원하게 서게 된다는 말씀입니다. 대적이 멸하여짐으로 여호와의 능력이 높임을 받으십시오. 여호와는 선하시며 인자하시며 오래 참으시는 분이시면서 또한 거룩하시고 의로우신 분입니다. 악이 그 앞에 설 수 없습니다.

그리스도는 우리의 왕으로 우리를 대신하여 싸우시고 지켜주십니다. 주께서 잡히시기 전에 베드로에게 이렇게 말씀하셨습니다.

"³¹ 시몬아 시몬아 보라 사탄이 너희를 밀 까부르듯 하려고 요구하였으나 ³² 그러나 내가 너를 위하여 네 믿음이 떨어지지 않기를 기도하였노니 너는 돌이킨 후에 네 형제를 굳게 하라"(누가복음 22:31, 32)

베드로가 주님을 부인하는 잘못을 저질렀지만 아주 넘어지지 않고 돌이켜 복음을 전하는 자가 되고 형제들을 굳게 하는 자가 된 것은 주께서 그를 위해 싸우신 결과입니다. 그리스도는 항상 자기 교회를 위해 싸우시며 마지막 날에는 사탄과 그에게 속한 악한 자들을 모두 멸하실 겁니다.

"⁹ 그들이 지면에 널리 퍼져 성도들의 진과 사랑하시는 성을 두르매 하늘에서 불이 내려와 그들을 태워버리고 ¹⁰ 또 그들을 미혹하는 마귀가 불과 유황 못에 던져지니 거기는 그 짐승과 거짓 선지자도 있어 세세토록 밤낮 괴로움을 받으리라"(요한계시록 20:9, 10)

그리스도와 교회의 완전한 승리를 소망하며 영적 싸움에서 낙심하지 말고 힘을 내십시오.

기도:

우리 주께서 아버지의 능력으로 우리의 대적을 위해 이제까지 싸우시니 주 안에서 우리는 안전합니다. 여호와 하나님을 의지하오니 그 인자하심으로 저를 붙들어 주시고 흔들리지 않게 하옵소서. 고난의 시련이 있을 때도 오직 하나님의 능력만을 바라보게 하옵소서. 예수 그리스도의 이름으로 기도합니다. 아멘.

시편 22:1~11 내 하나님이여 어찌 나를 버리셨나이까

[다윗의 시, 인도자를 따라 아앨렛샤할(사슴이란 곡조)에 맞춘 노래]
[1] 내 하나님이여 내 하나님이여 어찌 나를 버리셨나이까
어찌 나를 멀리하여 돕지 아니하시오며
내 신음 소리를 듣지 아니하시나이까
[2] 내 하나님이여 내가 낮에도 부르짖고
밤에도 잠잠하지 아니하오나 응답하지 아니하시나이다
[3] 이스라엘의 찬송 중에 계시는 주여 주는 거룩하시니이다
[4] 우리 조상들이 주께 의뢰하고 의뢰하였으므로
그들을 건지셨나이다
[5] 그들이 주께 부르짖어 구원을 얻고
주께 의뢰하여 수치를 당하지 아니하였나이다
[6] 나는 벌레요 사람이 아니라
사람의 비방 거리요 백성의 조롱 거리니이다
[7] 나를 보는 자는 다 나를 비웃으며
입술을 비쭉거리고 머리를 흔들며 말하되
[8] 그가 여호와께 의탁하니 구원하실 걸
그를 기뻐하시니 건지실 걸 하나이다
[9] 오직 주께서 나를 모태에서 나오게 하시고
내 어머니의 젖을 먹을 때에 의지하게 하셨나이다
[10] 내가 날 때부터 주께 맡긴 바 되었고
모태에서 나올 때부터 주는 나의 하나님이 되셨나이다
[11] 나를 멀리 하지 마옵소서
환난이 가까우나 도울 자 없나이다

시편 22편은 그리스도의 고난을 예언한 것으로 신약에서 많이 인용됩니다. 1~21a절은 환난에서 도움을 구하는 기도이며, 21b~31절은 하나님의 응답에 대한 믿음의 고백과 찬송입니다. 그리스도의 고난뿐 아니라 신자들도 고난 중에 이 시를 따라 기도하며 하나님의 도우심을 확신할 수 있습니다.

1~11절이 어떠한 흐름으로 진행되는지 보십시오. 1~2절 도움을 구하는 울부짖음, 3~5절 조상들이 부르짖어 구원을 얻은 것을 기억함, 6~8절 하나님에 대한 믿음이 비방 받음, 9~11절 과거에 하나님께서 보호하신 것에 근거하여 호소함.

1절의 "내 하나님이여 내 하나님이여 어찌 나를 버리셨나이까"는 예수 그리스도께서 십자가에서 말씀하신 겁니다. 어떤 이들은 고난에 대하여 하나님을 원망하는 것은 믿음 없는 행동이라고 합니다. 그런데 보십시오. 환난 중에 다윗과 그리스도께서 어떻게 말씀하시는지. 이 표현은 하나님이 정말 버리셨다는 고백이라기보다 자기가 처한 심한 고난에 대하여 하나님께 호소한 겁니다. 더군다나 그리스도는 십자가 위에서조차 다윗을 통해 말씀하신 것이 이루어지도록 이 말씀을 인용하기까지 하십니다.

환난을 받을 때 당신은 세상에 홀로 떨어져 있는 것이 아닙니다. 환난 중에 하나님께 부르짖어 구원을 받은 믿음의 선조들과 형제들이 증인으로 있습니다. 그리고 이제까지 하나님께서 그리스도 안에서 사랑으로 당신을 부르시고 돌보신 것을 기억하십시오. 어두운 길에서라도 하나님을 바라보십시오.

기도:
하나님, 고난 중에 괴로운 마음을 정직하게 표현하는 믿음과 용기를 주십시오. 괴로움까지도 하나님 앞에 쏟아 놓게 하옵소서. 나의 하나님 나의 하나님 어찌 나를 버리셨나이까? 어찌 돕지 아니하십니까? 여호와여 일어나옵소서. 구원하여 주옵소서. 예수 그리스도의 이름으로 기도합니다. 아멘.

시편 22:12~21a 내가 내 모든 뼈를 셀 수 있나이다

[12] 많은 황소가 나를 에워싸며
바산의 힘센 소들이 나를 둘러쌌으며
[13] 내게 그 입을 벌림이 찢으며 부르짖는 사자 같으니이다
[14] 나는 물 같이 쏟아졌으며 내 모든 뼈는 어그러졌으며
내 마음은 밀랍 같아서 내 속에서 녹았으며
[15] 내 힘이 말라 질그릇 조각 같고
내 혀가 입천장에 붙었나이다
주께서 또 나를 죽음의 진토 속에 두셨나이다
[16] 개들이 나를 에워쌌으며
악한 무리가 나를 둘러 내 수족을 찔렀나이다
[17] 내가 내 모든 뼈를 셀 수 있나이다
그들이 나를 주목하여 보고
[18] 내 겉옷을 나누며 속옷을 제비 뽑나이다
[19] 여호와여 멀리 하지 마옵소서
나의 힘이시여 속히 나를 도우소서
[20] 내 생명을 칼에서 건지시며
내 유일한 것을 개의 세력에서 구하소서
[21a] 나를 사자의 입에서 구하소서

고통스럽다, 괴롭다는 말로는 다 표현되지 않는 상황을 다윗은 여러 비유로 표현합니다. 많은 황소에 에워싸였습니다. 입을 벌리고 부르짖는 사자가 위협합니다. 그뿐 아니라 몸이 물 같이 쏟아지고 모든 뼈가 어그러져 고통 가운데 있으며 마음도 녹아내렸습니다. 몸에는 힘이 하나도 남아 있지 않고 물도 다 빠져 일어설 힘이 없습니다. 몸이 진흙에 빠져서 허우적거리듯이 죽음의 늪에 빠져서 나오지 못합니다.

"겉옷을 나누며 속옷을 제비뽑나이다"(18) 는 그리스도 십자가의 수난에 성취된 것으로 인용되고 있습니다.

"군인들이 서로 말하되 이것을 찢지 말고 누가 얻나 제비 뽑자 하니 이는 성경에 그들이 내 옷을 나누고 내 옷을 제비 뽑나이다 한 것을 응하게 하려 함이러라 군인들은 이런 일을 하고"(요한복음 19:24)

요한은 한 구절만 인용했지만, 이 시의 표현이 그리스도가 당하신 고난을 예언한 것으로 이해할 수 있습니다. 이사야 선지자는 그리스도의 고난이 우리를 위한 것이라고 말합니다.

"그가 찔림은 우리의 허물 때문이요 그가 상함은 우리의 죄악 때문이라 그가 징계를 받으므로 우리는 평화를 누리고 그가 채찍에 맞으므로 우리는 나음을 받았도다"(이사야 53:5)

그리스도의 고난으로 우리는 평화를 누리고 나음을 받습니다. 지금 비록 그리스도의 남은 고난에 참여하고 있지만, 고난을 이기시고 승리하신 그리스도가 우리의 소망이 되십니다.

기도:
여호와여, 제가 당하고 있는 고난을 외면하지 않고 그것을 직면하여 표현할 수 있게 하옵소서. 아주 절망하지 않게 하시고 고난받으신 그리스도를 바라보게 하옵소서. 여호와는 나의 힘이시오니 속히 나를 도우소서. 예수 그리스도의 이름으로 기도합니다. 아멘.

시편 22:21b~31 주께서 내게 응답하시고

²¹ᵇ 주께서 내게 응답하시고 들소의 뿔에서 구원하셨나이다
²² 내가 주의 이름을 형제에게 선포하고
회중 가운데에서 주를 찬송하리이다
²³ 여호와를 두려워하는 너희여 그를 찬송할지어다
야곱의 모든 자손이여 그에게 영광을 돌릴지어다
너희 이스라엘 모든 자손이여 그를 경외할지어다
²⁴ 그는 곤고한 자의 곤고를 멸시하거나 싫어하지 아니하시며
그의 얼굴을 그에게서 숨기지 아니하시고
그가 울부짖을 때에 들으셨도다
²⁵ 큰 회중 가운데에서 나의 찬송은 주께로부터 온 것이니
주를 경외하는 자 앞에서 나의 서원을 갚으리이다
²⁶ 겸손한 자는 먹고 배부를 것이며
여호와를 찾는 자는 그를 찬송할 것이라
너희 마음은 영원히 살지어다
²⁷ 땅의 모든 끝이 여호와를 기억하고 돌아오며
모든 나라의 모든 족속이 주의 앞에 예배하리니
²⁸ 나라는 여호와의 것이요
여호와는 모든 나라의 주재심이로다
²⁹ 세상의 모든 풍성한 자가 먹고 경배할 것이요
진토 속으로 내려가는 자
곧 자기 영혼을 살리지 못할 자도 다 그 앞에 절하리로다
³⁰ 후손이 그를 섬길 것이요 대대에 주를 전할 것이며
³¹ 와서 그의 공의를 태어날 백성에게 전함이여
주께서 이를 행하셨다 할 것이로다

21절은 "나를 사자의 입에서 구하소서"로 시작하여 "주께서 내게 응답하시고 … 구원하셨나이다"로 마칩니다. 울부짖을 때 하나님의 도움이 즉각적으로 나타납니다. 기도가 항상 즉각 응답되는 것은 아니지만 여호와께 능력이 없으시거나 우리의 기도에 귀를 기울이지 않으시는 것이 아니기에 다른 선하신 의도가 있을 것으로 여기고 믿음으로 인내해야 합니다.

대적에게 둘러싸여 있던 시인은 이제 여호와를 경외하는 공동체 가운데 있습니다. 시인은 그들 가운데서 찬송하며 그들도 시인과 함께 하나님을 찬양합니다. 하나님께서 행하신 일을 다른 이들에게 나누는 일은 하나님께 감사하며 영화롭게 하는 길이며 하나님을 경외하는 이들을 예배로 부르는 길입니다. 그 찬양은 겸손한 자, 여호와를 찾는 자, 땅의 모든 끝 모든 족속, 그리고 아직 태어나지 않은 후손에게까지 이어집니다.

시편 22편은 그리스도의 고난과 하나님의 능력으로 높아지신 것이 세상 끝 모든 족속뿐 아니라 후손들에게까지 미치게 된다는 예언을 담고 있습니다. 이 예언은 그리스도께서 세상에 오시고 하나님 나라가 전해지면서 성취되기 시작했으며 그리스도가 다시 오심으로 하나님 나라가 완성될 때 온전한 성취를 보게 될 겁니다. 신자는 그들이 사는 세대에 하나님의 의로우심이 드러나 악인이 심판을 받고 모든 족속이 하나님을 예배하는 것을 꿈꾸며 복음을 전하고, 또한 의를 실행하는 일에 동참해야 합니다.

기도:
여호와여, 그리스도를 죽은 자 가운데서 살리신 능력으로 저를 구원하셔서 감사합니다. 이 구원의 복음이 형제들과 이웃에게 전하여져서 모든 족속이 하나님을 예배하는 것을 소망합니다. 죽음에서 살아온 사람에게 생명보다 귀한 것은 없습니다. 하나님의 의와 나라를 무엇보다 먼저 구하며 살게 하옵소서. 예수 그리스도의 이름으로 기도합니다. 아멘.

시편 23편 여호와는 나의 목자시니

[다윗의 시]
1 여호와는 나의 목자시니
내게 부족함이 없으리로다
2 그가 나를 푸른 풀밭에 누이시며
쉴 만한 물가로 인도하시는도다
3 내 영혼을 소생시키시고
자기 이름을 위하여 의의 길로 인도하시는도다
4 내가 사망의 음침한 골짜기로 다닐지라도
해를 두려워하지 않을 것은
주께서 나와 함께 하심이라
주의 지팡이와 막대기가 나를 안위하시나이다
5 주께서 내 원수의 목전에서 내게 상을 차려 주시고
기름을 내 머리에 부으셨으니 내 잔이 넘치나이다
6 내 평생에 선하심과 인자하심이 반드시 나를 따르리니
내가 여호와의 집에 영원히 살리로다

여호와 하나님이 나의 목자입니다. 나는 그의 양입니다. 양은 전적으로 목자에게 의존된 존재입니다. 목자는 양을 보호하고 인도하며 양육합니다. 양의 안전은 목자에게 달려 있습니다. 여호와는 왕이십니다. 왕이신 하나님을 "목자"로 표현함으로 그분이 주권을 행하실 뿐 아니라 아버지의 사랑으로 양을 보호하시는 분임을 나타내고 있습니다. 다윗은 여호와가 목자가 되심으로 부족함이 없다고 선언합니다. 그리고 2~6절에서 보호하심을 구체적으로 언급합니다.

여호와는 "푸른 풀밭에 누이시며 쉴 만한 물가로 인도"(2) 하십니

다. 양들을 원수들에게서 보호하며 생명이 번성할 수 있는 안전한 환경에서 안식하게 하는 겁니다. 영혼이 회복되게 하시고 의의 길로 인도하십니다. "자기 이름을 위하여"(3) 라는 말은 하나님의 신실하신 성품이 자기 백성을 돌보시는 동기라는 것을 보여줍니다. 하나님은 양들의 변화무쌍함에 흔들리지 않으십니다.

우리는 사망의 음침한 골짜기를 다닐지라도 해를 두려워하지 않습니다. "주께서 나와 함께 하심" 때문입니다. 하나님은 자기 이름으로 지으시고 불러내신 자기 백성과 함께하길 원하십니다. 함께 하심을 믿음으로 양은 두려워하지 않으며 그를 지키는 하나님의 지팡이와 막대기에서 용기(안위)를 얻습니다. 하나님은 원수 앞에서 풍부한 식탁을 차려 주시고 기름을 부어 높이 세워 주십니다.

"하나님의 선하심과 인자하심(헤세드)"이 양을 따릅니다. 따른다는 말은 추격한다는 말입니다. 우리가 하나님께 선하심과 인자하심을 구하는 것이 아니라 선하시며 인자하신 하나님께서 우리를 추격하여 하나님의 목적지인 하나님의 집에 살게 하십니다. 하나님의 집은 그의 나라, 그의 성이며 그의 보호하심 자체이며 그분 자신과 함께 있게 하시는 겁니다. 결국, 하나님 당신께서 우리를 인도하여 가십니다. 이러한 "하나님의 열심"으로 우리는 부족함이 없습니다.

사탄을 따르고 우상을 섬기는 사람들처럼 인생의 주인으로 살려고 할 때 우리에게는 안식이 없습니다. 하나님을 인생의 목자로 믿고 의지할 때 우리는 이미 선하심과 인자하심으로 추격하시며 그의 집으로 (그분 자신에게로) 이끄시는 사랑의 하나님을 발견하게 됩니다.

기도:
하나님은 내 평생에 선하심과 인자하심으로 나를 추격해 오셨습니다. 푸른 풀밭과 쉴만한 물가로 인도하셨습니다. 사망의 골짜기를 지날 때 거기에 함께 계셨습니다. 한 번도 나를 놓지 않으셨습니다. 지금도 나와 함께 계십니다. 그리스도의 죽음에서 나를 향한 하나님의 사랑을 확인합니다. 이 믿음 안에서 부족함 없는 삶을 누리게 하옵소서. 예수 그리스도의 이름으로 기도합니다. 아멘.

시편 24편 만군의 여호와께서 곧 영광의 왕이시로다

[다윗의 시]
1 땅과 거기에 충만한 것과 세계와
그 가운데에 사는 자들은 다 여호와의 것이로다
2 여호와께서 그 터를 바다 위에 세우심이여
강들 위에 건설하셨도다
3 여호와의 산에 오를 자가 누구며
그의 거룩한 곳에 설 자가 누구인가
4 곧 손이 깨끗하며 마음이 청결하며
뜻을 허탄한 데에 두지 아니하며 거짓 맹세하지 아니하는 자로다
5 그는 여호와께 복을 받고
구원의 하나님께 의를 얻으리니
6 이는 여호와를 찾는 족속이요
야곱의 하나님의 얼굴을 구하는 자로다 (셀라)
7 문들아 너희 머리를 들지어다
영원한 문들아 들릴지어다 영광의 왕이 들어가시리로다
8 영광의 왕이 누구시냐 강하고 능한 여호와시요
전쟁에 능한 여호와시로다
9 문들아 너희 머리를 들지어다 영원한 문들아 들릴지어다
영광의 왕이 들어가시리로다
10 영광의 왕이 누구시냐
만군의 여호와께서 곧 영광의 왕이시로다 (셀라)

다윗은 언약의 하나님의 왕권을 노래합니다. 1~2절은 땅과 거기에 충만한 것과 세계와 그 가운데 사는 자들이 다 여호와의 것이라고 합

니다. 여호와는 만물을 지으신 분이며 그것을 다스리는 분입니다. 여호와께서 터를 세우신 "바다와 강들"은 혼돈과 무질서에 대한 은유입니다. 여호와가 우주 만물을 관리하시기 때문에 혼돈과 무질서가 여전히 남아 있다고 해도 안전합니다.

　3절에서 만물의 주인이신 여호와의 거룩한 산에 오를 자가 누구인지 묻습니다. 영이신 하나님께 나아갈 수 있는 길이 있다는 것, 그분께 나아가는 길을 열어 두셨다는 것이 놀랍고 신비한 일입니다. 그런데 그 거룩한 곳에는 "손이 깨끗하며 마음이 청결하며 뜻을 허탄한 데에 두지 아니하며 거짓 맹세하지 아니하는 자"(4)가 들어갈 수 있습니다. 사람 중에 그렇다고 할 수 있는 자가 어디 있겠습니까? 시인이 찾는 사람은 자기의 의에 있어서 완전한 자를 찾는 것이 아닙니다. 그는 "여호와를 찾는 족속" " 야곱의 하나님 얼굴을 구하는 자"를 찾습니다. 그는 하나님께 복을 받고 구원의 하나님께 의를 얻은 자입니다. 그리스도만이 여호와의 거룩한 곳에 설 수 있는 분이며, 그리스도의 의로움을 전가 받은 우리가 그리스도 안에서 그 거룩한 곳에 서는 자가 됩니다.

　우리가 그리스도를 힘입어 하나님께 나아갈 때 하나님은 언약의 왕으로서 우리에게 나아오십니다. 전쟁에 나간 언약궤가 승리하고 승전가를 부르며 돌아오는 것처럼 여호와는 우리에게 오십니다. 그는 강하고 능하신 영광의 왕으로 우리에게 오십니다. 혼돈과 무질서에 터를 세우시고 다스리시는 것처럼 여호와는 우리 가운데 임재하셔서 우리를 다스리십니다.

　기도:
　여호와 하나님을 믿는다는 것은 놀랍고 신비로운 일입니다. 만물의 주인이신 하나님 앞에 인간이 서는 일이며 능력이 많으신 영광의 하나님께서 우리 가운데 임하시는 사건입니다. 우주에 충만한 것의 주인께서 우리를 기뻐하시고 의롭다 하십니다. 그리고 우리를 위해 전쟁에 나가시고 승리의 기쁨을 우리에게 안겨주십니다. 영광과 찬송과 사랑을 드립니다. 아멘.

시편 25:1~11 내 영혼이 주를 우러러보나이다

[다윗의 시]
1 여호와여 나의 영혼이 주를 우러러보나이다
2 나의 하나님이여 내가 주께 의지하였사오니
나를 부끄럽지 않게 하시고
나의 원수들이 나를 이겨 개가를 부르지 못하게 하소서
3 주를 바라는 자들은 수치를 당하지 아니하려니와
까닭 없이 속이는 자들은 수치를 당하리이다
4 여호와여 주의 도를 내게 보이시고 주의 길을 내게 가르치소서
5 주의 진리로 나를 지도하시고 교훈하소서
주는 내 구원의 하나님이시니 내가 종일 주를 기다리나이다
6 여호와여 주의 긍휼하심과 인자하심이 영원부터 있었사오니
주여 이것들을 기억하옵소서
7 여호와여 내 젊은 시절의 죄와 허물을 기억하지 마시고
주의 인자하심을 따라 주께서 나를 기억하시되
주의 선하심으로 하옵소서
8 여호와는 선하시고 정직하시니
그러므로 그의 도로 죄인들을 교훈하시리로다
9 온유한 자를 정의로 지도하심이여
온유한 자에게 그의 도를 가르치시리로다
10 여호와의 모든 길은
그의 언약과 증거를 지키는 자에게 인자와 진리로다
11 여호와여 나의 죄악이 크오니
주의 이름으로 말미암아 사하소서

25편은 하나님께 대한 다윗의 신뢰와 회개, 바람과 간구가 섞여 있어서 다윗의 감정을 세밀하게 따라가기가 쉽지 않습니다. 시편을 우리의 기도로 삼기 위해서는 자주 반복하여 노래하거나 낭송하는 것이 필요합니다. 10분이라도 하나님 앞에서 그 임재하심을 의식하며 잠잠히 있는 것이 필요하고 유익합니다.

"여호와여 나의 영혼이 주를 우러러보나이다"(1) 에서 "우러러본다"는 "마음속으로 공경하여 떠받들다"라는 뜻입니다. 히브리 말의 원래 의미는 "들어 올리다"입니다. 다윗은 하나님께 자기의 영혼(전 존재)을 들어 올립니다. 온전히 하나님을 향합니다. 그러면서 하나님께서 대적에게 수치를 당하지 않게 해 주실 것이라고 하나님을 신뢰합니다.

다윗은 여호와께 그가 걸어가야 할 길을 인도하여 달라고 구합니다(4~10). 하나님께 자기를 드리는 것은 감상적인 일이 아닙니다. 하나님의 말씀을 따라, 그의 가르침을 따라 살아가겠다는 각오가 수반되어야 함을 다윗이 보여줍니다. 그렇다고 다윗이 하나님의 모든 말씀을 완벽하게 지킬 수 있다고 생각하는 것은 아닙니다. 그는 끊임없이 하나님의 성품에 의지합니다. "긍휼하심과 인자하심"(6)을 기억하시기를, 자기의 죄와 허물을 기억하지 마시고 인자하심으로만 기억하시기를 구합니다. 그렇다고 자기의 죄를 숨기겠다는 의도도 아닙니다. 그는 자기의 죄악이 크오니 사하여 달라고 간구합니다(10).

우리도 다윗과 같이 하나님께 우리 전체를 드리고 그 긍휼하심과 인자하심으로 우리를 대하시고 진리로 인도하시기를 구해야 합니다.

기도:
하나님 아버지, 세상 사람들에게 인정을 받기 위해서 혹은 수치를 당하게 되지는 않을까 하는 두려움 때문에 하나님과 진리를 떠나 다른 것을 의지하는 일이 없게 하옵소서. 하나님께만 선함이 있고 진리가 있습니다. 하나님만 바라고 우리의 영혼을 올려 드리게 하옵소서. 우리의 허물을 기억하지 마시고 인자하심으로 인도하옵소서. 예수 그리스도의 이름으로 기도합니다. 아멘.

시편 25:12~22 여호와를 경외하는 자 누구냐

¹² 여호와를 경외하는 자 누구냐
그가 택할 길을 그에게 가르치시리로다
¹³ 그의 영혼은 평안히 살고 그의 자손은 땅을 상속하리로다
¹⁴ 여호와의 친밀하심이 그를 경외하는 자들에게 있음이여
그의 언약을 그들에게 보이시리로다
¹⁵ 내 눈이 항상 여호와를 바라봄은
내 발을 그물에서 벗어나게 하실 것임이로다
¹⁶ 주여 나는 외롭고 괴로우니
내게 돌이키사 나에게 은혜를 베푸소서
¹⁷ 내 마음의 근심이 많사오니 나를 고난에서 끌어내소서
¹⁸ 나의 곤고와 환난을 보시고 내 모든 죄를 사하소서
¹⁹ 내 원수를 보소서 그들의 수가 많고 나를 심히 미워하나이다
²⁰ 내 영혼을 지켜 나를 구원하소서
내가 주께 피하오니 수치를 당하지 않게 하소서
²¹ 내가 주를 바라오니 성실과 정직으로 나를 보호하소서
²² 하나님이여 이스라엘을 그 모든 환난에서 속량하소서

12~14절에서 다윗은 여호와를 경외하는 자에게 주시는 은혜가 무엇인지 가르칩니다. 여호와는 당신을 경외하는 자에게 그가 택할 길을 가르치십니다. 그의 영혼을 평안히 살게 하시고 그의 자손도 언약 안에 있어서 땅을 상속받게 하십니다. 하나님을 경외하는 자는 여호

와께서 친밀하게 하시고 언약을 지키십니다. 이런 은혜를 받은 자는 행복한 사람이 아닙니까! 최고의 행복은 하나님을 경외하는 사람에게 주십니다. 인생에 고난이 없거나 대적하는 자가 없는 안전한 환경이기에 행복이 아닙니다. 그런 중에도 하나님의 돌보심을 입고 사는 것이 행복입니다. 시편 23편에서 다윗은 사망의 음침한 골짜기로 다니는 때가 있어도 하나님의 선하심과 인자하심이 따르는 삶이었기에 부족함이 없었다고 고백합니다.

15~21절은 "나"가 주어가 되어 하나님의 도우심을 구합니다. 여호와가 행하시는 일에 대해 묵상한 다윗은 그 교훈을 자기에게 적용하여 하나님을 바라보며 은혜를 구합니다. 내 발을 그물에서 벗어나게 하실 하나님을 바라봅니다. 외롭고 괴로우니 은혜를 베푸소서. 근심이 많사오니 고난에서 끌어내소서. 곤고와 환난을 보시고 내 모든 죄를 사하소서. 원수를 보소서. 내 영혼을 지키시고 구원하소서. 주께 피하오니 수치를 당하지 않게 하소서. 22절은 공동체를 향한 기도입니다. 앞에서 말한 모든 것이 공동체에도 적용되기를 바라며 간구합니다.

다윗이 여호와의 인자와 진리(14)에 의지하여 하나님을 바라는 것처럼 우리도 하나님께 피하여야 합니다. 그물에 걸린 것 같은 위기에 있든지, 외롭고 괴롭든지, 많은 근심이나 고난 가운데 있든지, 죄 가운데 있든지 우리 하나님께 피하고 그의 성실과 정직하심에 소망을 두어야 합니다. 그리고 우리의 공동체에도 은혜 주시길 구하여야 합니다.

기도:
여호와 하나님, 하나님께 피하여 도움을 구하여야 할 때 저는 의기소침하여 뒤로 물러나기도 합니다. 하나님께 나아가면 도움을 받을 수 있을까 의심하기도 합니다. 하나님은 그리스도 안에서 우리와 언약하신 것에 신실하십니다. 저는 변함이 있지만 하나님은 변함이 없으십니다. 저를 구원하시고 보호하여 주옵소서. 오직 하나님을 경외하는 자에게 주시는 행복을 누리게 하옵소서. 예수 그리스도의 이름으로 기도합니다. 아멘.

시편 26편 내가 나의 완전함에 행하였사오며

[다윗의 시]
[1] 내가 나의 완전함에 행하였사오며
흔들리지 아니하고 여호와를 의지하였사오니
여호와여 나를 판단하소서
[2] 여호와여 나를 살피시고 시험하사
내 뜻과 내 양심을 단련하소서
[3] 주의 인자하심이 내 목전에 있나이다
내가 주의 진리 중에 행하여
[4] 허망한 사람과 같이 앉지 아니하였사오니
간사한 자와 동행하지도 아니하리이다
[5] 내가 행악자의 집회를 미워하오니
악한 자와 같이 앉지 아니하리이다
[6] 여호와여 내가 무죄하므로
손을 씻고 주의 제단에 두루 다니며
[7] 감사의 소리를 들려 주고
주의 기이한 모든 일을 말하리이다
[8] 여호와여 내가 주께서 계신 집과
주의 영광이 머무는 곳을 사랑하오니
[9] 내 영혼을 죄인과 함께
내 생명을 살인자와 함께 거두지 마소서
[10] 그들의 손에 사악함이 있고
그들의 오른손에 뇌물이 가득하오나
[11] 나는 나의 완전함에 행하오리니
나를 속량하시고 내게 은혜를 베푸소서
[12] 내 발이 평탄한 데에 섰사오니
무리 가운데에서 여호와를 송축하리이다

"내가 나의 완전함에 행하였사오며"(1) "내가 무죄하므로"(6) 이렇게 기도할 수 있는 분은 그리스도뿐입니다. 다윗이 이렇게 기도하는 것은 왕으로서 악을 행하는 자들의 편에 서지 않았음을 주장하는 겁니다. 그러면서도 다윗은 하나님의 인자하심과 성실하심(진리)에 자신을 맡깁니다. 하나님이 사랑하는 자를 악인들이 받을 만한 고난 가운데 두실 때가 있습니다. 그때 우리는 악인과 같지 않음을 호소하며 하나님의 도우심을 바라게 됩니다.

우리의 행위와 마음의 동기까지 완전하거나 무죄하다고 주장할 수 없습니다. 오히려 우리는 죄를 자백하여 사죄하심을 받아야 합니다. (요일 1:9) 다윗과 같이 하나님의 인자하심과 성실하심에 판단을 맡길 때 하나님은 우리를 의롭다고 선언하십니다. 하나님은 우리를 정죄하지 않으시며 성령의 법으로 판단하십니다.

"[1] 그러므로 이제 그리스도 예수 안에 있는 자에게는 결코 정죄함이 없나니 [2] 이는 그리스도 예수 안에 있는 생명의 성령의 법이 죄와 사망의 법에서 너를 해방하였음이라"(로마서 8:1, 2)

그러므로 우리도 확신을 가지고 다윗과 같이 기도할 수 있습니다. 그런데 다윗은 11절에서 "나는 나의 완전함에 행하오리니 나를 속량하시고 내게 은혜를 베푸소서"라고 기도합니다. 이것은 하나님의 거룩하심과 같이 거룩함을 따라 살겠다는 각오와 더불어 하나님의 은혜를 구하는 겁니다.

하나님의 인자하심(헤세드)에 의지하여 담대함으로 하나님께 나아갑시다. 그리고 그의 은혜를 힘입어 진리의 길을 걸어갑시다.

기도:
여호와 하나님, 저를 당신의 인자하심과 성실하심으로 대하시며 정죄하지 않으시니 감사합니다. 그런데도 양심은 저를 부끄럽게 합니다. 버리지 못한 죄악이 여전히 있기 때문입니다. 흔들리지 않고 약속의 말씀을 붙잡게 하옵소서. 어린아이같이 조금씩 걷는 걸음이지만 하나님의 영광이 머무는 곳을 바라보며 계속 걸어가게 하옵소서. 여호와 나의 하나님을 사랑합니다. 예수 그리스도의 이름으로 기도합니다. 아멘.

시편 27:1~6 여호와께 바라는 한 가지 일

[다윗의 시]
¹ 여호와는 나의 빛이요 나의 구원이시니
내가 누구를 두려워하리요
여호와는 내 생명의 능력이시니 내가 누구를 무서워하리요
² 악인들이 내 살을 먹으려고 내게로 왔으나
나의 대적들 나의 원수들인 그들은 실족하여 넘어졌도다
³ 군대가 나를 대적하여 진 칠지라도 내 마음이 두렵지 아니하며
전쟁이 일어나 나를 치려 할지라도 나는 여전히 태연하리로다
⁴ 내가 여호와께 바라는 한 가지 일 그것을 구하리니
곧 내가 내 평생에 여호와의 집에 살면서
여호와의 아름다움을 바라보며 그의 성전에서 사모하는 그것이라
⁵ 여호와께서 환난 날에 나를 그의 초막 속에 비밀히 지키시고
그의 장막 은밀한 곳에 나를 숨기시며 높은 바위 위에 두시리로다
⁶ 이제 내 머리가 나를 둘러싼 내 원수 위에 들리리니
내가 그의 장막에서 즐거운 제사를 드리겠고
노래하며 여호와를 찬송하리로다

시편 27편은 신뢰(1~6, 13~14))와 간청(7~13)으로 이루어져 있습니다. 다윗은 여호와에 대한 신뢰를 "여호와는 나의 빛", "나의 구원", "내 생명의 능력"으로 표현합니다. 그가 하나님께 대한 신뢰를 보이는 것은 평안한 상황에서가 아닙니다. 악인들이 살을 먹으려고 왔고, 군대가 대적하여 치려는 때입니다(2, 3). 그런데 다윗은 두려워하지 않으며 여전히 태연하다고 말합니다. 그의 마음이 두려움에서

완전히 벗어난 평안한 상태에 있는 것은 아닙니다. 밀려오는 두려움에 맞서 계속 하나님을 신뢰하겠다는 겁니다. "태연하리로다"는 "신뢰하다" "안심하다"라는 의미입니다.

다윗이 하나님을 신뢰할 수 있는 것은 한순간 믿음의 결과가 아닙니다. 그의 중심에는 이전부터 한가지 바람이 있었습니다.

"내가 여호와께 바라는 한 가지 일 그것을 구하리니
곧 내가 내 평생에 여호와의 집에 살면서
여호와의 아름다움을 바라보며
그의 성전에서 사모하는 그것이라"(4)

다윗은 여호와의 집에서 여호와와 함께 있기를 바랐습니다. 여호와를 바랄 때 하나님께서 그를 하나님의 장막 은밀한 곳에 숨기시고 원수 위에 높이실 것이라고 그는 확신합니다. 다윗은 왕으로서 권력과 부와 명예를 가지고 있었지만, 그것이 그에게 빛과 구원이 아님을 알고 있었습니다. 여호와 하나님이 그에게 모든 것이 되시는 분입니다. 그래서 그는 한 가지 마음으로 여호와의 아름다움을 보고(의식하고) 사모하고(찾고) 찬송합니다.

우리는 불안 사회에 살고 있습니다. 세상은 언제나 그랬습니다. 위험 요소가 우리의 주변에서 우는 사자와 같이 삼킬 자를 찾는 형국입니다. 우리를 안전하고 평안하게 하는 것은 우리의 능력이나 부에 달려 있지 않습니다. 우리가 다윗에서 배워야 할 것이 이것입니다. "여호와 하나님이 모든 것 되시기에 그의 아름다움을 바라고 사모하는 것"

기도:
하나님, 저는 무엇을 보고 가고 있습니까? 무엇을 두려워하고 있습니까? 무엇을 바라고 있습니까? 빛이신 하나님을 보고 그 아름다움을 바라보고 나아가게 하옵소서. 하나님은 이미 당신의 장막 은밀한 곳에 저를 숨기시고 지키시나이다. 제 살을 먹으려고 저를 치려고 달려든 것들이 실족하고 넘어질 겁니다. 예수 그리스도의 이름으로 기도합니다. 아멘.

시편 27:7~14 여호와여 내가 주의 얼굴을 찾으리이다

⁷ 여호와여 내가 소리 내어 부르짖을 때에 들으시고
또한 나를 긍휼히 여기사 응답하소서
⁸ 너희는 내 얼굴을 찾으라 하실 때에 내가 마음으로 주께 말하되
여호와여 내가 주의 얼굴을 찾으리이다 하였나이다
⁹ 주의 얼굴을 내게서 숨기지 마시고
주의 종을 노하여 버리지 마소서 주는 나의 도움이 되셨나이다
나의 구원의 하나님이시여 나를 버리지 마시고 떠나지 마소서
¹⁰ 내 부모는 나를 버렸으나 여호와는 나를 영접하시리이다
¹¹ 여호와여 주의 도를 내게 가르치시고
내 원수를 생각해서서 평탄한 길로 나를 인도하소서
¹² 내 생명을 내 대적에게 맡기지 마소서
위증자와 악을 토하는 자가 일어나 나를 치려 함이니이다
¹³ 내가 산 자들의 땅에서
여호와의 선하심을 보게 될 줄 확실히 믿었도다
¹⁴ 너는 여호와를 기다릴지어다
강하고 담대하며 여호와를 기다릴지어다

본문에는 시인의 간절함이 많이 들어 있습니다. "내가 소리 내어 부르짖을 때에", "주의 얼굴을 내게서 숨기지 마시고 … 버리지 마시

고 떠나지 마소서", "내 생명을 대적에게 맡기지 마소서", "내 부모는 나를 버렸으나 …"(이 부분에서 절망감의 깊이를 짐작할 수 있습니다.)

여호와께서 빛과 구원과 생명의 능력이 되신다는 믿음의 고백을 하며 신뢰한다고 해서 간청할 일이 없거나 도움을 구하지 않아야 하는 것이 아닙니다. 오히려 대적자의 공격이 있을 때도 하나님을 신뢰할 수 있고 하나님을 신뢰하기에 간청함으로 나아가야 함을 보여줍니다.

다윗은 하나님의 얼굴을 찾으며 버리지 마시고 떠나지 마시기를 구합니다. 이것은 하나님께서 멀리 계시기 때문이 아닙니다. 하나님께서 그와 함께하신다는 사실에는 변함이 없습니다. 우리는 때로 사망의 음침한 골짜기를 지납니다. 목자가 양을 최상의 목초지로 인도할 때 지나야 하는 위험한 골짜기입니다. 그 길에서 목자는 양을 더욱 세심하게 살필 것이고 양은 이전보다 더 목자를 신뢰하고 의지하게 됩니다.

다윗은 마치 사망의 음침한 골짜기를 빠져나온 양처럼 다시 목자에 대한 신뢰를 고백합니다(13).
"내가 산 자들의 땅에서 여호와의 선하심을 보게 될 줄
확실히 믿었도다"
다윗은 자기를 바라보고 자기의 뒤를 따르는 백성에게 권면합니다.
"너는 여호와를 기다릴지어다
강하고 담대하며 여호와를 기다릴지어다"
골짜기의 끝이 보이지 않고 도움의 손길이 잘 보이지 않을지라도 여호와를 기다리십시오. 강하고 담대하며 여호와를 기다리십시오.

기도:
여호와 나의 하나님, 불안과 두려움이 와서 마음을 흔들 때 하나님을 신뢰하고 있는지 의문을 갖습니다. 다윗을 통해 신뢰와 간청으로 하나님을 기다리는 것을 배웁니다. 흔들리나 넘어지지 않게 하옵소서. 보이지 않아도 여호와를 찾게 하옵소서. 이 길 끝에서 여호와의 선하심을 보게 하옵소서. 예수 그리스도의 이름으로 기도합니다. 아멘.

시편 28편 여호와여 내가 주께 부르짖으오니

[다윗의 시]
1 여호와여 내가 주께 부르짖으오니
나의 반석이여 내게 귀를 막지 마소서
주께서 내게 잠잠하시면
내가 무덤에 내려가는 자와 같을까 하나이다
2 내가 주의 지성소를 향하여 나의 손을 들고
주께 부르짖을 때에 나의 간구하는 소리를 들으소서
3 악인과 악을 행하는 자들과 함께 나를 끌어내지 마옵소서
그들은 그 이웃에게 화평을 말하나
그들의 마음에는 악독이 있나이다
4 그들이 하는 일과 그들의 행위가 악한 대로 갚으시며
그들의 손이 지은 대로 그들에게 갚아
그 마땅히 받을 것으로 그들에게 갚으소서
5 그들은 여호와께서 행하신 일과
손으로 지으신 것을 생각하지 아니하므로
여호와께서 그들을 파괴하고 건설하지 아니하시리로다
6 여호와를 찬송함이여 내 간구하는 소리를 들으심이로다
7 여호와는 나의 힘과 나의 방패이시니
내 마음이 그를 의지하여 도움을 얻었도다
그러므로 내 마음이 크게 기뻐하며 내 노래로 그를 찬송하리로다
8 여호와는 그들의 힘이시오
그의 기름 부음 받은 자의 구원의 요새이시로다
9 주의 백성을 구원하시며 주의 산업에 복을 주시고
또 그들의 목자가 되시어 영원토록 그들을 인도하소서

우리는 화평을 말하지만 실은 악한 사람들과 이웃하여 살고 있습니다. 학교에는 교사에게 칭찬을 받지만 약한 친구들을 괴롭히는 사람이 있고, 회사에는 일은 하지 않으면서 윗사람에게 인정받는 사람이 있습니다. 믿음이 있다는 사람에게 부당한 일을 당하기도 합니다. 악한 이들의 행위가 성공하여 의로운 사람들 곧 가난한 사람들이 상처받습니다. 우리도 그 피해자가 됩니다.

1~3a절에서 다윗은 악인들에게서 상처받그 괴로움을 당하는 상황에서 하나님께 부르짖습니다. 악인들이 함께 살아가는 현실에 대해 하나님께서 귀를 막고 계신 것이 아닌지, 의인들의 신음을 듣지 않으시는 것인가 하는 마음으로 하나님께 나옵니다.

다윗은 악인들이 어떠한지 하나님께 고발하고 하나님께서 그들의 행위대로 갚아 주시기를 기도하며 기대합니다(3b~4). 왜냐하면, 하나님의 의로우심이 그들을 그 악한 행위대로 갚으시고 파괴하실 것을 믿기 때문입니다.

하나님의 의로우심을 바라고 간구한 후에 그의 마음은 기쁨으로 하나님을 찬송합니다(6~7). "여호와는 나의 힘과 나의 방패"시니 "내 마음이 크게 기뻐하며 내 노래로 그를 찬송하리로다" 다윗은 하나님의 도우심을 공동체에 적용합니다(8~9). 교회에 적대적인 세상 속에서 있는 신자와 공동체에 여호와가 구원의 요새가 되시며 산업에 복을 주시고 목자가 되어 인도하여 주시기를 구합니다.

기도:
여호와 나의 하나님, 악인들의 계획이 성공하고 그들이 번성하는 것을 볼 때 화가 나고 마음이 괴롭습니다. 하나님께서 결국에는 그들의 악한 행위대로 갚으실 것을 믿고 그들의 편에 서지 않게 하옵소서. 악한 꾀를 배우거나 따르지 않게 하옵소서. 오직 하나님을 힘과 방패로 삼아 악한 길을 저항하며 살게 하옵소서. 하나님, 당신의 백성들에게 복을 주옵소서. 예수 그리스도의 이름으로 기도합니다. 아멘.

시편 29편 여호와의 이름에 합당한 영광을

[다윗의 시]
1 너희 권능 있는 자들아
영광과 능력을 여호와께 돌리고 돌릴지어다
2 여호와께 그의 이름에 합당한 영광을 돌리며
거룩한 옷을 입고 여호와께 예배할지어다
3 여호와의 소리가 물 위에 있도다
영광의 하나님이 우렛소리를 내시니
여호와는 많은 물 위에 계시도다
4 여호와의 소리가 힘 있음이여 여호와의 소리가 위엄차도다
5 여호와의 소리가 백향목을 꺾으심이여
여호와께서 레바논 백향목을 꺾어 부수시도다
6 그 나무를 송아지 같이 뛰게 하심이여
레바논과 시룐으로 들송아지 같이 뛰게 하시도다
7 여호와의 소리가 화염을 가르시도다
8 여호와의 소리가 광야를 진동하심이여
여호와께서 가데스 광야를 진동시키시도다
9 여호와의 소리가 암사슴을 낙태하게 하시고
삼림을 말갛게 벗기시니
그의 성전에서 그의 모든 것들이 말하기를 영광이라 하도다
10 여호와께서 홍수 때에 좌정하셨음이여
여호와께서 영원하도록 왕으로 좌정하시도다
11 여호와께서 자기 백성에게 힘을 주심이여
여호와께서 자기 백성에게 평강의 복을 주시리로다

시편 29편은 여호와의 영광과 능력을 찬송하는 시입니다. 다윗은 권능 있는 자들에게 여호와께 합당한 영광을 돌리라고 예배에 초대합니다(1~2). "권능 있는 자들"은 "신의 아들들"인데 인간 통치자나 영적 통치자를 포함합니다. 그 어떤 높은 권세를 가진 존재라도 영광과 능력의 근원이 오직 여호와이심을 생각하고 그에게 영광을 돌리고 합당한 예배를 드려야 합니다.

다윗은 "소리"(음성, 목소리)로 만물을 다스리시는 것에 여호와의 영광과 능력이 나타나는 것을 보여줍니다. 다윗은 우렛소리를 여호와의 소리로 비유합니다. 우렛소리가 천지를 진동하고 동물들을 뛰게 하는 것에서 여호와의 능력을 발견합니다. 우주 만물을 창조하신 하나님의 능력이 그것에 비교되겠습니까만 그것을 통해 하나님의 능력을 조금은 헤아려 볼 수 있습니다.

노아의 홍수 때 세상을 덮은 물 위에 여호와께서 좌정(앉다, 머무른다)하시어 다스리신 것같이 영원토록 왕으로 계십니다. 그리고 자기 백성에게는 힘과 평강을 주십니다. 땅을 진동하시고 동물들을 두렵게 하시며 홍수로 모든 것을 덮으시는 하나님의 힘이 당신의 백성인 우리에게는 평강의 복으로 나타날 것을 약속하십니다.

"여호와의 말씀이니라 너희를 향한 나의 생각을 내가 아나니 평안이요 재앙이 아니니라 너희에게 미래와 희망을 주는 것이니라"(예레미야 29:11)

기도:
여호와 하나님, 하나님은 모든 영광과 능력의 근원이 되십니다. 우렛소리에서도 하나님의 능력을 봅니다. 땅이 진동하고 태풍이 불고 홍수가 나는 중에도 하나님이 그 위에 계셔서 다스리십니다. 우리가 삶에서 겪는 모든 것도 하나님이 능력으로 다스리십니다. 하나님의 다스리심이 때로 우리를 두렵게 하지만 결국에는 평안의 복을 주시려는 것임을 믿습니다. 하나님께 영광과 능력을 돌리고 돌립니다. 아멘.

시편 30편 나의 슬픔이 변하여 춤이 되게 하시며

[다윗의 시, 곧 성전 낙성가]
1 여호와여 내가 주를 높일 것은 주께서 나를 끌어내사
내 원수로 하여금 나로 말미암아 기뻐하지 못하게 하심이니이다
2 여호와 내 하나님이여 내가 주께 부르짖으매 나를 고치셨나이다
3 여호와여 주께서 내 영혼을 스올에서 끌어내어 나를 살리사
무덤으로 내려가지 아니하게 하셨나이다
4 주의 성도들아 여호와를 찬송하며
그의 거룩함을 기억하며 감사하라
5 그의 노염은 잠깐이요 그의 은총은 평생이로다
저녁에는 울음이 깃들일지라도 아침에는 기쁨이 오리로다
6 내가 형통할 때에 말하기를
영원히 흔들리지 아니하리라 하였도다
7 여호와여 주의 은혜로 나를 산 같이 굳게 세우셨더니
주의 얼굴을 가리시매 내가 근심하였나이다
8 여호와여 내가 주께 부르짖고 여호와께 간구하기를
9 내가 무덤에 내려갈 때에 나의 피가 무슨 유익이 있으리요
진토가 어떻게 주를 찬송하며 주의 진리를 선포하리이까
10 여호와여 들으시고 내게 은혜를 베푸소서
여호와여 나를 돕는 자가 되소서 하였나이다
11 주께서 나의 슬픔이 변하여 내게 춤이 되게 하시며
나의 베옷을 벗기고 기쁨으로 띠 띠우셨나이다
12 이는 잠잠하지 아니하고 내 영광으로 주를 찬송하게 하심이니
여호와 나의 하나님이여 내가 주께 영원히 감사하리이다

다윗은 원수 곧 대적이나 죽음이나 병에서 건져진 것을 기뻐하며 하나님께 감사와 찬송을 돌립니다(1~3). 그리고 성도들에게 하나님을 찬송하며 감사하자고 권합니다(4~5). 우리가 하나님께 감사하고 찬송해야 하는 이유는 그의 노염은 잠깐이요 은총은 평생이기 때문입니다. 다윗이 형통할 때 그는 잠시 자만해서 그 형통함이 영원히 흔들리지 않을 것처럼 생각했습니다(6). 하나님께서 굳게 세우실 때 우리는 형통하고 그의 얼굴을 가리시면 무너집니다. 하나님의 임재와 동행이 우리의 생명이며 힘입니다. 다윗이 다시 간구했을 때 하나님께서 들으시고 은혜를 베푸셨습니다. 다윗은 다시 하나님을 찬양합니다(11~12). 하나님께서 그의 슬픔이 변하여 춤이 되게 하시고 베옷 대신에 기쁨을 입게 하셨습니다.

하나님께서 우리를 원수의 손에 잠깐 붙이기도 하시고 근심하게도 하십니다. 하지만 우리의 간구를 들으시고 아침에는 기쁨이 오게 하십니다. 하나님의 노염은 잠깐이지만 그의 은총은 평생입니다. 우리의 슬픔이 변하여 춤이 되게 하심으로 하나님을 찬송하게 하십니다. 여호와는 우리의 하나님이 되시며 우리와 함께하시기를 항상 원하십니다.

기도:
여호와 하나님, 제가 형통했던 때, 기쁨이 가득했던 때, 그때는 하나님께서 산 같이 저를 굳게 세우셨던 때입니다. 하나님께서 얼굴을 가리실 때는 근심으로 하나님께 나아가 간구하게 하옵소서. 하나님, 제게 춤과 기쁨을 주시길 원하십니다. 저녁에는 울음이 찾아오더라도 아침에는 기쁨이 올 것을 믿습니다. 하나님의 약속을 붙들고 걸어갑니다. 여호와 나의 하나님께 찬송하며 감사드립니다.

시편 31:1~8 여호와여 내가 주께 피하오니

[다윗의 시, 인도자를 따라 부르는 노래]
¹ 여호와여 내가 주께 피하오니
나를 영원히 부끄럽게 하지 마시고
주의 공의로 나를 건지소서
² 내게 귀를 기울여 속히 건지시고
내게 견고한 바위와 구원하는 산성이 되소서
³ 주는 나의 반석과 산성이시니
그러므로 주의 이름을 생각하셔서 나를 인도하시고 지도하소서
⁴ 그들이 나를 위하여 비밀히 친 그물에서 빼내소서
주는 나의 산성이시니이다
⁵ 내가 나의 영을 주의 손에 부탁하나이다
진리의 하나님 여호와여 나를 속량하셨나이다
⁶ 내가 허탄한 거짓을 숭상하는 자들을 미워하고
여호와를 의지하나이다
⁷ 내가 주의 인자하심을 기뻐하며 즐거워할 것은
주께서 나의 고난을 보시고 환난 중에 있는 내 영혼을 아셨으며
⁸ 나를 원수의 수중에 가두지 아니하셨고
내 발을 넓은 곳에 세우셨음이니이다

시편 31편은 고난에서 건져 주시기를 구하는 기도입니다. 고난 중에 위로를 받는 사람이나 그렇지 않은 사람이나 다윗이 어떠한 생각으로 하나님을 의지하는지 반복하여 배우는 것이 도움이 됩니다. 1~6절에 도움을 간구하고 7~8절에 감사를 한 후에 9절에서 도움을 간구하는 내용이 다시 시작됩니다.

다윗은 하나님께 피하며 도움을 구합니다. 하나님이 반석과 산성이 된다고 여러 번 반복하며 하나님을 신뢰하는 마음을 고백합니다. 다윗이 하나님의 도우심을 받을 수 있을 것이라는 확신은 그 자신의 의에 근거한 것이 아닙니다. 그는 "주의 공의"(1), "주의 이름"(3), "진리의 하나님"(5), 특히 하나님의 "속량하심"(구속하심)에 의지합니다. 속량한다는 것은 값을 지불한다는 의미가 있습니다. 하나님께서 이미 다윗을 위해 값을 지불하고 그를 사셨습니다. 그는 언약 안에 있는 하나님의 소유이며 여호와는 그의 하나님입니다.

하나님께서 다윗의 기도를 들으시고 그의 발을 넓은 곳에 안전하게 세우셨습니다. 다윗은 "주의 인자하심"을 기뻐하고 즐거워한다고 말합니다. 그는 언약에 신실하신 하나님의 사랑을 붙들고 있습니다. 다윗은 도움을 위해 하나님의 사랑을 말하는 것이 아닙니다. 그는 하나님의 사랑에 자기의 모든 것을 맡깁니다. "내가 나의 영을 주의 손에 부탁하나이다"(5) 하나님이 우리를 사랑하시고 아신다고 믿는다면 그의 손에 우리를 전적으로 맡기지 못할 이유가 무엇입니까? 당신의 전부를 하나님의 손에 맡기고 인도하심을 따라 걸어가십시오. 하나님이 자기의 의와 자기 이름을 위하여 그리고 인자하심으로 우리를 인도하시고 지도하셔서 넓은 곳에 세우실 겁니다.

기도:
여호와 하나님, 악에서 저를 건져 주옵소서. 하나님은 나의 반석과 산성이십니다. 하나님께 피하오니 구원하여 주옵소서. 하나님께서 그리스도 안에서 세우신 언약으로 저를 사랑하심을 압니다. 하나님께 내 영을 드립니다. 나를 받아주시고 당신의 선하신 길로 인도하여 주옵소서. 예수 그리스도의 이름으로 기도합니다. 아멘.

시편 31:9~18 그러하여도 주는 내 하나님이시라

⁹ 여호와여 내가 고통 중에 있사오니 내게 은혜를 베푸소서
내가 근심 때문에 눈과 영혼과 몸이 쇠하였나이다
¹⁰ 내 일생을 슬픔으로 보내며 나의 연수를 탄식으로 보냄이여
내 기력이 나의 죄악 때문에 약하여지며 나의 뼈가 쇠하도소이다
¹¹ 내가 모든 대적들 때문에 욕을 당하고
내 이웃에게서는 심히 당하니
내 친구가 놀라고 길에서 보는 자가 나를 피하였나이다
¹² 내가 잊어버린 바 됨이 죽은 자를 마음에 두지 아니함 같고
깨진 그릇과 같으니이다
¹³ 내가 무리의 비방을 들었으므로
사방이 두려움으로 감싸였나이다
그들이 나를 치려고 함께 의논할 때에
내 생명을 빼앗기로 꾀하였나이다
¹⁴ 여호와여 그러하여도 나는 주께 의지하고 말하기를
주는 내 하나님이시라 하였나이다
¹⁵ 나의 앞날이 주의 손에 있사오니
내 원수들과 나를 핍박하는 자들의 손에서 나를 건져 주소서
¹⁶ 주의 얼굴을 주의 종에게 비추시고
주의 사랑하심으로 나를 구원하소서
¹⁷ 여호와여 내가 주를 불렀사오니 나를 부끄럽게 하지 마시고
악인들을 부끄럽게 하사 스올에서 잠잠하게 하소서
¹⁸ 교만하고 완악한 말로 무례히 의인을 치는 거짓 입술이
말 못하는 자 되게 하소서

9~24절은 1~8절의 간구와 도우심에 대한 감사를 자세하게 반복합니다. 그중 9~18절은 다윗이 겪은 어려움을 구체적으로 말합니다. 그는 고통 중에 있는데 근심 때문에 눈과 영혼과 몸이 쇠하였습니다. 슬픔과 탄식으로 생을 보내고 기력이 약하고 뼈가 쇠하게 되었습니다. 대적뿐 아니라 이웃의 공격, 친구의 외면, 무리의 비방과 사방의 두려움, 생명을 빼앗으려는 의논이 그를 둘러싸고 있습니다.

다윗은 말합니다.

"여호와여 그러하여도 나는 주께 의지하고 말하기를
주는 내 하나님이시라 하였나이다"

다윗은 주의 손에 자기의 앞날이 있음을 알기에 하나님께서 건지시기를 구합니다. 악인을 부끄럽게 하시고 잠잠하게 하시기를, 그의 거짓 입술이 말 못 하게 하시기를 구합니다.

우리도 다윗과 같이 그리고 죄없이 비방과 핍박을 받으신 그리스도와 같이 부당한 처지에 놓이는 일이 있습니다. 그때 우리는 다윗과 같이 고백하며 간구해야 합니다.

"여호와여 그러하여도 나는 당신을 의지합니다.
당신은 나의 하나님이십니다."

하나님이 우리의 돕는 자가 되십니다.

기도:
하나님 아버지, 아버지의 사랑으로 우리를 구원하옵소서. 대적에게서 우리를 건져 주시고, 악한 자들로부터 우리의 이웃을 건져 주옵소서. 거짓으로 이웃의 생명을 해하려는 자가 많습니다. 교만하고 완악한 말로 무례히 의인을 치는 거짓 입술이 말 못 하는 자가 되게 하옵소서, 하나님의 자녀들이 부끄럽게 하지 마옵소서. 저로 하나님만 의지하게 하옵소서. 예수 그리스도의 이름으로 기도합니다. 아멘.

시편 31:19~24

19 주를 두려워하는 자를 위하여 쌓아 두신 은혜
곧 주께 피하는 자를 위하여
인생 앞에 베푸신 은혜가 어찌 그리 큰지요
20 주께서 그들을 주의 은밀한 곳에 숨기사
사람의 꾀에서 벗어나게 하시고
비밀히 장막에 감추사 말다툼에서 면하게 하시리이다
21 여호와를 찬송할지어다
견고한 성에서 그의 놀라운 사랑을 내게 보이셨음이로다
22 내가 놀라서 말하기를
주의 목전에서 끊어졌다 하였사오나
내가 주께 부르짖을 때에
주께서 나의 간구하는 소리를 들으셨나이다
23 너희 모든 성도들아 여호와를 사랑하라
여호와께서 진실한 자를 보호하시고
교만하게 행하는 자에게 엄중히 갚으시느니라
24 여호와를 바라는 너희들아 강하고 담대하라

다윗의 찬송이 다시 시작됩니다. 하나님을 경외하는(두려워하는) 자를 위해 은혜를 쌓아 두시고, 하나님께 피하는 자를 위하여 그 앞에 은혜를 베푸심이 크십니다. 신앙은 하나님께 피하여 가는 것입니다.

룻이 시어머니 나오미를 따라 베들레헴으로 왔을 때 보아스가 룻을 축복합니다. "이스라엘의 하나님 여호와께서 그의 날개 아래에 보호를 받으러 온 네게 온전한 상 주시기를 원하노라"(룻 2:12)

시편 2:12에서는 "여호와께 피하는 모든 사람은 다 복이 있도다"라고 선언하였습니다. 여호와께 피하는 것은 그의 날개 아래 보호받기 위해 가는 겁니다. 하나님은 그를 은밀한 곳에 숨기시고 그의 비밀의 장막에 감추사 사람의 꾀와 말다툼에서 면하게 하십니다. 하나님은 그의 견고한 성에서 놀라운 사랑을 보이십니다.

다윗은 성도들에게 여호와를 사랑하라고 권면합니다. 사랑은 어떤 헌신 된 행위를 요구하는 것이 아닙니다. 하나님의 은혜를 즐거워하며 그 안에서 만족해하는 겁니다. 또한, 다윗은 여호와께서 교만한 자에게 갚으실 것이기에 여호와를 바라며 강하고 담대하라고 권면합니다(23~24). 하나님은 우리를 사랑하시며 부르짖을 때 그 간구하는 소리를 들으십니다. 그렇지만 우리가 하나님의 목전에서 끊어졌다고 생각할 만큼 절망의 상태에 두시기도 합니다. 그럴지라도 흔들리지 않고 하나님을 바라보아야 합니다. 그 어려움을 통해 하나님은 우리의 진실함을 시험하시고 하나님 외에 다른 피난처가 없음을 알게 하십니다. 우리를 위해 쌓아 두신 은혜를 베푸시기까지 강하고 담대함으로 하나님께 나아갑시다.

고난의 인생입니다. 그런데 하나님이 피난처가 되어 주시고 우리를 사랑하시며 쌓아 두신 은혜를 베풀어 두시는 하나님과 함께 걸어갑니다.

기도:
여호와 하나님, 저의 피난처가 되어 주시니 감사합니다. 견고한 성이 되어 주시니 감사합니다. 저를 당신의 은밀한 곳에 숨기시사 사람들의 꾀와 말다툼에서 건져 주옵소서. 놓인 상황을 보고 판단하지 않게 하시고 하나님의 약속을 의지하게 하옵소서. 아무것도 보이지 않을 때라도 나를 사랑하시는 하나님만 바라보게 하옵소서. 예수 그리스도의 이름으로 기도합니다. 아멘.

시편 32편 허물의 사함을 받고 죄가 가려진 자

[다윗의 마스길]
¹ 허물의 사함을 받고 자신의 죄가 가려진 자는 복이 있도다
² 마음에 간사함이 없고
여호와께 정죄를 당하지 아니하는 자는 복이 있도다
³ 내가 입을 열지 아니할 때에
종일 신음하므로 내 뼈가 쇠하였도다
⁴ 주의 손이 주야로 나를 누르시오니
내 진액이 빠져서 여름 가뭄에 마름 같이 되었나이다 (셀라)
⁵ 내가 이르기를 내 허물을 여호와께 자복하리라 하고
주께 내 죄를 아뢰고 내 죄악을 숨기지 아니하였더니
곧 주께서 내 죄악을 사하셨나이다 (셀라)
⁶ 이로 말미암아 모든 경건한 자는
주를 만날 기회를 얻어서 주께 기도할지라
진실로 홍수가 범람할지라도 그에게 미치지 못하리이다
⁷ 주는 나의 은신처이오니 환난에서 나를 보호하시고
구원의 노래로 나를 두르시리이다 (셀라)
⁸ 내가 네 갈 길을 가르쳐 보이고
너를 주목하여 훈계하리로다
⁹ 너희는 무지한 말이나 노새같이 되지 말지어다
그것들은 재갈과 굴레로 단속하지 아니하면
너희에게 가까이 가지 아니하리로다
¹⁰ 악인에게는 많은 슬픔이 있으나
여호와를 신뢰하는 자에게는 인자하심이 두르리로다
¹¹ 너희 의인들아 여호와를 기뻐하며 즐거워할지어다
마음이 정직한 너희들아 다 즐거이 외칠지어다

시편 32편은 "복이 있도다"라는 선언으로 시작됩니다. 이 말은 "그 사람은 행복하다"입니다. 어떤 사람이 행복한 사람인가요? "허물의 사함을 받고 자신의 죄가 가려진 사람", "마음에 간사함이 없고 여호와께 정죄당하지 않는 사람"입니다.

"허물"은 "하나님으로부터 떠남" 곧 반역을 의미합니다. 하나님의 통치를 거부하는 고집스러운 불순종을 말합니다. "죄"는 하나님의 뜻에서 벗어난 태도와 경향, "간사함"은 기만, 거짓, 이중성을 말합니다. 죄가 없는 사람은 없습니다. 그런데 자기의 죄를 하나님께 자백하고 은혜를 구하며 피하여 오는 사람은 많지 않습니다. 죄에 대한 하나님의 진노하심에 눌려 고통당하면서도 자기가 죄인임을 고백하지 않습니다. 그들은 무지한 말이나 노새처럼 고집을 꺾지 않습니다. 죄를 자백하는 사람들은 하나님이 은혜가 풍성하시며 자비로우시며 노하기를 더디 하심을 믿는 사람들입니다. 다윗은 그들을 "경건한 자"라고 합니다. 하나님께 나오는 자는 그 허물을 용서받고 죄는 가리어지며 마음에 간사함이 없고 정죄당하지 않게 됩니다. 그로 인해 그들은 행복한 사람이 됩니다.

당신은 이미 행복한 사람입니까? 여호와를 기뻐하며 즐거워하십시오. 자백하지 않은 죄로 하나님과 멀어져 괴로운 시간을 보내고 있습니까? 어떠한 죄이든 어떤 상황에 있든 당신을 불쌍히 여기시는 하나님께 말씀드리십시오. 하나님의 자비하심을 믿고 나올 때 인자하심(사랑)이 당신을 두를 겁니다.

기도:
하나님, 저는 허물과 죄와 간사함으로 하나님 앞에 설 수 없는 죄인입니다. 이제 돌이켜 하나님께 나옵니다. 저를 위해 피할 길을 예비하여 주셨으니 곧 그리스도의 십자가입니다. 그리스도께서 저의 죄를 대신하여 십자가를 지셨고 하나님께 나아갈 길을 열어 주셨습니다. 그리스도의 피로 저의 죄를 사하여 주셨음을 온전하게 믿고 자유하게 하옵소서. 은혜로우신 하나님을 믿고 그 사랑을 즐거워하게 하옵소서. 예수 그리스도의 이름으로 기도합니다. 아멘.

여호와 하나님, 하나님을 피난처로 은신처로 여기고 나오는 이에게 베푸시는 하나님의 은혜가 얼마나 크고 놀라운지요. 담대함으로 하나님께 나오는 기쁨을 주시니 저는 행복한 사람입니다. 하나님은 나의 기쁨이십니다. 아멘.

시편 33:1~11 여호와를 즐거워하라

¹ 너희 의인들아 여호와를 즐거워하라
찬송은 정직한 자들이 마땅히 할 바로다
² 수금으로 여호와께 감사하고
열 줄 비파로 찬송할지어다
³ 새 노래로 그를 노래하며
즐거운 소리로 아름답게 연주할지어다
⁴ 여호와의 말씀은 정직하며
그가 행하시는 일은 다 진실하시도다
⁵ 그는 공의와 정의를 사랑하심이여
세상에는 여호와의 인자하심이 충만하도다
⁶ 여호와의 말씀으로 하늘이 지음이 되었으며
그 만상을 그의 입 기운으로 이루었도다
⁷ 그가 바닷물을 모아 무더기 같이 쌓으시며
깊은 물을 곳간에 두시도다
⁸ 온 땅은 여호와를 두려워하며
세상의 모든 거민들은 그를 경외할지어다
⁹ 그가 말씀하시매 이루어졌으며
명령하시매 견고히 섰도다
¹⁰ 여호와께서 나라들의 계획을 폐하시며
민족들의 사상을 무효하게 하시도다
¹¹ 여호와의 계획은 영원히 서고
그의 생각은 대대에 이르리로다

시편 33편은 찬송시입니다. 1~3절은 여호와 하나님을 찬송하도록 초대합니다. 그리고 4절 이하에는 찬송의 이유에 대해서 나열하고 있습니다. 4~11절까지는 여호와의 말씀과 관련되어 있습니다. 4~5절은 여호와의 말씀이 정직하여 그 말씀대로 이루어진다고 합니다. 그리고 공의와 정의로우시며 인자하심이 충만하신 성품을 찬양합니다. 6~7절은 여호와의 말씀으로 하늘과 그 모든 것을 지으셨음과 물을 다스리심을 찬양합니다. 8~11절은 여호와께서 세상 나라들의 계획을 폐하시며 민족들의 사상을 무효하게 하시니 여호와께서 온 땅의 주권자 심을 선언합니다. 그러기에 온 땅과 모든 백성은 여호와를 경외해야 합니다. 오직 여호와의 계획이 영원히 서고 그의 생각은 대대에 이릅니다. 위의 내용을 요약하면 찬송의 이유를 세 가지로 말할 수 있습니다. 여호와 하나님의 성품, 말씀으로 세상을 지으심, 그리고 온 땅의 주권자가 되심입니다.

시인이 찬송으로 초대하는 부름에 응답하여 우리는 하나님을 찬송해야 합니다. 찬송은 정직한 자의 마땅히 할 바입니다. "정직한 자"는 도덕적으로 완전한 자를 말하는 것이 아니라 있는 그대로 빛 되신 하나님께 나아가서 은혜를 구하는 자를 말합니다. 그는 여호와를 즐거워함으로 찬송하며, 악기를 동원하여 힘을 다하여 찬송하며, 새 노래로 아름답게 찬송해야 합니다. 새 노래라는 것은 새로 지은 노래라는 의미로 해석하기도 하지만, 하나님의 구원과 승리를 찬송하는 내용의 노래를 가리키는 것으로 이해할 수 있습니다. 4절 이하에서 말하는 내용이 바로 새 노래의 가사입니다.

기도:
여호와 하나님, 하나님의 인자하심과 그 말씀으로 행하신 일과 온 땅을 주관하시는 주권과 계획을 찬송합니다. 습관을 따라 노래하는 것이 아니라 정직한 마음으로 하나님을 즐거워하고 감사함으로 찬송하게 하옵소서. 그리고 입술로 고백하고 찬송하는 내용대로 온전히 하나님을 신뢰하며 살아가게 하옵소서. 예수 그리스도의 이름으로 기도합니다. 아멘.

시편 33:12~22 여호와를 자기 하나님으로 삼은 나라

¹² 여호와를 자기 하나님으로 삼은 나라
곧 하나님의 기업으로 선택된 백성은 복이 있도다
¹³ 여호와께서 하늘에서 굽어보사 모든 인생을 살피심이여
¹⁴ 곧 그가 거하시는 곳에서
세상의 모든 거민들을 굽어살피시는도다
¹⁵ 그는 그들 모두의 마음을 지으시며
그들이 하는 일을 굽어살피시는 이로다
¹⁶ 많은 군대로 구원 얻은 왕이 없으며
용사가 힘이 세어도 스스로 구원하지 못하는도다
¹⁷ 구원하는 데에 군마는 헛되며
군대가 많다 하여도 능히 구하지 못하는도다
¹⁸ 여호와는 그를 경외하는 자
곧 그의 인자하심을 바라는 자를 살피사
¹⁹ 그들의 영혼을 사망에서 건지시며
그들이 굶주릴 때에 그들을 살리시는도다
²⁰ 우리 영혼이 여호와를 바람이여
그는 우리의 도움과 방패시로다
²¹ 우리 마음이 그를 즐거워함이여
우리가 그의 성호를 의지하였기 때문이로다
²² 여호와여 우리가 주께 바라는 대로
주의 인자하심을 우리에게 베푸소서

여호와를 즐거워하며 찬송할 이유가 계속됩니다(12~19). 여호와를 자기 하나님으로 삼은 나라와 백성은 행복합니다. 그들이 행복한 것은 첫째(13~15). 하나님께서 이 백성을 아십니다. 우리가 하나님을 알고 택한 것이 아닙니다. 하나님이 우리를 아시고 택하셨습니다. "굽어보사", "살피시며", "굽어살피시고", "굽어살피십니다"로 번역된 히브리어 단어는 다르지만 모두 비슷한 의미입니다. 하나님은 부모가 자녀를 지켜보고 살피듯이 택하신 백성을 살피시고 사랑하십니다. 둘째(16~21), 하나님은 자기 백성을 구원할 능력이 있으십니다. 많은 군대를 가진 왕이 하지 못하고 힘이 센 용사가 하지 못하는 일을 하나님은 능히 하십니다. 우리의 영혼을 사망에서 건지시고 굶주릴 때 살리십니다. 하나님은 자기를 경외하며 그 인자하심을 바라는 자를 살피십니다. 하나님이 그 백성에게 바라시는 것은 여호와를 도움과 방패로 신뢰하고 그의 이름을 의지하는 겁니다.

22절에서 시인은 자기가 고백하고 찬송한 대로 하나님께 간구합니다. "여호와여 우리가 당신께 바라는 대로 당신의 인자하심을 우리에게 베푸소서" 하나님을 제한하면서 기이한 일 행하시길 바랄 수 없습니다. 시인이 하나님을 크게 여기는 것처럼 하나님을 바라십시오. 하나님은 "우리 가운데 역사하시는 능력대로 우리가 구하거나 생각하는 모든 것에 더 넘치도록 능히 하실 분"입니다(엡 3:20).

기도:
찬송을 받으시기에 합당하신 여호와 하나님, 저는 하나님을 얼마나 제한하고 있습니까. 저를 사랑하심을 신뢰하지 못하여 세상의 힘을 두려워하고 불안해했습니다. 제 안에 행하시는 능력도 알지 못했습니다. 하나님을 바라는 대로 도움과 방패가 되시는 주여, 더 풍성한 은혜를 담대히 바라게 하옵소서. 여호와께 바라는 대로 인자하심을 베푸사 넘치도록 역사하시옵소서. 예수 그리스도의 이름으로 기도합니다. 아멘.

시편 34:1~10 너희는 여호와의 선하심을 맛보아 알지어다

[다윗이 아비멜렉 앞에서 미친 체하다가 쫓겨나서 지은 시]
1 내가 여호와를 항상 송축함이여
내 입술로 항상 주를 찬양하리이다
2 내 영혼이 여호와를 자랑하리니
곤고한 자들이 이를 듣고 기뻐하리로다
3 나와 함께 여호와를 광대하시다 하며
함께 그의 이름을 높이세
4 내가 여호와께 간구하매 내게 응답하시고
내 모든 두려움에서 나를 건지셨도다
5 그들이 주를 앙망하고 광채를 내었으니
그들의 얼굴은 부끄럽지 아니하리로다
6 이 곤고한 자가 부르짖으매 여호와께서 들으시고
그의 모든 환난에서 구원하셨도다
7 여호와의 천사가 주를 경외하는 자를 둘러 진 치고
그들을 건지시는도다
8 너희는 여호와의 선하심을 맛보아 알지어다
그에게 피하는 자는 복이 있도다
9 너희 성도들아 여호와를 경외하라
그를 경외하는 자에게는 부족함이 없도다
10 젊은 사자는 궁핍하여 주릴지라도
여호와를 찾는 자는 모든 좋은 것에 부족함이 없으리로다 이 시편은 다윗이 블레셋 왕(아비멜렉은 왕의 호칭) 아기스 앞에서 미친 체하여 위기를 모면한 일을 배경으로 하고 있습니다. 다윗은 여호와를 찬송하며(1~2) 다른 이들을 찬양으로 초대합니다(3). 자기가 곤고한 중에 부르짖음으로 하나님의 도우심을 받았기에 현재 곤고한 (가난한, 고통받는) 중에 있는 이들이 용기를 얻어 하나님께 부르짖으라 권합니다. 그리고 하나님께서 간구를 들으시고 구원하실 것이기에 하나님을 찬양하라고 초대합니다.

4~7절은 곤고한 중에 부르짖었을 때 여호와께서 들으시고 응답하신 사실을 말합니다. 여호와께서는 당신을 경외하여 부르짖는 자들의 간구를 들으시고 두려움에서 건지십니다. 하나님을 앙망하는 자들을 빛나게 하시고 얼굴이 부끄럽지 않게 하십니다. 그의 사자를 보내셔서 둘러 진 치고 건지십니다.

다윗은 그 경험을 바탕으로 사람들을 권면합니다(8~11). 여호와께 피한 자에게 주시는 복을 맛볼 수 있도록 하나님께 피하여 가라고 합니다. 여호와를 경외하는 자에게 부족함이 없게 하시는 데 힘이 있는 젊은 사자가 사냥에 실패하여 궁핍하게 되는 일은 있을지라도 여호와를 찾는 자는 모든 좋은 것에 부족함이 없게 하십니다.

자기의 힘과 경험에 근거하여 하나님을 제한하지 말고 다윗을 통해 주시는 권면에 귀를 기울이고 여호와 하나님을 바라봅시다. 그에게 피하여 부르짖읍시다. 여호와의 말씀대로 되기를 기대합시다.

기도:
여호와 하나님은 참으로 크십니다. 가난하고 고통 가운데 있는 이들의 간구를 들으시고 구원하십니다. 하나님, 제 영혼이 곤고하고 절망 중에 있사오니 두려움에서 건져 주옵소서. 하나님의 선하심을 맛보아 알게 하시고 모든 좋은 것에 부족함이 없게 하옵소서. 하나님이 광대하시다 송축하게 하옵소서. 예수 그리스도의 이름으로 기도합니다. 아멘.

시편 34:11~22 여호와 경외하는 법을 배우라

¹¹ 너희 자녀들아 와서 내 말을 들으라
내가 여호와를 경외하는 법을 너희에게 가르치리로다
¹² 생명을 사모하고 연수를 사랑하여
복 받기를 원하는 사람이 누구뇨
¹³ 네 혀를 악에서 금하며 네 입술을 거짓말에서 금할지어다
¹⁴ 악을 버리고 선을 행하며 화평을 찾아 따를지어다
¹⁵ 여호와의 눈은 의인을 향하시고
그의 귀는 그들의 부르짖음에 기울이시는도다
¹⁶ 여호와의 얼굴은 악을 행하는 자를 향하사
그들의 자취를 땅에서 끊으려 하시는도다
¹⁷ 의인이 부르짖으매 여호와께서 들으시고
그들의 모든 환난에서 건지셨도다
¹⁸ 여호와는 마음이 상한 자를 가까이하시고
충심으로 통회하는 자를 구원하시는도다
¹⁹ 의인은 고난이 많으나
여호와께서 그의 모든 고난에서 건지시는도다
²⁰ 그의 모든 뼈를 보호하심이여
그중에서 하나도 꺾이지 아니하도다
²¹ 악이 악인을 죽일 것이라
의인을 미워하는 자는 벌을 받으리로다
²² 여호와께서 그의 종들의 영혼을 속량하시나니
그에게 피하는 자는 다 벌을 받지 아니하리로다

"여호와께 피하여 선하심을 맛보아 알라"는 다윗의 권면은 "자녀

들"에게 이어집니다(11~14). 다윗은 자녀들에게 여호와 경외하는 법을 가르칩니다. 여호와를 경외하는 자는 곧 복을 받는 자인데 그는 생명을 사랑하고 연수(매일)를 사랑합니다. 혀에서 악을 금하며 거짓말을 금합니다. 악을 버리고 선을 행하며 화평을 따릅니다. 이것은 여호와를 경외함으로 어려서부터 배워야 하는 경건한 삶의 태도입니다. 완전하지 않아도 이 길에 서 있는 것은 복된 일입니다.

15~22절은 자녀들에게 가르치는 지혜의 내용으로 시의 결론이기도 합니다. 다윗은 의인과 악인을 대조하여 보여줍니다. 여호와의 눈은 의인을 향하고 그의 귀는 의인의 부르짖음에 기울이시고 환난에서 건지십니다. 그들의 뼈가 하나도 꺾이지 않게 하십니다. 의인은 마음이 상한 자이며 충심으로 통회(회개)하는 자입니다. 의인은 도덕적으로 완전한 자가 아닙니다. 하나님께 피하여 정직하게 자기의 죄를 고백하는 자입니다. 여호와께서는 그들의 영혼을 속량(구속)하십니다. 하지만 악인에게는 진노의 얼굴을 향하시며 그들의 자취를 땅에서 끊으십니다. 그들은 자기의 악에 의해 죽임을 당하게 될 겁니다.

"그의 모든 뼈를 보호하심이여 그중에서 하나도 꺾이지 아니하도다"(20)는 그리스도가 십자가에 달리셨을 때 그대로 이루어졌습니다(요 19:36). 이 말씀이 그리스도에게 이루어졌다면 그리스도 안에 있는 우리에게도 이루어질 겁니다. 그러므로 악인의 미움을 받을 때나 의인이 받는 많은 고난 중에 혹은 마음이 상하거나(깨지다, 부서지다) 통회할 때나 곤고할 때 어느 때라도 여호와께 피하기를 두려워하지 마십시오. 하나님이 당신을 값을 주고 사셨다는 것을 잊지 마십시오.

기도:
여호와 하나님, 날마다 주신 생명을 사랑하며 화평을 찾아 따르게 하옵소서. 하나님은 당신께 피하여 부르짖는 자를 귀하게 여기십니다. 그에게로 향하여 보시고 귀를 기울이십니다. 하나님께 부르짖게 하옵소서. 절망하지 않게 하옵소서. 말씀하신 대로 이루어질 것을 믿는 마음을 주옵소서. 예수 그리스도의 이름으로 기도합니다. 아멘.

시편 35:1~10 여호와여 나와 다투는 자와 다투소서

[다윗의 시]
¹ 여호와여 나와 다투는 자와 다투시고
나와 싸우는 자와 싸우소서
² 방패와 손 방패를 잡으시고 일어나 나를 도우소서
³ 창을 빼사 나를 쫓는 자의 길을 막으시고
또 내 영혼에게 나는 네 구원이라 이르소서
⁴ 내 생명을 찾는 자들이 부끄러워 수치를 당하게 하시며
나를 상해하려 하는 자들이 물러가 낭패를 당하게 하소서
⁵ 그들을 바람 앞에 겨와 같게 하시고
여호와의 천사가 그들을 몰아내게 하소서
⁶ 그들의 길을 어둡고 미끄럽게 하시며
여호와의 천사가 그들을 뒤쫓게 하소서
⁷ 그들이 까닭 없이 나를 잡으려고
그들의 그물을 웅덩이에 숨기며
까닭 없이 내 생명을 해하려고 함정을 팠사오니
⁸ 멸망이 순식간에 그에게 닥치게 하시며
그가 숨긴 그물에 자기가 잡히게 하시며
멸망 중에 떨어지게 하소서
⁹ 내 영혼이 여호와를 즐거워함이여 그의 구원을 기뻐하리로다
¹⁰ 내 모든 뼈가 이르기를 여호와와 같은 이가 누구냐
그는 가난한 자를 그보다 강한 자에게서 건지시고
가난하고 궁핍한 자를 노략하는 자에게서 건지시는 이라 하리로다

다윗은 자신을 대적하며 그의 나라를 위태롭게 하는 대적에게서 자신을 건져달라고 간구합니다. 그는 여호와 하나님께서 대신하여 싸우시고 구원하여 달라고 요청합니다. 그리고 대적에게 일어나기를 바라는 바를 4~8절까지 묘사합니다. 그들이 부끄러워 수치를 당하게 하시며 낭패당하게 하시고 바람 앞에 겨와 같게 하시고 그들의 길에서 어둡고 미끄럽게 하시기를 구합니다. 특히 여호와의 사자가 그들을 몰아내고 뒤쫓기를 그리고 그들이 자기가 판 함정에 빠지고 멸망하기를 구합니다. 이 모든 일이 우리를 대적하는 이들에게 일어나기를 바랍니다.

이 기도는 그리스도의 기도입니다. 그리스도는 만유의 주이신 당신을 대적한 자들에 대하여 아버지 하나님께서 심판하시기를 기도하십니다. 이 기도는 응답 될 겁니다. 그렇다면 우리가 그리스도를 어떻게 대해야 할지 생각해야 합니다. 그리스도 편에 서지 않고 그리스도와 다투는 쪽에 선다면 어떤 일이 일어날지 그 결과는 분명합니다.

이 기도는 그리스도 안에 있는 신자들의 기도이기도 합니다. 신자들은 그리스도 편에 서 있습니다. 그들의 대적은 그리스도의 대적입니다. 잠시는 그들이 이기는 것 같고 신자들이 구원받지 못할 것 같이 보일 수도 있습니다. 하지만 그 어떤 것도 그리스도 안에 있는 하나님의 사랑에서 우리를 끊을 수 없습니다(롬 8:39). 그러므로 우리는 9~10절과 같이 찬양하게 될 겁니다.

"내 영혼이 여호와를 즐거워함이여 그의 구원을 기뻐하리로다"

기도:
하나님 아버지, 우리가 하나님의 자녀이면 그리스도와 함께 한 상속자이기에 그리스도와 함께 영광을 받기 위하여 고난도 함께 받아야 한다고 하신 말씀을 기억합니다. 제가 겪는 고난을 그리스도의 고난에 참여하는 것으로 여기고 감사하게 하옵소서. 저를 대신하여 다투시는 하나님께 피하여 싸움이 지나기까지 기대하며 기다리게 하옵소서. 예수 그리스도의 이름을 기도합니다. 아멘.

시편 35:11~18 내 영혼을 멸망자에게서 구원하소서

¹¹ 불의한 증인들이 일어나서
내가 알지 못하는 일로 내게 질문하며
¹² 내게 선을 악으로 갚아 나의 영혼을 외롭게 하나
¹³ 나는 그들이 병들었을 때에 굵은 베 옷을 입으며
금식하여 내 영혼을 괴롭게 하였더니
내 기도가 내 품으로 돌아왔도다
¹⁴ 내가 나의 친구와 형제에게 행함 같이
그들에게 행하였으며
내가 몸을 굽히고 슬퍼하기를 어머니를 곡함 같이 하였도다
¹⁵ 그러나 내가 넘어지매 그들이 기뻐하여 서로 모임이여
불량배가 내가 알지 못하는 중에 모여서
나를 치며 찢기를 마지아니하도다
¹⁶ 그들은 연회에서 망령되이 조롱하는 자 같이
나를 향하여 그들의 이를 갈도다
¹⁷ 주여 어느 때까지 관망하시려 하나이까
내 영혼을 저 멸망자에게서 구원하시며
내 유일한 것을 사자들에게서 건지소서
¹⁸ 내가 대회 중에서 주께 감사하며
많은 백성 중에서 주를 찬송하리이다

다윗이 그들에 대해 "불의한 증인들"(11) 이라고 했지만 다윗의 생명을 위태롭게 하는 자들은 원수가 아닙니다. 다윗은 그들이 병들었을 때 굵은 베 옷을 입고 금식하며 기도하였으며 친구와 형제에게 행하는 것 같이 그들을 대했습니다. 그리고 어머니를 곡함 같이 그들의 어려움에 대하여 몸을 굽혀 슬퍼하였습니다. 그런데 그들은 다윗을 거짓된 고소로 괴롭히고 선을 악으로 갚았습니다. 또한 그들은 다윗

이 넘어지는 것을 기뻐하여 모이고 괴로움에 괴로움을 더했습니다. 다윗은 대적들이 행한 일들을 하나님께 자세히 고발하고 도움을 구합니다(17~18). 여호와께서 멸망자에게서 구원하시면 백성들의 큰 모임에서 하나님께 감사하며 찬송하겠다고 합니다.

폭력 사회라고 할 만큼 우리는 많은 폭력에 노출되어 괴롭힘을 당하며 살아갑니다. 아이들을 학교에 보내면서 친구들에게 괴롭힘을 받지 않을까, 교사에게 비인격적인 대우를 받지 않을까 염려합니다. 직장에서는 상사나 동료들에게 혹은 고객에게 갑질을 당하지 않을까 염려합니다. 사회의 문화가 발달해서 인권이 강조되고 법적인 보호를 받을 수 있게 되었다고 해서 인간의 폭력성이 사라지지는 않았습니다. 고난받는 신자들에게 베드로는 다음과 같이 권면합니다.

"[12] 사랑하는 자들아 너희를 연단하려고 오는 불 시험을 이상한 일 당하는 것 같이 이상히 여기지 말고 [13] 오히려 너희가 그리스도의 고난에 참여하는 것으로 즐거워하라 이는 그의 영광을 나타내실 때에 너희로 즐거워하고 기뻐하게 하려 함이라 [14] 너희가 그리스도의 이름으로 치욕을 당하면 복 있는 자로다 영광의 영 곧 하나님의 영이 너희 위에 계심이라"(베드로전서 4:12~14)

하나님께서 세상 권세자들에게 권세를 주신 이유가 악을 심판하고 선을 장려하게 하신 것이기에 권세에 도움을 요청해야 하지만 그보다 먼저 그리스도 안에서 고난을 이해하려고 하고 하나님의 도우심을 구해야 합니다.

기도:

여호와 하나님, 저를 시험에 들지 않게 하시고 악에서 구하여 주옵소서. 고난받을 때 그리스도를 생각하고 견디고 이기게 하옵소서. 복수의 앙갚음을 생각하지 않게 하시고 사람에 대한 신뢰까지 잃어버리는 일이 없게 하옵소서. 오직 하나님의 도우심을 찬송하게 하옵소서. 예수 그리스도의 이름으로 기도합니다. 아멘

시편 35:19~28 여호와여 잠잠하지 마옵소서

¹⁹ 부당하게 나의 원수 된 자가
나로 말미암아 기뻐하지 못하게 하시며
까닭 없이 나를 미워하는 자들이 서로 눈짓하지 못하게 하소서
²⁰ 무릇 그들은 화평을 말하지 아니하고
오히려 평안히 땅에 사는 자들을 거짓말로 모략하며
²¹ 또 그들이 나를 향하여 입을 크게 벌리고
하하 우리가 목격하였다 하나이다
²² 여호와여 주께서 이를 보셨사오니 잠잠하지 마옵소서
주여 나를 멀리하지 마옵소서
²³ 나의 하나님 나의 주여 떨치고 깨셔서
나를 공판하시며 나의 송사를 다스리소서
²⁴ 여호와 나의 하나님이여 주의 공의대로 나를 판단하사
그들이 나로 말미암아 기뻐하지 못하게 하소서
²⁵ 그들이 마음속으로 이르기를
아하 소원을 성취하였다 하지 못하게 하시며
우리가 그를 삼켰다 말하지 못하게 하소서
²⁶ 나의 재난을 기뻐하는 자들이
함께 부끄러워 낭패를 당하게 하시며
나를 향하여 스스로 뽐내는 자들이 수치와 욕을 당하게 하소서
²⁷ 나의 의를 즐거워하는 자들이
기꺼이 노래 부르고 즐거워하게 하시며
그의 종의 평안함을 기뻐하시는 여호와는 위대하시다 하는 말을
그들이 항상 말하게 하소서
²⁸ 나의 혀가 주의 의를 말하며 종일토록 주를 찬송하리이다

앞의 단락에서 다윗은 대적의 악한 행동을 고발하고 하나님께서 도우시기를 간청했습니다. 그리고 하나님을 신뢰함으로 찬송하겠다고 하였는데 이 단락에서 다시 악인들의 행위를 말하고 도움을 구합니다. 여기서 다윗은 여호와께서 움직이시기를 구체적으로 요청합니다.
"원수 된 자가 나로 말미암아 기뻐하지 못하게 하시며"(19)
"여호와여 … 잠잠하지 마옵소서"(22)
"나를 공판하시며 나의 송사를 다스리소서"(23)
"그들이 … 기뻐하지 못하게 하소서"(24)
우리의 대적을 향하여 우리는 다윗과 같이 기도할 수 있습니다. 대적들이 수치와 욕을 당하기를 바라는 기도는 하나님의 의로우심을 바라는 것입니다. 주께서는 십자가에서 대적들을 용서하셨습니다. 그래서 신자들도 용서로 나아가야 한다는 것을 압니다. 하지만 하나님의 공의가 드러나기를 바라는 것 없이, 악인에 대해 하나님께서 심판하시기를 바라는 마음 없이 곧바로 용서로 나가는 것은 어려운 일입니다. 35편 전체의 흐름을 보면 다윗의 마음도 흔들리는 것 같습니다. 악인을 고발하고 하나님의 도우심을 간청한 후 찬송하기를 반복합니다. 흔들린다고 믿음이 없는 것이 아닙니다. 흔들리면서라도 하나님께로 나아가야겠습니다. "종의 평안함을 기뻐하시는 여호와는 위대하십니다."(27)

기도:
하나님 아버지, 대적이 저로 말미암아 기뻐하지 못하게 하옵소서. 대적이 수치와 욕을 당하게 하소서. 저는 의로움으로 하나님께 나아갑니다. 저는 오직 그리스도의 의를 의지합니다. 그리스도의 의로 저를 판단하시고 평안하게 하옵소서. 하나님의 의로우심을 노래하게 하소서. 예수 그리스도의 이름으로 기도합니다. 아멘.

시편 36편 당신의 인자하심이 어찌 그리 보배로우신지요

[여호와의 종 다윗의 시, 인도자를 따라 부르는 노래]
1 악인의 죄가 그의 마음속으로 이르기를
그의 눈에는 하나님을 두려워하는 빛이 없다 하니
2 그가 스스로 자랑하기를 자기의 죄악은 드러나지 아니하고
미워함을 받지도 아니하리라 함이로다
3 그의 입에서 나오는 말은 죄악과 속임이라
그는 지혜와 선행을 그쳤도다
4 그는 그의 침상에서 죄악을 꾀하며
스스로 악한 길에 서고 악을 거절하지 아니하는도다
5 여호와여 주의 인자하심이 하늘에 있고
주의 진실하심이 공중에 사무쳤으며
6 주의 의는 하나님의 산들과 같고
주의 심판은 큰 바다와 같으니이다
여호와여 주는 사람과 짐승을 구하여 주시나이다
7 하나님이여 주의 인자하심이 어찌 그리 보배로우신지요
사람들이 주의 날개 그늘 아래에 피하나이다
8 그들이 주의 집에 있는 살진 것으로 풍족할 것이라
주께서 주의 복락의 강물을 마시게 하시리이다
9 진실로 생명의 원천이 주께 있사오니
주의 빛 안에서 우리가 빛을 보리이다
10 주를 아는 자들에게 주의 인자하심을 계속 베푸시며
마음이 정직한 자에게 주의 공의를 베푸소서
11 교만한 자의 발이 내게 이르지 못하게 하시며
악인들의 손이 나를 쫓아내지 못하게 하소서
12 악을 행하는 자들이 거기서 넘어졌으니
엎드러지고 다시 일어날 수 없으리이다

36편은 악인의 죄에 관한 내용(1~4)과 하나님의 성품을 찬양하는 내용(5~9)이 분명하게 대조를 이루고 있습니다.

악인은 하나님을 두려워하는 빛이 그 눈에 없습니다. 자기의 죄는 드러나지 않고 미워함을 받지도 않을 것이라 말합니다. 그의 말은 죄악과 속임이며, 그는 침상에서나 길에서나 악을 거절하지 않습니다. 악인의 형통함을 부러워할 것도 아니고 악인이 심판받지 않는다고 작심할 필요도 없습니다. 그들은 악하여 죄의 길에 서 있을 뿐입니다.

반면에 다윗은 여호와의 성품이 어떠한지 찬양합니다. 여호와의 인자하심이 하늘에 있고 그의 진실하심과 의와 심판이 크십니다. 그의 인자하심이 보배로우셔서 사람들이 그의 날개 아래로 피합니다. 다윗은 여호와의 인자하심과 그것으로 백성에게 베푸시는 은혜를 노래합니다. 그리고 10절 이하에서 여호와의 인자하심을 계속 베풀어 달라고 간구합니다. 하나님의 성품은 그의 행하심과 분리되지 않습니다. 하나님은 인자하시기에 진실하시며 또한 공의로우시며 악인을 심판하시고 자기 백성을 구원하십니다. 하나님의 인자하심(헤세드, 언약에 신실하신 변함없는 사랑)이 그리스도 안에서 우리에게 베풀어졌습니다. "하나님이여 당신의 인자하심이 어찌 그리 보배로우신지요"

기도:
여호와 하나님, 하나님 나라와 하나님의 통치가 우리 가운데 있음을 감사합니다. 그런데도 아직은 악이 잠깐 으르렁거리며 우리를 위협합니다. 그럴지라도 악을 두려워 말게 하옵소서. 하나님의 의가 하나님의 산들과 같이 높고 심판이 바다와 같이 크시니 악은 그 존재조차 잊게 될 겁니다. 하나님의 인자하심에 의지하여 살게 하옵소서. 예수 그리스도의 이름으로 기도합니다. 아멘.

시편 37:1~11 여호와를 기뻐하라

[다윗의 시]
1 악을 행하는 자들 때문에 불평하지 말며
불의를 행하는 자들을 시기하지 말지어다
2 그들은 풀과 같이 속히 베임을 당할 것이며
푸른 채소 같이 쇠잔할 것임이로다
3 여호와를 의뢰하고 선을 행하라
땅에 머무는 동안 그의 성실을 먹을거리로 삼을지어다
4 또 여호와를 기뻐하라
그가 네 마음의 소원을 네게 이루어 주시리로다
5 네 길을 여호와께 맡기라 그를 의지하면 그가 이루시고
6 네 의를 빛 같이 나타내시며
네 공의를 정오의 빛같이 하시리로다
7 여호와 앞에 잠잠하고 참고 기다리라
자기 길이 형통하며 악한 꾀를 이루는 자 때문에
불평하지 말지어다
8 분을 그치고 노를 버리며 불평하지 말라
오히려 악을 만들 뿐이라
9 진실로 악을 행하는 자들은 끊어질 것이나
여호와를 소망하는 자들은 땅을 차지하리로다
10 잠시 후에는 악인이 없어지리니
네가 그곳을 자세히 살필지라도 없으리로다
11 그러나 온유한 자들은 땅을 차지하며
풍성한 화평으로 즐거워하리로다

시편 37편은 잠언 같은 지혜시입니다. 악인의 길과 의인의 길이

대조되어 있으며 악인의 길은 행복과 번영을 가져오지 못하고 파멸에 이르게 된다고 강조합니다. 그래서 신자들에게 여호와를 의뢰하고 바라라고 권면합니다.

1~11절에는 "불평하지 말라"는 말이 세 번 등장합니다. "악을 행하는 자들 때문에 불평하지 말며"(1) "자기 길이 형통하며 악한 꾀를 이루는 자 때문에 불평하지 말지어다"(7) "분을 그치고 노를 버리며 불평하지 말라"(8)

하나님이 주권자이신데 어떻게 악인이 심판받지 않고 그들의 길이 형통하게 되는지 의문을 품고 화가 날 수 있습니다. 그들의 성공에 시기의 마음이 들기도 합니다. 다윗은 그들의 번영이 잠시 잠깐의 일이라고 말합니다. 그들은 풀과 같이 속히 베임을 당할 것이며(2) 끊어질 것이고(9) 없어질 겁니다(10). 그러므로 여호와를 의뢰하고 선을 행하라고 합니다. 잠잠하고 참고 기다리면 여호와께서 소원을 이루어 주시고(4) 그의 의를 빛 같이 나타내실 것이고(6) 땅을 차지하게 될 겁니다(11).

우리가 하나님보다 정의롭지 않습니다. 악인을 참는 것은 우리가 아니며 공의로우심이 공격당하는 분도 하나님이십니다. 밭에 뿌려진 곡식을 걱정해서 가라지를 뽑겠다는 종들에게 주인이 이렇게 말합니다. "가만두라 가라지를 뽑다가 곡식까지 뽑을까 염려하노라"(마 13:29) 하나님의 참으심은 악인을 걱정하시는 것이 아니라 의인을 걱정하시는 겁니다. 여호와의 행하시는 모든 것을 기뻐하며 잠잠히 기다립시다.

기도:
여호와 하나님, 악한 자의 형통을 시기하고 불평하지 않게 하옵소서. 다른 이들의 티를 보면서 제 안에 있는 들보는 보지 못하는 일이 없게 하옵소서. 하나님 약속의 말씀을 붙들고 참고 기다리게 하옵소서. 이루어지길 바라는 제 마음의 소원이 무엇입니까? 성공과 번영을 바라지 않고 오직 여호와를 바라게 하옵소서. 그렇게 할 때 그 나라의 평강과 기쁨으로 우리를 채워 주옵소서. 예수 그리스도의 이름으로 기도합니다. 아멘.

시편 37:12~22 주의 복을 받은 자들은 땅을 차지하고

¹² 악인이 의인 치기를 꾀하고
그를 향하여 그의 이를 가는도다
¹³ 그러나 주께서 그를 비웃으시리니
그의 날이 다가옴을 보심이로다
¹⁴ 악인이 칼을 빼고 활을 당겨
가난하고 궁핍한 자를 엎드러뜨리며
행위가 정직한 자를 죽이고자 하나
¹⁵ 그들의 칼은 오히려 그들의 양심을 찌르고
그들의 활은 부러지리로다
¹⁶ 의인의 적은 소유가 악인의 풍부함보다 낫도다
¹⁷ 악인의 팔은 부러지나 의인은 여호와께서 붙드시는도다
¹⁸ 여호와께서 온전한 자의 날을 아시나니
그들의 기업은 영원하리로다
¹⁹ 그들은 환난 때에 부끄러움을 당하지 아니하며
기근의 날에도 풍족할 것이나
²⁰ 악인들은 멸망하고
여호와의 원수들은 어린 양의 기름 같이 타서
연기가 되어 없어지리로다
²¹ 악인은 꾸고 갚지 아니하나
의인은 은혜를 베풀고 주는도다
²² 주의 복을 받은 자들은 땅을 차지하고
주의 저주를 받은 자들은 끊어지리로다

본문에는 악인과 의인의 장래가 어떻게 될 것인지에 관한 교훈이 이어집니다. 악인은 도덕적인 악을 저지르는 사람을 의미하는 것이 아닙니다. 악인은 의인의 대적이면서 동시에 하나님의 대적이기도 합니다. "주께서 그를 비웃으시리니"라는 표현은 시편 2편에도 있습니다. 하나님의 다스림을 벗어나고자 반역한 사람들을 "하늘에 계신 이가 웃으심이여 주께서 그들을 비웃으"십니다(시편 2:4). 톨스토이의 〈사람은 무엇으로 사는가〉에 등장하는 부자가 자기의 운명을 알지 못하고 새 신발 제작을 부탁한 것처럼 악인은 다가올 자기의 죽음을 알지 못합니다. 하나님은 그의 날이 다가옴을 보시고 비웃으십니다.

하나님이 친히 그들의 대적이 되시고 의인의 편에 서십니다. 악인의 칼은 자기를 찌르고 활은 부러지며 팔도 부러집니다. 의인의 적은 소유가 악인의 풍부함보다 낫고 그들의 기업은 영원하게 될 겁니다. 악인은 멸망하고 연기같이 없어질 것이나 주의 복을 받은 자들은 땅을 차지하게 될 겁니다.

지혜의 말씀은 지금 여기에서 온전히 실현되는 것 같지는 않습니다. 여전히 악인은 의인 치기를 그치지 않고 의인은 괴로움을 견뎌야 합니다. 하지만 그리스도가 이 땅에 오심으로 사탄의 권세는 깨어지고 하나님 나라는 이미 시작되었습니다. 하나님께 피하여 도움을 구하는 하나님의 백성들은 하나님 나라(땅)를 차지하였습니다. 악인들이 칼과 활로 공격한다고 해도 우리는 흔들리지 않는 하나님 나라를 상속받았습니다. 우리는 주의 복을 받은 자들입니다.

기도:
전능하신 하나님, 하나님이 우리의 편이 되어 주시니 감사합니다. 하나님께 피하여 간 것으로 의인으로 여겨 주시니 감사합니다. 하나님께서 저(의인)에게 복을 주시고 베푸시는 은혜에 감사합니다. 악인들의 풍부함을 시기하지 않습니다. 악인의 것은 잠깐 있는 것이며 우리에게 주신 나라는 영원합니다. 아멘.

시편 37:23~29 여호와께서 사람의 걸음을 정하시고

²³ 여호와께서 사람의 걸음을 정하시고
그의 길을 기뻐하시나니
²⁴ 그는 넘어지나 아주 엎드러지지 아니함은
여호와께서 그의 손으로 붙드심이로다
²⁵ 내가 어려서부터 늙기까지 의인이 버림을 당하거나
그의 자손이 걸식함을 보지 못하였도다
²⁶ 그는 종일토록 은혜를 베풀고 꾸어 주니
그의 자손이 복을 받는도다
²⁷ 악에서 떠나 선을 행하라 그리하면 영원히 살리니
²⁸ 여호와께서 정의를 사랑하시고
그의 성도를 버리지 아니하심이로다
그들은 영원히 보호를 받으나 악인의 자손은 끊어지리로다
²⁹ 의인이 땅을 차지함이여 거기서 영원히 살리로다

　의인은 악인에게 고난을 받을 때 여호와께 피하여 갑니다만 모든 신자가 흔들림 없이 하나님을 신뢰하는 것은 아닙니다. 하나님께서 왜 이런 고난을 주시는지, 그들과 특히 그들 자손의 장래는 하나님의 보호 아래 있게 될 것인지 의문을 갖습니다. 23~26절은 그 질문에 대한 답이 됩니다.
　여호와께서는 사람의 걸음을 정하시고 그 길을 기뻐하십니다. 하나

님은 의인들이 가는 길을 그 기쁘신 뜻대로 지도하고 인도하십니다. 그 길이 우리에게는 고난의 길일 때도 있지만 그것은 모든 것이 협력하여 선이 되는 길입니다. 하나님께서 그 손으로 우리를 붙드셔서 넘어지는 일이 있다해도 아주 엎드러지지 않게 하십니다. 의인은 버림을 당하지 않으며 그 자손도 하나님의 보호하심 아래 있게 됩니다.

의인은 고난을 받는 중에도 하나님께 속한 자의 성품을 버리지 않습니다. 그는 종일 은혜를 베풀고 꾸어 주는 사람입니다. 하나님께서 그의 선행을 그의 자녀에게 갚아 주십니다. 악인의 자손은 끊어질 것이지만 의인은 땅을 차지하게 될 겁니다.

신자들도 때로 자신보다 자녀의 행복을 위한다는 핑계로 더 부유한 것, 더 편안한 것, 더 안전한 것, 더 높은 것 등을 선택합니다. 여호와께 속하여 그의 보호하심 아래 있는 것이 자기와 자손이 함께 복을 받는 길이며 번영하는 길임을 잊지 않아야 합니다. 악인과 그의 자손은 끊어질 것이며 오직 의인과 그의 자손이 땅을 차지하고 영원히 거기서 살 것입니다.

그리스도께서 오심으로 그를 믿는 자는 그리스도와 함께 하나님 나라의 상속자가 되었습니다. 영광을 위하여 고난도 함께 받게 된다고 바울은 말합니다. "자녀이면 또한 상속자 곧 하나님의 상속자요 그리스도와 함께 한 상속자니 우리가 그와 함께 영광을 받기 위하여 고난도 함께 받아야 할 것이니라"(롬 8:17) 우리가 받는 고난을 그리스도와 함께 받을 영광의 증거로 여겨야겠습니다.

기도:
여호와 하나님, 오늘도 저의 길을 인도하시니 감사합니다. 고난받는 길까지도 하나님의 기쁘신 뜻을 따라 정하신 것인 줄 믿고 인내로 걸어가게 하옵소서. 하나님은 그리스도 안에 있는 저를 버리지 않으실 것이며 저의 자녀까지도 버리지 않으실 것을 믿습니다. 그리스도와 함께 하나님 나라를 상속받은 자임을 잊지 않게 하시고 종일 은혜를 베풀며 살아가게 하옵소서. 예수 그리스도의 이름으로 기도합니다. 아멘.

시편 37:30~40 그의 마음에는 하나님의 법이 있으니

30 의인의 입은 지혜로우며 그의 혀는 정의를 말하며
31 그의 마음에는 하나님의 법이 있으니
그의 걸음은 실족함이 없으리로다
32 악인이 의인을 엿보아 살해할 기회를 찾으나
33 여호와는 그를 악인의 손에 버려 두지 아니하시고
재판 때에도 정죄하지 아니하시리로다
34 여호와를 바라고 그의 도를 지키라
그리하면 네가 땅을 차지하게 하실 것이라
악인이 끊어질 때에 네가 똑똑히 보리로다
35 내가 악인의 큰 세력을 본즉
그 본래의 땅에 서 있는 나무 잎이 무성함과 같으나
36 내가 지나갈 때에 그는 없어졌나니
내가 찾아도 발견하지 못하였도다
37 온전한 사람을 살피고 정직한 자를 볼지어다
모든 화평한 자의 미래는 평안이로다
38 범죄자들은 함께 멸망하리니 악인의 미래는 끊어질 것이나
39 의인들의 구원은 여호와로부터 오나니
그는 환난 때에 그들의 요새이시로다
40 여호와께서 그들을 도와 건지시되
악인들에게서 건져 구원하심은 그를 의지한 까닭이로다

37편에 의인과 악인의 대조가 계속됩니다. 악인이 의인을 살해하려

하지만 여호와께서 의인을 악인의 손에 버려두지 않으십니다. 악인은 끊어질 것이며 그 흔적도 찾지 못할 정도가 될 겁니다. 악인의 미래는 끊어질 겁니다. 의인은 악인의 손에 버려지지 않고 재판 때에는 정죄당하지 않게 됩니다(33). 그는 땅을 차지하게 될 것이며(34) 여호와께서 그의 요새가 되어 주십니다(39).

의인이라 인정을 받는 것은 도덕적인 완전함 때문이 아닙니다. 여호와를 의지하고 그에게 피하는 자를 의인이라고 합니다. 그러면 의인은 어떤 성품을 가지고 있든지 어떤 행동을 하든지 상관없는 것입니까? 그렇지 않습니다. 여호와께 피하여 간 자에게 요구하시는 것이 있습니다. "의인의 입은 지혜로우며 그의 혀는 정의를 말"(30)합니다. 지혜는 정의를 말하는 데 있습니다. 그의 마음에는 하나님의 법이 있어서 그의 걸음에 실족함이 없습니다(31). 그는 여호와를 바라고 그의 도를 지킵니다(34). 그는 온전하며 정직하고 화평한 사람입니다(37). 도덕적으로 완전한 의인은 그리스도 외에 없습니다. 그러면 우리는 어떻게 의인의 성품을 가질 수 있을까요? 어떻게 하나님의 법을 마음에 두어 실족하지 않는 걸음을 걷게 될까요? 그것은 새 언약의 내용으로 그리스도가 오셔서 성취하십니다.

"… 내가 나의 법을 그들의 속에 두며 그들의 마음에 기록하여 나는 그들의 하나님이 되고 그들은 내 백성이 될 것이라 여호와의 말씀이니라"(예레미야 31:33)

그리고 그리스도는 성령을 우리에게 보내심으로 하나님의 법이 우리 마음에 있게 하십니다. 우리는 성령을 따라 그리스도의 성품을 닮게 됩니다.

기도:
여호와 하나님, 저를 악에서 건지시고 하나님께 피하여 가게 하심을 감사드립니다. 성령을 보내셔서 성령으로 살게 하심을 감사합니다. 성령과 더불어 하나님의 말씀을 제 안에 두셔서 진리를 따라 말하고 살게 하셔서 감사합니다. 더욱 그리스도를 닮아가게 하옵소서. 예수 그리스도의 이름으로 기도합니다. 아멘.

시편 38:1~10 여호와여 노하심으로 나를 책망하지 마시고

[다윗의 기념하는 시]
¹ 여호와여 주의 노하심으로 나를 책망하지 마시고
주의 분노하심으로 나를 징계하지 마소서
² 주의 화살이 나를 찌르고 주의 손이 나를 심히 누르시나이다
³ 주의 진노로 말미암아 내 살에 성한 곳이 없사오며
나의 죄로 말미암아 내 뼈에 평안함이 없나이다
⁴ 내 죄악이 내 머리에 넘쳐서 무거운 짐 같으니
내가 감당할 수 없나이다
⁵ 내 상처가 썩어 악취가 나오니 내가 우매한 까닭이로소이다
⁶ 내가 아프고 심히 구부러졌으며
종일토록 슬픔 중에 다니나이다
⁷ 내 허리에 열기가 가득하고 내 살에 성한 곳이 없나이다
⁸ 내가 피곤하고 심히 상하였으매 마음이 불안하여 신음하나이다
⁹ 주여 나의 모든 소원이 주 앞에 있사오며
나의 탄식이 주 앞에 감추이지 아니하나이다
¹⁰ 내 심장이 뛰고 내 기력이 쇠하여
내 눈의 빛도 나를 떠났나이다

다윗은 심한 고통 가운데 있습니다. 그 원인이 자신의 죄에 대한 하나님의 노하심, 책망, 분노, 징계라고 합니다. 그의 죄로 말미암아 뼈에 평안함이 없고 죄악이 머리에 넘쳐서 무거운 짐 같다고 합니다. 인류의 모든 고통은 죄의 결과입니다. 하지만 하나님께서 그리스도 안에 있는 자들의 모든 죄에 대하여 노하시거나 징계하시는 것은 아닙니다. 신자가 받는 고난이 모두 죄의 징계라고 할 수는 없습니다. 다윗이 자기가 당하는 고난을 죄에 대한 하나님의 징계라고 말하고 있는 것으로 보아 그가 인식하는 어떤 죄가 있는 것 같습니다. 징계는 죄에 대한 벌(값)이 아니며 아버지의 훈계입니다.

다윗은 하나님의 노하심으로 받는 책망이 어떠한지 자세히 묘사합니다. 상처가 썩어 악취가 되고 아프고 구부러졌으며 종일 슬픔 가운데 있습니다. 허리에는 열기가 가득하고 살은 성한 곳이 없습니다. 피곤하고 마음이 불안합니다. 심장이 뛰고 기력이 쇠하며 눈빛도 잃었습니다. 자신의 처지를 자세히 묘사함으로 자비하신 하나님께서 불쌍히 여겨 주시기를 바라는 마음일 겁니다.

묘사된 내용으로는 회생의 소망이 없어 보입니다만 다윗은 여호와께 부르짖으며 그의 소원과 탄식을 하나님 앞에서 감추지 않습니다. 은혜로우신 하나님은 우리의 탄식을 외면하지 않으십니다. 징계 가운데 있을 때조차 하나님과의 관계는 끊어지지 않습니다. 하나님의 크신 사랑을 의지하여 그 앞에 나가지 못할 때는 없습니다.

기도:
하나님 아버지, 아버지의 징계로 심한 고통 가운데 있을 때조차 아버지께 나아갈 수 있는 믿음을 주옵소서. 모든 소원과 탄식을 하나님께 아뢰기를 주저하지 않게 하옵소서. 그리스도 안에 있는 하나님의 사랑에서 끊어지지 않음을 확신하게 하옵소서. 아버지, 저를 불쌍히 여기소서. 그리고 고통받는 자녀들을 돌보아 주옵소서. 예수 그리스도의 이름으로 기도합니다. 아멘.

시편 38:11~22 속히 나를 도우소서 주 나의 구원이시여

¹¹ 내가 사랑하는 자와 내 친구들이 내 상처를 멀리하고
내 친척들도 멀리 섰나이다
¹² 내 생명을 찾는 자가 올무를 놓고
나를 해하려는 자가 괴악한 일을 말하여
종일토록 음모를 꾸미오나
¹³ 나는 못 듣는 자 같이 듣지 아니하고
말 못하는 자 같이 입을 열지 아니하오니
¹⁴ 나는 듣지 못하는 자 같아서 내 입에는 반박할 말이 없나이다
¹⁵ 여호와여 내가 주를 바랐사오니
내 주 하나님이 내게 응답하시리이다
¹⁶ 내가 말하기를 두렵건대 그들이 나 때문에 기뻐하며
내가 실족할 때에 나를 향하여 스스로 교만할까 하였나이다
¹⁷ 내가 넘어지게 되었고 나의 근심이 항상 내 앞에 있사오니
¹⁸ 내 죄악을 아뢰고 내 죄를 슬퍼함이니이다
¹⁹ 내 원수가 활발하며 강하고
부당하게 나를 미워하는 자가 많으며
²⁰ 또 악으로 선을 대신하는 자들이
내가 선을 따른다는 것 때문에 나를 대적하나이다
²¹ 여호와여 나를 버리지 마소서
나의 하나님이여 나를 멀리하지 마소서
²² 속히 나를 도우소서 주 나의 구원이시여

앞의 단락에서 다윗이 묘사한 죄로 인한 징계는 죄의 무게가 어떠한지를 보여줍니다. 죄에 대하여 하나님께서 벌하실 때 그것이 얼마나 고통스러운지요. 우리 모두가 그러한 죄의 형벌을 받지는 않았을지라도 그리스도는 우리를 대신하여 죄의 짐을 지셨습니다. 이사야

선지자는 이렇게 말합니다. "그가 찔림은 우리의 허물 때문이요 그가 상함은 우리의 죄악 때문이라"(이사야 53:5)

하나님의 징계는 개인의 문제에 그치지 않습니다. 공동체와 이웃의 관계에도 영향을 줍니다. 사랑하는 자, 친구들, 친척들도 멀어집니다. 아무런 변명을 하지 못합니다. 그리스도는 하나님의 징계를 받아 하나님으로부터 멀어졌을 뿐 아니라 사람들조차 가까이하지 않게 되었습니다. 그는 "선을 따르는"(20) 자로서 우리의 죄를 자신의 것인 양 하나님께 아뢰고 슬퍼하며 원수에게서 건져주시기를 기도합니다. 21~22절의 간구는 그리스도 자신을 위한 기도이며 또한 우리를 위한 기도입니다.

"여호와여 나를 버리지 마소서
나의 하나님이여 나를 멀리하지 마소서
속히 나를 도우소서 주 나의 구원이시여"

그 기도는 응답되고 그리스도는 죽음에서 살리심을 받았습니다. 그리고 우리도 그리스도와 함께 살리심을 받았습니다. 이사야 53:5의 나머지 부분입니다.

"그가 징계를 받으므로 우리는 평화를 누리고 그가 채찍에 맞으므로 우리는 나음을 받았도다"

시편은 그리스도께서 우리를 위해 기도하는 것이며 그리스도와 함께하는 기도입니다. 또한, 그리스도 안에서 응답받은 기도이기도 합니다.

기도:
하나님, 죄의 무게가 무겁고 죄로 인한 하나님의 징계가 크고 두렵습니다. 하나님께 나아와 죄를 고백하였더니 그리스도로 인하여 죄를 사하여 주시니 감사합니다. 대적이 기뻐하지 않게 하시고 그에게서 건져 주시니 감사합니다. 그리스도가 대신 고난받으심으로 제게 베푸신 은혜를 기쁨과 감사로 받아 누리게 하시니 감사합니다. 제게 구원의 즐거움이 회복되게 하옵소서. 예수 그리스도의 이름으로 기도합니다. 아멘.

시편 39편 여호와여 내가 나의 연약함을 알게 하소서

[다윗의 시, 인도자를 따라 여두둔 형식으로 부르는 노래]
1 내가 말하기를 나의 행위를 조심하여
내 혀로 범죄하지 아니하리니
악인이 내 앞에 있을 때에
내가 내 입에 재갈을 먹이리라 하였도다
2 내가 잠잠하여 선한 말도 하지 아니하니
나의 근심이 더 심하도다
3 내 마음이 내 속에서 뜨거워서
작은 소리로 읊조릴 때에 불이 붙으니 나의 혀로 말하기를
4 여호와여 나의 종말과 연한이 언제까지인지 알게 하사
내가 나의 연약함을 알게 하소서
5 주께서 나의 날을 한 뼘 길이만큼 되게 하시매
나의 일생이 주 앞에는 없는 것 같사오니
사람은 그가 든든히 서 있는 때에도
진실로 모두가 허사뿐이니이다 (셀라)
6 진실로 각 사람은 그림자같이 다니고 헛된 일로 소란하며
재물을 쌓으나 누가 거둘는지 알지 못하나이다
7 주여 이제 내가 무엇을 바라리요 나의 소망은 주께 있나이다
8 나를 모든 죄에서 건지시며
우매한 자에게서 욕을 당하지 아니하게 하소서
9 내가 잠잠하고 입을 열지 아니함은
주께서 이를 행하신 까닭이니이다
10 주의 징벌을 나에게서 옮기소서
주의 손이 치심으로 내가 쇠망하였나이다
11 주께서 죄악을 책망하사 사람을 징계하실 때에
그 영화를 좀먹음같이 소멸하게 하시니
참으로 인생이란 모두 헛될 뿐이니이다 (셀라)
12 여호와여 나의 기도를 들으시며
나의 부르짖음에 귀를 기울이소서
내가 눈물 흘릴 때에 잠잠하지 마옵소서
나는 주와 함께 있는 나그네이며
나의 모든 조상들처럼 떠도나이다

¹³ 주는 나를 용서하사 내가 떠나 없어지기 전에
나의 건강을 회복시키소서

시편 39편은 다윗이 노년이나 죽음이 가까웠을 때 썼을 겁니다. 그는 인생이 허무하다고 말합니다. 악인의 악에 대하여 말하는 것이 헛됩니다(1). 인생이 한 뼘 길이 정도에 불과하니 사람이 든든히 서 있다는 것도 헛됩니다(5). 하나님께서 죄악을 책망하시면 인간의 영화로움도 사라지게 되니 이 또한 헛됩니다(11). 이러한 인생에 대한 다윗의 태도는 무엇인가요? 다윗은 "연약함을 알게"해 달라고 구합니다(4). 인생의 종말과 연한이 언제까지인지 알게 된다면 자랑하며 헛된 일을 도모하지 않게 될 겁니다. 그는 오직 여호와께 소망을 둡니다(7). 그리고 여호와께 부르짖으며 도우시기를 간구합니다(12, 13).

다윗의 사색과 기도는 야고보 사도의 것과 맞물려 있습니다. 야고보는 이렇게 말합니다. "내일 일을 너희가 알지 못하는도다 너희 생명이 무엇이냐 너희는 잠깐 보이다가 없어지는 안개니라"(약 4:14) 그러므로 내일 일을 자랑하지 말고 하나님의 뜻에 자신을 맡기라고 합니다.

기도:
하나님, 인생은 참으로 짧고 연약합니다. 내일 일을 자랑하지 않게 하옵소서. 세상일을 자랑하는 사람들을 부러워하지도 않게 하옵소서. 소망을 하나님께 두고 하나님을 즐거워하며 살게 하옵소서. 다만 악에서 건져 주옵소서. 예수 그리스도의 이름으로 기도합니다. 아멘.

시편 40:1~10 내가 여호와를 기다리고 기다렸더니

[다윗의 시, 인도자를 따라 부르는 노래]
[1] 내가 여호와를 기다리고 기다렸더니
귀를 기울이사 나의 부르짖음을 들으셨도다
[2] 나를 기가 막힐 웅덩이와 수렁에서 끌어올리시고
내 발을 반석 위에 두사 내 걸음을 견고하게 하셨도다
[3] 새 노래 곧 우리 하나님께 올릴 찬송을 내 입에 두셨으니
많은 사람이 보고 두려워하여 여호와를 의지하리로다
[4] 여호와를 의지하고 교만한 자와 거짓에 치우치는 자를
돌아보지 아니하는 자는 복이 있도다
[5] 여호와 나의 하나님이여 주께서 행하신 기적이 많고
우리를 향하신 주의 생각도 많아 누구도 주와 견줄 수가 없나이다
내가 널리 알려 말하고자 하나 너무 많아 그 수를 셀 수도 없나이다
[6] 주께서 내 귀를 통하여 내게 들려주시기를
제사와 예물을 기뻐하지 아니하시며
번제와 속죄제를 요구하지 아니하신다 하신지라
[7] 그때에 내가 말하기를 내가 왔나이다 나를 가리켜 기록한 것이
두루마리 책에 있나이다
[8] 나의 하나님이여 내가 주의 뜻 행하기를 즐기오니
주의 법이 나의 심중에 있나이다 하였나이다
[9] 내가 많은 회중 가운데에서 의의 기쁜 소식을 전하였나이다
여호와여 내가 내 입술을 닫지 아니할 줄을 주께서 아시나이다
[10] 내가 주의 공의를 내 심중에 숨기지 아니하고
주의 성실과 구원을 선포하였으며
내가 주의 인자와 진리를 많은 회중 가운데에서 감추지 아니하였나이다

1~10절까지는 하나님의 구원하심에 대한 감사의 노래입니다. 그런데 11절에서 도움을 구하는 기도로 연결됩니다. 순서가 바뀐 것 같이 생각되나 성경이 기록된 방식으로 읽어야겠습니다. 하나님의 구원이 완성되기까지는 감사의 노래 후에도 간구가 이어지는 일이 계속될 것이기 때문입니다.

다윗은 위기 가운데서 하나님을 기다렸고 하나님께서는 그를 구원하셨습니다. 하나님께서 찬송을 다윗의 입에 두신 것은 많은 사람이 보고 여호와를 의지하게 하시려는 겁니다(3). 다윗은 많은 회중 가운데에서 기쁜 소식을 전하고(9) 많은 회중 가운데서 주의 인자와 진리를 숨기지 않습니다(10). 여호와를 의지하는 자에게 행하시는 기적, 그들을 향한 하나님의 생각은 그 사람만을 위한 것이 아닙니다. 우리에게 베푸시는 은혜도 우리만을 위한 것이 아닙니다. 누군가 보고 듣고 하나님을 두려워하여 의지하게 하시려는 겁니다. 그러므로 우리는 힘써 우리에게 일어난 일을 전하여야 합니다.

6~8절은 그리스도께서 성취하신 것으로 히브리서 10:5~10에서 인용되었습니다. 거기서는 그리스도께서 번제와 속죄제가 아닌 자기 몸을 단번에 드리심으로 우리를 거룩하게 하셨다고 본문을 이해합니다. 그리스도의 속죄야말로 하나님께서 우리에게 행하신 가장 큰 기적이며 우리를 향하신 하나님의 생각입니다. 그리스도는 하나님의 성실이며 구원이고 인자하심이며 진리입니다. 우리는 많은 이 앞에서 그리스도를 감추지 않아야 합니다.

기도:
전능하신 하나님, 허물과 죄의 기가 막힐 웅덩이와 수렁에서 우리를 건지시고 반석 위에 두셨으니 하나님께 올릴 새 찬송이 우리 입에 있나이다. 많은 이들 앞에서 하나님의 구원의 기쁜 소식을 전하게 하소서. 하나님의 성실과 구원과 인자와 진리를 말하게 하옵소서. 많은 이들이 듣고 보아 하나님을 의지하게 하소서. 예수 그리스도의 이름으로 기도합니다. 아멘.

시편 40:11~17 나의 하나님이여 지체하지 마소서

[11] 여호와여 주의 긍휼을 내게서 거두지 마시고
주의 인자와 진리로 나를 항상 보호하소서
[12] 수많은 재앙이 나를 둘러싸고
나의 죄악이 나를 덮치므로 우러러볼 수도 없으며
죄가 나의 머리털보다 많으므로 내가 낙심하였음이니이다
[13] 여호와여 은총을 베푸사 나를 구원하소서
여호와여 속히 나를 도우소서
[14] 내 생명을 찾아 멸하려 하는 자는
다 수치와 낭패를 당하게 하시며
나의 해를 기뻐하는 자는 다 물러가 욕을 당하게 하소서
[15] 나를 향하여 하하 하하 하며 조소하는 자들이
자기 수치로 말미암아 놀라게 하소서
[16] 주를 찾는 자는 다 주 안에서 즐거워하고 기뻐하게 하시며
주의 구원을 사랑하는 자는 항상 말하기를
여호와는 위대하시다 하게 하소서
[17] 나는 가난하고 궁핍하오나 주께서는 나를 생각하시오니
주는 나의 도움이시요 나를 건지시는 이시라
나의 하나님이여 지체하지 마소서

여호와의 인자와 진리를 찬양했던 다윗은 다시금 그 인자와 진리로 보호하여 주시기를 간구합니다. 도우셨다가 다시 위기 가운데 두시는 하나님을 원망하지 않고 하나님의 섭리로 받아들이며 그 앞에 나가는 것이야말로 신자가 지녀야 하는 태도입니다. 신자와 그가 속한 공동체가 왜 고난 가운데 있는지 그것이 어떻게 하나님의 선을 이루게 될지 우리는 알 수 없습니다. 다윗은 고난에서 자기의 죄악을 보았습니다. 하지만 낙심하지 않고 하나님의 인자하심을 바라봅니다. 다윗은 또한 그의 생명을 노리는 원수도 보았습니다. 하나님의 진리(성실, 확실함)가 원수를 심판하시고 그들에게서 건져 주시기를 구합니다. 자기를 괴롭히는 것이 죄악이든 원수이든 그 어떤 것도 하나님의 사랑에서 끊을 수 없다는 확신이 그에게 있는 것을 봅니다. 그것은 하나님을 찾는 이들에게 위로를 줍니다. 하나님께서 우리도 버리지 않으신다는 확신을 가질 수 있기 때문입니다. 하나님을 찾는 자는 그 안에서 즐거워하고 기뻐하며 여호와는 위대하시다고 찬양하게 하십니다.

바울이 로마서 8장에서 이렇게 말합니다.

"³⁴ 누가 정죄하리요 죽으실 뿐 아니라 다시 살아나신 이는 그리스도 예수시니 그는 하나님 우편에 계신 자요 우리를 위하여 간구하시는 자시니라 ³⁵ 누가 우리를 그리스도의 사랑에서 끊으리요 환난이나 곤고나 박해나 기근이나 적신이나 위험이나 칼이랴 … ³⁹ 높음이나 깊음이나 다른 어떤 피조물이라도 우리를 우리 주 그리스도 예수 안에 있는 하나님의 사랑에서 끊을 수 없으리라"(로마서 8:34~39)

기도:

인자와 진리의 여호와 하나님, 저의 형편을 하나님께 나아가는 조건으로 삼으려는 마음이 있는 것을 고백합니다. 제가 하나님께 나아가 은혜를 구할 수 있는 것은 대제사장이신 그리스도가 저를 위하시기 때문입니다. 가난하고 궁핍한 자를 생각하시고 도우시는 하나님이심을 잊지 않게 하옵소서. 많은 죄악 가운데서도 건지시고 원수의 괴롭힘에서도 도우시는 줄을 믿습니다. 위대하신 나의 하나님이여 지체하지 마소서. 예수 그리스도의 이름으로 기도합니다. 아멘.

시편 41편 가난한 자를 보살피는 자에게 복이 있음이여

[다윗의 시, 인도자를 따라 부르는 노래]
1 가난한 자를 보살피는 자에게 복이 있음이여
재앙의 날에 여호와께서 그를 건지시리로다
2 여호와께서 그를 지키사 살게 하시리니
그가 이 세상에서 복을 받을 것이라
주여 그를 그 원수들의 뜻에 맡기지 마소서
3 여호와께서 그를 병상에서 붙드시고
그가 누워 있을 때마다 그의 병을 고쳐 주시나이다
4 내가 말하기를 여호와여 내게 은혜를 베푸소서
내가 주께 범죄하였사오니 나를 고치소서 하였나이다
5 나의 원수가 내게 대하여 악담하기를
그가 어느 때에나 죽고 그의 이름이 언제나 없어질까 하며
6 나를 보러 와서는 거짓을 말하고 그의 중심에 악을 쌓았다가
나가서는 이를 널리 선포하오며
7 나를 미워하는 자가 다 하나같이 내게 대하여 수군거리고
나를 해하려고 꾀하며
8 이르기를 악한 병이 그에게 들었으니
이제 그가 눕고 다시 일어나지 못하리라 하오며
9 내가 신뢰하여 내 떡을 나눠 먹던 나의 가까운 친구도
나를 대적하여 그의 발꿈치를 들었나이다
10 그러하오나 주 여호와여 내게 은혜를 베푸시고
나를 일으키사 내가 그들에게 보응하게 하소서 이로써
11 내 원수가 나를 이기지 못하오니
주께서 나를 기뻐하시는 줄을 내가 알았나이다
12 주께서 나를 온전한 중에 붙드시고
영원히 주 앞에 세우시나이다
13 이스라엘의 하나님 여호와를
영원부터 영원까지 송축할지로다 아멘 아멘

시편 41편은 제1권의 마지막 시입니다. 41편은 1권 전체의 결론이기도 합니다. 1편 "복 있는 사람은"로 시작하여 41편 "복이 있음이여"(1)로 마치고 있어서 1권의 내용이 행복한 삶을 위한 기도임을 보여줍니다. 13절은 여호와께 영광을 돌리는 것(송영)으로 1권 전체가 여호와께 올려드리는 찬양임을 알 수 있습니다.

1권에서 말하는 행복한 사람은 전능하신 하나님께 피하고 그의 아들에게 입 맞추는 자입니다(1, 2편). 그는 또한 가난한 자를 보살피는 자입니다(41:1). 하나님을 신앙하는 것과 이웃을 돌보는 경건은 나눠질 수 없습니다.

다윗은 그가 고난을 겪었던 과거의 일을 회상합니다. 그가 병들었을 때 방문한 친구들은 그를 미워하고 수군거리며 일어나지 못할 것이라고 하였습니다. 하지만 하나님께서는 원수들이 그를 이기지 못하게 하심으로 다윗을 기뻐하시는 것을 알게 하셨습니다. 그리스도는 십자가 구속의 길에서 다윗과 같이 친구의 배반을 당하셨지만, 하나님께서 그를 온전히 붙들어 주셨습니다. 하나님께서 그리스도를 기뻐하시듯이 그리스도 안에 있는 믿는 우리를 기뻐하십니다. 그것이 세상에서 고난당하는 중에도 우리가 행복한 자라 할 수 있는 이유입니다.

기도:
하나님 여호와를 영원부터 영원까지 송축합니다. 하나님은 우리를 행복한 자로 부르셨습니다. 병들어 누워 있을 때도, 친구들이 배신할 때도 하나님이 이기게 하시니 저를 기뻐하시는 줄을 압니다. 하나님이 기뻐하시니 넉넉한 마음으로 가난한 자를 보살피게 하옵소서. 그것이 제가 행복을 누리는 길인 줄 알게 하옵소서. 예수 그리스도의 이름으로 기도합니다. 아멘.

제2권

시편 42편 하나님이여 사슴이 시냇물을 찾기에 갈급함 같이

[고라 자손의 마스길(교훈), 인도자를 따라 부르는 노래]
1 하나님이여 사슴이 시냇물을 찾기에 갈급함 같이
내 영혼이 주를 찾기에 갈급하니이다
2 내 영혼이 하나님 곧 살아 계시는 하나님을 갈망하나니
내가 어느 때에 나아가서 하나님의 얼굴을 뵈올까
3 사람들이 종일 내게 하는 말이 네 하나님이 어디 있느뇨 하오니
내 눈물이 주야로 내 음식이 되었도다
4 내가 전에 성일을 지키는 무리와 동행하여
기쁨과 감사의 소리를 내며
그들을 하나님의 집으로 인도하였더니
이제 이 일을 기억하고 내 마음이 상하는도다
5 내 영혼아 네가 어찌하여 낙심하며
어찌하여 내 속에서 불안해 하는가 너는 하나님께 소망을 두라
그가 나타나 도우심으로 말미암아 내가 여전히 찬송하리로다
6 내 하나님이여 내 영혼이 내 속에서 낙심이 되므로
내가 요단 땅과 헤르몬과 미살 산에서 주를 기억하나이다
7 주의 폭포 소리에 깊은 바다가 서로 부르며
주의 모든 파도와 물결이 나를 휩쓸었나이다
8 낮에는 여호와께서 그의 인자하심을 베푸시고
밤에는 그의 찬송이 내게 있어 생명의 하나님께 기도하리로다
9 내 반석이신 하나님께 말하기를 어찌하여 나를 잊으셨나이까
내가 어찌하여 원수의 압제로 말미암아 슬프게 다니나이까 하리로다
10 내 뼈를 찌르는 칼같이 내 대적이 나를 비방하여
늘 내게 말하기를 네 하나님이 어디 있느냐 하도다
11 내 영혼아 네가 어찌하여 낙심하며
어찌하여 내 속에서 불안해 하는가 너는 하나님께 소망을 두라
나는 그가 나타나 도우심으로 말미암아
내 하나님을 여전히 찬송하리로다

1권에서는 언약의 이름인 "여호와"라는 호칭이 주로 사용되었던 것과 달리 2권(42~72편)은 하나님(엘로힘)을 주로 사용합니다. 42, 43편은 하나의 시로 읽어야 합니다. 42:5, 11 그리고 43:5가 후렴구로 반복되고 있습니다.
　시인은 이전에 예루살렘 성전에서 하나님을 예배하던 것을 추억합니다. 지금은 어떤 이유에서인지 성전 예배에 나갈 수 없는 상황입니다. 하나님을 예배할 수 없고 원수의 비방까지 있는 상황에서 시인은 하나님을 사모하며 간절히 찾습니다. 사슴이 시냇물을 찾는 갈급함으로 눈물을 음식으로 삼으면서 말입니다. 사람들은 "네 하나님이 어디 있느뇨"라고 묻습니다. 하나님이 함께하신다면 이런 상황에 두시겠느냐는 겁니다. 그들은 원수들입니다. 그들의 비방은 시인의 뼈를 찌르는 칼같이 다가옵니다. 그가 놓인 상황을 파도와 물결에 휩쓸리는 것으로 묘사합니다. 그런데도 시인은 하나님을 바라봅니다. 자기에게 낙심하며 불안해하지 말고 하나님께 소망을 두라고 합니다. 하나님은 나타나 도우시는 분이시며 시인은 여전히 하나님을 찬송합니다.

　기도:
　하나님, 저의 상황이 어떠하든 이전처럼 자유롭고 기쁨으로 예배 자리에 나가지 못하는 중에도 하나님은 장소를 넘어 저와 함께 하십니다. 저를 돕는 자십니다. 그러므로 저는 하나님께 소망을 두고 여전히 찬송합니다. 하나님은 나의 구원이시오 나의 반석이십니다. 나의 사랑이시오 생명이 되십니다. 나의 기쁨이요 나의 자유이십니다. 아멘.

시편 43편 내 영혼아 너는 하나님께 소망을 두라

¹ 하나님이여 나를 판단하시되 경건하지 아니한 나라에 대하여
내 송사를 변호하시며 간사하고 불의한 자에게서 나를 건지소서
² 주는 나의 힘이 되신 하나님이시거늘
어찌하여 나를 버리셨나이까
내가 어찌하여 원수의 억압으로 말미암아 슬프게 다니나이까
³ 주의 빛과 주의 진리를 보내시어 나를 인도하시고
주의 거룩한 산과 주께서 계시는 곳에 이르게 하소서
⁴ 그런즉 내가 하나님의 제단에 나아가
나의 큰 기쁨의 하나님께 이르리이다
하나님이여 나의 하나님이여 내가 수금으로 주를 찬양하리이다
⁵ 내 영혼아 네가 어찌하여 낙심하며
어찌하여 내 속에서 불안해 하는가 너는 하나님께 소망을 두라
그가 나타나 도우심으로 말미암아
내 하나님을 여전히 찬송하리로다

42편은 43편과 연결되어 있습니다. 42편에서 시인은 하나님의 성전에서 예배할 수 없는 것 때문에 마음이 상하고 낙심된다고 하였습니다. 43편에서 그렇게 된 이유를 보다 구체적으로 알 수 있습니다. 시인은 경건하지 않은 나라, 곧 원수의 억압을 받고 있습니다.

우리도 시인과 같은 일을 겪습니다. 하나님을 알지 못하는 사람들, 간사하고 불의한 자들, 우리를 억압하는 세상의 힘에 의해 하나님을 예배하고 그 뜻을 따라 살아가는 일에 어려움을 겪습니다. 그때 우리는 43편으로 기도하며 하나님의 도우심을 구할 수 있습니다.

"하나님이여 나를 판단하시며 … 내 송사를 변호하시며 … 나를 건지소서"(1) "주의 빛과 주의 진리를 보내시어 나를 인도하시고 주의 거룩한 산과 주께서 계시는 곳에 이르게 하소서"(3)

시인이 성전 중심의 신앙으로 성전 제사에 참여하고자 했던 것은 아닙니다. 성전에 나갈 수 없을 때도 하나님이 도우심이 그에게 있었고 개인적으로 하나님을 예배하며 교제할 수 있었습니다. 하지만 예배는 공동체적입니다. 그리고 공동체의 예배 회복은 하나님 나라의 회복을 의미합니다. 시인은 자신과 그가 속한 공동체와 나라의 회복을 바라고 있습니다.

하나님께서 우리를 도우시사 기쁨으로 하나님 앞에 나아가 찬양하게 하시기를 구합시다. 공동체가 함께 하나님이 계시는 곳에 이르기를 갈망하며 낙심하지 말고 하나님께 소망을 둡시다.

기도:
전능하신 하나님, 하나님은 빛이며 진리십니다. 빛과 진리를 보내시어 저를 인도하옵소서. 그리고 저와 함께 하나님을 찾는 사람들을 인도하옵소서. 그리스도 안에서 우리가 이르게 된 곳은 하나님의 보좌요 하나님의 성소입니다. 구원의 하나님이시여. 예수 그리스도의 이름으로 기도합니다. 아멘.

시편 44:1~8 우리는 하나님의 이름에 영원히 감사하리이다

[고라 자손의 마스길(교훈), 인도자를 따라 부르는 노래]
¹ 하나님이여 주께서 우리 조상들의 날 곧 옛날에 행하신 일을
그들이 우리에게 일러 주매 우리가 우리 귀로 들었나이다
² 주께서 주의 손으로 뭇 백성을 내쫓으시고
우리 조상들을 이 땅에 뿌리 박게 하시며
주께서 다른 민족들은 고달프게 하시고
우리 조상들은 번성하게 하셨나이다
³ 그들이 자기 칼로 땅을 얻어 차지함이 아니요
그들의 팔이 그들을 구원함도 아니라
오직 주의 오른손과 주의 팔과 주의 얼굴의 빛으로 하셨으니
주께서 그들을 기뻐하신 까닭이니이다
⁴ 하나님이여 주는 나의 왕이시니 야곱에게 구원을 베푸소서
⁵ 우리가 주를 의지하여 우리 대적을 누르고
우리를 치러 일어나는 자를 주의 이름으로 밟으리이다
⁶ 나는 내 활을 의지하지 아니할 것이라
내 칼이 나를 구원하지 못하리이다
⁷ 오직 주께서 우리를 우리 원수들에게서 구원하시고
우리를 미워하는 자로 수치를 당하게 하셨나이다
⁸ 우리가 종일 하나님을 자랑하였나이다
우리는 하나님의 이름에 영원히 감사하리이다 (셀라)

42, 43편은 "나"의 기도인데 44편은 "우리"의 기도입니다. 공동체가 고난을 만나 하나님께 도움을 요청하기 위해 모였습니다. 1~8절은 하나님을 신뢰하며 감사하며 나아왔다는 고백을 담고 있습니다.

그들은 하나님께서 과거에 조상들에게 행하신 일을 들어 알고 있다고 말합니다. 여호수아와 함께 가나안에 들어올 때 그 땅을 차지하게 하신 분이 하나님이시라고 말합니다. 하나님께서 그렇게 하신 것은 조상들을 기뻐하신 까닭입니다. 하나님께서 인자하심으로 조상들을 능력으로 인도하셨음을 인정합니다. 그러면서 백성들은 하나님을 향한 신뢰를 고백합니다.

"하나님이여 당신은 나의 왕이시니 야곱에게 구원을 베푸소서" 야곱은 그들의 조상입니다. 그들은 하나님께서 야곱에게 주신 이름인 이스라엘로 불립니다. 하나님께서 야곱에게 행하시고 약속하신 것을 기억하시라는 의미에서 "야곱"의 이름을 부릅니다. 그리고 야곱과 그의 후손을 도우신 하나님을 전적으로 의지하겠다고 말합니다. 위기로 도움을 구하러 모인 이들이 하나님을 신뢰하여 찬양합니다. "우리가 종일 하나님을 자랑하였나이다 우리는 하나님의 이름에 영원히 감사하리이다"(8)

이 백성 공동체가 하나님께서 조상들에게 행하신 일을 듣고 하나님께 나아온 것처럼 우리도 신앙의 선조들과 연결되어 있으며 다음 세대와도 연결되어 있습니다. 우리가 듣고 경험한 것을 다음 세대에 전수하여 그들도 듣고 하나님께 나아오도록 하는 일은 우리에게 중요한 임무입니다.

기도:
하나님, 우리의 선조들에게 복음을 전해주시고 우상과 미신의 땅에 하나님의 교회가 세워지게 하셨습니다. 그리고 복음이 우리에게까지 전해지게 하셨습니다. 하나님은 우리의 왕이십니다. 우리의 힘과 지혜를 의지하지 않습니다. 세상의 공격과 교회의 위기에 대하여 절망하지 않습니다. 하나님이여 우리 세대와 다음 세대를 구원하시고 하나님의 교회가 부흥하게 하옵소서. 예수 그리스도의 이름으로 기도합니다. 아멘.

시편 44:9~16 그러나 이제는 주께서 우리를 버려

⁹ 그러나 이제는 주께서 우리를 버려 욕을 당하게 하시고
우리 군대와 함께 나아가지 아니하시나이다
¹⁰ 주께서 우리를 대적들에게서 돌아서게 하시니
우리를 미워하는 자가 자기를 위하여 탈취하였나이다
¹¹ 주께서 우리를 잡아먹힐 양처럼 그들에게 넘겨주시고
여러 민족 중에 우리를 흩으셨나이다
¹² 주께서 주의 백성을 헐값으로 파심이여
그들을 판 값으로 이익을 얻지 못하셨나이다
¹³ 주께서 우리로 하여금 이웃에게 욕을 당하게 하시니
그들이 우리를 둘러싸고 조소하고 조롱하나이다
¹⁴ 주께서 우리를 뭇 백성 중에 이야기 거리가 되게 하시며
민족 중에서 머리 흔듦을 당하게 하셨나이다
¹⁵ 나의 능욕이 종일 내 앞에 있으며 수치가 내 얼굴을 덮었으니
¹⁶ 나를 비방하고 욕하는 소리 때문이요
나의 원수와 나의 복수자 때문이니이다

　우리는 고난의 원인을 하나님께 돌리지 않으려고 애를 씁니다. 시인과 백성들은 자기의 고난이 하나님께서 하신 일이라고 말합니다. "주께서 우리를 버려", "우리 군대와 함께 나아가지" 아니하심으로. "주께서 우리를 대적들에게서 돌아서게 하시니", "주께서 우리를 잡아먹힐 양처럼" 등. 여섯 번이나 하나님께서 그렇게 하게 하셨다고 말합니다. 우리 주께서도 십자가에서 이렇게 호소하셨습니다. "내 하나님이여 내 하나님이여 어찌 나를 버리셨나이까 어찌 나를 멀리하여

돕지 아니하시오며 내 신음 소리를 듣지 아니하시나이까"(시편 22:1)

하나님은 우리의 원망까지도 기꺼이 받아주십니다. 이것은 하나님이 모든 것의 원인이 되시는데 복의 원인이시기만 한 것이 아니라 고난도 그의 주권 안에 있다는 고백이기도 합니다. 고난에서 건지실 분도 하나님이십니다.

고난 당할 때 우리는 그것을 표현하는 법을 알지 못합니다. 이들은 자기가 당하는 고난을 적절하게 표현하고 있습니다. 버려지고 욕을 당하며 대적들에게서 돌아서게 하시고, 잡아먹힐 양처럼 넘겨주시고, 헐값으로 파셨으니 그것으로 하나님께서 이익을 얻지 못하셨다고 말합니다. 우리는 고난당할 때 자신의 죄 때문은 아닌지 의기소침합니다. 이들은 그 원인이 원수에게 있다고 분명하게 말합니다.

하나님을 믿는 이들에게 고난이 없을 것이라고 기대해서는 안 됩니다. 바울이 전한 말을 기억합시다. "[17] 자녀이면 또한 상속자 곧 하나님의 상속자요 그리스도와 함께 한 상속자니 우리가 그와 함께 영광을 받기 위하여 고난도 함께 받아야 할 것이니라 [18] 생각하건대 현재의 고난은 장차 우리에게 나타날 영광과 비교할 수 없도다"(로마서 8:17, 18)

신앙이 유익한 것은 고난이 없는 것이 아니라 고난 때문에 뒤로 물러나지 않는 겁니다. 오히려 고난을 통해 그리스도의 고난에 참여함으로 그리스도의 영광에 이르게 되는 겁니다.

기도:
하나님, 어찌하여 우리가 욕을 당하게 하시고 하나님을 알지 못하는 사람들 앞에서 수치를 당하게 하시며 얼굴을 들지 못하게 하십니까. 불신자들이 우리의 고난을 하나님이 없는 증거라 하게 하시고 우리의 신앙을 조롱하게 하십니까. 저는 하나님이 계신 것을 압니다. 고난조차 유익하다는 말씀을 믿습니다. 하지만 고난은 괴롭고 힘듭니다. 흔들리지 않게 하옵소서. 속히 구원하여 주옵소서. 예수 그리스도의 이름으로 기도합니다. 아멘.

시편 44:17~26 주의 인자하심으로 우리를 구원하소서

17 이 모든 일이 우리에게 임하였으나
우리가 주를 잊지 아니하며 주의 언약을 어기지 아니하였나이다
18 우리의 마음은 위축되지 아니하고
우리 걸음도 주의 길을 떠나지 아니하였으나
19 주께서 우리를 승냥이의 처소에 밀어 넣으시고
우리를 사망의 그늘로 덮으셨나이다
20 우리가 우리 하나님의 이름을 잊어버렸거나
우리 손을 이방 신에게 향하여 폈더면
21 하나님이 이를 알아내지 아니하셨으리이까
무릇 주는 마음의 비밀을 아시나이다
22 우리가 종일 주를 위하여 죽임을 당하게 되며
도살할 양 같이 여김을 받았나이다
23 주여 깨소서 어찌하여 주무시나이까
일어나시고 우리를 영원히 버리지 마소서
24 어찌하여 주의 얼굴을 가리시고
우리의 고난과 압제를 잊으시나이까
25 우리 영혼은 진토 속에 파묻히고
우리 몸은 땅에 붙었나이다
26 일어나 우리를 도우소서
주의 인자하심으로 말미암아 우리를 구원하소서

백성 공동체가 겪은 고난이 그들의 죄로 인한 것이 아님을 분명하

게 밝히고 있습니다. 그들은 하나님을 잊지 않았고 언약을 어기지도 않았다고 합니다. 그러면 도대체 어떤 이유로 고난을 겪게 하신 것일까요? 그런 질문을 누구나 하게 됩니다. 그런 중에도 이들은 하나님을 향한 신뢰의 마음이 흔들리지 않는다고 고백합니다. "우리의 마음은 위축되지 아니하고 우리 걸음도 주의 길을 떠나지 아니하였으나"(18) 그들은 하나님을 잊지 않았습니다. 그런데 그들은 주를 위하여 죽임당하는 양 같이 여김을 받았습니다. 이유도 목적도 알 수 없는 고난이 이들을 덮친 겁니다.

이러한 일을 당한 것은 이들이 유일하지 않습니다. 지금도 우리 주변에는 이유를 알 수 없는 부당하게 생각되는 사고와 죽음을 만납니다. 그럴 때 어떻게 해야 할까요? 하나님이 없다고 물러나는 것이 답일까요? 다른 곳으로 답을 찾아 나설까요? 절망 가운데 삶의 소망을 잃은 채 살아가야 할까요? 이 백성 공동체는 우리에게 본을 보입니다. "종일 주를 위하여 죽임을 당하는 양"으로 여김을 받으면서도 하나님의 언약 사랑(인자하심)에 호소합니다. "일어나 우리를 도우소서 당신의 인자하심으로 말미암아 우리를 구원하소서"

22절은 로마서 8:36에 인용되었습니다. 바울은 신자가 이같이 고난당한다 하여도 "이 모든 일에 우리를 사랑하시는 이로 말미암아 우리가 넉넉히 이기느니라"(롬 8:37)라고 그리스도 안에 있는 하나님의 사랑에 우리를 맡깁니다.

기도:
하나님, 아버지께서는 유일하신 아들 그리스도를 종일 죽임을 당하는 양 같이 고난 당하는 자리에 내어주셨습니다. 아무런 죄가 없으신 주께서 부당하게 우리를 대신하여 죽임을 당하셨습니다. 하나님은 아들을 잃으신 아버지가 되셨습니다. 하나님께 긍휼히 여기심을 바라고 피하여 오는 모든 이들에게 위로가 되어 주옵소서. 우리를 위하여 죽임 당하신 아들 안에 있는 아버지의 사랑으로 우리를 넉넉히 이기게 하옵소서. 예수 그리스도의 이름으로 기도합니다. 아멘.

시편 45:1~8 왕은 사람들보다 아름다워

[고라 자손의 마스길(교훈), 사랑의 노래, 인도자를 따라 소산님(백합화 곡조)에 맞춘 것]
¹ 내 마음이 좋은 말로 왕을 위하여 지은 것을 말하리니
내 혀는 글솜씨가 뛰어난 서기관의 붓끝과 같도다
² 왕은 사람들보다 아름다워 은혜를 입술에 머금으니
그러므로 하나님이 왕에게 영원히 복을 주시도다
³ 용사여 칼을 허리에 차고 왕의 영화와 위엄을 입으소서
⁴ 왕은 진리와 온유와 공의를 위하여
왕의 위엄을 세우시고 병거에 오르소서
왕의 오른손이 왕에게 놀라운 일을 가르치리이다
⁵ 왕의 화살은 날카로워 왕의 원수의 염통을 뚫으니
만민이 왕의 앞에 엎드러지는도다
⁶ 하나님이여 주의 보좌는 영원하며
주의 나라의 규는 공평한 규이니이다
⁷ 왕은 정의를 사랑하고 악을 미워하시니
그러므로 하나님 곧 왕의 하나님이 즐거움의 기름을 왕에게 부어
왕의 동료보다 뛰어나게 하셨나이다
⁸ 왕의 모든 옷은 몰약과 침향과 육계의 향기가 있으며
상아궁에서 나오는 현악은 왕을 즐겁게 하도다

시편 45편은 작가(시인)가 왕을 위하여 지은 것이라는 소개로 시작합니다. 1~8절은 왕을 찬양하는 내용입니다. 역사적으로 어떤 왕을 말하는 것인지 해석하려는 시도가 있지만, 시인이 묘사한 내용이 그 어떤 인간 왕을 묘사하는 것으로 보기는 어렵습니다. 특히 6~7절은 히브리서 1:7~8에 인용되면서 이것이 하나님의 아들 그리스도에 관한 것으로 밝혀졌습니다. 시인은 왕을 "하나님"과 "주"라고 부릅니다.

구약의 왕을 하나님의 아들로 보는 일은 있지만 왕을 "하나님"으로 호칭하는 일은 없습니다. 그러므로 이 시는 하나님의 아들이신 그리스도를 높이는 시로 읽어야 합니다. 그리고 그의 신부인 교회와의 결혼식을 찬양하는 것으로 읽어야 합니다.

그리스도 우리 왕은 사람들보다 아름다워 그 입에서 은혜가 흘러나옵니다. 그는 영화와 위엄으로 옷을 입었으며 진리와 온유와 공의를 가지고 계십니다. 그는 전쟁에 능하여 그의 화살이 원수를 패배시키고 만민을 다스립니다. 왕의 보좌는 영원하며 그의 규(왕권을 상징하는 지팡이)는 공평합니다. 정의를 사랑하고 악을 미워합니다. 왕의 하나님이 왕에게 기름을 부어 그를 높이 세우셨습니다.

본문에는 "하나님"과 "왕이신 하나님"이 등장합니다. 시인은 왕을 하나님으로 호칭하였는데(6), "하나님이 왕에게 영원히 복을 주시"(2)고 "왕의 하나님이 즐거움의 기름을 왕에게 부어"(7) 줍니다. 성령에 의해 시인은 아버지 하나님과 아들 하나님이 계신 것을 보여줍니다. 이것을 요한은 다음과 같이 적고 있습니다.

"[1] 태초에 말씀이 계시니라 이 말씀이 하나님과 함께 계셨으니 이 말씀은 곧 하나님이시니라 [2] 그가 태초에 하나님과 함께 계셨고 [3] 만물이 그로 말미암아 지은 바 되었으니 지은 것이 하나도 그가 없이는 된 것이 없느니라"(요한복음 1:~3)

말씀이신 아들 하나님은 영원토록 아버지 하나님과 함께 계시는 분으로 그리스도와 왕으로 우리 가운데 오셨습니다.

기도:
전능하신 하나님과 우리의 왕이신 그리스도께서 찬양받으시기를 원합니다. 우리의 눈을 열어 왕이신 그리스도의 아름다움과 은혜와 진리와 능력과 의로우심을 보게 하옵소서. 왕의 영원하고 공평한 통치를 받는 즐거움과 행복으로 만족하고 감사하게 하옵소서. 예수 그리스도의 이름으로 기도합니다. 아멘.

시편 45:9~17 만민이 왕을 영원히 찬송하리로다

⁹ 왕이 가까이하는 여인들 중에는 왕들의 딸이 있으며
왕후는 오빌의 금으로 꾸미고 왕의 오른쪽에 서도다
¹⁰ 딸이여 듣고 보고 귀를 기울일지어다
네 백성과 네 아버지의 집을 잊어버릴지어다
¹¹ 그리하면 왕이 네 아름다움을 사모하실지라
그는 네 주인이시니 너는 그를 경배할지어다
¹² 두로의 딸은 예물을 드리고
백성 중 부한 자도 네 얼굴 보기를 원하리로다
¹³ 왕의 딸은 궁중에서 모든 영화를 누리니
그의 옷은 금으로 수 놓았도다
¹⁴ 수 놓은 옷을 입은 그는 왕께로 인도함을 받으며
시종하는 친구 처녀들도 왕께로 이끌려 갈 것이라
¹⁵ 그들은 기쁨과 즐거움으로 인도함을 받고
왕궁에 들어가리로다
¹⁶ 왕의 아들들은 왕의 조상들을 계승할 것이라
왕이 그들로 온 세계의 군왕을 삼으리로다
¹⁷ 내가 왕의 이름을 만세에 기억하게 하리니
그러므로 만민이 왕을 영원히 찬송하리로다

왕에 대한 칭송은 이제 왕후에게로 향합니다. 왕후들은 왕들의 딸로 금으로 치장하여 왕의 오른쪽에 서 있습니다. 결혼식의 주례자는 왕후에게 권면합니다. "네 백성과 네 아버지의 집을 잊어버릴지어다 그리하면 왕이 네 아름다움을 사모하실지라 그는 네 주인이시니 너는 그를 경배할지어다"(10~11)

두로의 딸과 부유한 자들의 축하 선물을 받은 후 왕후는 왕에게로 인도함을 받습니다. 왕후는 영광스럽게 꾸몄으며 기쁨과 즐거움으로 인도함을 받고 왕궁으로 들어갑니다. 그들 부부는 아들들을 낳아 나라를 이어갈 것이고 아들들은 온 세계의 군왕이 될 겁니다. 시인은 17절에서 그의 기록으로 왕의 이름이 만세에 기억될 것이라고 말합니다.

  왕은 그리스도이고 왕후는 그리스도의 교회입니다. 왕의 신부인 성도들의 영광됨과 결혼의 복됨을 이 시편이 노래합니다. 유대 왕의 결혼식마다 이 시편이 찬송 되었을 겁니다. 그때마다 그들은 오시는 그리스도와 그의 신부가 될 교회를 노래한 겁니다. 그들은 그림자를 보았는데 우리는 그리스도와 연합한 교회가 되어 그 영광에 참여합니다. 사도 바울은 그리스도와 교회를 관계를 남편과 아내의 관계로 설명하면서 이렇게 말합니다. "자기 앞에 영광스러운 교회로 세우사 티나 주름 잡힌 것이나 이런 것들이 없이 거룩하고 흠이 없게 하려 하심이라"(엡 5:27)

  우리는 왕들의 딸이어서 왕의 간택을 받은 것이 아닙니다. 그리스도는 우리를 영광된 신부로 흠 없고 주름 잡힌 것이 없는 자로 세우기 위해 자신을 주셨습니다. 그리스도와 우리가 하나로 연합되었습니다. 신랑이신 그리스도로 인해 우리가 영광스럽게 되었습니다. 아직 완전한 기쁨의 때는 남아 있지만 이미 우리는 그 영광에 참여하고 있습니다.

  기도:
  하나님, 저를 불러서 그리스도와 신부인 교회의 연합의 영광에 참여하게 하시니 감사합니다. 그리스도께서는 자신을 주어 저를 영광스러운 신부가 되게 하셨습니다. 신부의 아름다움과 영화로움에 걸맞는 거룩함을 입게 하옵소서, 제가 속했던 이전의 것들을 잊게 하시고 오로지 왕에게 집중하게 하옵소서. 그리스도만 저의 주인으로 섬기며 경배하게 하옵소서, 예수 그리스도의 이름으로 기도합니다. 아멘.

시편 46편 하나님은 우리의 피난처시요 힘이시니

[고라 자손의 시, 인도자를 따라 알라못에 맞춘 노래]
^{1} 하나님은 우리의 피난처시요 힘이시니
환난 중에 만날 큰 도움이시라
^{2} 그러므로 땅이 변하든지 산이 흔들려 바다 가운데에 빠지든지
^{3} 바닷물이 솟아나고 뛰놀든지
그것이 넘침으로 산이 흔들릴지라도
우리는 두려워하지 아니하리로다 (셀라)
^{4} 한 시내가 있어 나뉘어 흘러 하나님의 성
곧 지존하신 이의 성소를 기쁘게 하도다
^{5} 하나님이 그 성 중에 계시매 성이 흔들리지 아니할 것이라
새벽에 하나님이 도우시리로다
^{6} 뭇 나라가 떠들며 왕국이 흔들렸더니
그가 소리를 내시매 땅이 녹았도다
^{7} 만군의 여호와께서 우리와 함께하시니
야곱의 하나님은 우리의 피난처시로다 (셀라)
^{8} 와서 여호와의 행적을 볼지어다
그가 땅을 황무지로 만드셨도다
^{9} 그가 땅끝까지 전쟁을 쉬게 하심이여
활을 꺾고 창을 끊으며 수레를 불사르시는도다
^{10} 이르시기를 너희는 가만히 있어 내가 하나님 됨을 알지어다
내가 뭇 나라 중에서 높임을 받으리라
내가 세계 중에서 높임을 받으리라 하시도다
^{11} 만군의 여호와께서 우리와 함께하시니
야곱의 하나님은 우리의 피난처시로다 (셀라)

시편 46편은 하나님의 통치하심에 관한 시입니다.

1~3절에서 하나님이 피난처와 도움이시라고 찬송합니다. "바닷물"은 혼돈의 세력에 대한 은유로 사용됩니다. 하나님의 힘에 대한 찬송은 4~7절에서 하나님의 성에 대한 찬송으로 바뀝니다. 하나님의 도우심과 하나님의 성의 견고함이 하나로 연결되어 있습니다. 예루살렘의 시온성을 말하는 것이지만 동시에 백성 공동체를 의미합니다. 하나님이 성 중에 계시기에 성은 흔들리지 않습니다. 시내가 성을 두르고 있어 풍족합니다. 하지만 세상 왕국은 흔들리고 그들이 서 있는 땅이 녹아내립니다. 8~11절은 만군의 여호와께서 행하신 일을 보고 하나님을 높이라고 초대합니다. 7절과 11절은 후렴구입니다.

"만군의 여호와께서 우리와 함께하시니
야곱의 하나님은 우리의 피난처시로다"

"여호와"는 언약의 하나님에 대한 호칭입니다. "야곱의 하나님"이라 한 것도 하나님의 언약을 기억하게 하는 호칭입니다. 하나님이 흔들리지 않는 피난처가 되어 주시는 것은 언약에 신실하신 하나님의 인자하심에 근거합니다. 하나님은 예수 그리스도 안에서 우리와 함께하십니다. 그리스도는 우리의 피난처이시며 흔들리지 않는 성입니다. "가만히 있어" 여호와가 우리의 하나님이심을 아십시오.

기도:
하나님은 우리의 피난처시오 힘이십니다. 환난 중에 만날 큰 도움이십니다. 하나님은 언제나 우리와 함께 계십니다. 하나님은 흔들리지 않는 성이십니다. 우리를 위해 자신을 내어 주신 그리스도를 바라봅니다. 염려하거나 조급해하지 않게 하시고 가만히 있어 여호와가 우리 하나님 되심을 알게 하옵소서. 예수 그리스도의 이름으로 기도합니다. 아멘.

시편 47편 너희 만민들아 손바닥을 치고

[고라 자손의 시, 인도자를 따라 부르는 노래]
¹ 너희 만민들아 손바닥을 치고
즐거운 소리로 하나님께 외칠지어다
² 지존하신 여호와는 두려우시고 온 땅에 큰 왕이 되심이로다
³ 여호와께서 만민을 우리에게
나라들을 우리 발아래에 복종하게 하시며
⁴ 우리를 위하여 기업을 택하시나니
곧 사랑하신 야곱의 영화로다 (셀라)
⁵ 하나님께서 즐거운 함성 중에 올라가심이여
여호와께서 나팔 소리 중에 올라가시도다
⁶ 찬송하라 하나님을 찬송하라 찬송하라 우리 왕을 찬송하라
⁷ 하나님은 온 땅의 왕이심이라 지혜의 시로 찬송할지어다
⁸ 하나님이 뭇 백성을 다스리시며
하나님이 그의 거룩한 보좌에 앉으셨도다
⁹ 뭇 나라의 고관들이 모임이여
아브라함의 하나님의 백성이 되도다
세상의 모든 방패는 하나님의 것임이여
그는 높임을 받으시리로다

시편 47편은 즉위시입니다. 여호와가 백성들 가운데서 왕으로 즉위하시는 것을 경축합니다. 두 연(1~5절과 6~9절)으로 구성되어 있는데 연을 시작하는 1절과 6절은 하나님을 찬송하라고 요청하고 나머

지는 여호와를 찬양해야 하는 이유를 담고 있습니다.

여호와 하나님이 온 땅의 왕이십니다. 여호와는 이스라엘(야곱)의 왕이 되시기에 나라들을 그 발아래 복종하게 하심으로 아브라함에게 약속하신 것을 성취하십니다. "땅의 모든 족속이 너로 말미암아 복을 얻을 것이라"(창 12:3) 하셨기 때문입니다. 이스라엘이 제사장 나라가 되어 하나님에 관한 지식과 복을 이방에게 전하게 되는 것이 하나님의 계획이었는데 이것은 국가 이스라엘은 실패하고 영적 이스라엘인 교회를 통해 성취되었습니다.

하나님은 온 땅의 왕이십니다. 모든 백성을 다스리십니다. 나라들의 고귀한 자들도 하나님께 나아와 아브라함의 자손이 되며 하나님의 백성이 됩니다. 하나님은 세상 모든 방패의 주인이 되십니다. 세상의 안전과 보호는 하나님의 것입니다.

이 시편은 그리스도의 승천에 걸맞은 시입니다. 절기를 지키는 교회는 그리스도의 승천일에 이 시를 낭송하곤 했습니다. 그런 문화에 있든 그렇지 않든 이 시에서 우리는 그리스도가 우리의 왕으로 하나님 우편에 앉으셔서 다스리시는 것을 볼 수 있습니다.

그리스도에 대하여 말하기를 "만물이 그에게서 창조되되 하늘과 땅에서 보이는 것들과 보이지 않는 것들과 혹은 왕권들이나 주권들이나 통치자들이나 권세들이나 만물이 다 그로 말미암고 그를 위하여 창조되었고"(골 1:16)라고 합니다. 그리스도는 영원토록 우리의 왕으로 우리를 다스리십니다.

기도:
하나님 아버지께서는 찬양받으소서. 아들에게 모든 이름 위에 뛰어난 이름을 주사 모든 무릎이 그의 발아래 엎드리게 하셨습니다. 우리의 왕이신 그리스도는 높임을 받으소서. 당신은 영원토록 우리의 왕이십니다. 모든 민족에게 그 통치 아래 있는 것이 복임을 알게 하시고 나아오게 하옵소서. 저에게 담대함을 주셔서 그리스도가 왕 중의 왕이시라고 힘써 전하게 하옵소서. 예수 그리스도의 이름으로 기도합니다. 아멘.

시편 48편 여호와는 위대하시니

[고라 자손의 시 곧 노래]
1 여호와는 위대하시니 우리 하나님의 성
거룩한 산에서 극진히 찬양받으시리로다
2 터가 높고 아름다워 온 세계가 즐거워함이여
큰 왕의 성 곧 북방에 있는 시온산이 그러하도다
3 하나님이 그 여러 궁중에서 자기를 요새로 알리셨도다
4 왕들이 모여서 함께 지나갔음이여
5 그들이 보고 놀라고 두려워 빨리 지나갔도다
6 거기서 떨림이 그들을 사로잡으니
고통이 해산하는 여인의 고통 같도다
7 주께서 동풍으로 다시스의 배를 깨뜨리시도다
8 우리가 들은 대로 만군의 여호와의 성
우리 하나님의 성에서 보았나니
하나님이 이를 영원히 견고하게 하시리로다 (셀라)
9 하나님이여 우리가 주의 전 가운데에서
주의 인자하심을 생각하였나이다
10 하나님이여 주의 이름과 같이 찬송도 땅끝까지 미쳤으며
주의 오른손에는 정의가 충만하였나이다
11 주의 심판으로 말미암아 시온산은 기뻐하고
유다의 딸들은 즐거워할지어다
12 너희는 시온을 돌면서 그곳을 둘러보고 그 망대들을 세어 보라
13 그의 성벽을 자세히 보고 그의 궁전을 살펴서 후대에 전하라
14 이 하나님은 영원히 우리 하나님이시니
그가 우리를 죽을 때까지 인도하시리로다

시편 48편은 46편과 같이 시온성을 찬양하는 시입니다.

1~8절은 시온성의 아름다움과 영광을 찬양합니다. 시온성이 아름다운 것은 그 성이 여호와의 성이기 때문이며 여호와께서 거기 계시며 그곳에서 백성과 온 세상을 통치하시기 때문입니다. 고대에 "북방에 있는" 산은 신들이 모이는 장소로 여겨졌습니다. 그런데 거기에 오직 위대하신 여호와만이 계십니다. 터가 높고 아름다운 성으로 인해 온 세계가 즐거워하며 왕들은 그곳에서 통치하시는 하나님으로 인해 놀라고 두려워합니다. 하나님은 동풍으로 다시스의 배를 깨뜨리십니다. 하나님의 힘이 거기까지 미친다는 비유입니다. 여호와께서는 성을 영원히 견고하게 하십니다.

9~14절은 회중이 하나님을 송축하며 성을 둘러보라고 초대합니다. 하나님의 전에서 하나님의 인자하심(언약의 사랑)를 생각합니다. 그의 손에는 정의가 충만하여 주의 심판으로 원수를 다스립니다. 시온에 세워진 성의 망대와 성벽과 궁전을 자세히 살펴서 후대에 전하라고 초대합니다.

시는 시온산의 외형을 찬양하는 것이 아닙니다. 시온은 하나님이 임재하시는 성소입니다. 참 성전이신 그리스도를 상징합니다. 그리스도는 하나님이 거하시며 다스리시는 거룩하고 아름다운 성입니다. 그가 얼마나 아름다운지 그가 얼마나 위대하고 견고한 성인지 둘러보고 세어 보십시오. 우리는 그리스도 안에 있어 영원히 안전합니다. 그는 영원히 우리 하나님이시며 우리를 죽을 때까지 인도하십니다.

기도:

하나님, 그리스도를 아는 지식이 가장 고상하여 모든 것을 배설물로 버린다는 바울과 같이 하나님의 아름다운 성이신 그리스도를 알게 하옵소서. 그리스도 안에 있어 영원히 안전하다는 믿음을 주옵소서. 우리를 죽을 때까지 그리고 영원토록 인도하여 주심을 믿고 안식하게 하옵소서. 예수 그리스도의 이름으로 기도합니다. 아멘.

시편 49:1~12 뭇 백성들아 이를 들으라

[고라 자손의 시, 인도자를 따라 부르는 노래]
¹ 뭇 백성들아 이를 들으라 세상의 거민들아 모두 귀를 기울이라
² 귀천 빈부를 막론하고 다 들을지어다
³ 내 입은 지혜를 말하겠고
내 마음은 명철을 작은 소리로 읊조리리로다
⁴ 내가 비유에 내 귀를 기울이고
수금으로 나의 오묘한 말을 풀리로다
⁵ 죄악이 나를 따라다니며
나를 에워싸는 환난의 날을 내가 어찌 두려워하랴
⁶ 자기의 재물을 의지하고 부유함을 자랑하는 자는
⁷ 아무도 자기의 형제를 구원하지 못하며
그를 위한 속전을 하나님께 바치지도 못할 것은
⁸ 그들의 생명을 속량하는 값이 너무 엄청나서
영원히 마련하지 못할 것임이니라
⁹ 그가 영원히 살아서 죽음을 보지 않을 것인가
¹⁰ 그러나 그는 지혜 있는 자도 죽고
어리석고 무지한 자도 함께 망하며
그들의 재물은 남에게 남겨 두고 떠나는 것을 보게 되리로다
¹¹ 그러나 그들의 속 생각에 그들의 집은 영원히 있고
그들의 거처는 대대에 이르리라 하여
그들의 토지를 자기 이름으로 부르도다
¹² 사람은 존귀하나 장구하지 못함이여 멸망하는 짐승 같도다

시편 49편은 고라 자손의 마지막 시로 지혜의 시입니다. 인간의

부와 권력이라는 문맥 속에서 죽음과 구속의 문제를 다룹니다. 시인은 귀천 빈부를 막론하고 모든 사람이 귀를 기울여 들으라고 요청합니다(1~2). 그는 비유(속담)와 오묘한 말(수수께끼)로 말을 합니다. "죄악이 나를 따라다니며 나를 에워싸는 환난의 날을 내가 어찌 두려워하랴"(5). "죄악"은 속이는 자의 악을 말합니다. '속이는 자들, 비방하는 자들에 둘러싸인 때에 내가 두려워하겠는가'라는 말입니다. 그 악한 이들은 "자기의 재물을 의지하고 부유함을 자랑하는 자"(6)입니다. "그리스도 안에서 경건하게 살고자 하는 자는 박해를 받으리라"(딤후 3:12)라고 하신 말씀과 같이 하나님 앞에서 정직하게 사는 이들이 세상의 힘을 가진 사람들에게 박해받는 상황입니다.

시인은 질문에 스스로 답을 합니다(7~12). 생명을 속량하기 위한 값이 너무 엄청나서 그 어떤 사람도, 그 어떤 부유한 사람도 영원히 그 값을 마련하지 못합니다. 이 말은 죽지 않는 사람이 없다는 겁니다. 지혜 있는 자도 죽고 무지한 자도 죽으며 재물이 있는 자도 죽게 됩니다. 그런데 그들은 영원히 살 수 있다고 생각합니다. 시인은 12절에 결론을 내립니다. "사람은 존귀하나 장구하지 못함이여 멸망하는 짐승 같도다." "장구하다"로 번역한 말은 "밤을 지낸다"는 의미가 있습니다. 장구하지 못한다 했으니 밤을 지나지 못한다, 살지 못한다는 뜻입니다. 주께서 어리석은 부자에게 "오늘 밤에 네 영혼을 도로 찾으리니"라고 하신 것처럼 신속히 그가 머물렀던 곳을 떠난다는 의미입니다.

기도:
하나님, 때로 세상의 불의한 부자들이 부럽고 시기나기도 합니다. 그들의 교활함과 속임과 비방에 두려움을 느낍니다. 나의 하나님, 그들의 생명도 하나님의 주권 아래 있음을 잊지 않게 하옵소서. 영원히 살 것처럼 거드름 피우는 이들이 신속히 사라질 것임을 알게 하옵소서. 그들을 두려워하지 않게 하시며 하나님을 경외하는 지혜를 갖게 하옵소서. 예수 그리스도의 이름으로 기도합니다. 아멘.

시편 49:13~20 그러나 하나님은 나를 영접하시리니

13 이것이 바로 어리석은 자들의 길이며
그들의 말을 기뻐하는 자들의 종말이로다 (셀라)
14 그들은 양 같이 스올에 두기로 작정되었으니
사망이 그들의 목자일 것이라
정직한 자들이 아침에 그들을 다스리리니
그들의 아름다움은 소멸하고 스올이 그들의 거처가 되리라
15 그러나 하나님은 나를 영접하시리니
이러므로 내 영혼을 스올의 권세에서 건져내시리로다 (셀라)
16 사람이 치부하여 그의 집의 영광이 더할 때에
너는 두려워하지 말지어다
17 그가 죽으매 가져가는 것이 없고
그의 영광이 그를 따라 내려가지 못함이로다
18 그가 비록 생시에 자기를 축하하며
스스로 좋게 함으로 사람들에게 칭찬을 받을지라도
19 그들은 그들의 역대 조상들에게로 돌아가리니
영원히 빛을 보지 못하리로다
20 존귀하나 깨닫지 못하는 사람은 멸망하는 짐승 같도다

본문은 시인이 5절에서 '악인들의 환난이 있을 때 어찌 두려워하겠는가'라고 질문을 던진 것에 관한 두 번째 답입니다. "자기의 재물을

의지하고 부유함을 자랑하는 자"(6)의 종말이 어떠한지를 보여줍니다. 그들은 양이 죽음에 반항하지 못하고 죽는 것처럼 죽음에 처할 것이며 사망이 그들의 목자가 됩니다. 그들의 아름다움은 소멸하고 죽음의 장소(스올)가 그들의 거처가 됩니다(14). 그들이 죽을 때 가져가는 것이 없고 그들의 영광도 따라가지 못합니다(17). 스스로 축복하고 사람들에게 칭찬받을지라도 조상들에게 돌아가서 영원히 빛을 보지 못하게 됩니다(19).

모든 사람이 이 길을 걷게 되는 것이 아닙니다. "정직한 자들"은 아침에 어리석은 자들을 다스리게 될 겁니다(14). 정직한 자는 하나님과 그의 아들의 다스리심을 즐거워하는 이들입니다. 시인은 정직한 자의 한 사람인 자신을 하나님께서 구원하실 것을 믿고 있습니다. "그러나 하나님은 나를 영접하시리니 이러므로 내 영혼을 스올의 권세에서 건져내시리로다"(15)

"생명을 속량하는 값"이 너무 커서 영원히 마련하지 못하는 것은 정직한 자에게도 마찬가지입니다. 부유한 자라도 영원히 마련할 수 없습니다. 그런데 하나님의 아들 그리스도께서 우리를 대신하여 생명의 값을 내셨기 때문에 우리의 영혼은 죽음의 권세에서 건져 구원을 얻습니다. 신자의 구원은 값싼 것이 아닙니다. 하나님 아들의 생명 값입니다. 이 큰 구원을 등한히 여기지 말아야 합니다.

우리는 죽음에 떨어질 자들이 아닙니다. 재물을 의지하고 부유함을 자랑하는 불의한 자들에 대하여 두려워하지 않아야 합니다. 그 어떤 것도 그리스도 예수 안에 있는 하나님의 사랑에서 우리를 끊을 수 없습니다(롬 8:39).

기도:
하나님께서 저의 생명의 값으로 그리스도를 내주시고 사셨습니다. 저는 하나님의 것이며 그리스도의 것입니다. 세상과 사람들을 두려워하지 않게 하옵소서. 저를 위해 죽었다가 다시 사신 그리스도를 위해 살게 하옵소서. 온몸으로 하나님께 영광을 돌리며 살게 하옵소서. 예수 그리스도의 이름으로 기도합니다. 아멘.

시편 50:1~15 환난 날에 나를 부르라

[아삽의 시]
1 전능하신 이 여호와 하나님께서 말씀하사
해 돋는 데서부터 지는 데까지 세상을 부르셨도다
2 온전히 아름다운 시온에서 하나님이 빛을 비추셨도다
3 우리 하나님이 오사 잠잠하지 아니하시니
그 앞에는 삼키는 불이 있고 그 사방에는 광풍이 불리로다
4 하나님이 자기의 백성을 판결하시려고
위 하늘과 아래 땅에 선포하여
5 이르시되 나의 성도들을 내 앞에 모으라
그들은 제사로 나와 언약한 이들이니라 하시도다
6 하늘이 그의 공의를 선포하리니 하나님 그는 심판장이심이로다 (셀라)
7 내 백성아 들을지어다 내가 말하리라
이스라엘아 내가 네게 증언하리라 나는 하나님 곧 네 하나님이로다
8 나는 네 제물 때문에 너를 책망하지는 아니하리니
네 번제가 항상 내 앞에 있음이로다
9 내가 네 집에서 수소나 네 우리에서 숫염소를 가져가지 아니하리니
10 이는 삼림의 짐승들과 뭇 산의 가축이 다 내 것이며
11 산의 모든 새들도 내가 아는 것이며 들의 짐승도 내 것임이로다
12 내가 가령 주려도 네게 이르지 아니할 것은
세계와 거기에 충만한 것이 내 것임이로다
13 내가 수소의 고기를 먹으며 염소의 피를 마시겠느냐
14 감사로 하나님께 제사를 드리며
지존하신 이에게 네 서원을 갚으며
15 환난 날에 나를 부르라 내가 너를 건지리니
네가 나를 영화롭게 하리로다

시편 50편은 제사로 하나님을 섬기는 백성들에게 무엇이 하나님을 바르게 섬기는 것인지 교훈하는 시입니다.

1~6절은 하나님이 어떤 분이시며 백성들과는 어떤 관계인지 말씀합니다. 하나님은 전능하신 분입니다. 해 돋는 데서부터 해 지는 데까지 세상을 부르시는 분입니다. 하나님은 위엄이 있으십니다. 그는 백성들에게 오셔서 판결하십니다. 하나님은 백성들과 언약을 맺으셨습니다.

7~15절은 백성들에게 어떻게 제사 드려야 하는지 말씀하십니다. 하나님은 제물로 백성을 책망하지는 않으시니 백성들의 번제가 항상 하나님께 드려지고 있기 때문입니다. 하나님이 동물을 원하시는 것은 아닙니다. 산과 들의 모든 동물이 하나님의 것입니다. 세계와 거기에 충만한 것이 모두 하나님의 것입니다.

동물의 피로 드리는 제사는 그리스도께서 오실 때까지 계속되었습니다. 그리스도는 "염소와 송아지의 피로 하지 아니하고 오직 자기의 피로 영원한 속죄를 이루사 단번에 성소에 들어가셨"(히 9:12)습니다. 더는 동물의 제사가 필요 없습니다. 그리스도께서 오시기까지 동물 제사는 언약을 기억하고 그리스도의 중보를 통해 하나님께 나가게 하시는 것을 바라보게 하신 겁니다.

기도:
전능하신 하나님, 가장 높으신 하나님께서 오셔서 우리를 부르시고 언약을 맺으시며 예배하게 하신 것은 참으로 놀라운 일입니다. 게다가 그리스도의 영원한 제사로 단번에 거룩함을 입고 하나님의 보좌 앞에 나아갈 수 있으니 어찌 감사하지 않을 수 있겠습니까. 모든 순간 감사함이 넘치게 하시옵소서. 환난의 때조차 하나님만이 우리의 도움이심을 믿고 기도에 감사함으로 깨어 있게 하옵소서. 예수 그리스도의 이름으로 기도합니다. 아멘.

시편 50:16~23 감사로 제사를 드리라

16 악인에게는 하나님이 이르시되
네가 어찌하여 내 율례를 전하며 내 언약을 네 입에 두느냐
17 네가 교훈을 미워하고 내 말을 네 뒤로 던지며
18 도둑을 본즉 그와 연합하고 간음하는 자들과 동료가 되며
19 네 입을 악에게 내어 주고 네 혀로 거짓을 꾸미며
20 앉아서 네 형제를 공박하며 네 어머니의 아들을 비방하는도다
21 네가 이 일을 행하여도 내가 잠잠하였더니
네가 나를 너와 같은 줄로 생각하였도다
그러나 내가 너를 책망하여
네 죄를 네 눈 앞에 낱낱이 드러내리라 하시는도다
22 하나님을 잊어버린 너희여 이제 이를 생각하라
그렇지 아니하면 내가 너희를 찢으리니 건질 자 없으리라
23 감사로 제사를 드리는 자가 나를 영화롭게 하나니
그의 행위를 옳게 하는 자에게 내가 하나님의 구원을 보이리라

전능하신 하나님의 말씀이 악인들을 향합니다. 그들은 하나님의 율례를 전하며 하나님의 언약을 운운하는 자들입니다. 그들은 하나님의 교훈을 미워하고 그 말씀을 뒤로 던집니다. 도둑과 연합하고 간음하는 자들과 동료가 되며 악과 거짓을 말합니다. 형제 곧 어머니의 아들을 비방합니다. 이렇게 악의 길을 걸으면서 하나님을 두려워하지

않을 뿐 아니라 하나님도 선악을 분별하지 않는 분이라 생각합니다.
　이 악인들은 백성 공동체 밖에 있는 이들이 아닙니다. 만약 그들이 이방인이었다면 하나님의 율례를 알지 못하며 언약을 말하지 않았을 겁니다. 신앙 공동체에 속하여 있으면서 제사의 자리에도 참석하고 공동체 의식에도 참여했습니다. 하지만 그들은 무신론자들이었습니다. "하나님을 잊어버린" 자들입니다. 하나님께서는 그들의 죄를 그들의 눈앞에 낱낱이 드러내겠다 하십니다. 그들을 찢으실 것이라 말씀하십니다.
　주께서 산상수훈에서도 이러한 자들에게 경고하셨습니다. "나더러 주여 주여 하는 자마다 다 천국에 들어갈 것이 아니요 다만 하늘에 계신 내 아버지의 뜻대로 행하는 자라야 들어가리라"(마태복음 7:21). 주님은 악인들이 선지자 노릇을 하며 주의 이름으로 귀신을 쫓으며 많은 권능을 행하더라도 주의 말씀을 듣고 행하지 않는다면 모래 위에 지은 집과 같이 무너지고 말 것이라고 하셨습니다.
　시인은 하나님을 섬기는 바른 태도가 무엇인지 결론을 말합니다. 감사로 제사 드리는 자가 하나님을 영화롭게 하고 그의 행위를 옳게 하는 자에게 하나님은 구원을 보이십니다.
　감사의 제사와 그의 행위를 옳게 하는 것은 깊이 연관이 있습니다. 하나님을 신앙하는 것은 감사로 나아가는 겁니다. 또한, 감사의 열매가 맺히게 하는 겁니다. 바울은 "감사함이 넘치게 하라"고 권면합니다.

　기도:
　전능하신 하나님, 저 자신을 돌아보아 부르심을 받았다는 사실에 만족하지 않게 하옵소서. 교회 공동체에 속해 있으며 예배의 자리에 나가고 있다는 것으로 자족하지 않게 하옵소서. 어떤 은사로 신앙의 기준을 삼지 않게 하옵소서. 모든 악에서 떠나게 하시고 하나님을 경외하며 감사함을 넘치게 하여 하나님을 영화롭게 하는 자가 되게 하옵소서. 예수 그리스도의 이름으로 기도합니다. 아멘.

시편 51:1~9 나의 죄를 깨끗이 제하소서

[다윗의 시, 인도자를 따라 부르는 노래, 다윗이 밧세바와 동침한 후 선지자 나단이 그에게 왔을 때]
¹ 하나님이여 주의 인자를 따라 내게 은혜를 베푸시며
주의 많은 긍휼을 따라 내 죄악을 지워 주소서
² 나의 죄악을 말갛게 씻으시며 나의 죄를 깨끗이 제하소서
³ 무릇 나는 내 죄과를 아오니 내 죄가 항상 내 앞에 있나이다
⁴ 내가 주께만 범죄하여 주의 목전에 악을 행하였사오니
주께서 말씀하실 때에 의로우시다 하고
주께서 심판하실 때에 순전하시다 하리이다
⁵ 내가 죄악 중에서 출생하였음이여
어머니가 죄 중에서 나를 잉태하였나이다
⁶ 보소서 주께서는 중심이 진실함을 원하시오니
내게 지혜를 은밀히 가르치시리이다
⁷ 우슬초로 나를 정결하게 하소서 내가 정하리이다
나의 죄를 씻어 주소서 내가 눈보다 희리이다
⁸ 내게 즐겁고 기쁜 소리를 들려 주시사
주께서 꺾으신 뼈들도 즐거워하게 하소서
⁹ 주의 얼굴을 내 죄에서 돌이키시고
내 모든 죄악을 지워 주소서

다윗이 밧세바와 간음하고 그의 남편을 전장에서 죽게 한 후에 하나님께서 나단 선지자를 통해 그의 죄를 지적하게 하셨습니다. 다윗은 자기 죄에 대하여 통렬하게 회개하며 하나님께 나아옵니다. 그가 하나님 앞에 나올 수 있었던 것은 "하나님의 인자하심"을 믿었기 때문입니다. 자기는 비록 죄를 지었지만, 하나님께 피하여 오는 자에 대하여 그 언약의 신실함과 사랑을 변치 않을 것이라는 확신이 있었

습니다.

다윗은 밧세바를 범한 것과 그의 남편 우리야를 죽게 한 것에 대하여만 회개하지 않고 그로 인해 자기 안에 발견한 죄에 대하여 각성하고 고백합니다. 그런 면에서 이 시는 한 사건뿐 아니라 모든 상황에 자기의 죄를 고백하는 사람에게 본이 됩니다.

다윗은 하나님께만 죄지었다고 말합니다(4). 이 말은 사람에 대해서는 책임이 없다는 말이 아닙니다. 모든 죄가 하나님께 대한 범죄라는 의미입니다. 사람에게 죄를 지은 것은 하나님게 범죄한 겁니다. 이 말을 사람에게 지은 죄를 가볍게 여기고 책임을 회피하는 근거로 삼아서는 안됩니다. 4절의 "주께서 말씀하실 때에 의로우시다 하고 ~"는 하나님이 죄에 대한 심판자가 되시며 의롭다고 하실 수 있는 분이시기에 죄에 대하여 하나님의 판단이 옳다는 고백입니다.

5~9절에서 다윗은 자기의 죄를 깨끗하게 하여 주시기를 간구합니다. 비록 어머니의 태중에서부터 본성적으로 죄인이었으나 하나님의 은혜로 언약 안에 있음을 믿고 구합니다.

이 시편은 다윗의 기도이면서 또한 그리스도의 기도입니다. 그리스도는 우리의 죄를 대신하여 십자가를 지셨습니다. 주께는 죄가 없지만, 그는 우리의 죄를 짊어지시고 우리를 대표하여 하나님 앞에 죄인이 되어 기도하셨습니다. 하나님은 그리스도의 기도를 들으시고 그리스도 안에서 그리스도의 피로 우리의 죄를 사하셨습니다.

그런데도 우리는 여전히 죄를 범하며 하나님 앞에 나옵니다. 그의 인자하심을 따라 은혜를 구하는 자리에 나옵니다.

기도:
하나님이여 당신의 인자하심을 따라 은혜를 베풀어 주옵소서. 저의 죄를 깨끗이 제하소서. 저의 죄가 항상 제 앞에 있나이다. 죄가 저를 삼키지 못하게 하시며 오직 그리스도의 십자가를 의지함으로 하나님께 나오게 하옵소서. 저의 죄를 사하소서. 용서의 확신과 기쁨을 주옵소서. 죄악을 버리게 하시고 의의 길을 걷게 하옵소서. 예수 그리스도의 이름으로 기도합니다. 아멘.

시편 51:10~19 구원의 즐거움을 회복시켜 주소서

[10] 하나님이여 내 속에 정한 마음을 창조하시고
내 안에 정직한 영을 새롭게 하소서
[11] 나를 주 앞에서 쫓아내지 마시며
주의 성령을 내게서 거두지 마소서
[12] 주의 구원의 즐거움을 내게 회복시켜 주시고
자원하는 심령을 주사 나를 붙드소서
[13] 그리하면 내가 범죄자에게 주의 도를 가르치리니
죄인들이 주께 돌아오리이다
[14] 하나님이여 나의 구원의 하나님이여
피 흘린 죄에서 나를 건지소서
내 혀가 주의 의를 높이 노래하리이다
[15] 주여 내 입술을 열어 주소서
내 입이 주를 찬송하여 전파하리이다
[16] 주께서는 제사를 기뻐하지 아니하시나니
그렇지 아니하면 내가 드렸을 것이라
주는 번제를 기뻐하지 아니하시나이다
[17] 하나님께서 구하시는 제사는 상한 심령이라
하나님이여 상하고 통회하는 마음을
주께서 멸시하지 아니하시리이다
[18] 주의 은택으로 시온에 선을 행하시고 예루살렘 성을 쌓으소서
[19] 그 때에 주께서 의로운 제사와 번제와
온전한 번제를 기뻐하시리니
그 때에 그들이 수소를 주의 제단에 드리리이다

다윗의 간구가 이어집니다. 다윗의 간구는 하나님께 죄의 용서를 구하는 자들이 무엇을 바라야 하는지, 그리고 용서를 확신한 후에는 어떠해야 하는지를 보여줍니다.

하나님께서 이미 주셨던 마음(영)을 다시금 새롭게 해 주십시오(10), 성령을 거두지 마십시오(11) 라고 구합니다. 성령이 신자에게서 떠나시는 것은 아닙니다. 만약 성령이 떠나셨다면 다윗이 죄를 깨닫고 고백하는 일도 없었을 겁니다. 죄를 범한 신자가 마땅히 갖게 되는 두려움의 표현입니다.

구원의 즐거움과 자원하는 심령을 주십시오(12). 하나님께서 죄를 용서하신 확신을 가진 후에 다윗은 죄인들이 하나님께 돌아오도록 가르치겠다고 결심합니다(13). 또한, 죄에서 구원하신 하나님의 의를 높이 노래하고 찬송하여 전파하겠다고 합니다(14, 15).

다윗이 하나님께 간구할 수 있는 근거는 하나님께서 인자하심으로 다윗의 상한 심령을 기뻐하시기 때문입니다. 하나님이 기뻐하시는 것은 번제와 같은 제사가 아닙니다. 상하고 통회하는 마음을 오히려 바라십니다.

그리스도의 피로 죄 사함을 받은 신자라도 매일 죄를 범하고 또한 심각한 죄를 짓기도 합니다. 그럴 때 우리는 다윗과 같이 상하고 통회하는 마음으로 하나님께 나아와 죄를 사하여 주시기를, 그리고 구원의 즐거움을 회복하여 주시기를 구하여야 합니다.

기도:
하나님이여, 당신께서 인자하심으로 당신의 백성을 버리지 않으실지라도 죄에 대하여 민감하게 하옵소서. 죄로 인해 성령이 근심하시며 하나님께서 얼굴을 가리시지 않을까 하는 두려움에 상하고 통회하는 마음으로 회개하게 하옵소서.

하나님, 저를 죄에서 건지시고 새롭게 하옵소서. 구원의 즐거움을 회복시켜 주옵소서. 하나님의 의로우심을 노래하게 하옵소서. 예수 그리스도의 이름으로 기도합니다. 아멘.

시편 52편 하나님의 집에 있는 푸른 감람나무

[다윗의 마스길, 인도자를 따라 부르는 노래, 에돔인 도엑이 사울에게 이르러 다윗이 아히멜렉의 집에 왔다고 그에게 말하던 때에]
¹ 포악한 자여 네가 어찌하여 악한 계획을 스스로 자랑하는가
하나님의 인자하심은 항상 있도다
² 네 혀가 심한 악을 꾀하여
날카로운 삭도 같이 간사를 행하는도다
³ 네가 선보다 악을 사랑하며
의를 말함보다 거짓을 사랑하는도다 (셀라)
⁴ 간사한 혀여 너는 남을 해치는 모든 말을 좋아하는도다
⁵ 그런즉 하나님이 영원히 너를 멸하심이여
너를 붙잡아 네 장막에서 뽑아내며
살아 있는 땅에서 네 뿌리를 빼시리로다 (셀라)
⁶ 의인이 보고 두려워하며 또 그를 비웃어 말하기를
⁷ 이 사람은 하나님을 자기 힘으로 삼지 아니하고
오직 자기 재물의 풍부함을 의지하며
자기의 악으로 스스로 든든하게 하던 자라 하리로다
⁸ 그러나 나는 하나님의 집에 있는 푸른 감람나무 같음이여
하나님의 인자하심을 영원히 의지하리로다
⁹ 주께서 이를 행하셨으므로 내가 영원히 주께 감사하고
주의 이름이 선하시므로 주의 성도 앞에서
내가 주의 이름을 사모하리이다

도엑은 사울의 목자장으로 다윗이 사울을 피하여 도망할 때 아히멜렉 제사장에게 도움을 받았다고 밀고했습니다. 그뿐 아니라 도엑은

사울의 명령을 받고 아히멜렉을 비롯하여 제사장 85명을 죽이고 제사장들의 성읍 사람들과 가축을 칼로 죽였습니다. 다윗은 그 일을 기억하며 도엑과 같이 악인을 하나님께서 멸하실 것이라고 가르칩니다.

포악한 자는 악한 계획을 자랑합니다. 심한 악한 꾀로 간사를 행합니다. 의보다 거짓을 사랑합니다. 그는 남을 해치는 모든 말을 좋아합니다. 하나님께서는 그를 영원히 멸하실 것인데 살아 있는 땅에서 나무가 뿌리째 뽑히듯이 뽑히게 될 것입니다.

어느 시대나 악인은 말로 사람을 상하게 하고 죽음으로 몰아넣습니다. 무명의 댓글로 인격을 공격하는 일이나 정죄와 비난의 말로 사람을 괴롭히는 일이 난무합니다. 그들의 글과 말에 사람들은 심한 상처를 받고 극단적인 선택을 하기도 합니다.

다윗은 악인들이 "하나님을 자기 힘으로 삼지 아니하고 오직 자기 재물의 풍부함을 의지하며 자기의 악으로 스스로 든든하게 하던 자"(7) 라고 합니다. 도엑이 그렇고 이 시대의 악인들이 그렇습니다.

의인들은 그렇지 않습니다. 의인들은 하나님을 자기 힘으로 삼는 사람들입니다. 악인들이 그가 사는 땅에서 뽑히는 것과 다르게 의인들은 하나님의 집에 있는 푸른 감람나무같이 풍성합니다. 그는 하나님의 인자하심을 영원히 의지합니다.

악인을 멸하시고 의인을 번성케 하시는 하나님은 선하십니다. 다윗은 영원히 하나님께 감사하고 그의 선하신 이름을 사모하겠다고 합니다.

기도:
하나님이여, 거짓된 말, 악한 계획을 마음에 품지 않게 하옵소서. 남을 해치는 말을 하지 않게 하옵소서. 악한 이들의 의논에 끼지 않게 하옵소서. 그들이 땅에서 뽑히게 하옵소서. 하나님만을 저의 힘으로 삼게 하옵소서. 하나님의 집에 있는 푸른 감람나무와 같이 풍성하게 하옵소서. 하나님의 인자하심만을 의지하게 하옵소서. 예수 그리스도의 이름으로 기도합니다. 아멘.

시편 53편 그들의 뼈를 하나님이 흩으심

[다윗의 마스길, 인도자를 따라 마할랏에 맞춘 노래]
1 어리석은 자는 그의 마음에 이르기를 하나님이 없다 하도다
그들은 부패하며 가증한 악을 행함이여 선을 행하는 자가 없도다
2 하나님이 하늘에서 인생을 굽어살피사
지각이 있는 자와 하나님을 찾는 자가 있는가 보려 하신즉
3 각기 물러가 함께 더러운 자가 되고
선을 행하는 자 없으니 한 사람도 없도다
4 죄악을 행하는 자들은 무지하냐
그들이 떡 먹듯이 내 백성을 먹으면서
하나님을 부르지 아니하는도다
5 그들이 두려움이 없는 곳에서 크게 두려워하였으니
너를 대항하여 진 친 그들의 뼈를 하나님이 흩으심이라
하나님이 그들을 버리셨으므로
네가 그들에게 수치를 당하게 하였도다
6 시온에서 이스라엘을 구원하여 줄 자 누구인가
하나님이 자기 백성의 포로된 것을 돌이키실 때에
야곱이 즐거워하며 이스라엘이 기뻐하리로다

시편 53편은 14편과 거의 비슷합니다. 14편은 "여호와", 53편은 "하나님"으로 호칭하는 것과 53:5, 6이 14:5~7과 다른 정도입니다. 어리석은 자는 하나님이 없다고 말하며 부패하며 가증한 악을 행하며 살아갑니다. 하나님은 하늘에서 인생을 굽어보시며 그들 중에서 지각이 있어서 하나님을 찾는 자가 있는지 보십니다. 하지만 한 사람도 발견하지 못하십니다. 그들은 하나님의 백성을 먹으면서 하나님을 부르지 않습니다.

하나님이 그들을 흩으시고 버리셨습니다. 그래서 그들은 두려움이 없는 곳에서도 크게 두려워하게 되며 백성들이 그들에게 수치를 당하게 합니다. 과거형으로 말씀하심은 반드시 그렇게 될 것을 표현한 겁니다. 다윗은 하나님이 시온 곧 예루살렘이 있는 하나님의 산에서 다스리시기를 바라며 하나님이 궁극적인 통치자이심을 찬송합니다.

하나님께서 자기 백성을 부르셨고 다스리시지만 세상은 여전히 하나님의 백성을 대항하며 먹으려 합니다. 그럴지라도 하나님은 언약을 지키시며 인자하심으로 자기 백성을 건지십니다. 그러므로 52:9과 같이 고백할 수 있습니다.

"주께서 이를 행하셨으므로 내가 영원히 주께 감사하고
주의 이름이 선하시므로 주의 성도 앞에서
내가 주의 이름을 사모하리이다"

기도:
하나님, 당신의 백성을 대항하여 떡 먹듯이 먹으려는 악인들을 보십시오. 그들이 안전하게 생각하는 곳에서즈차 두려움에 사로잡히게 하옵소서. 그들이 수치를 당하게 하옵소서. 저는 오로지 구원하시는 하나님만 바라고 뒤로 물러서지 않겠습니다. 고난보다 하나님 없는 삶이 지옥입니다. 구원하시는 하나님을 기뻐하게 하옵소서. 예수 그리스도의 이름으로 기도합니다. 아멘.

시편 54편 하나님은 나를 돕는 이시며

[다윗의 마스길, 인도자를 따라 현악에 맞춘 노래, 십 사람이 사울에게 이르러 말하기를 다윗이 우리가 있는 곳에 숨지 아니하였나이까 하던 때에]
¹ 하나님이여 주의 이름으로 나를 구원하시고
주의 힘으로 나를 변호하소서
² 하나님이여 내 기도를 들으시며
내 입의 말에 귀를 기울이소서
³ 낯선 자들이 일어나 나를 치고
포악한 자들이 나의 생명을 수색하며
하나님을 자기 앞에 두지 아니하였음이니이다 (셀라)
⁴ 하나님은 나를 돕는 이시며
주께서는 내 생명을 붙들어 주시는 이시니이다
⁵ 주께서는 내 원수에게 악으로 갚으시리니
주의 성실하심으로 그들을 멸하소서
⁶ 내가 낙헌제로 주께 제사하리이다
여호와여 주의 이름에 감사하오리니
주의 이름이 선하심이니이다
⁷ 참으로 주께서는 모든 환난에서 나를 건지시고
내 원수가 보응 받는 것을 내 눈이 똑똑히 보게 하셨나이다

악인은 하나님을 자기 앞에 두지 않는 사람입니다. 반대로 의인은 하나님을 자기 앞에 두는 사람입니다. "앞에"라는 말은 말 그대로 맞은 편에 있다는 의미입니다. 신자는 하나님 앞에 사는 자입니다. 악인이 의인을 찾아 치려는 것은 하나님 앞에 있는 사람, 그의 날개 그늘 아래 보호하시는 자를 찾으려는 것과 같습니다. 하나님께서 그의 날개 아래 있는 자를 내주실 리가 없습니다.

이런 상황에서 다윗은 절박한 심정으로 하나님의 이름을 부릅니다. 하나님의 이름으로 구원하시고 그의 힘으로 변호하여 달라고 구합니다. 그리고 다윗은 확신을 가지고 고백합니다. 하나님은 그를 돕는 자시며 그의 생명을 붙들어 주시는 분입니다. 원수에게 악으로 갚으시고 성실하심으로 그들을 멸하십니다.

다윗은 낙헌제(자발적인 감사예물)로 하나님께 제사하겠다고 합니다. 하나님의 이름이 선하시며 그를 모든 환난에서 건지셨기 때문입니다. 도우시기를 간구한 다윗은 구원받은 것이 과거의 일처럼 말합니다. 하나님이 선하시며 자기 앞에 있는 자기 백성의 생명을 붙들어 주시며 악인을 그의 성실하심으로 멸하시는 분이시니 반드시 구원에 이르게 될 겁니다. 그래서 다윗은 이미 응답된 것처럼 말하며 감사로 제사하겠다고 합니다. 이러한 믿음은 하나님의 성품에 대한 확신에서 나옵니다. 예수 그리스도께서도 기도에 관하여 이런 믿음의 확신을 말씀하셨습니다.

"그러므로 내가 너희에게 말하노니 무엇이든지 기도하고 구하는 것은 받은 줄로 믿으라 그리하면 너희에게 그대로 되리라"(마가복음 11:24)

기도:
하나님, 하나님을 부른다는 것은 하나님께서 우리 앞에, 우리가 하나님 앞에 있다는 것인데 이것을 실제로 의식하며 살게 하옵소서. 그 어떤 것도 우리를 그리스도 안에 있는 하나님의 사랑에서 빼앗을 수 없습니다. 하나님의 약속과 성품을 믿음으로 모든 일에 감사함이 넘치게 하옵소서. 예수 그리스도의 이름으로 기도합니다. 아멘.

시편 55:1~11 내가 간구할 때에 숨지 마소서

[다윗의 마스길, 인도자를 따라 현악에 맞춘 노래]
[1] 하나님이여 내 기도에 귀를 기울이시고
내가 간구할 때에 숨지 마소서
[2] 내게 굽히사 응답하소서
내가 근심으로 편하지 못하여 탄식하오니
[3] 이는 원수의 소리와 악인의 압제 때문이라
그들이 죄악을 내게 더하며 노하여 나를 핍박하나이다
[4] 내 마음이 내 속에서 심히 아파하며
사망의 위험이 내게 이르렀도다
[5] 두려움과 떨림이 내게 이르고 공포가 나를 덮었도다
[6] 나는 말하기를 만일 내게 비둘기같이 날개가 있다면
날아가서 편히 쉬리로다
[7] 내가 멀리 날아가서 광야에 머무르리로다 (셀라)
[8] 내가 나의 피난처로 속히 가서 폭풍과 광풍을 피하리라 하였도다
[9] 내가 성내에서 강포와 분쟁을 보았사오니
주여 그들을 멸하소서 그들의 혀를 잘라 버리소서
[10] 그들이 주야로 성벽 위에 두루 다니니
성 중에는 죄악과 재난이 있으며
[11] 악독이 그중에 있고 압박과 속임수가
그 거리를 떠나지 아니하도다

다윗은 근심 중에 탄식하며 하나님께 기도합니다. 그는 원수의 소리, 악인의 압제 그리고 그들의 죄악으로 괴롭다고 말합니다. 그는 마음이 심히 아프고 사망의 위험이 가까이 왔다고까지 고백합니다. 두려움과 떨림과 공포가 그를 덮었습니다. 그래서 비둘기같이 날개가

있다면 날아가서 편히 쉬고 싶다고 합니다.

이런 느낌을 받아본 일이 있습니까? 암 투병을 하거나 중한 질병에서 회복될 가능성이 없다는 선언을 받았거나 삶의 고난에서 벗어날 기대를 할 수 없을 때도 두려움과 떨림과 공포에 휩싸일 수 있습니다.

다윗은 그가 통치하는 성에서 죄악을 보았습니다. 강포(다른 사람들을 해침)와 분쟁(다른 사람들과 싸움), 죄악(다른 사람을 미워함)과 재난(다른 사람을 괴롭힘), 악독(다른 사람들을 헐뜯음), 압박(다른 사람을 조종함)과 속임수(다른 사람을 속임)가 거리를 떠나지 않았습니다.

다윗이 어느 때에 이런 일을 겪었는지 특정할 수 없습니다. 그렇지만 그리스도의 고난을 미리 보여주는 것은 알 수 있습니다. 그리스도는 죄악이 가득한 땅에 구주로 오셨습니다. 그곳에서 오셔서 하나님 나라 복음을 전하셨습니다. 그리고 우리를 부르셔서 성령으로 거듭나게 하시고 하나님 나라의 백성이 되게 하셨습니다. 우리는 흑암의 권세에서 하나님 아들의 나라로 옮겨진 겁니다(골 1:13). 그리스도는 우리의 죄를 위해 심히 괴롭고 힘든 시간을 보내셔야 했습니다. 그래서 웬만하면 이 잔을 옮겨달라는 기도를 드렸던 겁니다. 지금은 우리가 그리스도의 남은 고난에 참여하는 중입니다. 다윗과 그리스도와 같이 두려움과 떨림과 공포를 겪을 때가 있습니다. 그것은 우리가 버려졌기 때문이 아니며 형벌도 아닙니다. 우리의 아버지 하나님은 우리의 기도에 귀를 기울이시고 응답하십니다.

기도:
하나님, 세상의 죄악과 원수와 심한 질병으로 인해 두려움과 떨림과 공포를 겪는 자녀들을 구원하여 주옵소서. 하나님의 날개 그늘 아래 피하여 보호받게 하옵소서. 그리스도도 이 같은 고난을 겪으셨습니다. 그리스도의 고난에 참여하고 또한 부활의 영광에도 참여하게 된다는 것을 감사함으로 받게 하시고 견디게 하옵소서. 예수 그리스도의 이름으로 기도합니다. 아멘.

시편 55:12~23 나를 책망하는 자는 원수가 아니라

¹² 나를 책망하는 자는 원수가 아니라 원수일진대 내가 참았으리라
나를 대하여 자기를 높이는 자는 나를 미워하는 자가 아니라
미워하는 자일진대 내가 그를 피하여 숨었으리라
¹³ 그는 곧 너로다 나의 동료 나의 친구요 나의 가까운 친우로다
¹⁴ 우리가 같이 재미있게 의논하며
무리와 함께 하여 하나님의 집 안에서 다녔도다
¹⁵ 사망이 갑자기 그들에게 임하여 산 채로 스올에 내려갈지어다
이는 악독이 그들의 거처에 있고 그들 가운데에 있음이로다
¹⁶ 나는 하나님께 부르짖으리니 여호와께서 나를 구원하시리로다
¹⁷ 저녁과 아침과 정오에 내가 근심하여 탄식하리니
여호와께서 내 소리를 들으시리로다
¹⁸ 나를 대적하는 자 많더니 나를 치는 전쟁에서
그가 내 생명을 구원하사 평안하게 하셨도다
¹⁹ 옛부터 계시는 하나님이 들으시고 그들을 낮추시리이다 (셀라)
그들은 변하지 아니하며 하나님을 경외하지 아니함이니이다
²⁰ 그는 손을 들어 자기와 화목한 자를 치고
그의 언약을 배반하였도다
²¹ 그의 입은 우유 기름보다 미끄러우나 그의 마음은 전쟁이요
그의 말은 기름보다 유하나 실상은 뽑힌 칼이로다
²² 네 짐을 여호와께 맡기라 그가 너를 붙드시고
의인의 요동함을 영원히 허락하지 아니하시리로다
²³ 하나님이여 주께서 그들로 파멸의 웅덩이에 빠지게 하시리이다
피를 흘리게 하며 속이는 자들은
그들의 날의 반도 살지 못할 것이나 나는 주를 의지하리이다

다윗을 괴롭히는 원수의 정체가 드러났습니다. 원수가 아니며 동료요 친구입니다. 함께 하나님의 집 안에 다녔던 사람이며(14) 화목했던 사람입니다(20). 그가 왜 하나님이 세우신 왕이며 동료이며 친구를 미워하고 언약을 배반했는지는 알 수 없습니다. 다윗이 신뢰하던 것처럼 그가 좋은 사람은 아니었던 것 같습니다. 그의 마음은 전쟁이요 그의 말은 뽑힌 칼이었습니다(21). 이런 부당한 일은 인생에서 겪을 수 있는 일입니다. 가장 가까운 사람, 믿었던 사람들에게서 가장 큰 상처를 받곤합니다. 다윗의 예언은 그리스도에게 성취됩니다. 그리스도를 십자가에 못 박도록 넘겨준 것은 주께서 사랑하시던 제자 중 하나인 가룟 사람 유다였습니다.

하나님의 의로우신 심판이 그들에게 나타나기를 바라는 것은 정당합니다. 다윗은 그들에게 사망이 갑자기 임하기를(15), 옛부터 계시는 하나님께서 그들을 낮추시기를(19), 파멸의 웅덩이에 빠지게 하시기를 간구합니다(23). 이러한 의의 심판이 있을 것은 당연합니다. 그렇지만 개인의 복수로 해결하려고 해서는 안 됩니다. 아름다운 복수는 없습니다. 다윗은 하나님께 부르짖으며(16) 저녁과 아침과 정오에 근심하여 탄식합니다(17). 그리고 그 경험으로 백성들에게 권면합니다.

"네 짐을 여호와께 맡기라 그가 너를 붙드시고
의인의 요동함을 영원히 허락하지 아니하시리로다"(22)

기도:
하나님, 우리가 누군가를 배반하는 자리에 서는 일이 없기를, 특히 하나님을 배반하는 일이 없기를 바랍니다. 그리고 제가 누군가에게 상처받을 때 저를 구원하여 주옵소서. 저의 짐을 하나님께 맡기게 하옵소서. 상처와 그에 대한 미움에서 벗어나게 하시고 하나님께서 갚아 주시길 기다리게 하옵소서. 예수 그리스도의 이름으로 기도합니다. 아멘.

시편 56편 두려워하는 날에는

[다윗의 믹담 시, 인도자를 따라 요낫 엘렘 르호김에 맞춘 노래, 다윗이 가드에서 블레셋인에게 잡힌 때에]
1 하나님이여 내게 은혜를 베푸소서
사람이 나를 삼키려고 종일 치며 압제하나이다
2 내 원수가 종일 나를 삼키려 하며
나를 교만하게 치는 자들이 많사오니
3 내가 두려워하는 날에는 내가 주를 의지하리이다
4 내가 하나님을 의지하고 그 말씀을 찬송하올지라
내가 하나님을 의지하였은즉 두려워하지 아니하리니
혈육을 가진 사람이 내게 어찌하리이까
5 그들이 종일 내 말을 곡해하며
나를 치는 그들의 모든 생각은 사악이라
6 그들이 내 생명을 엿보았던 것과 같이
또 모여 숨어 내 발자취를 지켜보나이다
7 그들이 악을 행하고야 안전하오리이까
하나님이여 분노하사 뭇 백성을 낮추소서
8 나의 유리함을 주께서 계수하셨사오니
나의 눈물을 주의 병에 담으소서
이것이 주의 책에 기록되지 아니하였나이까
9 내가 아뢰는 날에 내 원수들이 물러가리니
이것으로 하나님이 내 편이심을 내가 아나이다
10 내가 하나님을 의지하여 그의 말씀을 찬송하며
여호와를 의지하여 그의 말씀을 찬송하리이다
11 내가 하나님을 의지하였은즉 두려워하지 아니하리니
사람이 내게 어찌하리이까
12 하나님이여 내가 주께 서원함이 있사온즉
내가 감사제를 주께 드리리니
13 주께서 내 생명을 사망에서 건지셨음이라
주께서 나로 하나님 앞 생명의 빛에 다니게 하시려고
실족하지 아니하게 하지 아니하셨나이까

"내가 두려워하는 날에는"(3) 다윗은 그를 치려는 사람들의 공격으로 두렵습니다. 그들은 다윗을 삼키려고 종일 압제합니다. 종일 그의 말을 곡해하며 생명을 엿봅니다. 다윗은 두려워하는 것 말고 하나님을 의지하기로 선택합니다. 하나님이 다윗이 유리함(방황)과 그의 눈물을 자세히 헤아리고 계십니다.

3~4절과 10~11절이 반복됩니다.

³ 내가 두려워하는 날에는
내가 주를 의지하리이다
⁴ 내가 하나님을 의지하고
그 말씀을 찬송하올지라
내가 하나님을 의지하였은즉
두려워하지 아니하리니
혈육을 가진 사람이
내게 어찌하리이까

¹⁰ 내가 하나님을 의지하여
그의 말씀을 찬송하며
여호와를 의지하여
그의 말씀을 찬송하리이다
¹¹ 내가 하나님을 의지하였은즉
두려워하지 아니하리니
사람이 내게 어찌하리이까

다윗은 필사적으로 하나님을 붙듭니다. 의지하고 의지하며 그의 말씀을 찬송합니다. 그리고 두려워하지 않는다고 고백합니다. 하나님은 그의 기도를 들으시고 원수를 물러가게 하실 것이며 그것으로 다윗의 편이심을 보이실 겁니다. 다윗은 하나님께서 기도를 들으실 것을 확신하며 감사제를 드리겠다고 서원합니다. 우리가 두려워하는 날에 어떻게 해야 하는지 다윗을 통해 배울 수 있습니다. 바울이 "아무것도 염려하지 말고 다만 모든 일에 기도와 간구로 너희 구할 것을 감사함으로 하나님께 아뢰라"(빌 4:6)라고 한 것이 무엇인지 보여주고 있습니다.

기도:
하나님이시여, 저를 압제하는 사람들의 악행을 보십시오. 그들로 인해 제가 두렵습니다. 하나님은 저의 방황과 눈물을 아십니다. 저는 하나님의 의지하고 의지합니다. 그리스도 안에 있는 사랑에서 끊을 수 없다는 말씀을 의지하며 찬송합니다. 하나님이 저의 편이시니 사람이 제게 어찌하겠습니까. 저는 두려워하지 않겠습니다. 감사함으로 하나님께 나아갑니다. 예수 그리스도의 이름으로 기도합니다. 아멘.

시편 57편 하나님이여 내 마음이 확정되었사오니

[다윗의 믹담 시, 인도자를 따라 알다스헷에 맞춘 노래, 다윗이 사울을 피하여 굴에 있던 때에]
¹ 하나님이여 내게 은혜를 베푸소서 내게 은혜를 베푸소서
내 영혼이 주께로 피하되 주의 날개 그늘 아래에서
이 재앙들이 지나기까지 피하리이다
² 내가 지존하신 하나님께 부르짖음이여
곧 나를 위하여 모든 것을 이루시는 하나님께로다
³ 그가 하늘에서 보내사
나를 삼키려는 자의 비방에서 나를 구원하실지라 (셀라)
하나님이 그의 인자와 진리를 보내시리로다
⁴ 내 영혼이 사자들 가운데에서 살며
내가 불사르는 자들 중에 누웠으니 곧 사람의 아들들 중에라
그들의 이는 창과 화살이요 그들의 혀는 날카로운 칼 같도다
⁵ 하나님이여 주는 하늘 위에 높이 들리시며
주의 영광이 온 세계 위에 높아지기를 원하나이다
⁶ 그들이 내 걸음을 막으려고 그물을 준비하였으니
내 영혼이 억울하도다
그들이 내 앞에 웅덩이를 팠으나
자기들이 그 중에 빠졌도다 (셀라)
⁷ 하나님이여 내 마음이 확정되었고 내 마음이 확정되었사오니
내가 노래하고 내가 찬송하리이다
⁸ 내 영광아 깰지어다 비파야 수금아 깰지어다
내가 새벽을 깨우리로다
⁹ 주여 내가 만민 중에서 주께 감사하오며
뭇 나라 중에서 주를 찬송하리이다
¹⁰ 무릇 주의 인자는 커서 하늘에 미치고
주의 진리는 궁창에 이르나이다
¹¹ 하나님이여 주는 하늘 위에 높이 들리시며
주의 영광이 온 세계 위에 높아지기를 원하나이다

시편 57편은 두 개의 연으로 이루어져 있습니다. 1~5절과 6~11절입니다. 두 연은 몇 가지에서 대칭을 이루고 있습니다. 첫째 연에서는 1절과 5절에서 "하나님이여"로 시작하고 둘째 연에서는 7절과 11절에서 "하나님이여"로 시작합니다. 첫째 연 3절에서 하나님의 "인자와 진리"를 노래한 것이 10절에서 다시 반복됩니다. 5절과 11절은 그대로 반복됩니다.

다윗은 사울을 피하여 굴에 숨어 있습니다. 그는 자기가 놓인 상황을 여러 비유로 묘사합니다. "내 영혼이 사자들 가운데에서 살며 내가 불사르는 자들 중에 누웠으니…"(4), "내 걸음을 막으려고 그물을 준비하였으니 … 내 앞에 웅덩이를 팠으나"(6) 그런 중에 다윗은 하나님을 바라봅니다. 네 절(1, 5, 7, 11)을 "하나님이여"로 시작하며 "지존하신 하나님"(2) "나를 위하여 모든 것을 이루시는 하나님"(2)께 부르짖습니다. 다윗은 절망의 상황에서 하나님의 인자와 진리를 바라봅니다(3, 10). 하나님은 인자(헤세드, 언약적 사랑)로 다윗을 돌아보시고 진리의 말씀을 따라 의를 행하시고 악을 심판하십니다. 하나님의 인자와 진리를 신뢰하는 다윗은 그 마음을 확정하여 하나님을 노래하고 찬송합니다. 감사로 하나님께 제사합니다.

앞뒤가 막힌 상황에서도 하나님의 인자하심과 진리(진실하심)를 붙드십시오. 마음을 고정하십시오. 하나님께 감사함으로 나아가십시오.

기도:
하나님이여, 나를 위하여 모든 것을 이루시는 하나님께 감사하며 부르짖나이다. 저의 눈을 열어 하늘 위에 높이 들리신 주를 보나이다. 비록 굴에 갇혀 있는 것처럼 어두울 때라도 하나님을 노래하고 찬송하기로 마음을 확정합니다. 이 재앙이 지나기까지 하나님께 피하나이다. 저를 안전하게 하시고 악에서 건져 주옵소서. 예수 그리스도의 이름으로 기도합니다. 아멘.

시편 58편 통치자들아 어찌 잠잠하냐

[다윗의 믹담 시, 인도자를 따라 알다스헷에 맞춘 노래]
^{1} 통치자들아 너희가 정의를 말해야 하거늘 어찌 잠잠하냐
인자들아 너희가 올바르게 판결해야 하거늘 어찌 잠잠하냐
^{2} 아직도 너희가 중심에 악을 행하며
땅에서 너희 손으로 폭력을 달아 주는도다
^{3} 악인은 모태에서부터 멀어졌음이여
나면서부터 곁길로 나아가 거짓을 말하는도다
^{4} 그들의 독은 뱀의 독 같으며
그들은 귀를 막은 귀머거리 독사 같으니
^{5} 술사의 홀리는 소리도 듣지 않고
능숙한 술객의 요술도 따르지 아니하는 독사로다
^{6} 하나님이여 그들의 입에서 이를 꺾으소서
여호와여 젊은 사자의 어금니를 꺾어 내시며
^{7} 그들이 급히 흐르는 물 같이 사라지게 하시며
겨누는 화살이 꺾임 같게 하시며
^{8} 소멸하여 가는 달팽이 같게 하시며
만삭되지 못하여 출생한 아이가 햇빛을 보지 못함 같게 하소서
^{9} 가시나무 불이 가마를 뜨겁게 하기 전에
생나무든지 불붙는 나무든지 강한 바람으로 휩쓸려가게 하소서
^{10} 의인이 악인의 보복 당함을 보고 기뻐함이여
그의 발을 악인의 피에 씻으리로다
^{11} 그때에 사람의 말이 진실로 의인에게 갚음이 있고
진실로 땅에서 심판하시는 하나님이 계시다 하리로다

시편 58편에서 다윗은 불의한 권력자들에 대해 하나님의 의로우신 심판을 간구합니다. 이것은 개인적인 보복의 간구가 아닙니다. 11절에서 볼 수 있는 것처럼 그때에 사람들이 "진실로 의인에게 갚음이 있고 진실로 땅에서 심판하시는 하나님이 계시다" 할 것입니다. 의인이 정직하게 사는 것이 헛되다 하지 않을 것이며 악이 심판받지 않는 것을 보니 하나님이 계시지 않는다는 말을 하지 못하게 될 겁니다.

1~5절까지는 악한 통치자들에 대한 묘사입니다. 그들은 정의를 말하지 않고 잠잠하며 중심에 악을 행하고 손으로 폭력을 달아 줍니다. 그들의 악은 모태에서 시작되었다고 할 정도로 깊고 뱀의 독이라 할 만큼 치명적입니다.

6~9절은 악인의 심판을 구하는 기도입니다. 사자의 어금니를 꺾어 힘을 쓰지 못하게 하는 것처럼 그들의 힘을 제거하시기를, 급히 흐르는 물같이 역사에서 사라지게 하시기를, 겨누는 화살이 꺾이어 과녁을 맞히지 못하는 것 같게 하시고, 소멸하는 달팽이 같이 녹아내리기를, 가시나무가 강한 불에 순식간에 타버리는 것처럼 아무런 힘도 쓰지 못하게 되기를 바랍니다.

10~11절에서 의인의 간구는 응답됩니다. 의인은 하나님의 의로우신 심판을 보게 될 겁니다. 그리고 그들이 믿음으로 인내한 것이 옳다는 인정을 받게 됨으로 기뻐합니다.

기도:
하나님이여, 이 땅의 권세를 맡은 이들을 진리로 이끌어 주시어 저희가 평안하게 살게 하옵소서. 악인들이 잘되는 것을 보고 시기하며 불평하지 않게 하옵소서. 저도 악한 중에 태어나 하나님의 은혜를 입은 자인 것을 잊지 않게 하옵소서. 권세를 갖게 될 때 낮은 자세로 섬기는 자가 되게 하옵소서. 예수 그리스도의 이름으로 기도합니다. 아멘.

시편 59:1~10 나의 원수에게서 나를 건지시고

[다윗의 믹담 시, 인도자를 따라 알다스헷에 맞춘 노래, 사울이 사람을 보내어 다윗을 죽이려고 그 집을 지킨 때에]
¹ 나의 하나님이여 나의 원수에게서 나를 건지시고
일어나 치려는 자에게서 나를 높이 드소서
² 악을 행하는 자에게서 나를 건지시고
피 흘리기를 즐기는 자에게서 나를 구원하소서
³ 그들이 나의 생명을 해하려고 엎드려 기다리고
강한 자들이 모여 나를 치려 하오니
여호와여 이는 나의 잘못으로 말미암음이 아니요
나의 죄로 말미암음도 아니로소이다
⁴ 내가 허물이 없으나 그들이 달려와서 스스로 준비하오니
주여 나를 도우시기 위하여 깨어 살펴 주소서
⁵ 주님은 만군의 하나님 여호와 이스라엘의 하나님이시오니
일어나 모든 나라들을 벌하소서
악을 행하는 모든 자들에게 은혜를 베풀지 마소서 (셀라)
⁶ 그들이 저물어 돌아와서 개처럼 울며 성으로 두루 다니고
⁷ 그들의 입으로는 악을 토하며
그들의 입술에는 칼이 있어 이르기를 누가 들으리요 하나이다
⁸ 여호와여 주께서 그들을 비웃으시며
모든 나라들을 조롱하시리이다
⁹ 하나님은 나의 요새이시니
그의 힘으로 말미암아 내가 주를 바라리이다
¹⁰ 나의 하나님이 그의 인자하심으로 나를 영접하시며
하나님이 나의 원수가 보응 받는 것을 내가 보게 하시리이다

1~4절까지는 주어가 "나"입니다. "나의 하나님", "나의 원수에게서", "나를 건지시고", "나를 높이 드소서" 하는 식입니다. 그렇다고 이것이 다윗 개인의 안위를 위하여 간구하는 기도는 아닙니다. 5절에 이르면 "만군의 하나님 여호와 이스라엘의 하나님"이 일어나 "모든 나라"를 벌하시기를 간구합니다. 다윗은 한 개인으로가 아니라 왕으로 기도하며 하나님이 세우신 왕과 하나님이 다스리시는 나라를 대항하는 세력에 대하여 벌하시기를 구합니다.

　다윗은 그들을 저녁이면 성으로 들어와 돌아다니며 먹을거리를 찾는 개에 비유합니다. 개가 울부짖는 것처럼 악을 토하며 하나님을 거역하지만 하나님께서 그들을 비웃으시고 하나님을 대항하는 나라들을 조롱하십니다. 하나님은 다윗의 요새가 되시며 인자하심으로 그를 영접하시며 악에 대한 보응을 보게 하실 겁니다.

　이 기도는 하나님이 모든 나라를 통치하시는 분이심을 보여 달라는 기도입니다. 그리스도가 사탄과 사망의 공격을 받으실 때 이 시편으로 기도하셨을 겁니다. 하나님은 그리스도를 죽은 자 가운데서 일으키심으로 기도에 응답하셨습니다. 우리는 이 기도를 통해 하나님의 통치가 우리의 삶뿐 아니라 온 세상에 미치기를 기도합니다. 국가의 폭력, 사회의 폭력, 전쟁의 위협에서 하나님은 당신의 자녀들을 지키시고 다시 살리실 겁니다. 원수가 보응 받는 것을 보게 하실 겁니다.

　기도:
　나의 하나님이여 나의 원수에게서 나를 건지시고 일어나 치려는 자에게서 나를 높이 드소서. 하나님이 그리스도의 하나님이신 것처럼 나의 하나님 되심을 확신하게 하옵소서. 하나님은 하나님 편에 있는 자를 대적하는 자들을 비웃으시고 조롱하십니다. 그들의 악행이 보응 받는 것을 보게 하옵소서. 하나님이 다스리시는 분이심을 알게 하옵소서. 하나님을 나의 요새로 삼고 피합니다. 하나님이 주시는 힘으로 당신을 바라나이다. 예수 그리스도의 이름으로 기도합니다. 아멘.

시편 59:11~17 나는 주의 힘을 노래하며

¹¹ 그들을 죽이지 마옵소서 나의 백성이 잊을까 하나이다
우리 방패 되신 주여 주의 능력으로 그들을 흩으시고 낮추소서
¹² 그들의 입술의 말은 곧 그들의 입의 죄라
그들이 말하는 저주와 거짓말로 말미암아
그들이 그 교만한 중에서 사로잡히게 하소서
¹³ 진노하심으로 소멸하시되 없어지기까지 소멸하사
하나님이 야곱 중에서 다스리심을 땅끝까지 알게 하소서 (셀라)
¹⁴ 그들에게 저물어 돌아와서 개처럼 울며
성으로 두루 다니게 하소서
¹⁵ 그들은 먹을 것을 찾아 유리하다가
배부름을 얻지 못하면 밤을 새우려니와
¹⁶ 나는 주의 힘을 노래하며
아침에 주의 인자하심을 높이 부르오리니
주는 나의 요새이시며 나의 환난 날에 피난처심이니이다
¹⁷ 나의 힘이시여 내가 주께 찬송하오리니
하나님은 나의 요새이시며
나를 긍휼히 여기시는 하나님이심이니이다

원수에게 보응 하시기를 바라는 기도가 이어집니다. 11~13절은 원수들에게 일어나기를 바라는 내용입니다. 그들이 죽어서 사라지지 않기를 기도합니다. 그들이 흩어지고 낮아지는 것을 백성들이 봄으로

하나님이 능력으로 역사하신 것을 알게 되기를 바랍니다. 그들이 말하는 저주와 거짓의 말로 그들이 사로잡히기를 그래서 결국에 완전히 소멸되기를 구합니다.

원수에 대한 저주의 기도는 상대를 미워하는 마음에서 나온 것이 아닙니다. 다윗은 주님과 혹은 스데반과 같이 "저들의 죄를 용서하여 주옵소서"라고 기도할 줄 몰랐겠습니까? 저주의 기도를 통해 우리는 악인과 의인의 결과가 다르다는 것을 배웁니다. 하나님과 그가 세우신 왕을 대적하는 이들에게 어떤 보응이 있게 될 것인가를 보여줍니다. 13절에 "하나님이 야곱 중에서 다스리심을 땅끝까지 알게 하소서"라고 한 것과 같이 하나님이 통치하시는 분이심을 나타내시라는 기도입니다.

6절이 14절에 반복됩니다. 원수들은 먹을 것을 찾아다니는 개에 불과합니다. 그들은 배부름을 얻지 못할 겁니다. 그들의 계획은 성공하지 못할 겁니다. 의인은 요새와 피난처 되시는 하나님께 피하여 안전합니다. 다윗은 하나님의 도우심을 확신하며 찬미로 기도를 마칩니다(16~17).

나는 주의 힘을 노래하며
아침에 주의 인자하심을 높이 부르오리니
주는 나의 요새이시며 나의 환난 날에 피난처심이니이다
나의 힘이시여 내가 주께 찬송하오리니
하나님은 나의 요새이시며
나를 긍휼히 여기시는 하나님이심이니이다

기도:
하나님, 악인에 대하여 불평하지 않겠습니다. 그들은 하나님의 의로우심을 나타내시는 도구로 쓰시는 줄 압니다. 하나님의 능력으로 흩으시고 낮추시옵소서. 그래서 의로우신 하나님께서 땅끝까지 다스리심을 나타내시옵소서. 하나님은 저의 요새이시며 피난처이십니다. 아침에 하나님의 인자하심을 노래하나이다. 예수 그리스도의 이름으로 기도합니다. 아멘.

시편 60편 우리를 도와 대적을 치게 하소서

[다윗이 교훈하기 위하여 지은 믹담, 인도자를 따라 수산에듯에 맞춘 노래, 다윗이 아람 나하라임과 아람소바와 싸우는 중에 요압이 돌아와 에돔을 소금 골짜기에서 쳐서 만 이천 명을 죽인 때에]

1 하나님이여 주께서 우리를 버려 흩으셨고 분노하셨사오나
지금은 우리를 회복시키소서
2 주께서 땅을 진동시키사 갈라지게 하셨사오니
그 틈을 기우소서 땅이 흔들림이니이다
3 주께서 주의 백성에게 어려움을 보이시고
비틀거리게 하는 포도주를 우리에게 마시게 하셨나이다
4 주를 경외하는 자에게 깃발을 주시고
진리를 위하여 달게 하셨나이다 (셀라)
5 주께서 사랑하시는 자를 건지시기 위하여
주의 오른손으로 구원하시고 응답하소서
6 하나님이 그의 거룩하심으로 말씀하시되
내가 뛰놀리라 내가 세겜을 나누며 숙곳 골짜기를 측량하리라
7 길르앗이 내 것이요 므낫세도 내 것이며
에브라임은 내 머리의 투구요 유다는 나의 규이며
8 모압은 나의 목욕통이라 에돔에는 나의 신발을 던지리라
블레셋아 나로 말미암아 외치라 하셨도다
9 누가 나를 이끌어 견고한 성에 들이며
누가 나를 에돔에 인도할까
10 하나님이여 주께서 우리를 버리지 아니하셨나이까
하나님이여 주께서 우리 군대와 함께 나아가지 아니하시나이다
11 우리를 도와 대적을 치게 하소서 사람의 구원은 헛됨이니이다
12 우리가 하나님을 의지하고 용감하게 행하리니
그는 우리의 대적을 밟으실 이심이로다

시편 60편은 다윗이 아람과 전쟁을 하고 군대장관 요압은 에돔을 쳐서 일부 승리하는 때에 지은 시입니다. 시의 내용은 국가적인 위기를 만났을 때의 기도입니다. 우리는 공동체의 위기에 혹은 개인의 위

기에 이 시편으로 기도할 수 있습니다.

1~4절은 위기를 지진과 술 취함의 비유로 표현합니다. 다윗은 자기가 겪게 된 위기가 하나님께로부터 온 것이라고 말합니다. 이유는 알 수 없지만 하나님께서 흩으시고 분노하신 결과라는 겁니다. 우리는 어려움을 만나면 '나에게 어떤 죄가 있는가?', '하나님께서 왜 나를 벌 주시는가?'하고 생각하는 경향이 있습니다. 그런데 다윗은 하나님께 원인이 있다고 말하기를 주저하지 않습니다. 선한 일이든 고난이든 하나님이 주권을 가지신 분이시기에 그의 선하시고 거룩하신 뜻대로 되는 것이라고 믿어야 합니다.

5~8절에 다윗은 하나님의 말씀에 의지하여 도움을 구합니다. 세겜과 숙곳, 길르앗, 므낫세, 에브라임을 이스라엘에 주시기로 하셨으며 다윗의 조상인 유다에게서 하나님의 통치자가 나오게 하시겠다고 하셨습니다. 모압과 에돔과 블레셋은 이스라엘의 적대국입니다. 그들에 대해서도 승리를 약속하셨습니다. 그 하신 말씀대로 견고한 적의 요새인 에돔으로 다윗의 군대와 함께 나아가시라고 간구합니다(9~11). 그리고 도우심을 확신하며 하나님을 의지하고 용감하게 나아갑니다(12).

신자에게는 하나님이 그의 선하신 뜻 안에서 계획하지 않으신 고난은 없습니다. 그리스도께서 적의 심장부로 십자가를 지시고 돌진하여 들어가셔서 우리의 대적을 밟으셨습니다. 그리고 우리에게 주신 모든 일이 합력하여 선을 이루게 하심으로 그 승리에 참여하게 하십니다. 그러므로 우리가 하나님을 의지하고 용감하게 행해야 합니다.

기도:
하나님, 위기에 대해서 그 또한 하나님의 주권 아래 있다는 것을 인정하기 꺼려하는 마음이 있습니다. 고난을 통해서 혹은 고난 속에서도 여전히 함께하시는 하나님의 사랑을 신뢰하지 못하기 때문은 아닌지요. 하나님의 도우심으로 오직 하나님의 사랑과 능력을 바라보게 하옵소서. 담대하게 하나님을 의지하여 고난과 맞서며 적진으로 나아가게 하옵소서. 예수 그리스도의 이름으로 기도합니다. 아멘.

시편 61편 내 마음이 약해질 때에

[다윗의 시, 인도자를 따라 현악에 맞춘 노래]
¹ 하나님이여 나의 부르짖음을 들으시며 내 기도에 유의하소서
² 내 마음이 약해질 때에 땅끝에서부터 주께 부르짖으오리니
나보다 높은 바위에 나를 인도하소서
³ 주는 나의 피난처시오
원수를 피하는 견고한 망대이심이니이다
⁴ 내가 영원히 주의 장막에 머물며
내가 주의 날개 아래로 피하리이다 (셀라)
⁵ 주 하나님이여 주께서 나의 서원을 들으시고
주의 이름을 경외하는 자가 얻을 기업을 내게 주셨나이다
⁶ 주께서 왕에게 장수하게 하사
그의 나이가 여러 대에 미치게 하시리이다
⁷ 그가 영원히 하나님 앞에서 거주하리니
인자와 진리를 예비하사 그를 보호하소서
⁸ 그리하시면 내가 주의 이름을 영원히 찬양하며
매일 나의 서원을 이행하리이다

다윗이 놓인 상황을 이해할 수 있는 단어는 "약해질 때에 땅끝에서부터"입니다. 왕으로서 어려움을 겪고 있거나 질병이나 마음의 문제일 수도 있습니다. 그의 마음이 약해져 하나님과의 거리도 멀게 느껴집니다. 그래서 다윗은 부르짖으며 하나님께 도움을 구합니다. "유의하소서"(1)는 다른 곳에서 "들으소서", "(귀를) 기울이소서"라고 번역되었습니다. 몸을 굽히고 주의하여 듣는다는 의미가 있습니다. 그가

비록 땅끝에서 부르짖는 것처럼 기도하지만 하나님께서는 세심한 사랑으로 들으시는 분이라고 확신합니다.

다윗은 안전하고 높은 바위로 인도하시기를 구하며(2) 하나님이 피난처요 견고한 망대이심을 고백합니다. 그는 영원히 하나님의 장막에 머물며 그의 날개 아래로 피하겠다고 결심합니다(3~4).

5절부터는 분위기가 바뀝니다. 하나님께서 그의 기도를 들으시고 약속하신 기업을 주셨다고 합니다. 그리고 6~7절에서 왕을 위한 기도가 이어집니다. 이것으로 보아서 하나님께서 그의 부르짖음을 들으시고 그에게 약속하신 기업을 주셨습니다. 그의 기업은 왕권의 회복과 관련된 것 같습니다. 왕이 장수하게 하셔서 영원히 하나님 앞에 있게 하시고 인자와 진리로 보호하여 달라고 구합니다. 이것은 선한 왕이 누리는 최고의 복이며 또한 백성들에게 주시는 복입니다.

다윗의 기도는 그리스도에게 성취되었습니다. 그리스도는 하나님께 영원한 기업을 받았습니다. 그는 하늘과 땅에 속한 모든 권세를 받아 만물을 통치하십니다. 또한, 하나님께서 당신의 사람들을 그리스도에게 주셔서 연합하게 하셨습니다. 이 일은 하나님께서 아들을 영화롭게 하신 것이고 아들이 하나님을 영화롭게 하는 일입니다(요 17:1). 그리스도에게 일어난 일은 그에게 속한 신자들에게 한없는 복이 됩니다. 우리는 하나님 앞에서 우리를 위해 중보하시고 다스리시는 그리스도 안에서 그리고 그리스도와 함께 하나님의 장막에 머물러 영원히 살아갑니다. 그러므로 우리는 하나님을 영원히 찬양하며 감사해야 합니다.

기도:
하나님, 마음이 약해질 때도 하나님이 나의 피난처시오 견고한 망대이심을 잊지 않겠습니다. 하나님의 장막인 그리스도와 그 언약 말씀의 날개 아래로 피하여 갑니다. 나의 왕이신 그리스도 안에서 복을 주옵소서. 그리고 이미 주신 은총에 깨어 있게 하옵소서. 그리하시면 날마다 하나님을 찬양하며 감사하겠나이다. 예수 그리스도의 이름으로 기도합니다. 아멘.

시편 62편 권능은 하나님께 속하였다

[다윗의 시, 인도자를 따라 여두둔의 법칙에 따라 부르는 노래]
1 나의 영혼이 잠잠히 하나님만 바람이여
나의 구원이 그에게서 나오는도다
2 오직 그만이 나의 반석이시요 나의 구원이시오
나의 요새이시니 내가 크게 흔들리지 아니하리로다
3 넘어지는 담과 흔들리는 울타리 같이 사람을 죽이려고
너희가 일제히 공격하기를 언제까지 하려느냐
4 그들이 그를 그의 높은 자리에서 떨어뜨리기만 꾀하고
거짓을 즐겨 하니 입으로는 축복이요 속으로는 저주로다 (셀라)
5 나의 영혼아 잠잠히 하나님만 바라라
무릇 나의 소망이 그로부터 나오는도다
6 오직 그만이 나의 반석이시요 나의 구원이시오
나의 요새이시니 내가 흔들리지 아니하리로다
7 나의 구원과 영광이 하나님께 있음이여
내 힘의 반석과 피난처도 하나님께 있도다
8 백성들아 시시로 그를 의지하고 그의 앞에 마음을 토하라
하나님은 우리의 피난처시로다 (셀라)
9 아 슬프도다 사람은 입김이며 인생도 속임수이니
저울에 달면 그들은 입김보다 가벼우리로다
10 포악을 의지하지 말며 탈취한 것으로 허망하여지지 말며
재물이 늘어도 거기에 마음을 두지 말지어다
11 하나님이 한두 번 하신 말씀을 내가 들었나니
권능은 하나님께 속하였다 하셨도다
12 주여 인자함은 주께 속하오니
주께서 각 사람이 행한 대로 갚으심이니이다

시편 62편은 권능이 하나님께 속하여 있고 구원도 하나님에게서 나오기에 오직 하나님만 바라보라고 권합니다.

시는 자기의 고백(1~2)에서 결심으로(5~6) 그리고 백성들에게 하는 권면(9)로 진행됩니다. 사람들의 공격이 있을 때 다윗은 잠잠히 하나님만 바라본다고 고백합니다(1). 오직 하나님만이 반석이시오 구원이시오 요새이시기에 크게 흔들리지 않습니다. 1~2절에서 하나님에 대해 신뢰를 말한 다윗은 5~7절에서는 자기 자신에게 다시 한번 말합니다. 하나님만 바라본다고 한 후에도 흔들리는 마음이 완전히 사라지지는 않습니다. 그래서 "나의 영혼아!"라고 부르며 자기에게 결심을 확인시킵니다. 그리고 백성들에게도 같은 권면을 합니다. "백성들아 시시로 그를 의지하고 그의 앞에 마음을 토하라 하나님은 우리의 피난처시로다"

여호와께서 권능이 있으신 하나님이신 것에 비하여 사람은 어떻습니까? 사람은 입김과 같이 가볍고 속임수와 같이 허망합니다. 그러므로 사람의 힘과 재물에 마음을 두지 않아야 합니다.

"주여 인자함은 당신께 속하여 있습니다"(12). 그렇기에 하나님을 반석과 요새로 삼아 구원을 얻기 위해 피하여 오는 자는 절대 거절하지 않으십니다. "주께서 각 사람이 행한 대로 갚으심이니이다"(12). 이 말씀은 행위 구원에 관한 것이 아닙니다. 하나님께 피하여 오지 않고 포악을 의지하고 탈취한 것과 재물을 의지하는 자는 그대로 갚아 주신다는 말씀입니다.

기도:
하나님이여, 입김과 속임수에 불과한 사람의 힘을 의지하는 일이 없게 하옵소서. 오직 잠잠히 하나님만 바라보게 하옵소서. 그 결심이 흔들리지 않게 하옵소서. 그리고 다른 이들에게도 하나님을 의지하고 마음을 토하는 것의 유익이 무엇인지 전할 수 있게 하옵소서. 예수 그리스도의 이름으로 기도합니다. 아멘.

시편 63편 주의 인자하심이 생명보다 나으므로

[다윗의 시, 유다 광야에 있을 때에]
[1] 하나님이여 주는 나의 하나님이시라
내가 간절히 주를 찾되 물이 없어 마르고 황폐한 땅에서
내 영혼이 주를 갈망하며 내 육체가 주를 앙모하나이다
[2] 내가 주의 권능과 영광을 보기 위하여
이와 같이 성소에서 주를 바라보았나이다
[3] 주의 인자하심이 생명보다 나으므로
내 입술이 주를 찬양할 것이라
[4] 이러므로 나의 평생에 주를 송축하며
주의 이름으로 말미암아 나의 손을 들리이다
[5] 골수와 기름진 것을 먹음과 같이 나의 영혼이 만족할 것이라
나의 입이 기쁜 입술로 주를 찬송하되
[6] 내가 나의 침상에서 주를 기억하며
새벽에 주의 말씀을 작은 소리로 읊조릴 때에 하오리니
[7] 주는 나의 도움이 되셨음이라
내가 주의 날개 그늘에서 즐겁게 부르리이다
[8] 나의 영혼이 주를 가까이 따르니
주의 오른손이 나를 붙드시거니와
[9] 나의 영혼을 찾아 멸하려 하는 그들은 땅 깊은 곳에 들어가며
[10] 칼의 세력에 넘겨져 승냥이의 먹이가 되리이다
[11] 왕은 하나님을 즐거워하리니
주께 맹세한 자마다 자랑할 것이나
거짓말하는 자의 입은 막히리로다

다윗이 유다 광야에 있을 때가 시의 배경입니다. 그가 광야에 있던 때는 사울에게 쫓길 때나 압살롬에게 쫓길 때일 텐데 그가 왕인 것으로 보아 압살롬의 반역으로 왕궁을 버리고 나왔을 때인 것으로 보입니다. 광야는 외로운 자리이며 고난의 자리입니다. 그는 거기에서 하나님을 바라봅니다. 하나님의 인자하심을 경험한 다윗이 광야에서도 하나님을 기억하고 찬양하겠다고 합니다.

거기서 다윗은 "하나님이여 당신은 나의 하나님이시라"라고 고백하고 하나님을 간절히 찾습니다. 하나님의 권능과 영광을 보기 원하여 성소에서 하나님을 바라보았던 때를 기억합니다. 그리고 하나님의 인자하심을 생각합니다. 다윗과 맺으신 언약 안에서 그를 대하신 하나님의 인자하심(헤세드)를 생각할 때 그것이 생명보다 낫다고 고백하며 하나님을 찬양할 마음을 갖습니다. 하나님의 인자하심을 찬양하는 것은 그의 영혼을 만족하게 합니다. 도움이 되신 주를 찬송하며 기억하는 것을 침상에서 하고 새벽 묵상 시간에 하겠다고 합니다.

하나님은 이전에도 계셨고 지금도 계시며 장차 오실 분이십니다. 그의 인자하심은 변함이 없습니다. 그러므로 광야의 삶을 사는 중에도 우리를 구원하시기 위해 아들을 내어 주심으로 사랑을 확증해 주신 하나님의 사랑을 기억하고 하나님을 즐거워하며 감사하는 자로 살아야겠습니다.

기도:
하나님이여 당신은 나의 하나님이십니다. 광야에서도 그리스도 안에서 보여주신 하나님의 인자하심을 기억하게 하옵소서. 그리고 하나님의 이름을 찬양하고 즐거워하게 하옵소서. 침상에서 주를 기억하게 하시고 새벽에 찬송하게 하옵소서. 그것으로 나의 영혼을 만족하게 하시고 주의 날개 그늘에서 안식을 누리게 하옵소서. 예수 그리스도의 이름으로 기도합니다. 아멘.

시편 64편 음모와 악한 말에서 숨겨 주소서

[다윗의 시, 인도자를 따라 부르는 노래]
1 하나님이여 내가 근심하는 소리를 들으시고
원수의 두려움에서 나의 생명을 보존하소서
2 주는 악을 꾀하는 자들의 음모에서 나를 숨겨 주시고
악을 행하는 자들의 소동에서 나를 감추어 주소서
3 그들이 칼 같이 자기 혀를 연마하며
화살 같이 독한 말로 겨누고
4 숨은 곳에서 온전한 자를 쏘며 갑자기 쏘고
두려워하지 아니하는도다
5 그들은 악한 목적으로 서로 격려하며
남몰래 올무 놓기를 함께 의논하고
하는 말이 누가 우리를 보리요 하며
6 그들은 죄악을 꾸미며 이르기를
우리가 묘책을 찾았다 하나니
각 사람의 속뜻과 마음이 깊도다
7 그러나 하나님이 그들을 쏘시리니
그들이 갑자기 화살에 상하리로다
8 이러므로 그들이 엎드러지리니
그들의 혀가 그들을 해함이라
그들을 보는 자가 다 머리를 흔들리로다
9 모든 사람이 두려워하여 하나님의 일을 선포하며
그의 행하심을 깊이 생각하리로다
10 의인은 여호와로 말미암아 즐거워하며 그에게 피하리니
마음이 정직한 자는 다 자랑하리로다

다윗을 위협하는 원수의 무기는 말(언어)입니다. 2~6절까지 악인에 대하여 묘사합니다. 원수는 악을 꾀하는 자들로 자기의 혀를 날카롭게 연마하고 화살같이 독한 말로 상대를 겨눕니다. 숨은 곳에서 의인을 향해 쏘되 갑자기 쏘고는 두려워하지 않습니다. 그들은 악한 목적으로 서로 격려하며 남몰래 올무 놓기를 함께 의논합니다. 그러면서 하나님이 보신다는 생각을 하지 않습니다. 죄악을 꾸미며 묘책을 찾았다고 합니다. 다윗을 대적했던 원수들이 그랬고 그리스도를 잡으려고 했던 유대 지도자들이 그러했습니다. 또한, 신자들을 대적하는 악인들이 이 길을 따라갑니다.

하나님은 왕을 위하십니다. 악인들이 의인을 향해 화살을 쏜 것에 대한 보응으로 하나님께서 그들에게 화살을 쏘셔서 상하게 하실 겁니다. 그들이 엎드러지고 그들의 주 무기인 혀가 상하게 될 겁니다. 그들이 맞게 되는 결과를 보는 자들이 머리를 흔들며 조롱하게 될 겁니다. 그리고 많은 사람이 하나님의 일을 두려워하고 그의 행하심을 깊이 생각하게 될 겁니다. 의인은 하나님을 즐거워하여 그에게 피하게 됩니다.

악한 이들의 의논과 말에 위협을 받을 때 이 시편의 결말처럼 하나님께서 보응 하실 것을 믿고 그를 즐거워하며 피하여 가십시오.

기도:

하나님이여, 원수들이 모여 음모를 꾸미고 악한 말로 공격할 때 저는 두렵고 근심이 됩니다. 그들의 독한 말에 마음이 상하고 몸이 힘을 잃지 않도록 저를 숨겨 주옵소서. 하나님은 의로우신 분이시오니 하나님께 속한 자를 위해 보응하여 주옵소서. 저는 하나님께 피하여 환난이 지나가길 기다릴 것입니다. 그리고 하나님께서 행하신 일을 자랑하겠습니다. 예수 그리스도의 이름으로 기도합니다. 아멘.

시편 65편 찬송이 시온에서 주를 기다리오며

[다윗의 시, 인도자를 따라 부르는 노래]
1 하나님이여 찬송이 시온에서 주를 기다리오며
사람이 서원을 주께 이행하리이다
2 기도를 들으시는 주여 모든 육체가 주께 나아오리이다
3 죄악이 나를 이겼사오니 우리의 허물을 주께서 사하시리이다
4 주께서 택하시고 가까이 오게 하사
주의 뜰에 살게 하신 사람은 복이 있나이다
우리가 주의 집 곧 주의 성전의 아름다움으로 만족하리이다
5 우리 구원의 하나님이시여
땅의 모든 끝과 먼 바다에 있는 자가 의지할 주께서
의를 따라 엄위하신 일로 우리에게 응답하시리이다
6 주는 주의 힘으로 산을 세우시며 권능으로 띠를 띠시며
7 바다의 설렘과 물결의 흔들림과
만민의 소요까지 진정하시나이다
8 땅끝에 사는 자가 주의 징조를 두려워하나이다
주께서 아침 되는 것과 저녁 되는 것을 즐거워하게 하시며
9 땅을 돌보사 물을 대어 심히 윤택하게 하시며
하나님의 강에 물이 가득하게 하시고
이같이 땅을 예비하신 후에 그들에게 곡식을 주시나이다
10 주께서 밭고랑에 물을 넉넉히 대사
그 이랑을 평평하게 하시며
또 단비로 부드럽게 하시고 그 싹에 복을 주시나이다
11 주의 은택으로 한 해를 관 씌우시니
주의 길에는 기름 방울이 떨어지며
12 들의 초장에도 떨어지니
작은 산들이 기쁨으로 띠를 띠었나이다
13 초장은 양 떼로 옷 입었고 골짜기는 곡식으로 덮였으매
그들이 다 즐거이 외치고 또 노래하나이다

왕과 백성들이 시온에서 하나님을 찬송하고자 준비하며 기다리고 있는 장면으로 노래가 시작됩니다(1). 2절부터는 하나님을 찬송할 기쁨의 내용이 이어집니다.

2~3절에서 하나님은 죄를 사하심으로 하나님께 가까이 오게 하신 복에 대하여 기뻐합니다. "성전의 아름다움"은 성전 그 자체의 화려함을 말하기보다 하나님의 임재하심에 대한 만족함입니다. 5~8절은 능력으로 구원하시는 하나님을 찬송합니다. 하나님께서 온 땅을 의로 다스리십니다. 산과 바다와 물결을 다스리실 뿐만 아니라 사람들의 소동까지도 다스리십니다. 9~13절은 하나님께서 그의 능력과 자비로 우심으로 땅을 풍족하게 하심을 찬송합니다. 강에 물이 넘치게 하시고 밭이 기름지게 하셔서 곡식이 풍요롭게 하십니다. 백성들은 초장의 양 떼와 골짜기의 곡식으로 즐거이 외치고 노래합니다.

그리스도 안에 있어 하나님께 가까이 나온 신자들은 이 세상의 물질적인 풍요가 있든지 그렇지 않든지 풍성한 은혜를 받았으며 더 받을 겁니다. 우리는 이미 하나님의 임재하심이 있는 하나님 나라에 참여하고 있습니다. 그것은 곡식의 풍요로움에 비할 바가 아닙니다.

"주께서 내 마음에 두신 기쁨은
그들의 곡식과 새 포도주가 풍성할 때보다 더하니이다
내가 평안히 눕고 자기도 하리니
나를 안전히 살게 하시는 이는 오직 여호와이시니이다"
(시편 4:7~8)

기도:
하나님이여, 저의 죄를 사하시고 하나님께 가까이 오게 하시니 저는 복이 있는 사람입니다. 하나님이 온 땅을 다스리시며 우리의 삶의 구석구석에 은혜를 베풀어 주십니다. 사랑이 풍성하신 아버지께서 베푸시는 은총에 감사하며 노래하며 하나님께 나아가게 하옵소서. 제 안에 기쁨이 가득하게 하옵소서. 예수 그리스도의 이름으로 기도합니다. 아멘.

시편 66:1~12 주의 일이 어찌 그리 엄위하신지요

[시, 인도자를 따라 부르는 노래]
¹ 온 땅이여 하나님께 즐거운 소리를 낼지어다
² 그의 이름의 영광을 찬양하고 영화롭게 찬송할지어다
³ 하나님께 아뢰기를 주의 일이 어찌 그리 엄위하신지요
주의 큰 권능으로 말미암아 주의 원수가 주께 복종할 것이며
⁴ 온 땅이 주께 경배하고 주를 노래하며
주의 이름을 노래하리이다 할지어다 (셀라)
⁵ 와서 하나님께서 행하신 것을 보라
사람의 아들들에게 행하심이 엄위하시도다
⁶ 하나님이 바다를 변하여 육지가 되게 하셨으므로
무리가 걸어서 강을 건너고
우리가 거기서 주로 말미암아 기뻐하였도다
⁷ 그가 그의 능력으로 영원히 다스리시며
그의 눈으로 나라들을 살피시나니
거역하는 자들은 교만하지 말지어다 (셀라)
⁸ 만민들아 우리 하나님을 송축하며
그의 찬양 소리를 들리게 할지어다
⁹ 그는 우리 영혼을 살려 두시고
우리의 실족함을 허락하지 아니하시는 주시로다
¹⁰ 하나님이여 주께서 우리를 시험하시되
우리를 단련하시기를 은을 단련함 같이 하셨으며
¹¹ 우리를 끌어 그물에 걸리게 하시며
어려운 짐을 우리 허리에 매어 두셨으며
¹² 사람들이 우리 머리를 타고 가게 하셨나이다
우리가 불과 물을 통과하였더니
주께서 우리를 끌어내사 풍부한 곳에 들이셨나이다

시편 66편은 두 단락으로 되어 있습니다. 1~12절은 "우리"가 주어이고 13~20절은 "내"가 주어입니다.

시인은 하나님께서 우리에게 행하신 일의 엄위하심을 찬송하자고 초청합니다. 초청의 대상은 온 땅과 만민입니다. 하나님을 찬송하자는 초대의 말이 곳곳에 있습니다. "온 땅이여 하나님께 즐거운 소리를 낼지어다"(1). "그의 이름의 영광을 찬양하고 영화롭게 찬송할지어다"(2). "온 땅이 주께 경배하고 주를 노래하며 주의 이름을 노래하리이다 할지어다"(4). "만민들아 우리 하나님을 송축하며 그의 찬양 소리를 들리게 할지어다"(8).

하나님을 찬송할 내용은 출애굽의 구속 사건입니다. 바다를 육지가 되게 하시고 백성들이 걸어서 강을 건너게 하셨습니다. 나라들을 살피시며 교만한 자들을 낮추십니다. 우리를 시험하시되 은을 단련함 같이 단련하시고 그물에 걸리게 하시고 어려운 짐을 허리에 매어 두셨지만 불과 물을 통과하게 하시고 끌어내사 풍부한 곳에 들이셨습니다.

하나님의 백성을 애굽에서 구해내듯이 흑암의 권세에 매여 살던 죄인들을 그리스도의 대속으로 구하여 내셨습니다. 우리를 죄와 사망의 권세에서 건져서 사랑의 아들의 나라로 옮기셨습니다. 그것은 바다를 육지로 변하게 하시고 교만한 나라를 바다에 빠뜨리신 것과 같이 하나님의 능력이 나타난 일입니다. 이로 인해 우리는 즐거운 소리로 하나님을 찬송하고 그를 경배함이 마땅합니다.

기도:
하나님, 우리에게 베푸신 지극히 크신 하나님의 능력이 어떠한지 알게 하시고 하나님께 합당한 영광과 찬송을 돌리게 하옵소서. 죄와 사망에서 건지신 크신 은혜를 기쁨으로 노래하게 하옵소서. 온 땅과 만민이 하나님을 송축하게 하옵소서. 예수 그리스도의 이름으로 기도합니다. 아멘.

시편 66:13~20 하나님이 나의 영혼을 위하여 행하신 일에 감사

¹³ 내가 번제물을 가지고 주의 집에 들어가서
나의 서원을 주께 갚으리니
¹⁴ 이는 내 입술이 낸 것이요
내 환난 때에 내 입이 말한 것이니이다
¹⁵ 내가 숫양의 향기와 함께 살진 것으로 주께 번제를 드리며
수소와 염소를 드리리이다 (셀라)
¹⁶ 하나님을 두려워하는 너희들아 다 와서 들으라
하나님이 나의 영혼을 위하여 행하신 일을 내가 선포하리로다
¹⁷ 내가 나의 입으로 그에게 부르짖으며
나의 혀로 높이 찬송하였도다
¹⁸ 내가 나의 마음에 죄악을 품었더라면
주께서 듣지 아니하시리라
¹⁹ 그러나 하나님이 실로 들으셨음이여
내 기도 소리에 귀를 기울이셨도다
²⁰ 하나님을 찬송하리로다
그가 내 기도를 물리치지 아니하시고
그의 인자하심을 내게서 거두지도 아니하셨도다

시의 분위기가 13절부터 바뀝니다. "우리에게 행하신 하나님"에서 "나"로, 광야에서 성전으로, 찬양 소리에서 제사로 바뀝니다. 공동체의 찬송(1~12)과 개인의 감사 제사가 어떻게 연결되는지는 명확하지 않습니다만 다음과 같이 생각할 수 있습니다.

첫째, 13절 이하의 "나"는 왕과 같은 지도자입니다. 그가 공동체의 구원을 위해 기도한 것을 하나님께서 응답하셨기에 감사의 제사를 드리는 겁니다. 우리의 왕은 그리스도이십니다. 그리스도는 그의 교회를 위하여 하나님께 간구하셨고 하나님께 들으심을 받았습니다. 우리는 그리스도와 함께 하나님께 감사의 제사를 드립니다.

둘째, 공동체에 속한 한 개인이 공동체의 찬송과는 별도로 하나님께 감사의 제사를 드리는 것으로 생각할 수 있습니다. 신앙은 공동체적이면서 동시에 개인적입니다. 함께 모여 예배하도록 우리를 부르셨지만 개인적으로도 예배하며 하나님께 나아가야 합니다.

왕이든 신자 개인이든 그는 "하나님이 나의 영혼을 위하여 행하신 일"로 하나님께 감사하며 제사합니다. 하나님께서 "나의 영혼을 위하여 행하신 일"이 무엇인지 알지 못한다면 개인 예배이든 공동체 예배이든 감사와 기쁨으로 드릴 수 없게 됩니다.

그는 하나님을 두려워하는 자들에게 다 와서 들으라고 초청합니다. 하나님께서 그를 위하여 행하신 일은 그의 기도를 들으시고 인자하심을 거두지 않으신 일입니다. 그의 선포를 듣고 용기를 내어 하나님께 나아옵시다. 하나님은 인자하십니다. 그 인자하심을 의지하여 하나님께 피하여 오는 자의 기도를 하나님은 물리치지 않으십니다.

기도:
하나님, 하나님께서 저의 기도를 들으시는 것은 저의 완전함 때문이 아닌 것을 압니다. 하나님의 인자하심이 크고 크십니다. 그리스도 안에서 저를 정죄하지 않으시기에 저는 담대함을 얻어 하나님 앞에 나아옵니다. 구한 것을 거절하지 않으시고 때를 따라 돕는 은혜를 베푸실 줄을 믿습니다. 예수 그리스도의 이름으로 기도합니다. 아멘.

시편 67편 주의 구원을 모든 나라에게 알리소서

[시 곧 노래, 인도자를 따라 현악에 맞춘 것]
¹ 하나님은 우리에게 은혜를 베푸사 복을 주시고
그의 얼굴 빛을 우리에게 비추사 (셀라)
² 주의 도를 땅 위에 주의 구원을 모든 나라에게 알리소서
³ 하나님이여 민족들이 주를 찬송하게 하시며
모든 민족들이 주를 찬송하게 하소서
⁴ 온 백성은 기쁘고 즐겁게 노래할지니
주는 민족들을 공평히 심판하시며
땅 위의 나라들을 다스리실 것임이니이다 (셀라)
⁵ 하나님이여 민족들이 주를 찬송하게 하시며
모든 민족으로 주를 찬송하게 하소서
⁶ 땅이 그의 소산을 내어 주었으니
하나님 곧 우리 하나님이 우리에게 복을 주시리로다
⁷ 하나님이 우리에게 복을 주시리니
땅의 모든 끝이 하나님을 경외하리로다

시편 67편은 하나님께서 우리에게 복을 주시는 궁극적인 이유를 담고 있습니다. 그것은 땅의 모든 끝이 하나님을 경외하는 겁니다.

시인은 하나님께 복을 구합니다(1~2). 하나님의 얼굴 빛을 비추시

길 기도합니다. 복은 하나님이 우리를 향하시고 은총을 베푸시는 겁니다. 하나님 앞에 서는 것이 복입니다. "하나님의 도"는 하나님의 인자하심과 진실하심으로 사람을 대하심으로 구원하시는 하나님의 방식을 말합니다.

하나님의 구원이 모든 나라에 알려지고(2) 하나님께서 민족들을 공평히 심판하시며 땅 위의 나라들을 다스리십니다(4). 그로 인해 민족들, 모든 민족, 온 백성이 하나님을 찬송하게 될 겁니다. 그렇게 되기를 바라는 기도이며 축원입니다.

5절에서 모든 민족이 하나님을 찬송하게 되길 반복합니다. 그 근거는 하나님께서 땅에 복을 주셔서 땅이 그 소산을 내어주기 때문입니다. 시인은 마침내 그가 마음에 두고 있는 것이 무엇인지 밝히고 있습니다. 땅이 소산을 내는 추수를 통해 하나님이 땅을 다스리심을 알게 되어 모든 민족이, 땅의 모든 끝이 하나님을 경외하게 되길 구하는 겁니다.

"추수"는 하나님이 모든 인류에게 주시는 하나님의 자비하심이며 복 주심입니다. 그것은 인류의 삶의 기초입니다. 그것을 통해 하나님께서 세상을 다스리시고 우리를 구원하심을 보여주십니다.

하나님께서는 우리에게 양식을 주실 뿐 아니라 생명의 양식인 그리스도를 주셨습니다. 그리스도 안에서 우리는 하나님의 복을 온전하게 누립니다. 땅의 모든 끝이 그리스도의 이름 앞에 엎드려 그를 높이는 날이 속히 이르기를 소망합니다.

기도:
하나님, 땅의 소산으로 복을 주시니 감사합니다. 사람들은 탐욕으로 더 많은 것을 가지려고 다투고 싸웁니다. 그런데도 자비하신 하나님은 그리스도와 함께 하나님 나라가 이 땅에 임하게 하시고 그리스도 안에서 복을 누리게 하셨습니다. 하나님 나라 복음으로 이 땅에 복 주심을 세상이 알게 하옵소서. 땅의 모든 끝이 하나님을 경외하게 하옵소서. 가까운 이들이 하나님의 다스리심을 알게 하옵소서. 예수 그리스도의 이름으로 기도합니다. 아멘.

시편 68:1~10 그의 이름은 여호와이시니

[다윗의 시, 인도자를 따라 부르는 노래]
[1] 하나님이 일어나시니 원수들은 흩어지며
주를 미워하는 자들은 주 앞에서 도망하리이다
[2] 연기가 불려 가듯이 그들을 몰아내소서
불 앞에서 밀이 녹음 같이 악인이 하나님 앞에서 망하게 하소서
[3] 의인은 기뻐하여 하나님 앞에서 뛰놀며
기뻐하고 즐거워할지어다
[4] 하나님께 노래하며 그의 이름을 찬양하라
하늘을 타고 광야에 행하시던 이를 위하여 대로를 수축하라
그의 이름은 여호와이시니 그의 앞에서 뛰놀지어다
[5] 그의 거룩한 처소에 계신 하나님은
고아의 아버지시며 과부의 재판장이시라
[6] 하나님이 고독한 자들은 가족과 함께 살게 하시며
갇힌 자들은 이끌어 내사 형통하게 하시느니라
오직 거역하는 자들의 거처는 메마른 땅이로다
[7] 하나님이여 주의 백성 앞에서 앞서 나가사
광야에서 행진하셨을 때에 (셀라)
[8] 땅이 진동하며 하늘이 하나님 앞에서 떨어지며
저 시내 산도 하나님 곧 이스라엘의 하나님 앞에서 진동하였나이다
[9] 하나님이여 주께서 흡족한 비를 보내사
주의 기업이 곤핍할 때에 주께서 그것을 견고하게 하셨고
[10] 주의 회중을 그 가운데에 살게 하셨나이다
하나님이여 주께서 가난한 자를 위하여
주의 은택을 준비하셨나이다

시편 68편에서 하나의 통일된 주제를 생각하기는 어렵지만 한 가지 확실한 것은 하나님의 위엄하심을 찬양하는 겁니다. 시는 광야에서 전장으로 그리고 시온산과 예루살렘 성전으로 이동하며 하나님의 행하심을 노래합니다.

1~3절은 원수를 흩으시고 악인을 망하게 하시는 하나님을 기뻐하고 즐거워하라고 초대합니다. 그리고 4절 이하에서 하나님이 행하신 일이 무엇인지 열거합니다. 4~10절까지는 광야에서 행하신 하나님을 찬양합니다. 이스라엘이 애굽에서 고아와 과부와 같이 매여 있을 때 하나님은 고아의 아버지시며 과부의 재판장이 되어 주셨습니다. 하나님은 고독한 자들을 가족과 함께 살게 하시고 갇힌 자들을 형통하게 하셨습니다. 하나님은 당신의 백성들 앞에 앞서 나가셨으며 그때 땅이 진동하고 하늘이 하나님 앞에서 떨어지며 시내산도 그 앞에서 진동하였습니다. 흡족한 비를 주셔서 하나님의 기업의 땅을 견고하게 하셨고 백성을 그 가운데 살게 하셨습니다.

하나님께서 당신의 백성을 구하시려고 하늘을 타고 광야에 행하셨으며(4) 거룩한 처소에 계신 분께서 고아와 과부를 돌보셨습니다. 이 같은 은택은 그리스도 안에서 우리에게 계속되고 있습니다. "의인은 기뻐하여 하나님 앞에서 뛰놀며 기뻐하고 즐거워할지어다"(3) 라는 초대에 우리는 기쁨으로 참여해야 합니다.

기도:
하나님은 어제나 오늘이나 동일하신 분이십니다. 거룩하신 하나님은 고아와 과부와 같이 의지할 것이 없는 저희의 재판장이십니다. 우리를 하나님의 기업으로 삼으시고 풍성하게 하셨습니다. 우리가 원수를 만나고 낙심할 일을 만날 때 우리의 도움이 되어 주옵소서. 뿐만 아니라 고아와 과부의 재판장으로 힘없는 이들을 살펴 주십시오. 예수 그리스도의 이름으로 기도합니다. 아멘.

시편 68:11~23 날마다 우리의 짐을 지시는 주

[11] 주께서 말씀을 주시니 소식을 공포하는 여자들은 큰 무리라
[12] 여러 군대의 왕들이 도망하고 도망하니
집에 있던 여자들도 탈취물을 나누도다
[13] 너희가 양 우리에 누울 때에는 그 날개를 은으로 입히고
그 깃을 황금으로 입힌 비둘기 같도다
[14] 전능하신 이가 왕들을 그중에서 흩으실 때에는
살몬에 눈이 날림 같도다
[15] 바산의 산은 하나님의 산임이여 바산의 산은 높은 산이로다
[16] 너희 높은 산들아 어찌하여
하나님이 계시려 하는 산을 시기하여 보느냐
진실로 여호와께서 이 산에 영원히 계시리로다
[17] 하나님의 병거는 천천이요 만만이라
주께서 그 중에 계심이 시내 산 성소에 계심 같도다
[18] 주께서 높은 곳으로 오르시며 사로잡은 자들을 취하시고
선물들을 사람들에게서 받으시며 반역자들로부터도 받으시니
여호와 하나님이 그들과 함께 계시기 때문이로다
[19] 날마다 우리 짐을 지시는 주
곧 우리의 구원이신 하나님을 찬송할지로다 (셀라)
[20] 하나님은 우리에게 구원의 하나님이시라
사망에서 벗어남은 주 여호와로 말미암거니와
[21] 그의 원수들의 머리 곧 죄를 짓고 다니는 자의 정수리는
하나님이 쳐서 깨뜨리시리로다
[22] 주께서 말씀하시기를 내가 그들을 바산에서 돌아오게 하며
바다 깊은 곳에서 도로 나오게 하고
[23] 네가 그들을 심히 치고 그들의 피에 네 발을 잠그게 하며
네 집의 개의 혀로 네 원수들에게서 제 분깃을 얻게 하리라
하시도다

시인은 우리를 전장으로 이끕니다. 11~24절에 등장하는 하나님은 전쟁하시는 여호와십니다. 하나님은 군대의 왕들을 흩으십니다. 그들이 남기고 간 전리품은 집에 있던 여자들에게도 돌아갈 정도로 많은 양입니다. 하나님의 백성들은 양과 같이 온순하고 힘이 없는데 하나님께서 그들을 은 날개와 황금 깃을 지닌 비둘기 같게 하셔서 날아오르게 하십니다. 원수들의 강함이 시내산에 비하여 크고 높은 바산의 산과 같지만 하나님이 전능하시며 그들을 이기시고 그들에게서 사로잡힌 자들을 취하시고 선물을 받으십니다. 바산에 포로 되어 갔던 이들이 돌아오고 바다 깊은 곳에 갇혀 있던 이들이 나오게 하십니다. 전능하신 하나님은 자기 백성이 원수를 완전히 이기게 하십니다. 역사적으로는 광야에서 40년을 지내는 동안 하나님께서 가나안의 여러 왕에게서 이스라엘을 지키신 사건을 생각해 볼 수 있습니다. 이 말씀은 그리스도가 승리하심으로 그의 교회(신자)에 주신 승리를 통해 성취되었습니다. 그리스도는 죽음과 부활과 승천으로 하늘에 오르시고 원수를 이기시고 승리의 선물(구원에 속한 모든 복)을 자기 백성에게 나누어 주셨습니다(엡 4:7~8). 하나님께서 교회에 주신 복으로 기뻐하며 즐거이 찬양합시다.

기도:
하나님, 지상의 교회가 완전하지는 않지만 교회는 그리스도께서 십자가를 지시고 그 피로 사신 그리스도의 몸입니다. 그리스도께서 나누어주신 승리의 선물이며 선물을 받은 신부입니다. 그리스도와 연합한 교회를 사랑하며 그리스도의 몸이 세워지도록 봉사하는 일에 힘을 쏟게 하옵소서. 예수 그리스도의 이름으로 기도합니다. 아멘.

시편 68:24~35 나의 하나님이 성소로 행차하신다

²⁴ 하나님이여 그들이 주께서 행차하심을 보았으니
곧 나의 하나님 나의 왕이 성소로 행차하시는 것이라
²⁵ 소고 치는 처녀들 중에서 노래 부르는 자들은 앞서고
악기를 연주하는 자들은 뒤따르나이다
²⁶ 이스라엘의 근원에서 나온 너희여
대회 중에 하나님 곧 주를 송축할지어다
²⁷ 거기에는 그들을 주관하는 작은 베냐민과 유다의 고관과
그들의 무리와 스불론의 고관과 납달리의 고관이 있도다
²⁸ 네 하나님이 너의 힘을 명령하셨도다
하나님이여 우리를 위하여 행하신 것을 견고하게 하소서
²⁹ 예루살렘에 있는 주의 전을 위하여
왕들이 주께 예물을 드리리이다
³⁰ 갈밭의 들짐승과 수소의 무리와 만민의 송아지를 꾸짖으시고
은 조각을 발 아래에 밟으소서
그가 전쟁을 즐기는 백성을 흩으셨도다
³¹ 고관들은 애굽에서 나오고
구스인은 하나님을 향하여 그 손을 신속히 들리로다
³² 땅의 왕국들아 하나님께 노래하고 주께 찬송할지어다 (셀라)
³³ 옛적 하늘들의 하늘을 타신 자에게 찬송하라
주께서 그 소리를 내시니 웅장한 소리로다
³⁴ 너희는 하나님께 능력을 돌릴지어다
그의 위엄이 이스라엘 위에 있고 그의 능력이 구름 속에 있도다
³⁵ 하나님이여 위엄을 성소에서 나타내시나이다
이스라엘의 하나님은 그의 백성에게 힘과 능력을 주시나니
하나님을 찬송할지어다

전능하신 하나님은 이제 성소로 행차하십니다(24). 전쟁에 승리한 왕이 개선 행진을 하듯이 예루살렘 성전을 향하여 가십니다. 온 백성이 나와서 하나님을 찬양합니다. 특히 베냐민과 유다와 스불론과 납달리의 고관들이 이 축제를 주관하고 있습니다. 하나님이 예루살렘의 성전에 좌정하신 후에는 왕들의 예물을 받으십니다. 애굽과 구스를 비롯하여 땅의 왕들이 하나님께 나아오며 예물을 드립니다. 하나님께서 이스라엘의 왕으로 오셔서 다스리시고 열방은 그의 통치를 즐거워하고 찬송합니다.

33~35절은 다시 하나님을 찬송하라고 초대합니다. 하나님은 다시 "옛적 하늘들의 하늘을 타신" 분으로, 구름 속에 계신 분으로 묘사합니다. 동시에 하나님은 성소를 통해 위엄을 나타내시며 백성에게 힘과 능력을 주시는 것으로 함께 계심을 보여줍니다. 이 단락은 하나님께서 백성 중에 임재하셔서 다스리시며 열방이 하나님께로 와서 그의 다스리심을 기뻐하는 내용입니다. 그리스도께서 재림하시고 열방을 심판하신 후에 완성될 하나님 나라를 그리고 있습니다. 그 하나님 나라는 그리스도가 오실 때 이미 시작되었습니다. 하늘의 하나님이 그리스도 안에서 그리고 성령 안에서 우리 가운데 거하십니다. 할렐루야!

기도:
그리스도께서는 왕의 개선 행렬과 같이 오시지는 않았습니다. 그리스도는 힘없는 어린아이로, 연약한 사람으로 오셔서 십자가에 죽으셨습니다. 그리고 하나님의 능력으로 죽음에서 일어나셔서 하늘 성소에 하나님 우편에 앉으셨습니다. 그리고 원수를 그의 발아래 두시기까지 왕 노릇 하십니다. 그리스도와 함께 우리도 하늘에 앉히셨으니 우리도 주와 함께 왕 노릇 합니다. 우리의 눈을 열어주셔서 이 놀라운 일을 보게 하시고 경탄하게 하시고 감사하게 하옵소서. 예수 그리스도의 이름으로 기도합니다. 아멘.

시편 69:1~12 물들이 내 영혼까지 흘러들어왔나이다

[다윗의 시, 인도자를 따라 소산님에 맞춘 노래]
¹ 하나님이여 나를 구원하소서
물들이 내 영혼에까지 흘러들어왔나이다
² 나는 설 곳이 없는 깊은 수렁에 빠지며 깊은 물에 들어가니
큰 물이 내게 넘치나이다
³ 내가 부르짖음으로 피곤하여 나의 목이 마르며
나의 하나님을 바라서 나의 눈이 쇠하였나이다
⁴ 까닭 없이 나를 미워하는 자가 나의 머리털보다 많고
부당하게 나의 원수가 되어 나를 끊으려 하는 자가 강하였으니
내가 빼앗지 아니한 것도 물어 주게 되었나이다
⁵ 하나님이여 주는 나의 우매함을 아시오니
나의 죄가 주 앞에서 숨김이 없나이다
⁶ 주 만군의 여호와여 주를 바라는 자들이
나를 인하여 수치를 당하게 하지 마옵소서
이스라엘의 하나님이여 주를 찾는 자가
나로 말미암아 욕을 당하게 하지 마옵소서
⁷ 내가 주를 위하여 비방을 받았사오니
수치가 나의 얼굴에 덮였나이다
⁸ 내가 나의 형제에게는 객이 되고
나의 어머니의 자녀에게는 낯선 사람이 되었나이다
⁹ 주의 집을 위하는 열성이 나를 삼키고
주를 비방하는 비방이 내게 미쳤나이다
¹⁰ 내가 곡하고 금식하였더니
그것이 도리어 나의 욕이 되었으며
¹¹ 내가 굵은 베로 내 옷을 삼았더니
내가 그들의 말거리가 되었나이다
¹² 성문에 앉은 자가 나를 비난하며
독주에 취한 무리가 나를 두고 노래하나이다

시편 69편은 도움을 구하는 긴 기도 중 하나입니다. 1~29절에 이르는 간구의 내용은 복잡하고 다양한 주제를 다룹니다. 다윗은 고통에 대한 묘사와 간청들을 반복합니다.

다윗은 먼저 고통을 호소합니다(1~3). 그의 어려움은 수렁과 깊은 물, 큰 물로 표현되었습니다. 그는 자기가 까닭 없이 미움을 받는데 미워하는 자의 수가 많고 강하여 부당하게 괴롭힘을 당하고 있다고 합니다(4). 그는 왕으로 고난을 당하고 있습니다. 만약 왕의 죄가 드러난다면 왕과 함께 하나님을 바라는 자들이 수치와 욕을 당하게 될 겁니다. 그렇게 되지 않기를 다윗은 간청합니다(6). 왕은 "주를 위하여 비방"을 받으며 형제들에게 낯선 사람 취급을 받습니다(8). 하나님의 집을 위한 왕의 열성 때문에 하나님을 비방하는 자들이 왕을 비방합니다. 왕은 굵은 베 옷을 입고 금식하는데 그것도 욕의 내용이 되었습니다(10~11). 성문에 앉은 높은 자들은 비난하고 독주에 취한 사람들은 그를 말거리로 삼았습니다(12).

다윗의 기도가 그리스도께 그대로 성취되었습니다. 바울은 이 기도가 그리스도에게 성취되었다고 합니다(롬 15:3). 이 기도는 부당하게 고난을 받으시는 그리스도의 기도입니다. 그리고 우리의 기도입니다. 주는 "세상이 너희를 미워하면 너희보다 먼저 나를 미워한 줄을 알라"(요 15:18)고 하셨습니다. 우리도 그리스도와 같이 고난을 받는 자리로 부르심을 받았습니다.

기도:

하나님, 우리가 세상에서 미움을 받는 것은 우리가 그리스도에게 속하고 세상에 속하지 않았다는 증거라고 주께서 말씀하셨습니다. 그리스도 우리 주를 생각함으로 고난을 이겨내게 하옵소서. 부당하게 미움을 받을 때 분노하여 스스로 원수를 갚으려고 하지 않게 하옵소서. 깊은 수렁에서 건지시고 주로 인하여 수치를 당하지 않게 하옵소서. 예수 그리스도의 이름으로 기도합니다. 아멘.

시편 69:13~21 비방이 나를 상하게 하여

[13] 여호와여 나를 반기시는 때에 내가 주께 기도하오니
하나님이여 많은 인자와 구원의 진리로 내게 응답하소서
[14] 나를 수렁에서 건지사 빠지지 말게 하시고
나를 미워하는 자에게서와 깊은 물에서 건지소서
[15] 큰 물이 나를 휩쓸거나 깊음이 나를 삼키지 못하게 하시며
웅덩이가 내 위에 덮쳐 그것의 입을 닫지 못하게 하소서
[16] 여호와여 주의 인자하심이 선하시오니 내게 응답하시며
주의 많은 긍휼에 따라 내게로 돌이키소서
[17] 주의 얼굴을 주의 종에게서 숨기지 마소서
내가 환난 중에 있사오니 속히 내게 응답하소서
[18] 내 영혼에게 가까이하사 구원하시며
내 원수로 말미암아 나를 속량하소서
[19] 주께서 나의 비방과 수치와 능욕을 아시나이다
나의 대적자들이 다 주님 앞에 있나이다
[20] 비방이 나의 마음을 상하게 하여 근심이 충만하니
불쌍히 여길 자를 바라나 없고
긍휼히 여길 자를 바라나 찾지 못하였나이다
[21] 그들이 쓸개를 나의 음식물로 주며
목마를 때에는 초를 마시게 하였사오니

환난 중에 있는 왕의 기도가 계속됩니다. 왕은 여호와께서 "나를

반기시는 때에"(13) 기도한다고 합니다. 원수들에 의해 비방과 수치와 능욕을 받고 있어 괴로운 때입니다. 그를 이 같은 처지에 두신 하나님을 원망하는 마음으로 마음이 상하기도 하고 악인에 대한 분노로 감정을 다스리기 어려울 수도 있습니다. 그런데 왕은 이 시기를 하나님의 은총이 있는 때라고 말합니다. 하나님께서 기꺼이 받아들이신다는 확신으로 하나님께 나아옵니다. 하나님의 인자하심과 긍휼을 의지하여 하나님께 간구합니다.

그가 수렁, 깊은 물, 웅덩이로 표현하고 있는 고난은 원수들의 비방과 수치와 능욕입니다. 그의 괴로움은 쓸개를 먹고 초를 마시는 것 같다고 표현되었습니다(21). 21절은 문자대로 그리스도께 성취되어 십자가에 달리신 주께 군병이 쓸개 탄 포도주와 신 포도주를 주어 마시게 합니다(마 27:34, 48). 주의 고난이 얼마나 괴로우셨는지를 보여주는 장면입니다.

주님은 의인으로 받는 박해가 복이라고 하셨습니다.

"¹⁰ 의를 위하여 박해를 받은 자는 복이 있나니 천국이 그들의 것임이라 ¹¹ 나로 말미암아 너희를 욕하고 박해하고 거짓으로 너희를 거슬러 모든 악한 말을 할 때에는 너희에게 복이 있나니 ¹² 기뻐하고 즐거워하라 하늘에서 너희의 상이 큼이라 너희 전에 있던 선지자들도 이같이 박해하였느니라"(마태복음 5:10~12)

주님이 고난을 받으셨고 우리는 그의 고난에 조금 참여할 뿐입니다.

기도:

하나님, 고난으로 괴로울 때 마음이 상하여 하나님께 나아가기를 꺼리는 일이 있습니다. 그때가 하나님의 인자하심과 긍휼히 여기심이 가장 필요한 때인데 말입니다. 하나님은 여전히 나를 반기시며 은총을 베풀어 주시는 분이심을 잊지 않게 하옵소서. 고난의 형편과 괴로움, 악인에 대한 분노까지 다 하나님께 토하게 하옵소서. 고난 중에도 감사할 수 있게 하옵소서. 예수 그리스도의 이름으로 기도합니다. 아멘.

시편 69:22~36 그들의 밥상이 올무가 되게 하시며

²² 그들의 밥상이 올무가 되게 하시며
그들의 평안이 덫이 되게 하소서
²³ 그들의 눈이 어두워 보지 못하게 하시며
그들의 허리가 항상 떨리게 하소서
²⁴ 주의 분노를 그들의 위에 부으시며
주의 맹렬하신 노가 그들에게 미치게 하소서
²⁵ 그들의 거처가 황폐하게 하시며
그들의 장막에 사는 자가 없게 하소서
²⁶ 무릇 그들이 주께서 치신 자를 핍박하며
주께서 상하게 하신 자의 슬픔을 말하였사오니
²⁷ 그들의 죄악에 죄악을 더하사
주의 공의에 들어오지 못하게 하소서
²⁸ 그들을 생명책에서 지우사
의인들과 함께 기록되지 말게 하소서
²⁹ 오직 나는 가난하고 슬프오니
하나님이여 주의 구원으로 나를 높이소서
³⁰ 내가 노래로 하나님의 이름을 찬송하며
감사함으로 하나님을 위대하시다 하리니
³¹ 이것이 소 곧 뿔과 굽이 있는 황소를 드림보다
여호와를 더욱 기쁘시게 함이 될 것이라
³² 곤고한 자가 이를 보고 기뻐하나니
하나님을 찾는 너희들아 너희 마음을 소생하게 할지어다
³³ 여호와는 궁핍한 자의 소리를 들으시며
자기로 말미암아 갇힌 자를 멸시하지 아니하시나니
³⁴ 천지가 그를 찬송할 것이요
바다와 그 중의 모든 생물도 그리할지로다
³⁵ 하나님이 시온을 구원하시고 유다 성읍들을 건설하시리니
무리가 거기에 살며 소유를 삼으리로다
³⁶ 그의 종들의 후손이 또한 이를 상속하고
그의 이름을 사랑하는 자가 그중에 살리로다

22~28절은 "그들"에게 이루어지기를 바라는 기도입니다. 그들의 밥상, 그들의 눈, 그들의 거처, 그들의 장막 그리고 그들의 죄악 등 악인의 불의에 대한 심판이 없이는 의인을 구원함도 없습니다. 악인이 낮아질 때 의인의 의로움이 드러나고 높여집니다. 하나님의 구원하심이 더디 오는 것 같지만 그리스도의 부활 승리와 함께 이미 왔으며 또한 지체하지 않으실 겁니다. 29절은 앞의 간구를 마무리합니다.
  30~36절은 왕의 찬송과 찬송으로의 초대입니다. 왕의 기도가 응답되었거나 하나님께서 들으실 것을 믿음으로 미리 감사하는 내용입니다. 응답 된 후에야 마땅히 감사해야겠으나 믿음으로 감사함으로 나가는 것을 하나님은 기뻐하십니다. 감사는 하나님의 인자하심과 긍휼하심을 높이는 일입니다. 시편 50:14~15에서 아삽도 같은 고백을 합니다. "14 감사로 하나님께 제사를 드리며 지존하신 이에게 네 서원을 갚으며 15 환난 날에 나를 부르라 내가 너를 건지리니 네가 나를 영화롭게 하리로다"
  왕의 찬송과 감사는 곤고한 자, 궁핍한 자, 갇힌 자들에게 기쁨이 됩니다. 하나님을 찾는 자들의 기도를 하나님께서 들으신다는 것을 알고 하나님께 담대히 나갈 용기를 갖게 하기 때문입니다.

  기도:
  하나님이여, 원수들에 대한 심판을 지체하지 마옵소서, 하나님의 공의를 나타내십시오. 저를 하나님의 구원으로 높이시옵소서. 저로 감사함으로 하나님은 위대하시다 찬송하게 하옵소서. 감사를 마음이 가난하고 궁핍한 사람들에게 나누겠습니다. 그러면 그들도 힘을 얻고 하나님께 나아올 겁니다. 하나님 나라가 임하게 하옵소서. 예수 그리스도의 이름으로 기도합니다. 아멘.

시편 70편 나는 가난하고 궁핍하오니

[다윗의 시로 기념식에서 인도자를 따라 부르는 노래]
1 하나님이여 나를 건지소서
여호와여 속히 나를 도우소서
2 나의 영혼을 찾는 자들이
수치와 무안을 당하게 하시며
나의 상함을 기뻐하는 자들이
뒤로 물러가 수모를 당하게 하소서
3 아하 아하 하는 자들이
자기 수치로 말미암아 뒤로 물러가게 하소서
4 주를 찾는 모든 자들이
주로 말미암아 기뻐하고 즐거워하게 하시며
주의 구원을 사랑하는 자들이
항상 말하기를 하나님은 위대하시다 하게 하소서
5 나는 가난하고 궁핍하오니
하나님이여 속히 내게 임하소서
주는 나의 도움이시요 나를 건지시는 이시오니
여호와여 지체하지 마소서

시편 70편은 40:13~17과 거의 같습니다. 40편에서는 환난 중에 여호와를 기다리며 부르짖는 기도의 마지막 단락을 이루고 있었는데 여기서는 독립된 한 편의 시로 있습니다.

1절에서 하나님의 도움을 구하는 것으로 시작한 다윗은 5절에서는 "하나님이 도움이시오 건지시는 이"라고 고백하며 지체하지 마시기를 강력하게 간구합니다. 2절과 3절은 "나의 영혼을 찾는 자들"에게 일어나기를 바라는 내용입니다. 다윗은 그들이 수치와 무안을 당하고 뒤로 물러나 수모를 당하게 되기를 기도하고, 4절은 "주를 찾는 모든 자들"이 하나님은 위대하시다 찬송하게 하시기를 기도합니다.

대적들은 다윗의 영혼을 찾지만, 다윗과 그에게 속한 이들은 하나님을 찾고 그의 구원을 사랑합니다. 하나님을 찾는 자들에게 하나님은 실족하지 않게 하십니다.

다윗은 하나님이 자기에게 오시기를 기도합니다. 만물을 말씀으로 지으시고 다스리시는 전능하신 하나님이 자기에게 오시기를 구하는 것은 얼마나 담대한 요구입니까? 그런데 우리는 이것을 얼마나 당연하게 생각하고 있습니까? 그리고 하나님은 이 기도에 응답하셔서 친히 자기 백성에게 오셨습니다. 하나님의 아들이 육신을 입으시는 방식으로, 그리고 성령을 우리에게 보내시는 방식으로 삼위일체이신 하나님께서 우리에게 오셨고 함께 하십니다. 그가 우리의 도움이시며 건지시는 분이라는 것을 기억하십시오. 그는 지체하지 않으십니다.

기도:
하나님이시여, 저의 영혼을 찾는 자들이나 그 위협을 두려워하지 않게 하옵소서. 하나님께서 저를 구원하심으로 그들이 수치를 당하게 하옵소서. 저는 오직 하나님을 찾고 하나님단 원합니다. 저에게 기쁨과 즐거움을 주옵소서, 지체하지 않으시는 하나님을 믿음으로 바라게 하옵소서. 예수 그리스도의 이름으로 기도합니다. 아멘.

시편 71:1~9 내가 어릴 때부터 신뢰한 하나님

1 여호와여 내가 주께 피하오니
내가 영원히 수치를 당하게 하지 마소서
2 주의 의로 나를 건지시며 나를 풀어 주시며
주의 귀를 내게 기울이사 나를 구원하소서
3 주는 내가 항상 피하여 숨을 바위가 되소서
주께서 나를 구원하라 명령하셨으니
이는 주께서 나의 반석이시요 나의 요새이심이니이다
4 나의 하나님이여 나를 악인의 손
곧 불의한 자와 흉악한 자의 장중에서 피하게 하소서
5 주 여호와여 주는 나의 소망이시오
내가 어릴 때부터 신뢰한 이시라
6 내가 모태에서부터 주를 의지하였으며
나의 어머니의 배에서부터 주께서 나를 택하셨사오니
나는 항상 주를 찬송하리이다
7 나는 무리에게 이상한 징조 같이 되었사오나
주는 나의 견고한 피난처시오니
8 주를 찬송함과 주께 영광 돌림이
종일토록 내 입에 가득하리이다
9 늙을 때에 나를 버리지 마시며
내 힘이 쇠약할 때에 나를 떠나지 마소서

시편 71편은 노년을 향해가는 한 신자의 고백으로 읽힙니다. 그는 모태에서부터 주를 의지했던 자입니다. 어머니의 배에서부터 하나님께서 그를 택하셨습니다. 그는 어릴 때부터 하나님을 신뢰하였고 항상 하나님을 찬송했습니다. 그런데 그의 삶은 일반적이지 않았습니다. 사람들은 그를 이상한 징조로 여겨졌습니다. 고난으로 주목 받는 삶이었습니다. 그렇지만 그는 종일토록 하나님을 찬송했고 영광을 돌렸습니다. 그리고 이제 노년을 내다보고 있습니다.

평생 하나님을 떠나지 않았으니 노년에도 당연히 흔들림 없이 하나님을 바라볼 것으로 생각할 수 있습니다. 그런데 그렇지 않습니다. 늙어감을 생각할 때 두렵지 않은 사람이 얼마나 되겠습니까? 총명함을 유지할 수 있을지, 고통 가운데 하나님을 모른다고는 하지 않을지, 기력이 쇠하여 하나님을 예배하는 자리에 나가지 못하지는 않을지 염려하고 두려울 수 있습니다.

젊을 때에 자기의 행위에 근거하지 않고 그리스도의 십자가를 붙들었던 것처럼 노년에는 더욱 그리스도의 십자가만 붙들어야 합니다. 시인은 하나님의 의를 의지하고 하나님의 구원을 바랍니다. 하나님을 여전히 반석과 요새로 고백하고 있습니다. 지금부터 하나님을 얼굴을 대하여 뵐 때까지 한결같이 하나님을 의지하고 찬송하는 자로 살아가기를 구해야겠습니다.

기도:
하나님이시여, 제가 이제까지 사는 날 동안 하나님을 의지하고 찬송하며 살게 하심을 감사드립니다. 하나님은 한결같으시며 후회가 없으신 분이신 줄 압니다. 저를 택하시고 불러 하나님의 자녀로 살게 하셨으니 아직 오지 않은 날에도 저를 붙드시고 떠나지 않으실 줄을 믿습니다. 그리스도의 의를 힘입어 하나님께 나아가며 성실함으로 하나님을 섬기도록 저의 힘이 되어 주옵소서. 예수 그리스도의 이름으로 기도합니다. 아멘.

시편 71:10~18 하나님이여 나를 멀리 하지 마소서

10 내 원수들이 내게 대하여 말하며
내 영혼을 엿보는 자들이 서로 꾀하여
11 이르기를 하나님이 그를 버리셨은즉 따라 잡으라
건질 자가 없다 하오니
12 하나님이여 나를 멀리 하지 마소서
나의 하나님이여 속히 나를 도우소서
13 내 영혼을 대적하는 자들이
수치와 멸망을 당하게 하시며
나를 모해하려 하는 자들에게는
욕과 수욕이 덮이게 하소서
14 나는 항상 소망을 품고
주를 더욱더욱 찬송하리이다
15 내가 측량할 수 없는 주의 공의와 구원을
내 입으로 종일 전하리이다
16 내가 주 여호와의 능하신 행적을 가지고 오겠사오며
주의 공의만 전하겠나이다
17 하나님이여 나를 어려서부터 교훈하셨으므로
내가 지금까지 주의 기이한 일들을 전하였나이다
18 하나님이여 내가 늙어 백발이 될 때에도
나를 버리지 마시며
내가 주의 힘을 후대에 전하고
주의 능력을 장래의 모든 사람에게 전하기까지
나를 버리지 마소서

시인이 처한 상황이 녹록지 않습니다. 사람들이 그를 보고 "하나님이 그를 버리셨다"라고 합니다. "버리다"는 단어가 여러 번 나옵니다. 한번은 대적들이 사용한 것이고(11) 두 번은 시인의 기도에 나옵니다(17, 18). 그는 하나님께 멀리하지 마시고 버리지 마시기를 간구합니다. 그러면서도 그 자신은 하나님을 신뢰하며 신실하게 나아옵니다. 하나님께서 대적을 멸하시기를 구하며 항상 소망을 품고 주를 더욱더욱 찬송합니다(14). 버리지 마시기를 구하고 있지만 하나님은 절대 그러지 않으실 거라는 확신을 가진 사람처럼 뒤로 물러서지 않는 마음이 보입니다.

"버리다"라는 단어 외에 눈에 띄는 단어가 하나 더 있습니다. "전하다"입니다. "측량할 수 없는 주의 공의와 구원을 내 입으로 종일 전하리이다"(15), "주의 공의만 전하겠나이다"(16), "내가 지금까지 주의 기이한 일들을 전하였나이다"(17), "내가 주의 힘을 후대에 전하고 … 전하기까지 나를 버리지 마소서"(18)

시인은 하나님께서 자기에게 행하신 공의와 구원, 능하신 행적, 기이한 일, 주의 힘을 전하겠다고 합니다. 지금 비록 고난 중에 있지만 그는 장래에 건지실 때를 바라보고 있습니다. 그 소망이 그를 넉넉히 이기게 하는 힘이 되고 있습니다.

기도:
하나님, 대적이 저를 볼 때 하나님께서 버리신 것같이 보이는 때조차 항상 소망을 품고 더욱더욱 하나님을 찬송하게 하옵소서. 하나님께서 대적에게 보이신 공의와 저를 구원하신 기이한 일을 전하겠사오니 속히 응답하옵소서. 흔들리지 않는 마음으로 하나님을 바라고 바라게 하옵소서. 예수 그리스도의 이름으로 기도합니다. 아멘.

시편 71:19~24 돌이키사 나를 위로하소서

[19] 하나님이여 주의 의가 또한 지극히 높으시니이다
하나님이여 주께서 큰 일을 행하셨사오니
누가 주와 같으리이까
[20] 우리에게 여러 가지 심한 고난을 보이신 주께서
우리를 다시 살리시며
땅 깊은 곳에서 다시 이끌어 올리시리이다
[21] 나를 더욱 창대하게 하시고
돌이키사 나를 위로하소서
[22] 나의 하나님이여 내가 또 비파로 주를 찬양하며
주의 성실을 찬양하리이다
이스라엘의 거룩하신 주여
내가 수금으로 주를 찬양하리이다
[23] 내가 주를 찬양할 때에 나의 입술이 기뻐 외치며
주께서 속량하신 내 영혼이 즐거워하리이다
[24] 나의 혀도 종일토록
주의 의를 작은 소리로 읊조리오리니
나를 모해하려 하던 자들이
수치와 무안을 당함이니이다

2절에서 하나님의 의로우심에 의지하여 간청했던 시인은 이제 그 의를 찬송합니다. "주의 의가 또한 지극히 높으시니이다" 하나님이 의로우심으로 원수를 심판하시고 구원하심을 노래하는 겁니다.
    20절에는 부활에 대한 소망이 담겨 있습니다. "우리를 다시 살리시며 땅 깊은 곳에서 다시 이끌어 올리시리이다" 그가 겪고 있는 심한 고난에서 구원하실 것을 비유로 표현한 것으로 읽을 수도 있습니다. 그렇지만 그리스도가 죽음에서 다시 일으키심을 받으셨으며 그를 믿는 자들을 다시 살리실 것을 믿는 우리는 문자대로 하나님께서 우리를 죽음에서 다시 살리실 것을 믿는 고백으로 읽혀집니다. 죽음에 이르는 고난이 있다 할지라도 하나님은 "우리를 다시 살리시며 땅 깊은 곳에서 다시 이끌어 올리"실 겁니다(20). 그리고 "더욱 창대하게 하시고 돌이키사 나를 위로"하실 겁니다(21).
    그러한 믿음으로 시인은 하나님을 찬양하며 노래합니다. 비파와 수금으로 찬양하며 성실로 찬양합니다. 입술이 기뻐 외치며 혀가 종일 주의 의를 읊조립니다.
    우리는 나면서 백발이 되기까지 그리고 죽음에 이르도록 한결같이 하나님을 신뢰하며 찬송하는 시인의 모습을 봅니다. 이 시는 그리스도에게서 성취되었습니다. 그리스도는 항상 하나님을 신뢰하며 인생을 사셨습니다. 그리스도는 우리에게 그 길을 따라오라고 부르십니다.

    기도:
    하나님의 의를 높이 노래합니다. 하나님께서는 그리스도 안에서 약속하신 구원을 반드시 이루시고 원수에게 갚으심으로 의로우심을 나타내십니다. 하나님이여, 죽음에서조차 다시 일어나 창대하게 하시고 위로하시는 은혜를 바라봅니다. 죽음도 두려워하지 않게 하옵소서, 믿음이 꺾이지 않게 하옵소서, 성실함으로 하나님을 찬양하게 하옵소서, 예수 그리스도의 이름으로 기도합니다. 아멘.

시편 72:1~11 주의 판단력을 왕에게 주시고

[솔로몬의 시]
¹ 하나님이여 주의 판단력을 왕에게 주시고
주의 공의를 왕의 아들에게 주소서
² 그가 주의 백성을 공의로 재판하며
주의 가난한 자를 정의로 재판하리니
³ 의로 말미암아 산들이 백성에게 평강을 주며
작은 산들도 그리하리로다
⁴ 그가 가난한 백성의 억울함을 풀어 주며
궁핍한 자의 자손을 구원하며 압박하는 자를 꺾으리로다
⁵ 그들이 해가 있을 동안에도 주를 두려워하며
달이 있을 동안에도 대대로 그리하리로다
⁶ 그는 벤 풀 위에 내리는 비같이
땅을 적시는 소낙비같이 내리리니
⁷ 그의 날에 의인이 흥왕하여 평강의 풍성함이
달이 다할 때까지 이르리로다
⁸ 그가 바다에서부터 바다까지와
강에서부터 땅끝까지 다스리리니
⁹ 광야에 사는 자는 그 앞에 굽히며
그의 원수들은 티끌을 핥을 것이며
¹⁰ 다시스와 섬의 왕들이 조공을 바치며
스바와 시바 왕들이 예물을 드리리로다
¹¹ 모든 왕이 그의 앞에 부복하며
모든 민족이 다 그를 섬기리로다

시편 72편은 시편 2권의 마지막 시입니다. 제목은 "솔로몬의 시"로 되어 있지만 20절에서는 "이새의 아들 다윗의 기도"라고 되어 있습니다. 솔로몬을 비롯하여 그의 후손으로 오는 왕을 위한 기도로 생각할 수 있습니다. 특히 그의 자손으로 오는 그리스도가 오셔서 성취하실 내용을 담고 있습니다.

1절은 시의 전체 주제입니다. 왕의 아들에게 판단력과 공의를 주셔서 하나님의 나라를 다스리게 해 달라고 구합니다. 이 왕은 시편 2편에 예언된 하나님께서 시온에 세우실 왕입니다.

2~4절은 왕의 통치의 특징을 말합니다. 왕의 아들인 왕은 공의로 백성을 재판하고 가난한 자를 정의로 재판할 겁니다. "가난한 자"는 경제적인 점을 말하는 것이 아닙니다. 고난받는 하나님의 모든 백성에 대한 표현입니다. 그의 억울함을 풀어주고 구원하며 그를 압박하는 원수를 꺾을 겁니다.

5~11절은 왕의 통치 범위를 말합니다. 그의 의로운 통치는 낮이나 밤이나 항상 있을 것이며(5), 비같고 소낙비같이 골고루 풍성하게 미칠 겁니다. 바다에서 바다까지 광야에서 사는 자들이나 다시스와 섬의 왕들에까지 그리고 모든 왕과 모든 민족이 그를 섬기게 될 겁니다. 이것은 솔로몬이나 그 어떤 왕에게서도 성취되지 않았습니다. 그리스도께 이루어질 내용입니다. 그리스도는 어제나 오늘이나 영원토록 우리의 의로우신 왕이십니다.

기도:
하나님이여, 우리에게 의로우신 왕을 보내주셔서 감사합니다. 그리스도 우리 왕이 오셔서 우리를 구원하셨으며 우리의 원수를 이기셨고 또한 이기실 겁니다. 우리를 평강에 평강으로 인도하여 주옵소서, 그리스도의 통치가 땅끝까지 모든 민족에게 미치게 하시고 모든 무릎이 그 이름 앞에 꿇어 엎드리게 하옵소서. 예수 그리스도의 이름으로 기도합니다. 아멘.

시편 72:12~20 홀로 기이한 일을 행하시는 여호와 하나님

[12] 그는 궁핍한 자가 부르짖을 때에 건지며
도움이 없는 가난한 자도 건지며
[13] 그는 가난한 자와 궁핍한 자를 불쌍히 여기며
궁핍한 자의 생명을 구원하며
[14] 그들의 생명을 압박과 강포에서 구원하리니
그들의 피가 그의 눈앞에서 존귀히 여김을 받으리로다
[15] 그들이 생존하여 스바의 금을 그에게 드리며
사람들이 그를 위하여 항상 기도하고 종일 찬송하리로다
[16] 산꼭대기의 땅에도 곡식이 풍성하고
그것의 열매가 레바논 같이 흔들리며
성에 있는 자가 땅의 풀 같이 왕성하리로다
[17] 그의 이름이 영구함이여 그의 이름이 해와 같이 장구하리로다
사람들이 그로 말미암아 복을 받으리니
모든 민족이 다 그를 복되다 하리로다
[18] 홀로 기이한 일들을 행하시는 여호와 하나님
곧 이스라엘의 하나님을 찬송하며
[19] 그 영화로운 이름을 영원히 찬송할지어다
온 땅에 그의 영광이 충만할지어다 아멘 아멘
[20] 이새의 아들 다윗의 기도가 끝나니라

왕을 위한 다윗의 기도가 이어집니다. 12~16절은 왕의 통치로 궁

핍하고 가난한 자들에게 임하는 복에 대하여 묘사하고 있습니다. 왕은 궁핍한 자, 가난한 자를 건지고 불쌍히 여기고 생명을 구원합니다. 그들의 피가 왕의 눈에 존귀하게 여김을 받습니다. 그들은 생존하여 스바의 금을 왕에게 드릴만큼 부요하게 됩니다. 사람들은 왕을 위하여 기도하며 종일 찬송합니다. 왕이 다스리는 모든 땅이 풍요롭고 백성들이 번성합니다. 이 모든 것은 하나님 나라의 풍요를 보여주고 있습니다. 그리스도께서 "심령이 가난한 자는 복이 있나니 천국이 그들의 것임이요"(마 5:3)라고 하신 것은 이 시편에 등장하는 가난한 자들이 왕의 통치로 누리게 될 풍요를 생각하셨을 겁니다.

17~19절은 왕과 왕을 내신 하나님을 찬양합니다. 왕의 통치가 영원히 계속되며 해가 모든 곳에 비추는 것처럼 그의 통치가 확장될 겁니다. 사람들은 그로 인해 복을 받되 모든 민족이 복을 받게 됩니다. 아브라함에게 약속하신 복의 언약이 성취됩니다. 시편 2편에서 예언하신 대로 하나님이 시온에 세우신 아들로 인해 하나님 나라가 온전하게 풍요롭게 될 겁니다. 이 말씀은 그리스도가 이 땅에 오시는 때부터 이미 시작되었으며 완성을 향해 나아가고 있습니다. 하나님의 백성이요 아들딸로 부름을 받은 우리는 지금 그 은혜를 누리고 있습니다. 이 일을 행하신 이는 여호와 하나님입니다. 영원토록 여호와 하나님의 이름이 찬송을 받으시기를, 온 땅에 그의 영광이 충만하기를. 아멘 아멘.

기도:
우리 하나님 아버지께서 영광을 받으시기를 바랍니다. 이 말씀을 우리에게 들려주시고 그리스도 안에서 함께 노래하며 나아가도록 도우시는 성령을 찬송합니다. 우리의 왕이신 그리스도께서 의로 다스리시며 우리를 구원하여 주심을 감사드립니다. 우리의 생명을 위협하는 것에서 우리를 구하시고 우리의 생명을 더욱 풍성하게 하여 주시길 구합니다. 하나님 나라가 온전하게 속히 임하기를 바랍니다. 우리를 위해 기이한 일을 행하시는 여호와 하나님을 찬송합니다. 예수 그리스도의 이름으로 기도합니다. 아멘.

제3권

시편 73:1~12 나는 거의 넘어질 뻔하였고

[아삽의 시]
¹ 하나님이 참으로 이스라엘 중
마음이 정결한 자에게 선을 행하시나
² 나는 거의 넘어질 뻔하였고
나의 걸음이 미끄러질 뻔하였으니
³ 이는 내가 악인의 형통함을 보고
오만한 자를 질투하였음이로다
⁴ 그들은 죽을 때에도 고통이 없고
그 힘이 강건하며
⁵ 사람들이 당하는 고난이 그들에게는 없고
사람들이 당하는 재앙도 그들에게는 없나니
⁶ 그러므로 교만이 그들의 목걸이요
강포가 그들의 옷이며
⁷ 살찜으로 그들의 눈이 솟아나며
그들의 소득은 마음의 소원보다 많으며
⁸ 그들은 능욕하며 악하게 말하며
높은 데서 거만하게 말하며
⁹ 그들의 입은 하늘에 두고
그들의 혀는 땅에 두루 다니도다
¹⁰ 그러므로 그의 백성이 이리로 돌아와서
잔에 가득한 물을 다 마시며
¹¹ 말하기를 하나님이 어찌 알랴
지존자에게 지식이 있으랴 하는도다
¹² 볼지어다 이들은 악인들이라도
항상 평안하고 재물은 더욱 불어나도다

3권은 17개의 시로 되어있는데 그중 열한 편이 아삽의 시이고 네 편이 고라 자손의 시입니다. 3권의 배경은 분열왕국입니다. 이스라엘이 북왕국 이스라엘과 남왕국 유다로 분열되고, 북왕국이 앗수르에게 멸망 당하고 남왕국이 바벨론에 멸망하는 것으로 이어집니다. 주로 공동체의 애가시와 찬송시입니다.
　시편 73편은 악인의 번영에 대한 의심을 다루고 있습니다. 72편에서 하나님의 의로우신 왕의 통치를 기원하고 찬송하였는데 악인이 형통하고 번성합니다. 아삽은 악인의 형통함에 넘어지고 미끄러질 뻔하였다고 합니다. 하나님은 마음이 청결한 자에게 선을 행하시는 분이신데 어떻게 이런 일이 일어날 수 있는지 의문을 갖습니다. 아삽이 볼 때 악인은 죽을 때도 고통이 없고 강건합니다. 그들에게는 고난도 재앙도 없습니다. 그들은 교만하며 악하게 말하고 거만하게 말합니다. 그들은 하나님을 대적합니다. "하나님이 어찌 알랴 지존자에게 지식이 있으랴" 악인의 형통함을 보면서 사람들은 묻습니다. 하나님이 어디에 계시는가? 아삽은 우리를 대신하여 이 문제를 다루고 있습니다.

　기도:
　하나님, 아삽의 마음이 저의 마음입니다. 하나님은 어찌하여 악인을 형통하게 하십니까? 하나님을 찾는 자는 왜 고난에 두십니까? 하나님께 피하여 가는 것이 이생에서 어떤 유익이 있는 겁니까? 악인들의 형통이 부럽고 질투가 납니다. 하나님의 의로우심을 믿지 못하고 흔들리는 것을 용서하여 주옵소서, 하나님의 선하심을 믿음으로 붙들게 하옵소서. 예수 그리스도의 이름으로 기도합니다. 아멘.

시편 73:13~20 주께서 깨신 후에는

¹³ 내가 내 마음을 깨끗하게 하며
내 손을 씻어 무죄하다 한 것이 실로 헛되도다
¹⁴ 나는 종일 재난을 당하며
아침마다 징벌을 받았도다
¹⁵ 내가 만일 스스로 이르기를
내가 그들처럼 말하리라 하였더라면
나는 주의 아들들의 세대에 대하여 악행을 행하였으리이다
¹⁶ 내가 어쩌면 이를 알까 하여 생각한즉
그것이 내게 심한 고통이 되었더니
¹⁷ 하나님의 성소에 들어갈 때에야
그들의 종말을 내가 깨달았나이다
¹⁸ 주께서 참으로 그들을 미끄러운 곳에 두시며
파멸에 던지시니
¹⁹ 그들이 어찌하여 그리 갑자기 황폐되었는가
놀랄 정도로 그들은 전멸하였나이다
²⁰ 주여 사람이 깬 후에는 꿈을 무시함 같이
주께서 깨신 후에는 그들의 형상을 멸시하시리이다

악인의 형통함을 보고 마음에 드는 유혹이 있습니다. '마음을 깨끗하게 하고 무죄하게 사는 것이 헛된 것이 아닙니까?. 의롭게 살아도 재난과 징벌을 받으니 차라리 악인들처럼 말하고 행할까요?' 그것은 한결같이 의로운 길을 걸으며 하나님께 피하여 가는 이들에게 악을 행하는 것이 될 겁니다. 그들을 배반하는 길입니다. 그러니 이것을 어찌할까 시인은 괴로워합니다.
 그러다가 아삽은 하나님의 성소에 들어갈 때 그들의 종말을 깨닫게 되었습니다. 하나님이 어떤 분이신지, 그리고 어떻게 일하여 오셨는지

를 생각하였던 겁니다. 그는 하나님이 공의로우신 분이심을 깨달았습니다. 가지고 있던 지식도 성령의 도우심이 아니면 깨닫지 못하는 법입니다. 악인들은 결국에 파멸에 던져지고 갑자기 황폐되고 전멸하게 됩니다. "주께서 깨신 후"라는 말은 하나님께서 주무셨다는 것이 아닙니다. 하나님께서 악인의 횡포에 대하여 인내하시기를 그치시는 때가 되었다는 말입니다. 사람이 꿈에서 깬 후에 꿈을 무시하는 것처럼 악인들의 존재와 그들의 일은 멸시되고 말 겁니다.

주께서 환난의 때를 사는 신자들에게 말씀하신 것을 기억합시다. "또 너희가 내 이름으로 말미암아 모든 사람에게 미움을 받을 것이나 끝까지 견디는 자는 구원을 받으리라"(막 13:13). 끝까지 견디어야 합니다.

아삽이 성소에 들어갈 때 이 진리를 깨달았다고 합니다. 성소는 하나님 임재의 장소입니다. 구약에는 그것이 그리스도의 그림자로 있었습니다. 그런데 실체이신 그리스도께서 오셔서 우리는 그리스도 안에서 하나님의 임재를 경험합니다. 어떤 신령한 장소를 찾아야 답을 얻을 수 있는 것이 아닙니다. 진리이신 그리스도의 말씀과 깨닫게 하시는 성령의 역사하심을 의지해야 합니다. 하나님의 말씀 곧 계시에 의지하여 사색(묵상)할 때 진리에 이르게 됩니다. 이단들은 명쾌하고 이해하기 쉬운 답을 제공하지만, 그것은 성경 전체의 교훈을 담지 못하고 한두 구절을 문자로 해석할 뿐입니다. 쉽게 답을 찾지 못한다 해도 진리의 말씀을 붙들고 씨름하며 하나님께 나아갑시다.

기도:
하나님, 그리스도의 교훈을 받은 대로 믿음에 굳게 서서 한 걸음 한 걸음 나아가게 하옵소서. 악인들의 꾀와 죄인들의 길에 서지 않게 하옵소서, 그들의 길은 넓어 보이지만 멸망으로 가는 길임을 잊지 않게 하옵소서, 좁은 길을 걷는 주의 제자들과 어깨를 맞대고 걸어가게 하옵소서, 함께 있어 흔들리지 않는 동행자를 붙여 주옵소서. 예수 그리스도의 이름으로 기도합니다. 아멘.

시편 73:21~28 하나님께 가까이 함이 내게 복이라

21 내 마음이 산란하며 내 양심이 찔렸나이다
22 내가 이같이 우매 무지함으로 주 앞에 짐승이오나
23 내가 항상 주와 함께하니
주께서 내 오른손을 붙드셨나이다
24 주의 교훈으로 나를 인도하시고
후에는 영광으로 나를 영접하시리니
25 하늘에서는 주 외에 누가 내게 있으리요
땅에서는 주 밖에 내가 사모할 이 없나이다
26 내 육체와 마음은 쇠약하나
하나님은 내 마음의 반석이시요 영원한 분깃이시라
27 무릇 주를 멀리하는 자는 망하리니
음녀 같이 주를 떠난 자를 주께서 다 멸하셨나이다
28 하나님께 가까이함이 내게 복이라
내가 주 여호와를 나의 피난처로 삼아
주의 모든 행적을 전파하리이다

아삽은 하나님의 성소에서 하나님의 말씀에 근거하여 악인의 결국이 어떠한지를 깨달았습니다. 그리고 자신이 미혹되었던 생각들이 얼마나 무지하였는지 알게 되어 "주 앞에 짐승"이었다고 고백합니다. 그리고 의심하며 불평하였던 것과는 전혀 다른 신앙의 고백을 합니다. 악인의 번영에 대한 질투와 하나님께 대한 의심으로 괴로운 중에도 아삽은 "항상 주와 함께"했다고 합니다. 그리고 하나님께서도 그를 책망하지 않으시고 오른손을 붙드셨으며 주의 교훈으로 인도하여 영광으로 영접하실 것을 확신합니다. 하나님은 인자하시며 노하기를 더디 하시며 은혜로우십니다.

아삽은 이 과정을 겪으면서 분명하게 깨달은 내용을 25절 이하에 고백하며 찬송합니다. 하늘과 땅에 하나님 외에 그에게 아무것도 없으며 하나님이 그의 마음의 반석이시오 영원한 분깃이십니다. 주를 멀리하는 자는 망하고 떠난 자는 멸하겠지만 하나님을 가까이함은 복입니다.

하늘과 땅, 온 우주의 창조주께서 피조물 중의 하나인 나에게 반석이 되시고 영원한 분깃이 되어 주신다는 것보다 더 큰 영광과 복이 있겠습니까? 하나님의 아들이 중보자로 우리에게 오시기도 전에 이 같은 신앙이 있었다는 것은 놀라운 일입니다. 하나님은 자기 아들을 죽기까지 내어 주심으로 우리에 대한 자기의 사랑을 확증하셨습니다. 더욱 하나님을 가까이함이 우리의 복인 줄 알고 하나님께 감사하며 찬송해야 합니다.

기도:

하나님, 저는 여전히 악인의 형통에 마음이 산란하며 하나님만을 복으로 삼지 못하는 무지한 짐승 같습니다. 바라옵건대 하나님께서 저의 오른손을 붙드시고 교훈으로 인도하시옵소서, 흔들리면서도 하나님께 나아가게 하옵소서. 하늘과 땅에 하나님 외에 제가 사모할 분이 없습니다. 하나님이 나의 반석이시고 영원한 분깃이십니다. 하나님을 가까이하고 하나님을 피난처 삼아 피하게 하시니 감사합니다. 예수 그리스도의 이름으로 기도합니다. 아멘.

시편 74:1~11 원수가 성소에서 모든 악을 행하였나이다

[아삽의 마스길]
¹ 하나님이여 주께서 어찌하여 우리를 영원히 버리시나이까
어찌하여 주께서 기르시는 양을 향하여
진노의 연기를 뿜으시나이까
² 옛적부터 얻으시고 속량하사
주의 기업의 지파로 삼으신 주의 회중을 기억하시며
주께서 계시던 시온 산도 생각하소서
³ 영구히 파멸된 곳을 향하여 주의 발을 옮겨 놓으소서
원수가 성소에서 모든 악을 행하였나이다
⁴ 주의 대적이 주의 회중 가운데에서 떠들며
자기들의 깃발을 세워 표적으로 삼았으니
⁵ 그들은 마치 도끼를 들어
삼림을 베는 사람 같으니이다
⁶ 이제 그들이 도끼와 철퇴로
성소의 모든 조각품을 쳐서 부수고
⁷ 주의 성소를 불사르며
주의 이름이 계신 곳을 더럽혀 땅에 엎었나이다
⁸ 그들이 마음속으로 이르기를 우리가 그들을 진멸하자 하고
이 땅에 있는 하나님의 모든 회당을 불살랐나이다
⁹ 우리의 표적은 보이지 아니하며 선지자도 더 이상 없으며
이런 일이 얼마나 오랠는지 우리 중에 아는 자도 없나이다
¹⁰ 하나님이여 대적이 언제까지 비방하겠으며
원수가 주의 이름을 영원히 능욕하리이까
¹¹ 주께서 어찌하여 주의 손 곧 주의 오른손을 거두시나이까
주의 품에서 손을 빼내시어 그들을 멸하소서

시편 73편이 개인적인 믿음의 싸움이었다면 74편은 공동체적인 내용입니다. 3~9절까지 그들이 겪은 일을 말합니다. 대적이 하나님께서 택하신 시온 산과 그곳에 있는 성소에 악을 행했습니다. 원수는 성소의 모든 조각품을 도끼와 철퇴로 부수고 성소를 불살라 영구히 파멸하였습니다. 또한, 하나님의 백성들 가운데서 떠들며 그들을 표적으로 삼아 삼림을 베듯이 쓰러뜨렸습니다. 시온 산의 성소뿐 아니라 지방의 모든 회당까지 불살랐습니다. 이렇게 하나님의 땅이 더럽혀지는 동안 하나님의 표적은 없었고 심판과 구원을 전하는 선지자도 없었습니다.

하나님의 백성, 하나님의 교회를 이토록 처참하게 짓밟히게 하시는 이유는 무엇일까요? 구약의 백성들뿐 아니라 신약의 교회도 자주 대적에 넘겨지는 일이 있었고 지금도 있습니다. 우리는 하나님의 뜻을 다 이해할 수 없지만 아삽과 같이 간구할 수 있습니다.

아삽은 1, 2절에는 하나님께서 기르시는 양이요 옛적부터 얻으시고 속량하사 기업으로 삼으신 백성을 기억하시기를 호소합니다. 그리고 10, 11절은 원수에 대해 심판하시기를 간구합니다. 그는 하나님의 언약에 호소하며 하나님의 공의로우심에 간구합니다. 언약에 신실하신 하나님의 인자하심은 고난 중에 있는 자기 백성을 절대 버리지 않으시고 영광의 자리로 이끄실 것이며 하나님을 대적하는 자들을 공의로 판단하실 겁니다.

기도:
하나님, 우리가 고난받을 때, 대적의 손에 잠시 붙여질 때도 하나님의 언약 안에 있는 자녀임을 잊지 않게 하옵소서. 이 고난이 그리스도와 함께 영광을 받은 자가 견뎌야 하는 고난임을 기억하게 하옵소서. 그럼에도 우리가 연약함을 생각하시어 고난을 감하시고 우리의 대적을 멸하시옵소서. 예수 그리스도의 이름으로 기도합니다. 아멘.

시편 74:12~23 하나님은 예로부터 나의 왕이시라

¹² 하나님은 예로부터 나의 왕이시라 사람에게 구원을 베푸셨나이다
¹³ 주께서 주의 능력으로 바다를 나누시고
물 가운데 용들의 머리를 깨뜨리셨으며
¹⁴ 리워야단의 머리를 부수시고
그것을 사막에 사는 자에게 음식물로 주셨으며
¹⁵ 주께서 바위를 쪼개어 큰물을 내시며
주께서 늘 흐르는 강들을 마르게 하셨나이다
¹⁶ 낮도 주의 것이요 밤도 주의 것이라
주께서 빛과 해를 마련하셨으며
¹⁷ 주께서 땅의 경계를 정하시며
주께서 여름과 겨울을 만드셨나이다
¹⁸ 여호와여 이것을 기억하소서 원수가 주를 비방하며
우매한 백성이 주의 이름을 능욕하였나이다
¹⁹ 주의 멧비둘기의 생명을 들짐승에게 주지 마시며
주의 가난한 자의 목숨을 영원히 잊지 마소서
²⁰ 그 언약을 눈여겨보소서
무릇 땅의 어두운 곳에 포악한 자의 처소가 가득하나이다
²¹ 학대받은 자가 부끄러이 돌아가게 하지 마시고
가난한 자와 궁핍한 자가 주의 이름을 찬송하게 하소서
²² 하나님이여 일어나 주의 원통함을 푸시고
우매한 자가 종일 주를 비방하는 것을 기억하소서
²³ 주의 대적들의 소리를 잊지 마소서
일어나 주께 항거하는 자의 떠드는 소리가 항상 주께 상달되나이다

12절부터 분위기가 바뀝니다. 하나님의 성소와 백성이 위기 가운데 있지만 아삽은 하나님이 여전히 온 땅의 왕이심을 찬송합니다. 그리고 그 왕이 "예로부터 나의 왕"이시라고 고백합니다. 13~17절에는 자연을 다스리시는 왕이신 하나님의 능력을 묘사합니다. 하나님은 물 가운데 용들과 리워야단(큰 수생생물)을 깨뜨리시며 강과 낮과 밤과 빛과 해와 계절을 주관하십니다. 이것들은 고대인들이 신적인 권위를 두고 두려워하며 경외하던 대상입니다. 문명의 발전을 과신하는 현대인들도 자연의 힘을 어찌할 수 없다고 기후 위기를 통해 통감하고 있습니다. 하나님이 이 모든 것을 그의 뜻대로 다스리십니다.

아삽은 왕이신 하나님이시며 언약의 여호와께 호소합니다. "하나님"은 전능하신 하나님에 대한 일반적인 호칭으로, 여호와는 언약의 하나님에 대한 호칭으로 구분하여 사용되고 있습니다. 아삽은 원수에게서 우매한 백성을 지켜 주시기를, 언약을 기억하사 하나님께 피하는 가난한 자를 건져 주시기를 기도합니다. 74편은 기도의 응답에 관한 내용과 찬양이 없이 끝납니다. 기도에 대한 응답이 바로 이어지거나 응답에 대한 확신이 항상 따라오지 않더라도 우리는 아들을 언약의 중보자로 주신 하나님의 신실하심을 의지하며 인내할 수 있습니다. 하나님은 지체하지 않으실 겁니다.

기도:

하나님은 예로부터 나의 왕이십니다. 온 땅이 하나님의 뜻에 순종합니다. 전 세계가 기후 위기로 몸살을 앓고 있는데 특히 경제적으로 가난한 이들이 큰 고통을 받습니다. 긍휼히 여기시나 이 땅을 고쳐주시옵소서. 또한, 하나님을 대적하는 이들에 의해 고난받는 지상의 교회를 악으로부터 건져 주옵소서. 위기 중에도 여호와 하나님의 신실하심에 의지하게 하옵소서. 예수 그리스도의 이름으로 기도합니다. 아멘

시편 75편 주께 감사하고 감사함

[아삽의 시, 인도자를 따라 알다스헷에 맞춘 노래]
1 하나님이여 우리가 주께 감사하고 감사함은
주의 이름이 가까움이라
사람들이 주의 기이한 일들을 전파하나이다
2 주의 말씀이 내가 정한 기약이 이르면
내가 바르게 심판하리니
3 땅의 기둥은 내가 세웠거니와
땅과 그 모든 주민이 소멸되리라 하시도다 (셀라)
4 내가 오만한 자들에게 오만하게 행하지 말라 하며
악인들에게 뿔을 들지 말라 하였노니
5 너희 뿔을 높이 들지 말며
교만한 목으로 말하지 말지어다
6 무릇 높이는 일이 동쪽에서나 서쪽에서 말미암지 아니하며
남쪽에서도 말미암지 아니하고
7 오직 재판장이신 하나님이
이를 낮추시고 저를 높이시느니라
8 여호와의 손에 잔이 있어 술 거품이 일어나는도다
속에 섞은 것이 가득한 그 잔을 하나님이 쏟아 내시나니
실로 그 찌꺼기까지도 땅의 모든 악인이 기울여 마시리로다
9 나는 야곱의 하나님을 영원히 선포하며 찬양하며
10 또 악인들의 뿔을 다 베고 의인의 뿔은 높이 들리로다

시편 75편은 74편의 후속편입니다. 74편에서 하나님이 일어나 대적을 심판하시기를 구하였는데 75편은 하나님이 행하신 것에 대해 찬양하는 것으로 시작합니다.

교회(백성)의 안위를 위해 하나님께서 가까이 오셔서 그의 능력을 나타내시는 것을 찬양하며 사람들에게 전파하겠다고 노래합니다. "우리"(1)라고 공동체의 목소리로 시작하고 "나"(9)의 목소리로 찬양하며 마칩니다. 함께 기도하며 함께 예배하고 또한, 홀로 기도하고 홀로 예배해야 합니다.

2~8절은 하나님의 말씀으로 보입니다. 하나님은 정한 기약이 이르러 심판하십니다. 고난의 날도 하나님의 섭리 안에 있었던 겁니다. 하나님은 땅의 기둥도 세우셨고 땅과 그 모든 주민을 소멸하십니다. 오만한 자, 악인의 교만을 꺾으시고 낮추십니다. 심판의 잔을 악인에게 마시게 하십니다. 하나님은 자기에게 피하는 이들에게는 자비하시고 은혜로운 분이십니다. 그렇지만 하나님을 대적하는 자들에게는 공의를 행하십니다.

아삽은 야곱의 하나님을 선포하며 찬양합니다. "야곱의 하나님"은 아브라함의 언약 안에서 자기 백성에게 신실하신 하나님을 말합니다. 자기 백성에게서 죄를 찾지 않으시는 것은 그들을 위해 그리스도가 속죄 제물이 되셨기 때문입니다. 신자는 오직 그리스도 안에서 하나님께 의인이며 하나님은 의인의 뿔을 높이 드십니다.

기도:
야곱의 하나님, 주(당신)는 우리의 하나님이십니다. 우리에게 감당할 수 있는 고난을 주시고 정한 때에 대적을 심판하시사 고난에서 건지시는 분이십니다. 그때까지 우리가 견딜 수 있도록 도와주십시오. 하나님은 공의의 하나님이시오, 재판장이시며 언약의 하나님이시니 악인을 낮추시고 의인의 뿔을 높여 주옵소서. 그리하시면 우리가 하나님의 이름을 전파하리이다. 하나님의 이름으로 수치를 당하지 않게 하옵소서, 예수 그리스도의 이름으로 기도합니다. 아멘.

시편 76편 하나님은 유다에 알려지셨으며

[아삽의 시, 인도자를 따라 현악에 맞춘 노래]
¹ 하나님은 유다에 알려지셨으며
그의 이름이 이스라엘에 크시도다
² 그의 장막은 살렘에 있음이여
그의 처소는 시온에 있도다
³ 거기에서 그가 화살과 방패와 칼과
전쟁을 없이하셨도다 (셀라)
⁴ 주는 약탈한 산에서 영화로우시며 존귀하시도다
⁵ 마음이 강한 자도 가진 것을 빼앗기고 잠에 빠질 것이며
장사들도 모두 그들에게 도움을 줄 손을 만날 수 없도다
⁶ 야곱의 하나님이여 주께서 꾸짖으시매
병거와 말이 다 깊이 잠들었나이다
⁷ 주께서는 경외 받을 이시니
주께서 한 번 노하실 때에 누가 주의 목전에 서리이까
⁸ 주께서 하늘에서 판결을 선포하시매
땅이 두려워 잠잠하였나니
⁹ 곧 하나님이 땅의 모든 온유한 자를 구원하시려고
심판하러 일어나신 때에로다 (셀라)
¹⁰ 진실로 사람의 노여움은 주를 찬송하게 될 것이요
그 남은 노여움은 주께서 금하시리이다
¹¹ 너희는 여호와 너희 하나님께 서원하고 갚으라
사방에 있는 모든 사람도 마땅히 경외할 이에게 예물을 드릴지로다
¹² 그가 고관들의 기를 꺾으시리니
그는 세상의 왕들에게 두려움이시로다

시편 76편은 세상의 왕들에게 두려움이 되시는 왕 중의 왕이신 하나님을 찬양합니다. 그는 유다와 이스라엘의 통치자요 보호자십니다. 2~4절은 하나님의 강함을 사자와 같은 맹수에 비유합니다. "장막"과 "처소"(2)는 짐승의 은신처를 말합니다. 사자와 같이 힘있고 강하신 하나님의 은신처는 살렘(예루살렘)과 시온산입니다. 사자가 먹을거리가 풍부한 산에서 위엄이 있는 것처럼 하나님은 그가 다스리시는 땅에서 전쟁을 쉬게 하시며 평강을 주신다는 의미입니다. 하나님은 영화로우시고 존귀하십니다.

5~9절에서는 하나님은 용사에 비유됩니다. 마음이 강하고 힘이 있는 장사라도 하나님 앞에서 힘을 쓰지 못하그 군사력도 의미가 없습니다. 하나님은 경외를 받으실 분이며 그의 판결에 땅이 두려워 잠잠하게 됩니다. 하나님은 땅의 온유한 자를 구원하십니다. 온유한 자는 성품이 온유한 사람을 말하는 것이 아닙니다. 하나님께 피하여 도움을 구하는 사람을 일컫는 말입니다.

10~12절에서 하나님은 최고의 주권자이심을 말합니다. 사람들이 분노하는 것조차 하나님의 영광을 나타내게 될 겁니다. 세상의 왕들은 하나님을 두려워해야 합니다. 하나님이 주권자이심을 아는 자는 그를 경외하며 그에게 항복하고 예물을 들고나와야 합니다. 예물은 현대의 헌금을 의미하지 않습니다. 항복의 의미로 경의를 표하는 선물입니다. 하나님은 우리의 주권자십니다. 그는 전쟁을 쉬게 하시는 사자이며 용사이며 왕이십니다.

기도:
하나님, 고난 중에 있을 때는 하나님이 우리를 버리셨는가 우리가 큰 죄를 범하였는가 생각하게 됩니다. 우리의 고난도 우리를 대적하는 원수들의 노여움도 하나님의 손 안에 있습니다. 하나님이여, 사자와 같이 용사와 같이 오셔서 싸움이 멈추게 하옵소서. 심판자로 오셔서 우리의 대적을 잠잠하게 하옵소서. 하나님의 영광이 나타나게 하옵소서. 예수 그리스도의 이름으로 기도합니다. 아멘.

시편 77:1~9 환난 날에 주를 찾았으며

[아삽의 시, 인도자를 따라 여두둔의 법칙에 따라 부르는 노래]
¹ 내가 내 음성으로 하나님께 부르짖으리니
내 음성으로 하나님께 부르짖으면
내게 귀를 기울이시리로다
² 나의 환난 날에 내가 주를 찾았으며
밤에는 내 손을 들고 거두지 아니하였나니
내 영혼이 위로받기를 거절하였도다
³ 내가 하나님을 기억하고 불안하여 근심하니
내 심령이 상하도다 (셀라)
⁴ 주께서 내가 눈을 붙이지 못하게 하시니
내가 괴로워 말할 수 없나이다
⁵ 내가 옛날 곧 지나간 세월을 생각하였사오며
⁶ 밤에 부른 노래를 내가 기억하여
내 심령으로 내가 내 마음으로 간구하기를
⁷ 주께서 영원히 버리실까
다시는 은혜를 베풀지 아니하실까
⁸ 그의 인자하심은 영원히 끝났는가
그의 약속하심도 영구히 폐하였는가
⁹ 하나님이 그가 베푸실 은혜를 잊으셨는가
노하심으로 그가 베푸실 긍휼을 그치셨는가 하였나이다 (셀라)

아삽은 고통 중에 하나님께 기도합니다. 아삽의 기도는 우리가 고통을 당할 때 어떻게 해야 하는지 좋은 모델이 됩니다. 괴로울 때는 하나님께 나아가 간구하는 것조차 버거울 수 있습니다. 아삽은 그러한 마음을 그대로 하나님께 가지고 나아갑니다. 그의 영혼이 위로받기를 거절한다고 말합니다(2). 위로받고 일어나는 것도 원하지 않을 만큼 절망적인 상황입니다. 그렇지만 그는 밤에 하나님 앞에 손을 들고 기도하기를 멈추지 않습니다(2).

그는 괴로움으로 밤에도 눈을 붙이지 못합니다. 이전에 있었던 일을 생각하는데 아마도 좋았던 기억 같습니다. 하나님과 친밀하게 교제했던 시간, 하나님의 은혜 안에 풍요로웠던 날들을 기억합니다. 그런데 지금은 하나님께서 그의 기도를 듣지 않으시는 것 같고 그에게서 은총을 빼앗아 가신 것 같습니다. 그래서 마음에 의문이 듭니다.

하나님께서 나를 버리실까?
다시는 은혜를 베풀지 않으실까?
인자하심은 영원히 끝났는가?
약속은 폐하여졌는가?
베푸실 은혜를 잊으셨는가?
긍휼을 그치시고 노하기로 하셨는가?

이러한 생각을 해도 괜찮을까 하는 두려움 때문에 우리는 마음에 있는 것을 그대로 하나님 앞에 토하지 못하곤 합니다. 그런데 아삽은 이렇게 마음을 쏟아 놓으며 하나님의 인자하심에 의지하며 그의 은혜를 바랍니다. 아삽과 같이 있는 그대로 하나님께 나아갑시다.

기도:
하나님, 무한하신 사랑으로 기다리시고 품으시는 하나님께 나아가기를 머뭇거리지 않게 하옵소서. 위로 받기 싫을 때조차도 그 마음으로 하나님께 나아가 마음을 토하도록 용기를 주옵소서. 아빠 아버지의 친밀한 사랑에 맡길 수 있게 하옵소서. 예수 그리스도의 이름으로 기도합니다. 아멘.

시편 77:10~20 기이한 일을 행하신 하나님

10 또 내가 말하기를 이는 나의 잘못이라
지존자의 오른손의 해
11 곧 여호와의 일들을 기억하며
주께서 옛적에 행하신 기이한 일을 기억하리이다
12 또 주의 모든 일을 작은 소리로 읊조리며
주의 행사를 낮은 소리로 되뇌이리이다
13 하나님이여 주의 도는 극히 거룩하시오니
하나님과 같이 위대하신 신이 누구오니이까
14 주는 기이한 일을 행하신 하나님이시라
민족들 중에 주의 능력을 알리시고
15 주의 팔로 주의 백성
곧 야곱과 요셉의 자손을 속량하셨나이다 (셀라)
16 하나님이여 물들이 주를 보았나이다
물들이 주를 보고 두려워하며 깊음도 진동하였고
17 구름이 물을 쏟고 궁창이 소리를 내며
주의 화살도 날아갔나이다
18 회오리바람 중에 주의 우렛소리가 있으며
번개가 세계를 비추며 땅이 흔들리고 움직였나이다
19 주의 길이 바다에 있었고
주의 곧은 길이 큰 물에 있었으나
주의 발자취를 알 수 없었나이다
20 주의 백성을 양 떼 같이
모세와 아론의 손으로 인도하셨나이다

하나님에 대하여 의문을 품던 아삽은 사색 중에 답을 찾게 됩니다. 가장 높으신 분이 오른손으로 자기 백성을 보호하시던 때 곧 옛적에 행하신 기이한 일을 기억합니다. 하나님의 모든 일과 행하심을 묵상합니다. 의문은 묵상(사색)으로, 묵상은 신앙으로 이동합니다.

아삽은 하나님의 도(길, 방식)가 극히 거룩하시며 하나님은 위대하시다고 고백합니다. 하나님이 백성에게 고난을 허락하심에도 불구하고 말입니다. 그 길 끝에 당신의 팔로 구원하시기 때문입니다. 바울은 "우리가 알거니와 하나님을 사랑하는 자 곧 그의 뜻대로 부르심을 입은 자들에게는 모든 것이 합력하여 선을 이루느니라"(로마서 8:28)라고 고백합니다.

아삽은 과거의 일 중에 특히 야곱의 자손 이스라엘을 애굽에서 구하신 것과 요셉을 고난에서 건지신 것을 기억하고 있습니다(15). 그래서 야곱의 자손을 애굽에서 구하여낸 모세와 아론을 언급합니다(20).

하나님의 위대하심은 물들에 연관하여 묘사되고 있습니다(16~19). 물을 인격화하여 물이 하나님을 보고 두려워하고, 깊음도 진동하고 구름은 물을 쏟습니다. 우렛소리가 나고 바다는 길을 내줍니다. 홍해의 물이 갈라져 길을 내는 것을 말한 겁니다. 위대하신 하나님은 이스라엘을 구원하신 것과 같이 지금도 자기 백성의 기도를 들으시고 나타나셔서 인도하실 겁니다.

기도:
하나님, 주께서는 이스라엘 백성을 애굽에서 건지신 것처럼 우리를 흑암의 권세에서 건져내어 사랑의 아들의 나라로 옮기셨습니다. 그리스도를 죽음에서 일으키신 하나님의 능력이 저를 허물과 죄로 죽은 가운데서 살리셨습니다. 고난 중에도 하나님이 행하신 구속의 일을 기억합니다. 하나님의 변치않는 사랑으로 인도하여 주실 것을 믿습니다. 하나님은 기이한 일을 행하시는 분이십니다. 아멘.

시편 78:1~8 내 율법을 들으라

[아삽의 마스길]
¹ 내 백성이여 내 율법을 들으며
내 입의 말에 귀를 기울일지어다
² 내가 입을 열어 비유로 말하며
예로부터 감추어졌던 것을 드러내려 하니
³ 이는 우리가 들어서 아는 바요
우리의 조상들이 우리에게 전한 바라
⁴ 우리가 이를 그들의 자손에게 숨기지 아니하고
여호와의 영예와 그의 능력과 그가 행하신 기이한 사적을
후대에 전하리로다
⁵ 여호와께서 증거를 야곱에게 세우시며
법도를 이스라엘에게 정하시고
우리 조상들에게 명령하사
그들의 자손에게 알리라 하셨으니
⁶ 이는 그들로 후대 곧 태어날 자손에게 이를 알게 하고
그들은 일어나 그들의 자손에게 일러서
⁷ 그들로 그들의 소망을 하나님께 두며
하나님께서 행하신 일을 잊지 아니하고
오직 그의 계명을 지켜서
⁸ 그들의 조상들 곧 완고하고 패역하여
그들의 마음이 정직하지 못하며
그 심령이 하나님께 충성하지 아니하는 세대와 같이 되지
아니하게 하려 하심이로다

시편 78편은 역사시입니다. 애굽에서 시작하여 이스라엘이 앗수르

에 멸망하기까지의 역사를 배경으로 하나님이 하신 일과 이스라엘의 반역 그리고 하나님의 은혜가 어떠했는지를 다루고 있습니다. 이 긴 역사를 말하는 이유를 1~8절에서 말합니다. 이것은 비유이며 예로부터 감추었던 것들을 드러내려는 것이라고 합니다. 이 내용은 조상들이 전해준 것이며 자손들에게 숨기지 않고 전해야 하는 내용입니다.

여호와의 영예와 그의 능력, 여호와의 증거와 법도를 자손들에게 전하여서 알게 하려는 것이 목적입니다. 그래서 자손들이 여호와께서 행하신 일을 잊지 않고 하나님께 소망을 두게 하려는 겁니다. 조상들은 하나님의 영광과 능력을 경험하였음에도 불구하고 완고하고 패역하고 마음이 정직하지 못하여 하나님께 충성되지 못하였다고 합니다. 자손들이 그 길을 걷지 않기를 바라는 마음을 담고 있습니다.

부모 세대는 자녀들에게 무엇보다 하나님 경외하기를 가르쳐야 합니다. 그런데 가르침은 말로 되는 것이 아닙니다. 자녀들은 부모의 뒤를 따라가며 그림자를 보고 발자취를 따라 걷습니다. 그래서 부모는 말보다 하나님과 친밀히 교제하는 삶을 보여주어야 하며 하나님의 인자하심과 진실하심을 삶으로 나타내야 합니다. 그런데 한없이 연약한 사람이 어떻게 온전한 가르침을 줄 수 있겠습니까? 부모는 끊임없이 하나님께 지혜를 구하며 그리스도 안에서 은혜를 입어야 합니다. 그리고 자녀를 하나님의 손에 맡겨야 합니다.

기도:
_{부모의 기도} 하나님, 하나님의 영광과 능력 그리고 저의 생애 가운데 행하신 일들을 자녀들에게 전하는 일에 지혜를 주옵소서, 자녀들이 하나님께서 행하신 일을 잊지 않고 하나님께 소망을 두고 하나님만을 신실하게 사랑하는 자가 되게 하옵소서.
_{자녀의 기도} 하나님, 부모 세대가 전해준 하나님의 영광과 능력을 잊지 않게 하옵소서. 혹 부모 세대가 올바른 길을 걷지 않았다 할지라도 하나님께 소망을 두고 살아가도록 성령께서 제 마음을 고치시고 인도하여 주시기를 구합니다. 예수 그리스도의 이름으로 기도합니다. 아멘.

시편 78:9~20 전쟁의 날에 물러갔도다

⁹ 에브라임 자손은 무기를 갖추며 활을 가졌으나
전쟁의 날에 물러갔도다
¹⁰ 그들이 하나님의 언약을 지키지 아니하고
그의 율법 준행을 거절하며
¹¹ 여호와께서 행하신 것과
그들에게 보이신 그의 기이한 일을 잊었도다
¹² 옛적에 하나님이 애굽 땅 소안 들에서
기이한 일을 그들의 조상들의 목전에서 행하셨으되
¹³ 그가 바다를 갈라 물을 무더기 같이 서게 하시고
그들을 지나가게 하셨으며
¹⁴ 낮에는 구름으로 밤에는 불빛으로 인도하셨으며
¹⁵ 광야에서 반석을 쪼개시고
매우 깊은 곳에서 나오는 물처럼 흡족하게 마시게 하셨으며
¹⁶ 또 바위에서 시내를 내사
물이 강 같이 흐르게 하셨으나
¹⁷ 그들은 계속해서 하나님께 범죄하여
메마른 땅에서 지존자를 배반하였도다
¹⁸ 그들이 그들의 탐욕대로 음식을 구하여
그들의 심중에 하나님을 시험하였으며
¹⁹ 그뿐 아니라 하나님을 대적하여 말하기를
하나님이 광야에서 식탁을 베푸실 수 있으랴
²⁰ 보라 그가 반석을 쳐서 물을 내시니
시내가 넘쳤으나 그가 능히 떡도 주시며
자기 백성을 위하여 고기도 예비하시랴 하였도다

9~11절은 아래 내용의 요약으로 보입니다. 에브라임 자손은 한때 이스라엘 전체를 대표했습니다. 여기서는 이스라엘 전체를 의미하기도 하고 에브라임 지파만을 의미하기도 합니다. 그들은 무기를 갖추고 활을 가졌지만 여호와께서 전쟁하게 하신 자리에서 물러나고 언약을 지키지 않았고 여호와께서 그들에게 보이신 기이한 일을 잊었다고 합니다. 그들의 충성되지 못함이 무엇인지 아래에서 설명합니다.

12~16절은 여호와께서 애굽에서 나오게 하시고 광야에서 인도하신 일을 보여줍니다. 애굽에서 기이한 일을 행하시고 바다를 갈라 길을 내시고 광야에서는 구름 기둥과 불기둥으로 인도하셨습니다. 반석에서 물을 내시고 그들의 갈증을 해결해 주셨습니다.

하지만 그들은 하나님께 범죄하고 가장 높으신 분을 배반하였습니다(17~20절). 탐욕으로 음식을 구하여 하나님이 떡도 주시고 고기도 주실 수 있을지 시험하였습니다.

노예의 삶에서 자유를 주시고 바다를 가르는 기이한 일을 행하시고 광야에서 밤낮 인도하신 하나님의 역사를 보고도 이 백성은 하나님을 신뢰하지 못하였고 매 순간 시험하였습니다. 어떻게 이럴 수 있을까 싶은 그들의 모습에서 우리를 봅니다.

하나님은 우리가 언제나 신뢰할 수 있는 분입니다. 하나님이 먼저 우리를 택하셨고 아들을 주심으로 언약을 맺으셨습니다. 아들과 함께 모든 것을 주시는 분입니다(롬 8:32). 하나님이 어떤 분이신지 묵상함으로 온전히 신뢰합시다.

기도:
하나님이시여, 하나님께서 우리를 사랑하셔서 아들을 보내주신 것이 기이한 일입니다. 죄와 허물로 죽은 우리를 살리신 것이 하나님의 능력입니다. 하나님이 아들을 죽기까지 내어주심으로 우리에 대한 사랑을 확증해 주셨습니다. 믿음 없이, 탐욕으로 하나님을 시험하는 일이 없게 하옵소서. 완고하고 강퍅한 마음을 부드럽게 하시고 새롭게 하옵소서, 예수 그리스도의 이름으로 기도합니다. 아멘.

시편 78:21~31 여호와께서 듣고 노하셨으며

²¹ 그러므로 여호와께서 듣고 노하셨으며
야곱에게 불같이 노하셨고
또한 이스라엘에게 진노가 불타 올랐으니
²² 이는 하나님을 믿지 아니하며
그의 구원을 의지하지 아니한 때문이로다
²³ 그러나 그가 위의 궁창을 명령하시며
하늘 문을 여시고
²⁴ 그들에게 만나를 비같이 내려 먹이시며
하늘 양식을 그들에게 주셨나니
²⁵ 사람이 힘센 자의 떡을 먹었으며
그가 음식을 그들에게 충족히 주셨도다
²⁶ 그가 동풍을 하늘에서 일게 하시며
그의 권능으로 남풍을 인도하시고
²⁷ 먼지처럼 많은 고기를 비 같이 내리시고
나는 새를 바다의 모래 같이 내리셨도다
²⁸ 그가 그것들을 그들의 진중에 떨어지게 하사
그들의 거처에 두르셨으므로
²⁹ 그들이 먹고 심히 배불렀나니
하나님이 그들의 원대로 그들에게 주셨도다
³⁰ 그러나 그들이 그들의 욕심을 버리지 아니하여
그들의 먹을 것이 아직 그들의 입에 있을 때에
³¹ 하나님이 그들에게 노염을 나타내사
그들 중 강한 자를 죽이시며
이스라엘의 청년을 쳐 엎드러뜨리셨도다

시인은 민수기 11장의 사건을 간략하게 기록하고 있습니다. 이스라엘이 높으신 자를 배반하고 탐욕대로 시험하며 불평하는 소리를 하나님께서 들으시고 노하셨습니다. 그들이 하나님을 믿지 않고 하나님의 구원을 의지하지 않았기 때문입니다. 하지만 하나님은 그들의 행위대로 대하지 않으셨습니다. 하늘 문을 여시고 하늘의 양식 만나를 비같이 내려 먹이셨습니다. 그런데 그들은 애굽에서 노예로 지내면서 먹었던 "생선과 오이와 참외와 부추와 파와 다늘"을 그리워하며 다시 불평했습니다.

하나님은 상상도 못할 방법으로 그들에게 고기를 보내셨습니다. 땅에서 높이가 1미터가량까지 될 정도로 많은 메추라기(그곳을 지나는 철새일 겁니다)가 진영 주변에 쌓이게 하셨습니다. 백성들은 이틀 동안 각각 열 호멜(120말 정도)씩을 모았고 그것을 진영 사면에 펴두었습니다. 햇볕에 말려 저장 음식으로 두고두고 먹을 생각이었던 겁니다. 하나님께서 언제 또 고기를 주실지 알 수 없다고 생각했을 겁니다. 이적을 보고도 하나님에 대한 믿음을 갖지 못했던 겁니다. 그들의 불신은 하나님의 진노를 살 수밖에 없었습니다.

주께서는 이렇게 말씀하십니다.

"오늘 있다가 내일 아궁이에 던져지는 들풀도 하나님이 이렇게 입히시거든 하물며 너희일까 보냐 믿음이 작은 자들아 그러므로 염려하여 이르기를 무엇을 먹을까 무엇을 마실까 무엇을 입을까 하지 말라 … 그런즉 너희는 먼저 그의 나라와 그의 의를 구하라 그리하면 이 모든 것을 너희에게 더하시리라"(마태복음 6:30~33)

기도:
하나님, 하늘 아버지께서 이미 주신 것에 대하여 감사를 잊지 않게 하옵소서. 있어야 할 것을 아시는 아버지께서 채우실 것을 믿으며 자족한 마음으로 살게 하옵소서. 탐욕과 불신이 틈타지 않게 하옵소서. 먼저 하나님 나라와 의를 구하는 데 마음을 쓰게 하옵소서. 예수 그리스도의 이름으로 기도합니다. 아멘.

시편 78:32~42 기이한 일들을 믿지 아니하였으므로

³² 이러함에도 그들은 여전히 범죄하여
그의 기이한 일들을 믿지 아니하였으므로
³³ 하나님이 그들의 날들을 헛되이 보내게 하시며
그들의 햇수를 두려움으로 보내게 하셨도다
³⁴ 하나님이 그들을 죽이실 때에
그들이 그에게 구하며 돌이켜 하나님을 간절히 찾았고
³⁵ 하나님이 그들의 반석이시며
지존하신 하나님이 그들의 구속자이심을 기억하였도다
³⁶ 그러나 그들이 입으로 그에게 아첨하며
자기 혀로 그에게 거짓을 말하였으니
³⁷ 이는 하나님께 향하는 그들의 마음이 정함이 없으며
그의 언약에 성실하지 아니하였음이로다
³⁸ 오직 하나님은 긍휼하시므로
죄악을 덮어 주시어 멸망시키지 아니하시고
그의 진노를 여러 번 돌이키시며
그의 모든 분을 다 쏟아 내지 아니하셨으니
³⁹ 그들은 육체이며 가고 다시 돌아오지 못하는
바람임을 기억하셨음이라
⁴⁰ 그들이 광야에서 그에게 반항하며
사막에서 그를 슬프시게 함이 몇 번인가
⁴¹ 그들이 돌이켜 하나님을 거듭거듭 시험하며
이스라엘의 거룩하신 이를 노엽게 하였도다
⁴² 그들이 그의 권능의 손을 기억하지 아니하며
대적에게서 그들을 구원하신 날도 기억하지 아니하였도다

이스라엘의 배반과 하나님의 은혜가 계속 반복됩니다. 이스라엘은 하나님의 진노하심을 당하면서도 여전히 범죄하였습니다. 하나님께서는 그들의 날을 헛되이 보내게 하시고 그들이 사는 동안 두려움으로 살게 하셨습니다. 그들은 죽을 때 돌이켜 하나님을 찾았습니다. 하나님이 반석이시고 구속자이심을 기억하였습니다. 그렇지만 그들의 마음은 정함이 없어 하나님과의 언약에 성실하지 않았습니다. 그런데도 하나님은 긍휼하시어 죄악을 덮어 멸망하지 않으시고 진노를 다 쏟지 않으셨습니다. 그들이 육체이며 바람인 것을 기억하셨습니다. 그뿐 아니라 그들을 부르셔서 언약을 맺으시고 백성으로 삼으셨습니다. 이스라엘이 이토록 은혜를 모른다는 것이 기이할 정도입니다. 하나님은 중보자의 구속과 성령으로 새롭게 하심이 아니고서는 이 백성들과 온전히 연합할 수 없음을 아셨습니다. 그래서 그리스도와 성령을 약속하셨으며 그 약속을 우리에게 성취하셨습니다.

그들의 근본적인 문제는 하나님의 기이한 일들을 믿지 않았다는 것이었습니다. 그들의 눈앞에서 바다가 갈라지고 날마다 만나가 그들의 음식으로 제공되고 땅에 차고 넘칠 정도로 메추라기를 보고 만졌으면서도 하나님을 믿지 않았습니다. 우리는 이스라엘 백성보다 더 기이한 일을 경험한 사람들입니다. 그렇지만 우리도 계속하여 믿음으로 성령을 의지하지 않으면 안 됩니다. 바울은 갈라디아 교인들에게 성령을 떠나 육체로 기울지 말라고 경고했습니다. "어리석도다 갈라디아 사람들아 예수 그리스도께서 십자가에 못 박히신 것이 너희 눈앞에 밝히 보이거늘 누가 너희를 꾀더냐"(갈라디아서 3:1)

기도:
하나님, 예수 그리스도의 십자가와 성령의 새롭게 하심을 경험했지만 하나님을 믿지 못하고 흔들리는 일이 있음을 고백합니다. 하나님께서 긍휼하심으로 오래 참으시고 기다리시니 감사드립니다. 심령을 새롭게 하시고 성령으로 인도하셔서 하나님만을 영화롭게 하게 하옵소서. 예수 그리스도의 이름으로 기도합니다. 아멘.

시편 78:43~55 자기 백성은 양 같이 인도하시고

⁴³ 그 때에 하나님이 애굽에서 그의 표적들을
소안 들에서 그의 징조들을 나타내사
⁴⁴ 그들의 강과 시내를 피로 변하여
그들로 마실 수 없게 하시며
⁴⁵ 쇠파리 떼를 그들에게 보내어 그들을 물게 하시고
개구리를 보내어 해하게 하셨으며
⁴⁶ 그들의 토산물을 황충에게 주셨고
그들이 수고한 것을 메뚜기에게 주셨으며
⁴⁷ 그들의 포도나무를 우박으로
그들의 뽕나무를 서리로 죽이셨으며
⁴⁸ 그들의 가축을 우박에
그들의 양 떼를 번갯불에 넘기셨으며
⁴⁹ 그의 맹렬한 노여움과 진노와 분노와 고난
곧 재앙의 천사들을 그들에게 내려보내셨으며
⁵⁰ 그는 진노로 길을 닦으사
그들의 목숨이 죽음을 면하지 못하게 하시고
그들의 생명을 전염병에 붙이셨으며
⁵¹ 애굽에서 모든 장자
곧 함의 장막에 있는 그들의 기력의 처음 것을 치셨으나
⁵² 그가 자기 백성은 양 같이 인도하여 내시고
광야에서 양 떼 같이 지도하셨도다
⁵³ 그들을 안전히 인도하시니
그들은 두려움이 없었으나
그들의 원수는 바다에 빠졌도다
⁵⁴ 그들을 그의 성소의 영역
곧 그의 오른손으로 만드신 산으로 인도하시고
⁵⁵ 또 나라를 그들의 앞에서 쫓아내시며
줄을 쳐서 그들의 소유를 분배하시고
이스라엘의 지파들이 그들의 장막에 살게 하셨도다

하나님께서 애굽에서 이스라엘 백성을 구원하시기 위해 행하신 기이한 일이 무엇이었는지 열거합니다. 강과 시내를 피로 변하게 하셨고, 쇠파리 떼, 개구리, 황충과 메뚜기를 보내셨으며 우박과 서리로 곡식을 죽이셨습니다. 그것들은 자연 현상이 아니라 하나님의 맹렬한 노여움과 진노와 분노와 재앙의 천사들을 보내심으로 행하신 일입니다. 끝에는 장자들을 치시고 자기 백성을 양 같이 인도하시고 지도하셨습니다. 이 백성은 두려움 없이 바다를 건넜고 그 뒤를 따르던 애굽의 군사들은 바다에 빠져 죽었습니다. 하나님은 그들을 성소의 산으로 인도하셨고 나라를 그 앞에서 쫓아내시고 땅을 그들에게 소유로 주시고 장막에 살게 하셨습니다. 그렇게 하신 것은 여호와 하나님만 경외하고 오직 그분만 사랑하는 백성이 되게 하시려는 것이었습니다.

애굽 백성을 심판하시는 것으로 하나님의 공의를 보이셨고 이스라엘을 구원하심으로 하나님의 사랑(인자하심)을 보이셨습니다. 하나님은 그리스도의 십자가로 공의와 사랑을 보여주셨습니다. 오직 그리스도의 십자가를 자랑으로 삼아야겠습니다.

기도:
하나님이시여, 공의를 행하실 자에게 공의를 행하시고 자비를 베푸실 자에게 자비를 베풀어 주시는 것은 하나님의 영원하신 뜻으로 되는 일인 줄 압니다. 하나님을 배반하여 사는 저에게 자비를 베푸사 그리스도의 의로우심을 힘입어 하나님께 나아가게 하시니 감사할 따름입니다. 그리스도의 십자가만을 자랑하게 하시고 하나님만을 경외하며 살아가게 하옵소서. 예수 그리스도의 이름으로 기도합니다. 아멘.

시편 78:56~64 지존하신 하나님을 시험하고

⁵⁶ 그러나 그들은 지존하신 하나님을 시험하고 반항하여
그의 명령을 지키지 아니하며
⁵⁷ 그들의 조상들같이 배반하고
거짓을 행하여 속이는 활 같이 빗나가서
⁵⁸ 자기 산당들로 그의 노여움을 일으키며
그들의 조각한 우상들로 그를 진노하게 하였으매
⁵⁹ 하나님이 들으시고 분내어 이스라엘을 크게 미워하사
⁶⁰ 사람 가운데 세우신 장막 곧 실로의 성막을 떠나시고
⁶¹ 그가 그의 능력을 포로에게 넘겨 주시며
그의 영광을 대적의 손에 붙이시고
⁶² 그가 그의 소유 때문에 분내사
그의 백성을 칼에 넘기셨으니
⁶³ 그들의 청년은 불에 살라지고
그들의 처녀들은 혼인 노래를 들을 수 없었으며
⁶⁴ 그들의 제사장들은 칼에 엎드러지고
그들의 과부들은 애곡도 하지 못하였도다

"그러나" 하나님의 은혜에 대한 배반이 반복됩니다. "지존하신 하나님을 시험하고 반항하여 그의 명령을 지키지 아니하며"(56). 후손들은 조상들이 걸었던 배반의 길을 걸어갔습니다. 그들의 죄는 우상 숭배였습니다. 자기를 위해 산 높은 곳에 우상을 위한 집(산당)을 짓고

거기서 우상을 섬겼습니다. 그것은 하나님의 노여움을 일으키기에 충분했습니다. 하나님은 이스라엘을 크게 미워하시고 실로에 두었던 성막에서 떠나셨습니다. 성막은 광야에서 모세에게 만들게 하시고 그 후 계속 백성들과 함께했던 하나님 임재의 상징입니다. 성막에서 떠나심은 하나님이 자기 백성에게서 떠나신 것을 보여줍니다. 그로 인해 백성들이 겪게 되는 일은 무시무시합니다. 하나님이 우상 숭배를 얼마나 미워하시는지 볼 수 있는 내용입니다.

하나님의 능력이 포로와 함께 대적에게 넘겨지고, 하나님의 영광(혹은 영광의 언약궤)이 대적의 손에 넘겨졌습니다. 백성들은 칼에 넘겨지고, 청년은 불에 살라지고 처녀들은 혼인할 수 없게 되고 제사장은 칼에 엎드러지고 과부들은 애곡도 하지 못하게 되었습니다. 죄로 인해 백성들이 당한 고난은 우연히 된 일이 아닙니다. 시인은 이 모든 일이 하나님께서 하신 일이라고 말합니다. 지극히 높으신 하나님이 공의를 행하신 겁니다.

전쟁, 죽음, 병 등 좋지 않은 일에 대하여 하나님께서 하신 일이라고 하면 어떤 사람은 하나님이 선하시다면서 어떻게 그러실 수 있느냐고 합니다. 우리가 겪는 모든 고난이 하나님의 공의의 심판이라고 할 수는 없지만 전능하신 하나님은 자비하심으로 죄에 대하여 오래 참으시며 또한, 공의로 세상을 다스리시는 분임을 잊어서는 안 됩니다. 하나님께 피하여 가는 자에게 하나님은 아버지와 같은 사랑으로 징계를 하시지만 버리지 않으심을 기억합시다.

기도:
하나님, 조상들의 헛된 행실에서 오직 흠 없고 점 없는 어린 양 같은 그리스도의 보배로운 피로 구속하여 주심을 감사드립니다. 저의 마음을 새롭게 하시고 견고하게 하시어 하나님을 시험하고 반항하고 떠나는 일이 없도록 붙들어 주옵소서. 하나님께서 주시는 고난이나 징계에도 하나님의 부성애가 있음을 알게 하시고 울며 하나님께 돌아오게 하옵소서. 변함없는 하나님의 사랑을 붙들게 하옵소서. 예수 그리스도의 이름으로 기도합니다. 아멘.

시편 78:65~72 그의 종 다윗을 택하시고

⁶⁵ 그 때에 주께서 잠에서 깨어난 것처럼
포도주를 마시고 고함치는 용사처럼 일어나사
⁶⁶ 그의 대적들을 쳐 물리쳐서
영원히 그들에게 욕되게 하셨도다
⁶⁷ 또 요셉의 장막을 버리시며
에브라임 지파를 택하지 아니하시고
⁶⁸ 오직 유다 지파와 그가 사랑하시는 시온 산을 택하시며
⁶⁹ 그의 성소를 산의 높음 같이
영원히 두신 땅 같이 지으셨도다
⁷⁰ 또 그의 종 다윗을 택하시되 양의 우리에서 취하시며
⁷¹ 젖 양을 지키는 중에서 그들을 이끌어 내사
그의 백성인 야곱 그의 소유인 이스라엘을 기르게 하셨더니
⁷² 이에 그가 그들을 자기 마음의 완전함으로 기르고
그의 손의 능숙함으로 그들을 지도하였도다

백성들에게 진노하셨던 하나님은 다시 그 인자하심을 나타내셨습니다. 하나님께서는 잠에서 깨어난 것처럼, 포도주를 마시고 고함치는 용사처럼 일어나 대적을 무찌르셨습니다. 하나님은 당신의 백성들의 죄에 대하여 진노하시고 그들을 징계하셨지만 버리신 것이 아니었습니다.

요셉은 야곱의 아들 중 장자인 르우벤을 대신하여 장자 역할을 했고 요셉의 둘째 아들 에브라임 지파가 가장 세력 있는 지파로 리더 역할을 했습니다. 그런데 그들이 전쟁의 날에 뒤로 물러나고 하나님의 언약을 지키지 않음으로(9, 10) 장자의 권한이 유다 지파로 옮겨집니다. 하나님은 유다 지파를 하나님 나라의 왕권을 받을 지파로 택하셨습니다. 하나님은 유다의 땅에 있는 시온 산을 거룩한 장소로 택하시고 그곳에 성소를 세우게 하셨습니다. 그리고 유다 지파의 자손인 다윗을 왕으로 세우셔서 하나님 나라를 통치하게 하셨습니다. 다윗은 양 무리를 치던 목자였습니다. 그가 왕이 된 것은 전적인 하나님의 주권이었으며 은혜였습니다. 다윗은 이스라엘을 양처럼 기르고 자기 마음의 완전함으로 기르고 그의 손의 능숙함으로 지도하였습니다.

다윗 왕은 오실 그리스도가 어떤 분이실지 앞서 보여주었습니다. 하나님께서 다윗 왕을 그리스도의 그림자가 되게 하셨습니다. 하나님은 당신의 백성을 그리스도에게 맡기셨습니다. 그리스도는 우리를 기르며 자기 마음의 완전함으로 기르고 손의 능숙함으로 지도하십니다. 그러므로 뒤로 물러서는 일이 없도록 믿음을 견고히 해야 합니다.

"[38] 나의 의인은 믿음으로 말미암아 살리라 또한 뒤로 물러가면 내 마음이 그를 기뻐하지 아니하리라 하셨느니라 [39] 우리는 뒤로 물러가 멸망할 자가 아니요 오직 영혼을 구원함에 이르는 믿음을 가진 자니라"(히브리서 10:38, 39)

기도:
하나님, 우리에게 목자이신 예수 그리스도를 보내셔서 우리를 기르고 지도하게 하시니 감사합니다. 우리는 그의 손에 있음으로 안전합니다. 그는 우리를 알고 우리를 사랑합니다. 우리가 눈에 보이는 데로, 들리는 데로 각기 제 길로 가는 양들처럼 나아가지 않게 하옵소서, 목자의 음성을 따라 그를 신뢰함으로 어디든지 따라가게 하옵소서. 오직 믿음으로. 예수 그리스도의 이름으로 기도합니다. 아멘.

시편 79편 우리는 주의 백성이요 양이니

[아삽의 시]
¹ 하나님이여 이방 나라들이 주의 기업의 땅에 들어와서
주의 성전을 더럽히고 예루살렘이 돌무더기가 되게 하였나이다
² 그들이 주의 종들의 시체를 공중의 새에게 밥으로
주의 성도들의 육체를 땅의 짐승에게 주며
³ 그들의 피를 예루살렘 사방에 물 같이 흘렸으나
그들을 매장하는 자가 없었나이다
⁴ 우리는 우리 이웃에게 비방 거리가 되며
우리를 에워싼 자에게 조소와 조롱거리가 되었나이다
⁵ 여호와여 어느 때까지니이까 영원히 노하시리이까
주의 질투가 불붙듯 하시리이까
⁶ 주를 알지 아니하는 민족들과
주의 이름을 부르지 아니하는 나라들에게 주의 노를 쏟으소서
⁷ 그들이 야곱을 삼키고
그의 거처를 황폐하게 함이니이다
⁸ 우리 조상들의 죄악을 기억하지 마시고
주의 긍휼로 우리를 속히 영접하소서
우리가 매우 가련하게 되었나이다
⁹ 우리 구원의 하나님이여
주의 이름의 영광스러운 행사를 위하여 우리를 도우시며
주의 이름을 증거하기 위하여 우리를 건지시며 우리 죄를 사하소서
¹⁰ 이방 나라들이 어찌하여
그들의 하나님이 어디 있느냐 말하나이까
주의 종들이 피 흘림에 대한 복수를
우리의 목전에서 이방 나라에게 보여주소서
¹¹ 갇힌 자의 탄식을 주의 앞에 이르게 하시며
죽이기로 정해진 자도 주의 크신 능력을 따라 보존하소서
¹² 주여 우리 이웃이 주를 비방한 그 비방을
그들의 품에 칠 배나 갚으소서
¹³ 우리는 주의 백성이요 주의 목장의 양이니
우리는 영원히 주께 감사하며 주의 영예를 대대에 전하리이다

시편 79편은 성전과 예루살렘 성이 파괴되고 바벨론 포로로 잡혀간 이들 후손의 기도입니다. 1~4절은 조상들이 당한 고난을 묘사합니다. 5~12절은 하나님께 올리는 호소와 청원입니다. 13절에서는 하나님께 찬양을 맹세합니다.

조상들이 범죄함으로 하나님이 진노하셨고 이스라엘의 거처가 황폐하게 되었습니다. 그것은 조상들이 우상을 섬기고 여호와 하나님을 사랑하지 않은 것에 대한 하나님의 질투였습니다. 시인은 하나님이 여전히 사랑하시는 자로 계심을 확신하여 하나님 이름의 영광을 위하여 도우시고 건지시며 죄를 사하시기를 청합니다. 그리고 백성의 피를 흘리게 한 대적에게 원수를 갚으시기를 구합니다.

하나님의 백성들이 고난을 받을 때 이방 사람들은 하나님이 어디 있냐고 조롱합니다. 하지만 시인과 그가 속한 공동체는 그 고난조차 하나님에게서 왔음을 인정합니다. 그리고 그들은 여전히 하나님의 백성이요 양이라 고백하며 영원히 하나님께 감사하며 영예를 대대에 전하겠다고 다짐합니다.

복을 받을 때만 하나님을 인정하고 감사할 수 있는 것은 아닙니다. 고난 중에도 여호와가 우리의 하나님이심을 고백하며 감사와 찬양으로 나아가는 것이 바른 신앙입니다.

기도:
하나님이여, 우리가 하나님을 알지 못하는 사람들에게서 비방과 조롱을 당하지 않게 하옵소서. 우리를 고난 가운데서 건지사 하나님이 우리의 하나님 되심을 세상이 알게 하옵소서. 우리의 부르짖음을 들으소서. 우리는 하나님의 백성이요 양이오니 하나님을 의지하고 감사하며 그 영예로우신 이름을 대대에 전하겠습니다. 예수 그리스도의 이름으로 기도합니다. 아멘.

시편 80:1~7 하나님의 얼굴빛을 비추소서

[아삽의 시, 인도자를 따라 소산님에둣에 맞춘 노래]
¹ 요셉을 양 떼 같이 인도하시는 이스라엘의 목자여
귀를 기울이소서 그룹 사이에 좌정하신 이여 빛을 비추소서
² 에브라임과 베냐민과 므낫세 앞에서 주의 능력을 나타내사
우리를 구원하러 오소서
³ 하나님이여 우리를 돌이키시고 주의 얼굴빛을 비추사
우리가 구원을 얻게 하소서
⁴ 만군의 하나님 여호와여
주의 백성의 기도에 대하여 어느 때까지 노하시리이까
⁵ 주께서 그들에게 눈물의 양식을 먹이시며
많은 눈물을 마시게 하셨나이다
⁶ 우리를 우리 이웃에게 다툼 거리가 되게 하시니
우리 원수들이 서로 비웃나이다
⁷ 만군의 하나님이여 우리를 회복하여 주시고
주의 얼굴의 광채를 비추사 우리가 구원을 얻게 하소서

시편 80편은 북 왕국 이스라엘이 고난 중에 드렸던 기도인 것 같습니다. 2절에 나오는 에브라임과 베냐민과 므낫세 지파는 야곱 자손 열두 지파 중에 북이스라엘의 대표적인 지파입니다. 우리는 고난 중에 부르짖는 기도로 사용할 수 있습니다.

시인은 하나님을 여러 호칭으로 부릅니다. "이스라엘의 목자"(1) :

이렇게 호칭한 것은 이곳이 유일합니다. 목자 없이는 생존할 수 없는 양과 같은 백성들에게 하나님은 목자이십니다. "그룹 사이에 좌정하신 이"(1) : 지성소에 놓여 있는 언약궤의 덮개에는 두 그룹이 날개를 맞대고 있습니다. 그곳은 하나님의 임재를 상징합니다. "만군의 하나님 여호와"(4, 7) : '만군'은 하나님께서 권세를 주셔서 세상을 주관하게 하시는 모든 영적 권세를 의미하는 것으로 여겨집니다. 하나님은 모든 권세의 하나님이십니다. 이 놀라우신 하나님을 부르며 구원하여 주시기를 요청하는 것이 신앙입니다. 하나님은 피조물이 부르는 소리에 귀를 기울이시고 반응하십니다.

시인이 구하는 것은 "하나님 얼굴의 빛"입니다. "빛을 비추소서"(1) "주의 얼굴빛을 비추사"(3), "주(당신)의 얼굴의 광채를 비추사"(7) 그리고 "주의 얼굴의 광채"(19) 이렇게 네 번 등장합니다. 빛을 비추어 달라는 것은 그 얼굴을 보이시고 임재하여 달라는 요청입니다. 우리에게 가장 중요한 것은 하나님이 함께하시는 것입니다.

하나님의 얼굴과 그의 성품과 능력은 분리되지 않습니다. 하나님의 얼굴빛이 비치는 곳에 하나님의 능력이 있고 구원이 있습니다. 우리가 참으로 구해야 하는 것이 바로 하나님의 임재입니다. 하나님은 그리스도와 함께 그리고 성령과 함께 우리 안에 거하십니다. 하나님의 얼굴빛을 구하십시오. 그리고 믿음으로 하나님의 임재를 확신하십시오.

기도:
하나님, 하나님의 얼굴빛을 구하는 우리에게 그리스도가 임마누엘(우리와 함께하시는 하나님)로 오셨습니다. 또한, 성령을 보내셨습니다. 성령과 함께 삼위 하나님께서 우리를 성전 삼아 거하시니 우리는 하나님의 것이요, 하나님은 우리 안에 계십니다. 이 영광되고 거룩한 연합의 신비를 믿음으로 알게 하옵소서. 이 영광된 연합 안에 살며 감사와 기쁨이 넘치게 하옵소서. 예수 그리스도의 이름으로 기도합니다. 아멘.

시편 80:8~19 주께서 심으신 포도나무

⁸ 주께서 한 포도나무를 애굽에서 가져다가
민족들을 쫓아내시고 그것을 심으셨나이다
⁹ 주께서 그 앞서 가꾸셨으므로
그 뿌리가 깊이 박혀서 땅에 가득하며
¹⁰ 그 그늘이 산들을 가리고
그 가지는 하나님의 백향목 같으며
¹¹ 그 가지가 바다까지 뻗고
넝쿨이 강까지 미쳤거늘
¹² 주께서 어찌하여 그 담을 허시사
길을 지나가는 모든 이들이 그것을 따게 하셨나이까
¹³ 숲 속의 멧돼지들이 상해하며
들짐승들이 먹나이다
¹⁴ 만군의 하나님이여 구하옵나니 돌아오소서
하늘에서 굽어보시고 이 포도나무를 돌보소서
¹⁵ 주의 오른손으로 심으신 줄기요
주를 위하여 힘있게 하신 가지니이다
¹⁶ 그것이 불타고 베임을 당하며
주의 면책으로 말미암아 멸망하오니
¹⁷ 주의 오른쪽에 있는 자
곧 주를 위하여 힘있게 하신 인자에게 주의 손을 얹으소서
¹⁸ 그리하시면 우리가 주에게서 물러가지 아니하오리니
우리를 소생하게 하소서 우리가 주의 이름을 부르리이다
¹⁹ 만군의 하나님 여호와여 우리를 돌이켜 주시고
주의 얼굴의 광채를 우리에게 비추소서
우리가 구원을 얻으리이다

시인과 그가 속한 공동체는 고난 중에 있지만, 하나님께서 이전에 자기들을 어떻게 사랑하셨는지를 말하며 하나님과의 관계에 호소합니

다.

　시인은 자기들은 포도나무요 하나님은 농부로 묘사하고 있습니다. 하나님께서 한 포도나무를 애굽에서 가져다가 가나안 땅의 민족들을 쫓아내시고 그곳에 심으셨습니다. 하나님께서 가꾸셔서 그 땅에 뿌리가 깊이 박히고 가득하게 자라 백향목같이 되었습니다. 그런데 하나님께서 담을 허셔서 길을 가는 사람들이 그것을 따 먹고 멧돼지가 상하게 하고 들짐승이 먹게 하셨습니다. 이것은 이웃 나라들에 의해 고난 겪은 것을 표현한 겁니다.

　시인은 호소합니다. 이 포도나무를 돌보시기를 하나님이 권능의 오른손으로 심으신 줄기이며 하나님을 위하여 힘있게 하신 가지로 기억하시고 다시 그렇게 되게 해 달라고 요청합니다.

　그렇게 되려면 백성들이 하나님께로 돌아와야 합니다. 그런데 그러한 힘이 이들에게는 없습니다. 하나님을 배반하고 언약을 어긴 사람들이 무슨 힘으로 다시 하나님께 돌이킬 수 있겠습니까. 그래서 시인은 하나님의 은혜를 구합니다. "하나님이여 우리를 돌이키시고"(3), "만군의 하나님이여 우리를 회복하여 주시고"(7), "만군의 하나님 여호와여 우리를 돌이켜 주시고"(19). 우리가 돌아서게 하시고 하나님의 얼굴의 광채를 비추시는 것 모두 하나님의 전적인 은혜입니다.

　예수 그리스도는 포도나무요 우리는 그의 가지입니다. 하나님께서 그리스도를 당신의 오른쪽에 있는 자가 되게 하셨습니다. 그리고 우리는 그리스도 안에서 하나님께로 담대히 나아가 그의 은혜를 입어 열매 맺는 삶을 살아갑니다.

기도:
　하나님이여, 우리를 돌이켜 주시고 하나님의 임재 아래 있게 하옵소서. 우리의 포도나무인 그리스도를 붙들고 하나님께 나아갑니다. 우리의 죄를 사하시고 우리를 받아주시옵소서. 포도나무를 사랑하시고 힘있게 하신 하나님, 우리가 포도나무인 그리스도에게 접붙여 있으니 가지인 저희가 열매 맺게 하옵소서. 하나님의 영광을 나타내게 하옵소서. 예수 그리스도의 이름으로 기도합니다. 아멘.

시편 81편 우리의 능력이 되시는 하나님

[아삽의 시, 인도자를 따라 깃딧에 맞춘 노래]
1 우리의 능력이 되시는 하나님을 향하여 기쁘게 노래하며
야곱의 하나님을 향하여 즐거이 소리칠지어다
2 시를 읊으며 소고를 치고 아름다운 수금에 비파를 아우를지어다
3 초하루와 보름과 우리의 명절에 나팔을 불지어다
4 이는 이스라엘의 율례요 야곱의 하나님의 규례로다
5 하나님이 애굽 땅을 치러 나아가시던 때에
요셉의 족속 중에 이를 증거로 세우셨도다
거기서 내가 알지 못하던 말씀을 들었나니
6 이르시되 내가 그의 어깨에서 짐을 벗기고
그의 손에서 광주리를 놓게 하였도다
7 네가 고난 중에 부르짖으매 내가 너를 건졌고
우렛소리의 은밀한 곳에서 네게 응답하며
므리바 물가에서 너를 시험하였도다 (셀라)
8 내 백성이여 들으라 내가 네게 증언하리라
이스라엘이여 내게 듣기를 원하노라
9 너희 중에 다른 신을 두지 말며 이방 신에게 절하지 말지어다
10 나는 너를 애굽 땅에서 인도하여 낸 여호와 네 하나님이니
네 입을 크게 열라 내가 채우리라 하였으나
11 내 백성이 내 소리를 듣지 아니하며
이스라엘이 나를 원하지 아니하였도다
12 그러므로 내가 그의 마음을 완악한 대로 버려두어
그의 임의대로 행하게 하였도다
13 내 백성아 내 말을 들으라 이스라엘아 내 도를 따르라
14 그리하면 내가 속히 그들의 원수를 누르고
내 손을 돌려 그들의 대적들을 치리니
15 여호와를 미워하는 자는 그에게 복종하는 체할지라도
그들의 시대는 영원히 계속되리라
16 또 내가 기름진 밀을 그들에게 먹이며
반석에서 나오는 꿀로 너를 만족하게 하리라 하셨도다

시인은 백성들에게 하나님을 찬양하자고 초대합니다(1~4). 하나님이 우리의 능력이 되시기 때문입니다. 하나님을 찬양해야 하는 내용이 5절 이하에 나열됩니다. 5~7절은 출애굽에서 므리바 시험까지를 간략하게 언급합니다. 8~12절은 하나님의 계명과 그 계명에 순종하지 않은 백성들에 대한 하나님의 심판을, 13~16절은 대적에 고난 겪는 백성에게 하나님의 말씀을 따르라는 부르심과 약속을 다룹니다.

백성들은 하나님의 구원의 능력을 경험했음에도 하나님을 시험하고 그의 계명을 어기고 이방 신에게 절을 하였습니다. 그런데도 하나님은 오래 참으심으로 백성들에게 말씀(도)을 따르라고 권면하시고 그에 대한 복을 약속하십니다. 약속된 복은 대적이 그들에게 복종하게 되고 기름진 밀과 반석에서 나오는 꿀로 만족하게 하신다는 겁니다.

15절의 "여호와를 미워하는 자"가 누구에게 복종한다는 것인지 누구의 시대가 영원하다는 것인지 모호합니다. 칼빈은 "여호와를 미워하는 자는 이스라엘 백성들에게 복종했을 ㅋ이며"로 번역했습니다. 백성들이 하나님의 말씀을 따른다면 대적이 복종할 것이라는 의미로 이해했습니다.

하나님은 이방 신에게 절하지 말고 오직 여호와 하나님께 입을 크게 열라고 하십니다. 그리하면 하나님께서 채워 주실 것입니다. 하나님의 도를 따르면 만족하게 하신다고 하십니다. 이 말씀은 지금도 유효합니다. 주 예수께서 말씀하셨습니다. "그런즉 너희는 먼저 그의 나라와 그의 의를 구하라 그리하면 이 모든 것을 너희에게 더하시리라"(마태복음 6:33)

기도:
하나님은 우리의 능력이 되십니다. 우리를 사탄의 흑암의 권세에서 건져내사 사랑의 아들의 나라로 옮기셨습니다. 하나님께 입을 크게 여는 자를 채워 주십니다. 그 말씀을 따르는 자를 만족하게 하십니다. 하나님의 말씀을 듣는 귀를 주옵소서. 우리의 마음을 완악한 대로 두지 마시고 부드럽게 하옵소서. 믿음으로 하나님의 말씀을 따르게 하옵소서, 예수 그리스도의 이름으로 기도합니다. 아멘.

시편 82편 신들의 모임 가운데 서시며

[아삽의 시]
1 하나님은 신들의 모임 가운데에 서시며
하나님은 그들 가운데에서 재판하시느니라
2 너희가 불공평한 판단을 하며
악인의 낯 보기를 언제까지 하려느냐 (셀라)
3 가난한 자와 고아를 위하여 판단하며
곤란한 자와 빈궁한 자에게 공의를 베풀지며
4 가난한 자와 궁핍한 자를 구원하여
악인들의 손에서 건질지니라 하시는도다
5 그들은 알지도 못하고 깨닫지도 못하여
흑암 중에 왕래하니 땅의 모든 터가 흔들리도다
6 내가 말하기를 너희는 신들이며
다 지존자의 아들들이라 하였으나
7 그러나 너희는 사람처럼 죽으며
고관의 하나 같이 넘어지리로다
8 하나님이여 일어나사 세상을 심판하소서
모든 나라가 주의 소유이기 때문이니이다

시편 82편은 하나님의 뜻이 온전히 시행되지 않는 세상을 하나님이 다스리시기를 기도하는 내용입니다.

1절에 하나님이 "신들의 모임" 가운데 계신다고 합니다. 예수님은 요한복음 10:34, 35에 이 시편을 인용하시며 "하나님의 말씀을 받은 사람들을 신이라" 하셨습니다. 하나님은 세상을 다스리도록 사람들을 세우고 그들에게 권한을 주셨습니다. 그들이 하나님의 뜻에 따라 세상을 다스리며 재판하도록 하셨습니다. 그들이 맡은 권한은 하나님에게서 받은 신적 권위입니다. 그런 면에서 그들을 "신"이라고 하신 겁니다.

그들은 불공평한 판단하거나 악인을 세워 주어서는 안 됩니다. 그들은 가난한 자와 고아와 곤란한 자와 빈궁한 자에게 공의를 베풀며 악인에게서 건져야 합니다. 그런데 그들은 그렇게 하지 않았습니다. 그들은 하나님의 공의로우신 뜻을 깨닫지 못하고 그것을 행하지 않았습니다. 그것은 땅의 터를 흔드는 일과 같습니다. 공의가 행해지지 않는 것은 땅이 흔들려 그 위에 있는 것들을 무너뜨리는 것과 같습니다. 하나님께 권세를 받을 때 그들은 하나님의 아들들과 같았는데 그들이 신적 권위를 올바르게 행사하지 않음으로 그들은 비참한 죽음을 맡게 됩니다.

하나님은 권세들이 그 역할을 하지 못한다고 해서 세상이 파멸에 이르도록 두지는 않으십니다. 하나님이 신들의 모임 가운데 서시고 그들을 재판하십니다(1). 백성들은 모든 나라의 주인이신 하나님께서 일어나 세상을 심판하시기를 간구합니다(8).

세상은 신적 권위를 가진 이들을 통해 하나님께서 다스리십니다. 그리스도께서 오셔서 하나님의 뜻이 하늘에서와같이 땅에서도 이루어지게 하셨습니다. 그리고 더욱 그렇게 될 겁니다.

기도:
하나님이여, 권세를 받은 이들이 하나님의 뜻에 따라 통치하게 하시니 감사합니다. 그런 중에 불의한 통치자(재판관)들이 불의를 행함으로 땅의 터를 흔들고 있습니다. 그들이 불의를 행할 때 그들을 판단하셔서 땅의 터를 견고하게 하옵소서. 정부, 학교, 교회, 사회 어느 곳이든 하나님의 소유이오니 의롭게 다스리소서. 하나님의 뜻이 하늘에서와 같이 땅에서도 이루어지게 하옵소서, 예수 그리스도의 이름으로 기도합니다. 아멘.

시편 83편 침묵하지 마소서

[아삽의 시 곧 노래]
1 하나님이여 침묵하지 마소서
하나님이여 잠잠하지 마시고 조용하지 마소서
2 무릇 주의 원수들이 떠들며
주를 미워하는 자들이 머리를 들었나이다
3 그들이 주의 백성을 치려 하여 간계를 꾀하며
주께서 숨기신 자를 치려고 서로 의논하여
4 말하기를 가서 그들을 멸하여 다시 나라가 되지 못하게 하여
이스라엘의 이름으로 다시는 기억되지 못하게 하자 하나이다
5 그들이 한마음으로 의논하고 주를 대적하여 서로 동맹하니
6 곧 에돔의 장막과 이스마엘인과 모압과 하갈인이며
7 그발과 암몬과 아말렉이며 블레셋과 두로 사람이요
8 앗수르도 그들과 연합하여 롯 자손의 도움이 되었나이다 (셀라)
9 주는 미디안인에게 행하신 것 같이
기손 시내에서 시스라와 야빈에게 행하신 것 같이
그들에게도 행하소서
10 그들은 엔돌에서 패망하여 땅에 거름이 되었나이다
11 그들의 귀인들이 오렙과 스엡 같게 하시며
그들의 모든 고관들은 세바와 살문나와 같게 하소서
12 그들이 말하기를 우리가 하나님의 목장을
우리의 소유로 취하자 하였나이다
13 나의 하나님이여 그들이 굴러가는 검불 같게 하시며
바람에 날리는 지푸라기 같게 하소서
14 삼림을 사르는 불과 산에 붙는 불길 같이
15 주의 광풍으로 그들을 쫓으시며
주의 폭풍으로 그들을 두렵게 하소서
16 여호와여 그들의 얼굴에 수치가 가득하게 하사
그들이 주의 이름을 찾게 하소서
17 그들로 수치를 당하여 영원히 놀라게 하시며
낭패와 멸망을 당하게 하사
18 여호와라 이름하신 주만 온 세계의 지존자로 알게 하소서

시편 83편은 하나님과 하나님의 백성(교회)을 대적하는 이들에게서 건지시기를 구하는 기도입니다. 대적들은 하나님의 원수이며 하나님을 미워하는 이들이고 하나님의 백성을 치는 이들입니다. 그들은 하나님의 백성을 치기 위해 한마음으로 의논하고 서로 동맹합니다. 그들은 주인에게서 포도원을 빼앗고자 종들과 아들까지 죽인 악한 농부들처럼 하나님의 목장(나라, 교회)을 빼앗아 자기들의 소유로 삼고자 합니다. 시인은 사사 시대에 하나님의 교회를 박해했던 대표적인 나라들에 행하신 것처럼 하나님께서 행하사 그들을 멸하시기를 간구합니다(6~11).

그들을 굴러가는 검불, 바람에 날리는 지푸라기 같게 하시기를, 그들에게 진노하시는 하나님이 삼림을 사르는 불과 광풍같이 그들을 두렵게 하시기를, 그들이 수치를 당하게 하시고 낭패와 멸망을 당하게 하시기를 구합니다. 이는 오직 여호와만이 온 세계의 지존자이심을 알게 하시기를 바라는 겁니다.

아삽의 시는 악인들의 형통함에 혼란스러움이 담긴 73편에서 시작하여 여호와 하나님께서 온 세계를 공의로 다스리시기를 바라는 83편에서 마칩니다.

기도:
하나님은 온 세계의 주인이시며 지존자이십니다. 하나님의 교회를 대적하는 원수들에게서 저희를 건지소서, 그들에 대하여 침묵하지 마시고 잠잠하지 마시고 조용하지 마소서, 악인들이 수치를 당하게 하시고 그들이 낭패와 멸망을 당하게 하옵소서. 환난의 때에도 이 소망으로 인내하며 견디게 하시고 하나님만 바라보게 하옵소서. 예수 그리스도께서 다시 오셔서 하나님 나라를 이루소서. 예수 그리스도의 이름으로 기도합니다. 아멘.

시편 84편 주의 장막이 어찌 그리 사랑스러운지요

[고라 자손의 시, 인도자를 따라 깃딧에 맞춘 노래]
[1] 만군의 여호와여 주의 장막이 어찌 그리 사랑스러운지요
[2] 내 영혼이 여호와의 궁정을 사모하여 쇠약함이여
내 마음과 육체가 살아 계시는 하나님께 부르짖나이다
[3] 나의 왕 나의 하나님 만군의 여호와여
주의 제단에서 참새도 제집을 얻고
제비도 새끼 둘 보금자리를 얻었나이다
[4] 주의 집에 사는 자들은 복이 있나니
그들이 항상 주를 찬송하리이다 (셀라)
[5] 주께 힘을 얻고
그 마음에 시온의 대로가 있는 자는 복이 있나이다
[6] 그들이 눈물 골짜기로 지나갈 때에
그곳에 많은 샘이 있을 것이며
이른 비가 복을 채워 주나이다
[7] 그들은 힘을 얻고 더 얻어 나아가
시온에서 하나님 앞에 각기 나타나리이다
[8] 만군의 하나님 여호와여 내 기도를 들으소서
야곱의 하나님이여 귀를 기울이소서 (셀라)
[9] 우리 방패이신 하나님이여
주께서 기름 부으신 자의 얼굴을 살펴보옵소서
[10] 주의 궁정에서의 한 날이 다른 곳에서의 천 날보다 나은즉
악인의 장막에 사는 것보다
내 하나님의 성전 문지기로 있는 것이 좋사오니
[11] 여호와 하나님은 해요 방패이시라
여호와께서 은혜와 영화를 주시며
정직하게 행하는 자에게 좋은 것을 아끼지 아니하실 것임이니이다
[12] 만군의 여호와여 주께 의지하는 자는 복이 있나이다

시편 84편은 하나님의 성전을 사모하는 마음으로 가득합니다. 시인은 성소에 깃들어 사는 참새와 제비를 부러워하고 성전에서 봉사하며 하나님을 찬송하는 이들이 복되다고 합니다. 그 마음에 성전을 향하는 길을 가지고 있는 사람이 복이 있습니다(5). 거기로 가는 길이 험하여 눈물 골짜기를 지나가는 것이라 해도 하나님은 많은 샘과 이른 비로 복을 채워 주실 겁니다. 순례자는 힘을 얻고 더 얻어 성전이 있는 시온에서 하나님 앞에 나아가게 될 겁니다.

성전에서 그는 기름 부으신 자를 위해 기도합니다(8~9). 하나님께서 기름 부으신 자(그리스도, 중보자)의 평안이 그에게 속하여 하나님께 나아가는 자들에게 복이 되기 때문입니다.

10~12절에서 시인은 성전을 사모하는 열망을 다시 보입니다. 하나님의 궁정에서의 한 날이 다른 곳에서의 천 날보다 나으며 성전 문지기로 있는 것이 좋습니다. 여호와 하나님이 해요, 방패시며 은혜와 영화를 주시기 때문입니다.

이 시편은 여호와 하나님을 의지하고 그에게 나아가기를, 하나님의 임재가 있는 곳에 있기를, 하나님을 예배하고 찬양하기를 사모하도록 우리에게 권면합니다. 우리의 기름 부음을 받으신 그리스도의 이름으로 담대히 하나님의 보좌로 나아갑시다.

기도:
하나님이시여, 하나님을 사모하는 열망을 제게 주옵소서. 저의 영혼과 마음과 육체가 하나님께 나아가게 하옵소서. 세상의 길을 걷는 동안 은혜의 샘을 허락하셔서 힘을 얻고 더 얻어 하나님 앞에 나아가게 하옵소서. 그리스도의 육체로 내신 길을 따라 담대하게 하나님께 나아갑니다. 하나님의 임재 의식 가운데 살게 하옵소서. 하나님을 의지하는 자에게 복을 주옵소서, 예수 그리스도의 이름으로 기도합니다. 아멘.

시편 85편 우리에게 향하신 분노를 거두소서

[고라 자손의 시, 인도자를 따라 부르는 노래]
¹ 여호와여 주께서 주의 땅에 은혜를 베푸사
야곱의 포로 된 자들이 돌아오게 하셨으며
² 주의 백성의 죄악을 사하시고
그들의 모든 죄를 덮으셨나이다 (셀라)
³ 주의 모든 분노를 거두시며
주의 진노를 돌이키셨나이다
⁴ 우리 구원의 하나님이여 우리를 돌이키시고
우리에게 향하신 주의 분노를 거두소서
⁵ 주께서 우리에게 영원히 노하시며 대대에 진노하시겠나이까
⁶ 주께서 우리를 다시 살리사
주의 백성이 주를 기뻐하도록 하지 아니하시겠나이까
⁷ 여호와여 주의 인자하심을 우리에게 보이시며
주의 구원을 우리에게 주소서
⁸ 내가 하나님 여호와께서 하실 말씀을 들으리니
무릇 그의 백성 그의 성도들에게 화평을 말씀하실 것이라
그들은 다시 어리석은 데로 돌아가지 말지로다
⁹ 진실로 그의 구원이 그를 경외하는 자에게 가까우니
영광이 우리 땅에 머무르리이다
¹⁰ 인애와 진리가 같이 만나고 의와 화평이 서로 입맞추었으며
¹¹ 진리는 땅에서 솟아나고 의는 하늘에서 굽어보도다
¹² 여호와께서 좋은 것을 주시리니 우리 땅이 그 산물을 내리로다
¹³ 의가 주의 앞에 앞서 가며 주의 길을 닦으리로다

시편 85편은 세 개의 연으로 되어 있습니다. 1~3절에서는 하나님

께서 백성의 죄악을 사하시고 포로 된 데서 돌아오게 하심을 기억합니다.

4~7절에서는 과거에 베푸셨던 하나님의 인자하심을 현재에도 베푸시기를 간구합니다. 둘째 연은 첫째 연의 단어를 반복해서 사용합니다. 포로에서 돌아오게 하시고 진노를 돌이키신 하나님께서 이제는 백성들을 죄에서 돌이키시기를 구합니다. 분노를 거두신 하나님께 분노를 거두어 달라고 구합니다. 이전에 인자를 베푸셨던 하나님께서 인제도 동일하게 행하시기를 하나님의 성품어 의지하여 간구한 겁니다.

8~13절은 간구에 대한 응답으로 하나님의 말씀이 주어집니다. 하나님은 화평으로 백성들을 초대하십니다. 화평으로의 초대는 죄를 사하시고 의롭다 하셨다는 의미입니다. 바울이 "그러므로 우리가 믿음으로 의롭다 하심을 받았으니 우리 주 예수 그리스도로 말미암아 하나님과 화평을 누리자"(로마서 5:1)라고 한 것과 같습니다.

그리고 어리석은 데로 돌아가지 말라고 권면하십니다. 하나님은 우리를 죄로 가지 못하도록 강제하지 않으시고 성령으로 부드러운 마음을 주시고 순종하기를 바라십니다. 하나님은 인애(헤세드)와 진리, 의와 화평, 좋은 것으로 백성을 다스리시며 하나님의 임재와 하나님 나라로 우리를 인도하십니다. 그리스도와 그의 십자가는 은혜와 진리의 충만이며 의와 화평의 입맞춤입니다. 그리스도를 믿는 이들에게 하나님의 임재와 그의 나라는 성취되었습니다.

기도:
하나님께서 그리스도 안에서 우리를 돌이키시고 인자하심을 보이시며 우리를 구원하셨습니다. 그리스도는 하나님의 의와 화평이시고 은혜와 진리이십니다. 그리스도는 우리를 하나님께로 이끄셨습니다. 하나님, 우리가 어떤 존재로 부르심을 받았는지, 하나님께서 어떠한 사랑으로 우리를 사랑하시는지 눈을 열어 보게 하시고 하나님의 임재하심을 의식하며 살게 하옵소서. 예수 그리스도의 이름으로 기도합니다. 아멘.

시편 86:1~10 여호와여 나는 가난하고 궁핍하오니

[다윗의 기도]
1 여호와여 나는 가난하고 궁핍하오니
주의 귀를 기울여 내게 응답하소서
2 나는 경건하오니 내 영혼을 보존하소서
내 주 하나님이여 주를 의지하는 종을 구원하소서
3 주여 내게 은혜를 베푸소서
내가 종일 주께 부르짖나이다
4 주여 내 영혼이 주를 우러러보오니
주여 내 영혼을 기쁘게 하소서
5 주는 선하사 사죄하기를 즐거워하시며
주께 부르짖는 자에게 인자함이 후하심이니이다
6 여호와여 나의 기도에 귀를 기울이시고
내가 간구하는 소리를 들으소서
7 나의 환난 날에 내가 주께 부르짖으리니
주께서 내게 응답하시리이다
8 주여 신들 중에 주와 같은 자 없사오며
주의 행하심과 같은 일도 없나이다
9 주여 주께서 지으신 모든 민족이 와서
주의 앞에 경배하며 주의 이름에 영광을 돌리리이다
10 무릇 주는 위대하사 기이한 일들을 행하시오니
주만이 하나님이시니이다

시편 72:20에 "이새의 아들 다윗의 기도가 끝나니라"고 한 후에 등장한 제3권에 실린 유일한 "다윗의 기도"입니다. 3권의 시편들이 대부분 공동체를 위한 기도였는데 86편은 왕의 기도입니다. 3권의 시편은 바벨론 포로기를 불렸던 시들입니다. 그런데 여기 다윗의 시를 넣음으로 왕의 기도가 공동체에 여전히 필요함을 상기시키고 있습니다. 어떤 상황에 있든지 우리를 위한 왕의 기도, 기름 부음 받은 자의 기도가 필요합니다. 우리는 이 기도를 통해 왕과 함께, 그리고 그리스도와 함께 하나님께 기도합니다.

1~4절에는 하나님을 의지하는 왕을 구원하시고 그 영혼을 기쁘게 하시기를 간구하고, 5절에는 하나님이 선하시고 인자하심이 후하시다고 찬양합니다. 6~7절에는 환난 날에 간구하는 소리에 응답하시기를 간청하고, 8~10절은 하나님을 찬양합니다. 신 중에 하나님 같은 신이 없습니다. 지으신 모든 민족이 하나님께 경배하며 영광을 돌립니다. 오직 여호와만이 유일한 하나님이십니다.

우리의 왕 그리스도는 경건하여 하나님께 간구하는 소리를 하나님께서 들으시고 거절하지 않으십니다. 하나님은 그리스도의 마음을 기쁘시게 하십니다. 그리스도가 항상 우리를 위해 간구하심으로 우리가 안전하며 하나님의 영원하신 뜻이 우리에게 성취됩니다. 그리스도 안에서 하나님은 선하시며 인자함이 풍부하시며 위대하사 기이한 일을 행하시는 분입니다.

기도:
하나님, 제 영혼이 하나님을 의지하고 우러러보오니 제 영혼을 보존하시고 기쁘게 하옵소서. 환난 날에 저를 건지시고 응답하옵소서. 하나님은 선하시며 인자하심이 풍성하시오니 하나님께 피하여 갑니다. 기이한 일을 행하시어 주와 같은 분이 없음을 알게 하옵소서. 예수 그리스도의 이름으로 기도합니다. 아멘.

시편 86:11~17 나를 돕고 위로하시는 하나님

¹¹ 여호와여 주의 도를 내게 가르치소서
내가 주의 진리에 행하오리니
일심으로 주의 이름을 경외하게 하소서
¹² 주 나의 하나님이여 내가 전심으로 주를 찬송하고
영원토록 주의 이름에 영광을 돌리오리니
¹³ 이는 내게 향하신 주의 인자하심이 크사
내 영혼을 깊은 스올에서 건지셨음이니이다
¹⁴ 하나님이여 교만한 자들이 일어나 나를 치고
포악한 자의 무리가 내 영혼을 찾았사오며
자기 앞에 주를 두지 아니하였나이다
¹⁵ 그러나 주여 주는 긍휼히 여기시며
은혜를 베푸시며 노하기를 더디하시며
인자와 진실이 풍성하신 하나님이시오니
¹⁶ 내게로 돌이키사 내게 은혜를 베푸소서
주의 종에게 힘을 주시고 주의 여종의 아들을 구원하소서
¹⁷ 은총의 표적을 내게 보이소서
그러면 나를 미워하는 그들이 보고 부끄러워하오리니
여호와 주는 나를 돕고 위로하시는 이시니이다

11절에서 주의 도를 가르치시기를 그리고 주의 이름을 경외하게

하시기를 간구합니다. 그러면서 다윗의 각오를 보여주고 있습니다. 주의 진리에 행하며 주의 이름을 경외하며 전심으로 주를 찬송하고 그 이름에 영광을 돌리겠다고 합니다(11~12). 그 이유는 하나님이 크신 인자하심으로 왕을 대하셨으며 그 영혼을 스올에서 건지셨기 때문입니다(13). 14~17절은 악인에게서 구원하여 주시기를 간구합니다. 악인은 교만하여 하나님을 자기 앞에 두지 아니하며 왕을 대적합니다. 하나님은 긍휼히 여기시며 은혜를 베푸시며 노하기를 더디하시며 인자와 진실이 풍성하신 하나님이시니 은혜를 베풀어 달라고 합니다(15~16). 마지막 절에서 다시 한번 은총을 구합니다. 하나님의 은총의 표적을 보고 대적들은 부끄러워할 것이고 왕은 위로를 얻게 됩니다.

왕을 대적하는 교만한 자는 하나님을 자기 앞에 두기를 싫어합니다. 이것이 악인들, 믿지 않는 이들의 특징입니다. 반면 왕과 그에게 속한 의인들은 하나님을 가난하고 궁핍한 마음으로 여호와께 피하여 가며 그 영혼이 하나님을 우러러봅니다.

다윗이 간구를 하면서 하나님의 성품과 그 행하신 일을 자주 언급하는 것은 그에게 담대함을 주었을 것이 분명합니다. 하나님께서 기도를 들으시고 응답하시는 것은 하나님의 인자하심의 풍성하심에 달려있습니다. 하나님이 "긍휼히 여기시며 은혜를 베푸시며 노하기를 더디하시며 인자와 진실이 풍성하신 하나님"이시라는 사실은 우리에게 하나님께 담대히 나아가도록 힘을 줍니다.

기도:
하나님은 긍휼이 여기시며 은혜를 베푸시며 노하기를 더디하시며 인자와 진실이 풍성하신 하나님이십니다. 치러 일어나는 이들에게서 저를 건져 주옵소서. 하나님은 저를 돕고 위로하시는 분이시니 환난의 때에 은총을 보여주옵소서. 오직 하나님의 이름을 경외하며 그 이름에 영광을 돌리게 하옵소서, 저는 하나님의 말씀으로 가르쳐 주옵소서. 진리 가운데 행하게 하옵소서, 예수 그리스도의 이름으로 기도합니다. 아멘.

시편 87편 시온(교회)에 대한 노래

[고라 자손의 시 곧 노래]
1 그의 터전이 성산에 있음이여
2 여호와께서 야곱의 모든 거처보다
시온의 문들을 사랑하시는도다
3 하나님의 성이여
너를 가리켜 영광스럽다 말하는도다 (셀라)
4 나는 라합과 바벨론이 나를 아는 자 중에 있다 말하리라
보라 블레셋과 두로와 구스여 이것들도 거기서 났다 하리로다
5 시온에 대하여 말하기를
이 사람 저 사람이 거기서 났다고 말하리니
지존자가 친히 시온을 세우리라 하는도다
6 여호와께서 민족들을 등록하실 때에는
그 수를 세시며 이 사람이 거기서 났다 하시리로다 (셀라)
7 노래하는 자와 뛰어노는 자들이 말하기를
나의 모든 근원이 네게 있다 하리로다

이 시는 바벨론 포로 시기에 불렸습니다. 그것은 시온 산에 세워졌던 예루살렘 성과 성전이 파괴되었다는 의미입니다. 그곳은 폐허로 변하고 과거 영광의 기억만 남아 있습니다. 그런데 시인은 바로 그곳을 노래합니다.

시인은 시온이 열방을 포함한 우주의 중심이라고 말합니다. 라합(애굽에 대한 별명)과 바벨론, 블레셋과 두로와 구스(에티오피아)가 거

기에서 나왔고 사람들이 거기서 나왔습니다. 여호와께서 그곳에서 민족들을 내셨습니다. 모든 사람이 하나님의 거룩한 산을 우주의 근원으로 여깁니다. 그것은 하나님께서 그곳에 임재하시고 역사하시기 때문입니다.

바벨론에 포로가 되어 가서 하나님 나라가 회복되기를 바라는 이들은 물리적인 장소로서 시온 산이 회복되기를 바라며 시온을 노래했습니다. 하지만 그들의 소망대로 되지 않았습니다.

하나님께서는 아들을 그리스도로 세상에 보내심으로 그가 하나님이 임재하신 성전이 되고 거룩한 곳이 되게 하셨습니다. 그리고 그에게 모여든 사람들을 하나님 나라와 교회가 되게 하셨습니다. 세상 속에서 지상의 교회는 바벨론의 문명과 힘 앞에 예루살렘처럼 왜소하게 보일 겁니다. 그런데도 바로 그 교회는 하나님의 거룩한 산이요 우주의 중심입니다. 하나님은 당신의 백성들의 모임인 교회를 사랑하십니다. 그곳은 영광스럽습니다.

바울은 교인들에게 이렇게 써서 보냈습니다.

"^{22} 또 만물을 그의 발 아래에 복종하게 하시고 그를 만물 위에 교회의 머리로 삼으셨느니라 ^{23} 교회는 그의 몸이니 만물 안에서 만물을 충만하게 하시는 이의 충만함이니라"(에베소서 1:22, 23)

교회는 만물을 충만하게 하시는 이의 충만함입니다. 그리고 거기에 모든 민족과 모든 종류의 사람이 참여하도록 부르심을 받았습니다.

"^{11} 거기에는 헬라인이나 유대인이나 할례파나 무할례파나 야만인이나 스구디아인이나 종이나 자유인이 차별이 있을 수 없나니 오직 그리스도는 만유시요 만유 안에 계시니라"(골로새서 3:11)

기도:

하나님의 교회는 영광스럽고 영원합니다. 그리스도가 교회의 머리이시며 교회는 그리스도의 몸입니다. 하나님. 저의 눈을 열어 주셔서 교회의 영광을 보게 하시고 그리스도의 교회를 사랑하게 하옵소서. 그리스도가 다시 오셔서 교회를 영광되게 하실 것을 기대하며 살게 하옵소서. 예수 그리스도의 이름으로 기도합니다. 아멘.

시편 88:1~9 죽은 자 같이 되었을 때

[고라 자손의 찬송 시 곧 에스라인 헤만의 마스길, 인도자를 따라 마할랏르안놋에 맞춘 노래]
^{1} 여호와 내 구원의 하나님이여
내가 주야로 주 앞에서 부르짖었사오니
^{2} 나의 기도가 주 앞에 이르게 하시며
나의 부르짖음에 주의 귀를 기울여 주소서
^{3} 무릇 나의 영혼에는 재난이 가득하며
나의 생명은 스올에 가까웠사오니
^{4} 나는 무덤에 내려가는 자 같이 인정되고
힘없는 용사와 같으며
^{5} 죽은 자 중에 던져진 바 되었으며
죽임을 당하여 무덤에 누운 자 같으니이다
주께서 그들을 다시 기억하지 아니하시니
그들은 주의 손에서 끊어진 자니이다
^{6} 주께서 나를 깊은 웅덩이와
어둡고 음침한 곳에 두셨사오며
^{7} 주의 노가 나를 심히 누르시고
주의 모든 파도가 나를 괴롭게 하셨나이다 (셀라)
^{8} 주께서 내가 아는 자를 내게서 멀리 떠나게 하시고
나를 그들에게 가증한 것이 되게 하셨사오니
나는 갇혀서 나갈 수 없게 되었나이다
^{9} 곤란으로 말미암아 내 눈이 쇠하였나이다
여호와여 내가 매일 주를 부르며
주를 향하여 나의 두 손을 들었나이다

시편 88편은 3권의 시들 중에 가장 어둡고 무겁습니다. 기도하는 자는 자기의 마음을 정직하게 표현합니다. 그의 영혼에는 재난이 가득하며 생명은 스올에 가까워 무덤에 내려가는 자 같고 힘없는 용사 같습니다. 죽임을 당하여 무덤에 누운 자 같으며 하나님의 손에서 끊어진 자 같습니다. 깊은 웅덩이와 어둡고 음침한 곳에 던져졌고 아는 사람들에게조차 가증한 자가 되었습니다.

죽은 자 같다고 탄식한다고 해서 그에게 소망이 없는 것이 아닙니다. 그는 여전히 하나님을 향하여 부르짖고 있습니다. 여호와는 여전히 그에게 "내 구원의 하나님"이십니다. 주야로 하나님 앞에서 부르짖으며 그의 기도가 하나님 앞에 이르고 주께서 귀를 기울이시기를 구합니다. 비록 자신을 절망의 상황에 내주신 이가 하나님이신 것을 알지만 "매일 주를 부르며 주를 향하여" 두 손을 들었습니다.

낙심되는 일을 만나고 하나님께서 기도를 들어주지 않으시는 것 같은 일을 만날 때 어떤 이는 하나님이 계시지 않는 증거라고 말합니다. 절망의 상황도 넘어뜨리지 못하는 힘은 어디에서 나오는 것일까요? 죽은 자 같이 되어서도 믿음과 소망으로 하나님을 향하여 기도할 수 있다는 것이 하나님이 계신다는 증거가 아닐까요.

기도:
하나님, 저의 사정을 있는 그대로 하나님께 알려드리는 정직함과 용기를 주옵소서. 그보다 먼저 제가 직면한 상황을 볼 수 있는 눈을 주옵소서. 저 자신을 속이지 않게 하시고 하나님께 감추지 않게 하옵소서. 있는 모습 그대로 하나님께 가지고 나가서 부르짖으며 기도를 들으시기를 간구하게 하옵소서. 하나님이여, 나의 두 손을 듭니다. 나의 부르짖음에 귀를 기울이소서. 예수 그리스도의 이름으로 기도합니다. 아멘.

시편 88:10~18 여호와여 어찌하여 나의 영혼을 버리시며

10 주께서 죽은 자에게 기이한 일을 보이시겠나이까
유령들이 일어나 주를 찬송하리이까 (셀라)
11 주의 인자하심을 무덤에서
주의 성실하심을 멸망 중에서 선포할 수 있으리이까
12 흑암 중에서 주의 기적과 잊음의 땅에서
주의 공의를 알 수 있으리이까
13 여호와여 오직 내가 주께 부르짖었사오니
아침에 나의 기도가 주의 앞에 이르리이다
14 여호와여 어찌하여 나의 영혼을 버리시며
어찌하여 주의 얼굴을 내게서 숨기시나이까
15 내가 어릴 적부터 고난을 당하여 죽게 되었사오며
주께서 두렵게 하실 때에 당황하였나이다
16 주의 진노가 내게 넘치고
주의 두려움이 나를 끊었나이다
17 이런 일이 물 같이 종일 나를 에우며
함께 나를 둘러쌌나이다
18 주는 내게서 사랑하는 자와 친구를 멀리 떠나게 하시며
내가 아는 자를 흑암에 두셨나이다

신자의 기도는 질문으로 바뀌었습니다. 죽은 자에게 기이한 일을 보이시겠나이까, 무덤에서 주의 인자하심을 선포할 수 있겠습니까, 흑

암 중에서 주의 공의를 알 수 있겠습니까. 하나님의 이적과 도움의 손길, 그 인자하심과 성실하심과 공의가 지금 베풀어지지 않아서 죽음에 이르게 된다면 죽은 자가 어떻게 하나님의 선하심을 선포할 수 있겠느냐고 질문합니다. 이것은 하나님께서 속히 도와주시기를 간절히 바라는 표현입니다. 그의 말속에 하나님이 어떤 분이신지 담겨 있습니다. 하나님은 기이한 일을 행하시는 분이며, 인자하심과 성실하심과 기적과 공의를 행하시는 분입니다. 하지만 하나님은 답이 없으십니다.

탄식시는 보통 뒤로 가면서 하나님의 성품을 찬송하고 응답하심에 감사하는 것으로 마무리됩니다. 그런데 88편에는 그런 내용이 보이지 않습니다. 신자는 계속해서 하나님께서 그의 영혼을 버리시고 하나님의 얼굴을 숨기셨다고 합니다. 하나님의 진노는 넘치고 시인은 두려움으로 침묵하게 되었습니다. 더군다나 사랑하는 자와 친구들조차 떠나게 하셔서 흑암에 두셨습니다.

이 기도에서 그리스도를 보십시오. 그리스도는 우리의 죄로 인해 철저히 하나님께 버림받으셨습니다. 그리고 그리스도의 고난에 참여하는 신자들도 있습니다. 만약 이런 처지에 있는 이가 있다면, 이 시인과 같이 당신의 사정을 하나님께 아뢰십시오. 여호와 하나님께 당신의 형편을 알리십시오.

만약 평안한 중에 있다면, 고난 중에 있는 형제나 이웃이 없는지 살펴보십시오. 그의 고통과 외로움을 이해하시고 공감하시며 그를 위해 기도하고 곁을 지켜주십시오. 서둘러 위로하려 하지 마십시오. 사람의 위로가 필요한 시점이 아닐 겁니다.

기도:
하나님, 어두움의 긴 터널을 지나고 있습니다. 하나님의 인자하심과 성실하심과 기적과 공의는 어디에 있습니까? 사랑하는 자와 친구조차 멀리 떠났습니다. 끝이 보이지 않습니다. 죽음에 대한 두려움이 엄습해옵니다. 거기에서 고난 당하신 그리스도를 봅니다. 그리스도의 십자가를 생각합니다.

시편 89:1~8 다윗과 맺으신 언약

[에스라인 에단의 마스길]
¹ 내가 여호와의 인자하심을 영원히 노래하며
주의 성실하심을 내 입으로 대대에 알게 하리이다
² 내가 말하기를 인자하심을 영원히 세우시며
주의 성실하심을 하늘에서 견고히 하시리라 하였나이다
³ 주께서 이르시되 나는 내가 택한 자와 언약을 맺으며
내 종 다윗에게 맹세하기를
⁴ 내가 네 자손을 영원히 견고히 하며
네 왕위를 대대에 세우리라 하였나이다 (셀라)
⁵ 여호와여 주의 기이한 일을 하늘이 찬양할 것이요
주의 성실도 거룩한 자들의 모임 가운데에서 찬양하리이다
⁶ 무릇 구름 위에서 능히 여호와와 비교할 자 누구며
신들 중에서 여호와와 같은 자 누구리이까
⁷ 하나님은 거룩한 자의 모임 가운데에서 매우 무서워할 이시오며
둘러 있는 모든 자 위에 더욱 두려워할 이시니이다
⁸ 여호와 만군의 하나님이여 주와 같이 능력 있는 이가 누구리이까
여호와여 주의 성실하심이 주를 둘렀나이다

시편 89편은 3권의 마지막 노래입니다. 유대민족이 바벨론에 포로로 잡혀 가 있는 동안 불렀던 곡입니다. 하나님의 진노하심으로 그들이 얼마나 심한 고통 가운데 있게 되었는지 88편에서 노래한 후에 89편에서는 하나님께서 다윗에게 언약하신 것을 기억하며 노래합니다.

1~2절은 시 전체의 서론으로 하나님의 인자하심과 성실하심을 찬양하겠다고 말합니다. 다윗과 언약하심으로 하나님의 인자하심(사랑)과 성실하심(진실함, 신실함)을 보이셨습니다. 하나님은 언약을 맺으실 뿐 아니라 그 하신 말씀을 진실함으로 지키시는 분이십니다.

3~8절은 다윗과 맺으신 언약과 언약을 맺으신 하나님이 어떤 분이신지 찬양합니다. 하나님이 택하신 다윗과 세우신 언약의 내용은 "네 자손을 영원히 견고히 하며 네 왕위를 대대에 세우리라"(4)는 겁니다. 이것이 다윗 언약의 핵심입니다. (자세한 내용은 19~37절에서 언급합니다.) 하늘의 거룩한 천사들도 다윗과 언약을 맺으신 하나님의 인자하심과 성실하심을 찬양합니다.

하나님은 어떤 분이십니까? 구름 위에서(하늘에서) 여호와와 비교할 자가 없으며 신 중에도 그분과 같은 이가 없습니다. 하늘의 거룩한 자들조차 하나님의 위엄 앞에서 두려워 떠는 분입니다. 그와 같은 능력을 가진 이가 없으며 그와 같이 진실하신 분이 없습니다.

다윗에게 언약하신 "네 자손을 영원히 견고히 하며 네 왕위를 대대에 세우리라"는 말씀은 예수 그리스도를 통해 성취되었습니다. 그리스도를 우리에게 보내심은 하나님의 인자하심과 성실하심의 절정입니다. 그래서 우리는 1절과 같이 찬양할 수밖에 없습니다.

"내가 여호와의 인자하심을 영원히 노래하며
주의 성실하심을 내 입으로 대대에 알게 하리이다"

기도:
다윗을 택하시고 언약을 맺으신 여호와 하나님은 참으로 인자하시며 진실하십니다. 하나님은 하늘에서 가장 위엄이 있으시고 가장 능력이 많으십니다. 그 언약하심을 따라 그리스도를 보내심을 감사합니다. 그리스도는 하나님 앞에 영원히 계시며 우리에게는 영원한 왕이십니다. 그리스도를 의지하고 그리스도와 함께 하나님께 나아가며 하나님의 모든 은택을 받습니다. 우리가 그리스도 안에서 받아 누리는 이 복된 은총을 깨달아 알게 하시고 기뻐하며 감사하게 하옵소서. 예수 그리스도의 이름으로 기도합니다. 아멘.

시편 89:9~18 왕의 백성이 누리는 은총

⁹ 주께서 바다의 파도를 다스리시며
그 파도가 일어날 때에 잔잔하게 하시나이다
¹⁰ 주께서 라합을 죽임 당한 자 같이 깨뜨리시고
주의 원수를 주의 능력의 팔로 흩으셨나이다
¹¹ 하늘이 주의 것이요 땅도 주의 것이라
세계와 그중에 충만한 것을 주께서 건설하셨나이다
¹² 남북을 주께서 창조하셨으니
다볼과 헤르몬이 주의 이름으로 말미암아 즐거워하나이다
¹³ 주의 팔에 능력이 있사오며 주의 손은 강하고
주의 오른손은 높이 들리우셨나이다
¹⁴ 의와 공의가 주의 보좌의 기초라
인자함과 진실함이 주 앞에 있나이다
¹⁵ 즐겁게 소리칠 줄 아는 백성은 복이 있나니
여호와여 그들이 주의 얼굴빛 안에서 다니리로다
¹⁶ 그들은 종일 주의 이름 때문에 기뻐하며
주의 공의로 말미암아 높아지오니
¹⁷ 주는 그들의 힘의 영광이심이라
우리의 뿔이 주의 은총으로 높아지오리니
¹⁸ 우리의 방패는 여호와께 속하였고
우리의 왕은 이스라엘의 거룩한 이에게 속하였기 때문이니이다

시인은 9~14절에서 다윗과 언약을 맺으신 하나님이 어떤 분이신지 찬양합니다. 하나님은 바다의 파도를 다스리는 분입니다. 라합(애굽)을 깨뜨리시고 능력의 팔로 원수를 흩으십니다. 하늘과 땅이 하나님

의 것이며 세계와 그중에 충만한 것을 건설하셨습니다. 동서(다볼과 헤르몬) 남북을 창조하셨고 그것들이 하나님으로 말미암아 즐거워합니다. 하나님은 능력이 있으시며 의와 공의가 보좌의 기초고 인자함과 진실함이 하나님 앞에 있습니다.

이 말씀에서 우리는 그리스도를 봅니다. 그리스도는 말씀으로 바다를 잔잔하게 하심으로 하나님과 동등한 신성이 있음을 보여주셨습니다. 바울은 그리스도에 관해 다음과 같이 썼습니다.

"만물이 그에게서 창조되되 하늘과 땅에서 보이는 것들과 보이지 않는 것들과 혹은 왕권들이나 주권들이나 통치자들이나 권세들이나 만물이 다 그로 말미암고 그를 위하여 창조되었고"(골로새서 1:16)

15~18절은 하나님의 은총을 받은 백성들의 복을 말합니다. 하나님을 즐겁게 소리칠 줄 아는 백성은 복이 있습니다. 그들은 여호와의 얼굴빛 안에서 다닙니다. 종일 주의 이름 때문에 기뻐하며 공의로 높아집니다. 하나님은 백성들의 힘의 영광이요, 뿔을 높이시는 분이요 방패가 되십니다.

이 말씀은 우리의 왕 그리스도가 하나님께 속하였기 때문에 그리스도를 통해 우리에게 베풀어지는 은혜입니다. 우리는 하나님의 얼굴빛 안에서, 그의 사랑의 돌보심 아래서 살아갑니다. 하나님은 우리를 의롭게 하시고 우리를 영광되게 높이셨습니다. 우리는 하나님으로 말미암아 기뻐 외칩니다.

기도:

다윗과 언약을 맺으시고 우리에게 그리스도를 보내신 하나님은 인자함과 진실함이 풍성하십니다. 만물을 창조하시고 다스리시는 주께서 우리를 위해 행하신 일은 놀랍습니다. 우리의 왕이신 그리스도로 말미암아 우리는 하나님의 은총을 한없이 받는 자가 되었습니다. 하나님은 우리를 의롭게 여기시고 영광의 찬송이 되게 하셨습니다. 우리는 날마다 하나님의 얼굴빛 아래 살아갑니다. 하나님의 임재하심을 의식하며 살아가도록 저의 마음을 깨워 주옵소서. 예수 그리스도의 이름으로 기도합니다. 아멘.

시편 89:19~29 하나님이 기름 부은 자

¹⁹ 그때에 주께서 환상 중에
주의 성도들에게 말씀하여 이르시기를
내가 능력 있는 용사에게는 돕는 힘을 더하며
백성 중에서 택함 받은 자를 높였으되
²⁰ 내가 내 종 다윗을 찾아내어
나의 거룩한 기름을 그에게 부었도다
²¹ 내 손이 그와 함께 하여 견고하게 하고
내 팔이 그를 힘이 있게 하리로다
²² 원수가 그에게서 강탈하지 못하며
악한 자가 그를 곤고하게 못하리로다
²³ 내가 그의 앞에서 그 대적들을 박멸하며
그를 미워하는 자들을 치려니와
²⁴ 나의 성실함과 인자함이 그와 함께 하리니
내 이름으로 말미암아 그의 뿔이 높아지리로다
²⁵ 내가 또 그의 손을 바다 위에 놓으며
오른손을 강들 위에 놓으리니
²⁶ 그가 내게 부르기를 주는 나의 아버지시오
나의 하나님이시요 나의 구원의 바위시라 하리로다
²⁷ 내가 또 그를 장자로 삼고
세상 왕들에게 지존자가 되게 하며
²⁸ 그를 위하여 나의 인자함을 영원히 지키고
그와 맺은 나의 언약을 굳게 세우며
²⁹ 또 그의 후손을 영구하게 하여
그의 왕위를 하늘의 날과 같게 하리로다

　환상(혹은 이상)은 하나님께서 말씀하시는 방법의 하나입니다. 하나님께서 능력 있는 용사와 택하신 자에게 힘을 주시고 높이시는데 다윗에게는 언약을 맺으셔서 그를 특별하게 하셨습니다. 본문은 다윗언약의 내용을 담고 있습니다. 하나님이 그에게 거룩한 기름을 부으셨습니다. 기름을 부어 세우는 직책은 왕, 선지자, 제사장인데 이는 나

중에 오시는 그리스도(기름 부음 받은 자란 의미)를 앞서 보여주는 겁니다. 하나님은 다윗과 함께하여 견고하게 하시고 원수에게서 지키시며 그의 앞에서 대적을 멸하실 겁니다. 성실함(진실함)과 인자함이 그의 앞에 함께 할 것이며 그를 높이실 겁니다. 다윗은 하나님을 "나의 아버지시오 나의 하나님이시오 나의 구원이 바위시라"고 부르게 될 겁니다. 하나님은 그를 장자로 삼고 세상 왕들에게 지존자가 되게 하며 그에게 인자함을 영원히 지키고 언약을 굳게 세우며 그의 후손을 영구하게 왕위를 계속 이어가게 하실 겁니다.

이 언약의 내용대로 하나님은 다윗을 대하십니다. 그리고 그의 후손들이 왕위를 이어가게 하십니다. 이 언약은 궁극적으로는 예수 그리스도에게서 성취됩니다. 마리아에게 예수 탄생을 알리는 천사 가브리엘이 이 예언의 성취를 알렸습니다.

"^{32} 그가 큰 자가 되고 지극히 높으신 이의 아들이라 일컬어질 것이요 주 하나님께서 그 조상 다윗의 왕위를 그에게 주시리니 ^{33} 영원히 야곱의 집을 왕으로 다스리실 것이며 그 나라가 무궁하리라"(누가복음 1:32, 33)

다윗에게 하신 말씀은 예수 그리스도에게 말씀하신 것으로, 그와 맺으신 언약으로 읽을 수 있습니다. 하나님은 예수 그리스도와 함께 하며 그에게 인자와 진실이 충만하게 하시며(요 1:14) 그를 영원히 왕이 되게 하십니다.

기도:
하나님, 이스라엘에 다윗 왕을 세우셔서 그와 그의 백성을 견고하게 하신 것처럼, 우리에게 영원한 왕 그리스도를 주시고 우리를 다스리게 하시되 인자함과 성실함(은혜와 진리)으로 다스리게 하시니 감사합니다. 그리스도 안에서 우리를 대적에게서 건지시고 장자이신 그리스도와 함께 하나님 나라를 상속받고 함께 다스리게 하시니 감사합니다. 그리스도 안에서 믿음으로 이 일이 이미 이루어진 것을 보게 하시고 또한 온전히 이루어지기를 소망하게 하옵소서. 예수 그리스도의 이름으로 기도합니다. 아멘.

시편 89:30~37 하나님의 징계

³⁰ 만일 그의 자손이 내 법을 버리며
내 규례대로 행하지 아니하며
³¹ 내 율례를 깨뜨리며
내 계명을 지키지 아니하면
³² 내가 회초리로 그들의 죄를 다스리며
채찍으로 그들의 죄악을 벌하리로다
³³ 그러나 나의 인자함을 그에게서 다 거두지는 아니하며
나의 성실함도 폐하지 아니하며
³⁴ 내 언약을 깨뜨리지 아니하고
내 입술에서 낸 것은 변하지 아니하리로다
³⁵ 내가 나의 거룩함으로 한 번 맹세하였은즉
다윗에게 거짓말을 하지 아니할 것이라
³⁶ 그의 후손이 장구하고
그의 왕위는 해 같이 내 앞에 항상 있으며
³⁷ 또 궁창의 확실한 증인인 달 같이
영원히 견고하게 되리라 하셨도다 (셀라)

본문은 다윗 언약의 뒷부분을 담고 있습니다. 다윗과 그의 후손들이 하나님의 말씀을 어긴다면 어떻게 될까요? 그런 상황이 예견되기라도 한 듯이 언약의 상대자인 사람들이 언약을 배반하더라도 하나님은 언약을 폐기하지 않으시고 영구히 지키실 것을 해와 달을 증인 삼아 맹세하십니다.

법, 규례, 율례, 계명은 하나님의 말씀에 대한 여러 측면을 말한 것으로 결국 같은 말을 반복함으로 강조하고 있는 겁니다. 다윗의 자손이 하나님의 법을 버리고 규례대로 행하지 않으며 율례를 깨뜨리고 계명을 지키지 아니하더라도 하나님은 언약을 깨뜨리지 않으실 겁니다.

다만, 하나님은 회초리로 그들의 죄를 다스리며 채찍으로 죄악을 벌하실 겁니다. 그것은 아버지가 자녀를 훈계하는 것과 같습니다. 자식이 잘못하였다고 해서 관계를 끊어버리고 사랑을 거두는 부모는 없습니다. 혹시 그런 부모가 있을지라도 하나님은 변함이 없습니다.

히브리서 12장은 하나님의 징계를 친아들을 유익하게 하고 하나님의 거룩하심에 참여하게 하시려는 것이라고 말합니다.

"… 하나님이 아들과 같이 너희를 대우하시나니 어찌 아버지가 징계하지 않는 아들이 있으리요 징계는 다 받는 것이거늘 너희에게 없으면 사생자요 친아들이 아니니라 … 오직 하나님은 우리의 유익을 위하여 그의 거룩하심에 참여하게 하시느니라 … 연단 받은 자들은 의와 평강의 열매를 맺느니라"(히브리서 12:7~11)

하나님께서 맹세하신 언약은 반드시 이루어집니다. 하나님의 인자함과 성실함은 폐하여지지 않습니다. 언약 안에 있는 다윗의 후손은 영원하고 그의 왕위는 항상 하나님 앞에 있습니다. 이는 다윗의 자손으로 오신 그리스도뿐만 아니라 그리스도 안에 있는 신자들에게도 하신 말씀입니다.

기도:
하나님, 우리가 죄를 범할 때 오래 참으시고 더디 노하시며 은혜와 긍휼을 베풀어 주시니 감사합니다. 그러다가 하나님의 뜻대로 우리의 유익을 위하여 징계하심으로 우리를 돌이켜 거룩하게 하시니 감사합니다. 하나님의 말씀과 성품으로 인하여 깨질 수 없는 언약 안에 우리를 불러 주시니 감사합니다. 징계에 대한 두려움보다 하나님의 인자하심과 성실하심이 삶의 동기가 되게 하시어 죄와 싸우게 하시고 낙심하지 않게 하옵소서. 예수 그리스도의 이름으로 기도합니다. 아멘.

시편 89:38~52 침묵하시는 하나님

38 그러나 주께서 주의 기름 부음 받은 자에게 노하사
물리치셔서 버리셨으며
39 주의 종의 언약을 미워하사
그의 관을 땅에 던져 욕되게 하셨으며
40 그의 모든 울타리를 파괴하시며
그 요새를 무너뜨리셨으므로
41 길로 지나가는 자들에게 다 탈취를 당하며
그의 이웃에게 욕을 당하나이다
42 주께서 그의 대적들의 오른손을 높이시고
그들의 모든 원수들은 기쁘게 하셨으나
43 그의 칼날은 둔하게 하사
그가 전장에서 더 이상 버티지 못하게 하셨으며
44 그의 영광을 그치게 하시고
그의 왕위를 땅에 엎으셨으며
45 그의 젊은 날들을 짧게 하시고
그를 수치로 덮으셨나이다 (셀라)
46 여호와여 언제까지니이까 스스로 영원히 숨기시리이까
주의 노가 언제까지 불붙듯 하시겠나이까
47 나의 때가 얼마나 짧은지 기억하소서
주께서 모든 사람을 어찌 그리 허무하게 창조하셨는지요
48 누가 살아서 죽음을 보지 아니하고
자기의 영혼을 스올의 권세에서 건지리이까 (셀라)
49 주여 주의 성실하심으로 다윗에게 맹세하신
그 전의 인자하심이 어디 있나이까
50 주는 주의 종들이 받은 비방을 기억하소서
많은 민족의 비방이 내 품에 있사오니
51 여호와여 이 비방은 주의 원수들이
주의 기름 부음 받은 자의 행동을 비방한 것이로소이다
52 여호와를 영원히 찬송할지어다 아멘 아멘

"그러나" 놀라운 반전입니다. 앞에서 해와 달을 증인 삼아 맹세하

신 하나님께서 기름 부음 받은 자에게 노하사 물리치시고 버리셨으며 언약을 미워하사 왕관을 땅에 던져 욕되게 하셨습니다. 왕의 요새를 무너뜨리시고 대적에게 붙이셨습니다. 전장에서는 패하게 하시고 그의 왕위를 땅에 엎으시고 수명을 짧게 하시고 수치를 당하게 하셨습니다. 다윗의 후손들이 범죄 할 때마다 다윗을 생각하시어 참으셨던 하나님께서 결국에는 바벨론에 의해 예루살렘이 함락되게 하시고 왕좌에 있던 다윗의 후손이 수치를 당하게 하시고 백성들은 포로 되어 이방 땅으로 옮겨지게 하셨습니다.

어떻게 그러실 수가 있을까? 다윗 후손의 왕위를 영원하게 하시겠다고 맹세하신 것을 깨뜨리실 수가 있을까? 어떻게 이 백성을 원수의 손에 붙이실 수가 있을까? 인자함과 성실함의 하나님은 그러시면 안 되는 것이 아닌가? 이런 마음이 질문으로 이어집니다. "여호와여 언제까지니이까 스스로 영원히 숨기시리이까"(46), "주여 주의 성실하심으로 다윗에게 맹세하신 그 전의 인자하심이 어디 있나이까"(49)

언약 백성의 부르짖음에도 하나님은 침묵하십니다. 그렇지만 신자는 돌아서지 않았습니다. 기도는 단발성으로 끝나지 않았습니다. 이 시는 공동체의 노래가 되었고 고난받는 자들의 기도가 되었습니다. 소망은 여전히 하나님께 있습니다.

"여호와를 영원히 찬송할지어다 아멘 아멘"(52)

기도:
하나님, 우리의 죄가 중하여 하나님의 징계를 받을 때 우리는 하나님의 인자하심과 성실하심을 바라봅니다. 그리스도의 고난을 생각하며 참고 낙심하지 않습니다. 그런데 이해할 수 없는 고난을 만날 때는 어떻게 해야 합니까? 사랑하는 이들이 고난 당할 때는 어떻게 해야 합니까? 하나님 자녀의 영광이 빛을 잃을 때 어떻게 해야 합니까? 하나님이 오래도록 침묵하실 때 어떻게 해야 합니까? 십자가 위에서 하나님께 버림받으신 예수를 바라봅니다. 거기에서 우리를 향한 하나님의 인자하심과 진실하심을 봅니다. 믿음의 눈으로 하나님을 바라봅니다.

제4권

시편 90:1~12 인생의 덧없음을 헤아리는 지혜

[하나님의 사람 모세의 기도]
1 주여 주는 대대에 우리의 거처가 되셨나이다
2 산이 생기기 전 땅과 세계도 주께서 조성하시기 전
곧 영원부터 영원까지 주는 하나님이시니이다
3 주께서 사람을 티끌로 돌아가게 하시고 말씀하시기를
너희 인생들은 돌아가라 하셨사오니
4 주의 목전에는 천 년이 지나간 어제 같으며
밤의 한순간 같을 뿐임이니이다
5 주께서 그들을 홍수처럼 쓸어가시나이다
그들은 잠깐 자는 것 같으며 아침에 돋는 풀 같으니이다
6 풀은 아침에 꽃이 피어 자라다가 저녁에는 시들어 마르나이다
7 우리는 주의 노에 소멸되며 주의 분내심에 놀라나이다
8 주께서 우리의 죄악을 주의 앞에 놓으시며
우리의 은밀한 죄를 주의 얼굴빛 가운데에 두셨사오니
9 우리의 모든 날이 주의 분노 중에 지나가며
우리의 평생이 순식간에 다하였나이다
10 우리의 연수가 칠십이요 강건하면 팔십이라도
그 연수의 자랑은 수고와 슬픔뿐이요
신속히 가니 우리가 날아가나이다
11 누가 주의 노여움의 능력을 알며
누가 주의 진노의 두려움을 알리이까
12 우리에게 우리 날 계수함을 가르치사
지혜로운 마음을 얻게 하소서

제4권의 시작입니다. 3권이 포로기의 기도였다면 4권은 포로기와 그 이후 하나님의 교회를 위한 기도로 읽을 수 있습니다. 90편은 모세의 기도라는 제목이 붙어 있습니다. 4권에서는 "모세"가 여러 번 등장합니다. 과거에 출애굽을 한 것처럼 바벨론에서 두 번째 출애굽을 소망하는 마음이 담겨 있는 것으로 보입니다.

시편 90편은 하나님께서 진노하셔서 포로 가운데 있는 하나님의 백성이 하나님에 비하여 얼마나 일시적인 존재인지를 담고 있습니다.

시인은 하나님이 만물의 주가 되심을 찬양합니다(1~2). 하나님은 영원부터 영원까지 하나님이십니다. 그리고 하나님은 우리(인간)의 거처가 되십니다. 하나님이 '거하는 곳'이 되신다는 말은 하나님이 인간의 근원이며 그 안에 있을 때만 안식할 수 있다는 의미입니다.

3~6절은 인생이 얼마나 짧은지를 말합니다. 하나님은 영원하지만, 인생은 티끌이며 우리의 천년은 하나님께 지나간 어제와 밤의 한순간 같습니다. 잠깐 자는 것 같고 아침에 돋는 풀 같습니다.

7절부터 이토록 짧은 생을 살고 죽음에 이르는 이유를 밝힙니다(7~12). 사람의 죄에 대한 하나님의 진노하심 때문입니다. 죄의 결과는 사망입니다(롬 6:23). 사람의 연수는 칠십에서 팔십인데 그것도 수고와 슬픔뿐이라고 합니다.

기도:
하나님, 사람은 흙에서 나와 흙으로 돌아가는 존재입니다. 죄로 인해 더욱 인생은 비참하고 덧없게 되었습니다. 이것이 죄 가운데 있는 인생입니다. 하지만 하나님의 아들이 사람이 되시고 우리에게 성령을 부어 주심으로 거룩한 하나님의 거처가 되게 하셨습니다. 인생의 덧없음과 거룩함 사이에 균형 있게 서는 지혜를 주옵소서. 그리고 순식간에 날아가는 생애를 하나님을 위해 아낌없이 살아가게 하옵소서. 예수 그리스도의 이름으로 기도합니다. 아멘.

시편 90:13~17 여호와여 돌아오소서

¹³ 여호와여 돌아오소서 언제까지니이까
주의 종들을 불쌍히 여기소서
¹⁴ 아침에 주의 인자하심이 우리를 만족하게 하사
우리를 일생 동안 즐겁고 기쁘게 하소서
¹⁵ 우리를 괴롭게 하신 날수대로와
우리가 화를 당한 연수대로 우리를 기쁘게 하소서
¹⁶ 주께서 행하신 일을 주의 종들에게 나타내시며
주의 영광을 그들의 자손에게 나타내소서
¹⁷ 주 우리 하나님의 은총을 우리에게 내리게 하사
우리의 손이 행한 일을 우리에게 견고하게 하소서
우리의 손이 행한 일을 견고하게 하소서

하나님이 함께 계시지 않는 것이 사람에게는 형벌입니다. 하나님이 모든 복의 근원이시기 때문입니다. 모든 선한 것은 그분에게서 나옵니다. 신자는 하나님께서 돌아와 백성과 함께하시기를 간청합니다.
"여호와여 돌아오소서 언제까지니이까
주의 종들을 불쌍히 여기소서"
시인은 하나님의 인자하심을 담대하게 구합니다. "여호와"는 언약의 하나님에 대한 호칭입니다. 그리고 인자하심은 언약에 근거한 하나님의 변함없는 사랑입니다. 자신들은 범죄하여 하나님께서 떠나시고 대적에게 붙여졌지만, 여호와 하나님은 언약에 신실하시고 말씀하신 것을 바꾸지 않으실 줄을 믿기에 담대하게 인자하심을 구합니다.

아침에는 주의 인자하심으로 만족하며 평생 즐겁고 기쁘기를, 고난을 당한 연수대로 기쁨의 날이 이어지기를, 백성들에게 주의 행하신 일을 나타내시고 자손들에게 영광을 나타내시기를 구합니다. 그래서 우리의 손으로 행하는 일이 견고하기를 반복하여 간구합니다.

고난을 받을 때 특히 무언가 잘못한 일로 징계를 받을 때는 자존감이 낮아집니다. 하나님의 도움을 받겠다고 담대히 나간다는 것은 감히 상상하기 어려운 일입니다. 그런데 시인은 신실하신 하나님의 언약에 근거하여 인자하심을 구하고 은총을 구합니다. 우리는 우리를 위한 대제사장이신 예수 그리스도를 의지함으로 담대히 하나님께 나아갈 수 있습니다.

"[15] 우리에게 있는 대제사장은 우리의 연약함을 동정하지 못하실 이가 아니요 모든 일에 우리와 똑같이 시험을 받으신 이로되 죄는 없으시니라 [16] 그러므로 우리는 긍휼하심을 받고 때를 따라 돕는 은혜를 얻기 위하여 은혜의 보좌 앞에 담대히 나아갈 것이니라"(히브리서 4:15~16)

아침마다 하나님의 인자하심으로 만족하게 하시기를, 평생 즐겁고 기쁘게 하시기를, 손이 행하는 일을 견고하게 하시기를 구합시다.

기도:
여호와 하나님, 우리와 함께하시기 위해 그리스도를 보내셨고, 또한 성령을 우리에게 보내셨으니 감사합니다. 하나님의 임재하심을 늘 의식하며 살아가게 하옵소서, 우리가 죄를 범하여 징계를 받고 고난을 받을 때라도 하나님의 함께 하심을 구하게 하시고 더욱 은총을 구하여 거룩함으로 나아가게 하소서. 그 어떤 것도 하나님의 사랑에서 끊을 수 없다는 말씀에 근거하여 담대히 하나님을 바라게 하옵소서. 아침마다 인자하심으로 만족하게 하옵소서. 일생 동안 즐겁고 기쁘게 하옵소서. 손이 행하는 일을 견고하게 하옵소서. 예수 그리스도의 이름으로 기도합니다. 아멘.

시편 91:1~8 전능자의 그늘

¹ 지존자의 은밀한 곳에 거주하며
전능자의 그늘 아래에 사는 자여
² 나는 여호와를 향하여 말하기를 그는 나의 피난처요 나의 요새요
내가 의뢰하는 하나님이라 하리니
³ 이는 그가 너를 새 사냥꾼의 올무에서와
심한 전염병에서 건지실 것임이로다
⁴ 그가 너를 그의 깃으로 덮으시리니
네가 그의 날개 아래에 피하리로다
그의 진실함은 방패와 손 방패가 되시나니
⁵ 너는 밤에 찾아오는 공포와
낮에 날아드는 화살과
⁶ 어두울 때 퍼지는 전염병과
밝을 때 닥쳐오는 재앙을 두려워하지 아니하리로다
⁷ 천 명이 네 왼쪽에서 만 명이 네 오른쪽에서 엎드러지나
이 재앙이 네게 가까이 하지 못하리로다
⁸ 오직 너는 똑똑히 보리니
악인들의 보응을 네가 보리로다

시편 91편은 90편에서 "여호와여 돌아오소서"(90:13)라고 기도한 것에 대한 응답입니다.
1~13절은 "지존자의 은밀한 곳에 거주하며 전능자의 그늘 아래 사는 사람"에게 하나님께서 안전을 약속하시는 말씀입니다. 여기서 말

하는 "나"가 제사장 혹은 선지자인 것 같습니다. 그 자신이 여호와를 향하여 "그는 나의 피난처요 나의 요새요 내가 의뢰하는 하나님이라"고 고백하는 사람입니다. 그는 자기와 같이 "지존자의 은밀한 곳에 거주하며 전능자의 그늘 아래 사는 자"에게 하나님께서 어떤 은총을 베푸시는지 말합니다. 하나님은 그를 새 사냥꾼의 올무와 심한 전염병에서 건지실 것이며 밤과 낮, 어두울 때와 밝을 때의 공포로부터 지켜주실 겁니다. 그 어떤 재앙도 가까이하지 못할 겁니다.

이 약속은 대단한 겁니다. 그런데 이 말씀은 누구에게 하시는 것일까요? 누가 과연 이러한 은혜를 입는단 말입니까? 우리는 감염병 시대를 살아갑니다. 많은 신자가 감염병에 쓰러졌고 사랑하는 이들을 잃었습니다. 재앙이 신자를 비켜 지나가지 않습니다. 그렇다면 이 약속은 헛된 것입니까?

신자가 사는 날 동안 이 약속이 온전히 이루어지지 않을 수 있습니다. 어떤 이에게는 분명 이같이 하십니다. 하지만 어떤 이는 고난 가운데 두기로 하십니다. 우리는 이 땅에서 탄식하며 그리스도께서 다시 오셔서 하나님 나라를 완성하시기를 소망하며 살아갑니다. 그 소망이 부끄럽게 되지 않을 것은 하나님이 그 사랑을 우리에게 부어 주셨고 소망을 반드시 이루실 것이기 때문입니다(롬 5:5).

우리의 날에 고난이 있든 없든 우리는 지존자의 은밀한 곳에 거주하고 전능자의 그늘에 머물 것이고, 그의 날개 아래 피하여 살아갈 겁니다.

기도:
하나님, 지금 우리는 재난의 시대를 살고 있습니다. 불안의 시대를 살고 있습니다. 그렇지만 우리의 거처는 지존하신 하나님의 날개 아래입니다. 그 어떤 것이 전능자의 그늘 아래에, 하나님의 날개 아래 있는 자녀를 빼앗아 갈 수 있겠습니까. 그 무엇이 하나님의 사랑에서 우리를 끊을 수 있겠습니까. 하나님의 사랑으로 두려움을 쫓으시고 우리 하나님만 신뢰하게 하옵소서. 예수 그리스도의 이름으로 기도합니다. 아멘.

시편 91:9~16 지존자를 거처로 삼은 자

⁹ 네가 말하기를 여호와는 나의 피난처시라 하고
지존자를 너의 거처로 삼았으므로
¹⁰ 화가 네게 미치지 못하며
재앙이 네 장막에 가까이 오지 못하리니
¹¹ 그가 너를 위하여 그의 천사들을 명령하사
네 모든 길에서 너를 지키게 하심이라
¹² 그들이 그들의 손으로 너를 붙들어
발이 돌에 부딪히지 아니하게 하리로다
¹³ 네가 사자와 독사를 밟으며
젊은 사자와 뱀을 발로 누르리로다
¹⁴ 하나님이 이르시되 그가 나를 사랑한즉
내가 그를 건지리라 그가 내 이름을 안즉 내가 그를 높이리라
¹⁵ 그가 내게 간구하리니 내가 그에게 응답하리라
그들이 환난 당할 때에 내가 그와 함께 하여
그를 건지고 영화롭게 하리라
¹⁶ 내가 그를 장수하게 함으로 그를 만족하게 하며
나의 구원을 그에게 보이리라 하시도다

하나님의 은총을 입은 사람은 여호와를 피난처 삼고 지존자를 그의 거처로 삼은 자입니다. 하나님 그분이 바로 신자의 자리입니다. 하나님께 피하여 가는 자에게 복이 있습니다. 10절 이하는 하나님께서 어떤 식으로 안전하게 하시는지 보여줍니다. 화와 재앙이 신자에게 미치지 못하게 하시며 천사를 명령하여 모든 길에서 지키시며 천사들의

손이 그를 붙들어 발이 돌에 부딪히지 않게 하시며 사자와 독사를 밟게 될 겁니다.

14~16절은 하나님께서 친히 말씀으로 약속을 확인해 주십니다. 그를 건지고 높이실 것이라, 환난 당할 때 함께 하여 건지고 영화롭게 하리라, 장수하게 하여 만족하게 하시겠다고 합니다.

여기에는 조건이 있습니다. "그가 나를 사랑한즉" "그가 내 이름을 안즉". 신자 중에 특별한 부류가 있는 것이 아닙니다. 신자는 그리스도 안에서 하나님의 자녀로 입양되고 하나님께 피하여 온 사람입니다. 그는 또한 하나님을 사랑하며 하나님을 아버지로 아는 자입니다.

사탄은 예수님을 시험할 때 91:13을 인용하였습니다. "네가 만일 하나님의 아들이어든 뛰어내리라 기록되었으되 그가 너를 위하여 그의 사자들을 명하시리니 그들이 손으로 너를 받들어 발이 돌에 부딪치지 않게 하리로다 하였느니라"(마 4:6). 주님은 사탄에게 하나님을 시험하지 말라고 하셨습니다.

사탄은 하나님의 아들 됨을 증명해 보이라고 우리를 시험합니다. 우리는 화와 재앙과 위험에서 안전하게 되며 세상에서 영광을 받는 것으로 하나님의 자녀 됨을 증명해 보이려는 유혹을 받습니다. 우리 주께서 그러하셨듯이 사탄과 세상에 우리를 증명해 보일 필요는 없습니다. 우리는 하나님을 사랑하며 우리 아버지를 아는 것으로 충분합니다.

기도:
여호와 하나님, 하나님을 피난처와 거처로 삼는 자에게 주시는 은총을 믿습니다. 두려움 없이 주저함 없이 담대히 하나님 나라와 의를 먼저 구하며 세상을 살아가게 하옵소서. 사탄과 세상에 하나님의 자녀 됨을 증명해 보이라는 유혹에 넘어가지 않게 하옵소서. 오직 하나님의 사랑에 의지하며 하나님을 힘써 사랑하는 것으로 충분함을 알게 하옵소서. 누구도 우리를 정죄하지 못하게 하옵시며 그리스도 안에서 자유하며 만족하게 하옵소서. 예수 그리스도의 이름으로 기도합니다. 아멘.

시편 92편 아침마다 인자하심을 알리며

[안식일의 찬송 시]
¹ 지존자여 십현금과 비파와 수금으로 여호와께 감사하며
² 주의 이름을 찬양하고 아침마다 주의 인자하심을 알리며
³ 밤마다 주의 성실하심을 베풂이 좋으니이다
⁴ 여호와여 주께서 행하신 일로 나를 기쁘게 하셨으니
주의 손이 행하신 일로 말미암아 내가 높이 외치리이다
⁵ 여호와여 주께서 행하신 일이 어찌 그리 크신지요
주의 생각이 매우 깊으시니이다
⁶ 어리석은 자도 알지 못하며 무지한 자도 이를 깨닫지 못하나이다
⁷ 악인들은 풀 같이 자라고 악을 행하는 자들은 다 흥왕할지라도
영원히 멸망하리이다
⁸ 여호와여 주는 영원토록 지존하시니이다
⁹ 여호와여 주의 원수들은 패망하리이다
정녕 주의 원수들은 패망하리니
죄악을 행하는 자들은 다 흩어지리이다
¹⁰ 그러나 주께서 내 뿔을 들소의 뿔 같이 높이셨으며
내게 신선한 기름을 부으셨나이다
¹¹ 내 원수들이 보응 받는 것을 내 눈으로 보며
일어나 나를 치는 행악자들이 보응 받는 것을 내 귀로 들었도다
¹² 의인은 종려나무 같이 번성하며
레바논의 백향목 같이 성장하리로다
¹³ 이는 여호와의 집에 심겼음이여
우리 하나님의 뜰 안에서 번성하리로다
¹⁴ 그는 늙어도 여전히 결실하며 진액이 풍족하고 빛이 청청하니
¹⁵ 여호와의 정직하심과 나의 바위 되심과 그에게는 불의가 없음이 선포되리로다

"안식일의 찬송"이란 제목의 유일한 시입니다. 이 시편은 바벨론에서 회복된 것을 배경으로 삼고 있습니다. 하나님의 인자하심과 성실하심이 어디에 있느냐고 했었는데(시편 89:49) 이제는 아침마다 하나님의 인자하심을 알리고 밤마다 성실하심을 알리는 것이 좋다고 합니다. 5절까지 하나님을 찬양함이 계속됩니다.

6~11절은 악인들에 대한 하나님의 심판을 보여줍니다. 악인들은 흥왕할지라도 영원히 멸망할 겁니다. 여호와는 영원토록 지존하십니다. 모든 것이 그의 다스리심 가운데 있으니 악인들의 악이 계속될 수 없습니다.

반면 의인들은 들소의 뿔같이 영광이 회복될 것이며 기쁨이 충만하게 하실 겁니다. 기름을 붓는다는 것은 직분을 맡기신다는 의미도 있지만 즐거운 축제의 표현이기도 합니다. 종려나무와 백향목은 푸르름과 번영을 상징합니다. 의인은 번성하고 성장할 겁니다. 그는 여호와의 집에 심겨서 늙어도 결실하며 진액이 풍족하고 빛이 푸르를 겁니다.

악인은 풀에 의인은 종려나무와 백향목에 견주어 말합니다. 악인의 날이 길다 하여도 그것은 풀과 같이 시들고 베임을 당할 겁니다. 여호와 하나님의 인자하심과 성실하심을 바라보고 인내하십시오. 그리고 여호와께 피하여 있는 자에게 베풀어지는 영광과 번영을 기대하십시오.

기도:
여호와 하나님, 마침내 하나님께서 행하신 일로 기쁘게 하실 줄 믿습니다. 하나님의 인자하시고 성실하신 성품과 영광을 저버리지 않으실 줄을 믿습니다. 하나님께서 원수에게 행하시는 것을 보고 들을 때까지 인내하게 하옵소서. 여호와께 피하여 있는 저에게 은혜를 베푸시사 종려나무같이 풍성하고 백향목같이 영원한 복을 주옵소서. 예수 그리스도의 이름으로 기도합니다. 아멘.

시편 93편 하나님은 영원한 왕이시다

¹ 여호와께서 다스리시니 스스로 권위를 입으셨도다
여호와께서 능력의 옷을 입으시며 띠를 띠셨으므로
세계도 견고히 서서 흔들리지 아니하는도다
² 주의 보좌는 예로부터 견고히 섰으며
주는 영원부터 계셨나이다
³ 여호와여 큰물이 소리를 높였고
큰물이 그 소리를 높였으니
큰물이 그 물결을 높이나이다
⁴ 높이 계신 여호와의 능력은 많은 물소리와
바다의 큰 파도보다 크니이다
⁵ 여호와여 주의 증거들이 매우 확실하고
거룩함이 주의 집에 합당하니
여호와는 영원무궁하시리이다

시편 93편에서 99편까지는 여호와의 왕권을 찬양하는 시 모음입니다. 여호와는 모든 창조세계를 지으시고 다스리시는 왕이십니다

(1~2). 그는 능력의 옷을 입으시며 전쟁에 나가는 용사처럼 띠를 띠시고 악과 싸우십니다. 그의 세계는 흔들리지 않고 견고히 서 있으며 그의 보좌도 영원부터 영원까지 견고합니다.

여호와는 혼돈의 물을 다스리십니다(3~4). 물들은 고대에 혼돈을 상징하였습니다. 성경에서도 바다는 혼란과 악의 세력을 의미합니다. 큰물들이 소리를 높이고 높이며 높입니다. 그것들은 아마도 여호와를 찬양하기 위해 높아진 것으로 보입니다. 여호와 하나님은 혼돈과 악의 상징인 물들보다 높이 계시며 그보다 능력이 많으시고 크십니다. 하나님은 그것들도 다스리십니다. 욥기에서 볼 수 있는 것처럼 사탄도 하나님의 수하에 두고 계시며 하나님의 선하시고 기쁘신 뜻을 위해 사용하십니다.

5절에서 여호와께서 영원무궁히 다스리신다는 개념으로 다시 돌아옵니다. 여호와는 그의 증거들(말씀)로 주의 집을 거룩하게 다스리십니다. 여호와 하나님께서 지으신 모든 세계는 그의 집이며 그의 나라입니다. 하나님은 그의 말씀으로 그 세계를 다스리십니다. 사탄이 잠시 욥을 시험하여 고난에 둔 것처럼 온 세계가 하나님의 주권 아래 있지 않은 것처럼 보일 때조차 여호와 하나님은 영원한 왕이십니다. 그리스도가 십자가를 지시고 죄와 사탄을 이기신 후에 하나님 권능의 우편에 앉으셔서 다스리십니다. 하나님의 왕권은 그리스도를 통해 온전히 성취될 것입니다.

기도:
여호와 하나님, 바다의 물이 땅을 집어삼킬 듯이 일어설 때 우리는 그 위엄에 압도됩니다. 그러나 파도의 위엄은 잠시뿐이며 다시 자기 곳으로 돌아갑니다. 바다와 온 세계를 창조하신 하나님과 바다를 명하사 잠잠하게 하시는 그리스도의 위엄은 얼마나 크고 놀라운 것입니까. 하나님, 자연의 힘에는 놀라워하면서 하나님의 위엄에는 우둔한 자가 되지 않게 하옵소서. 온 세계를 다스리시는 여호와 하나님의 왕되심을 높이고 신뢰하며 살아가게 하옵소서. 예수 그리스도의 이름으로 기도합니다. 아멘.

시편 94:1~15 의로 심판하시는 하나님

1 여호와여 복수하시는 하나님이여
복수하시는 하나님이여 빛을 비추어 주소서
2 세계를 심판하시는 주여
일어나사 교만한 자들에게 마땅한 벌을 주소서
3 여호와여 악인이 언제까지 악인이 언제까지 개가를 부르리이까
4 그들이 마구 지껄이며 오만하게 떠들며
죄악을 행하는 자들이 다 자만하나이다
5 여호와여 그들이 주의 백성을 짓밟으며
주의 소유를 곤고하게 하며
6 과부와 나그네를 죽이며 고아들을 살해하며
7 말하기를 여호와가 보지 못하며
야곱의 하나님이 알아차리지 못하리라 하나이다
8 백성 중의 어리석은 자들아 너희는 생각하라
무지한 자들아 너희가 언제나 지혜로울까
9 귀를 지으신 이가 듣지 아니하시랴
눈을 만드신 이가 보지 아니하시랴
10 뭇 백성을 징벌하시는 이
곧 지식으로 사람을 교훈하시는 이가 징벌하지 아니하시랴
11 여호와께서는 사람의 생각이 허무함을 아시느니라
12 여호와여 주로부터 징벌을 받으며
주의 법으로 교훈하심을 받는 자가 복이 있나니
13 이런 사람에게는 환난의 날을 피하게 하사
악인을 위하여 구덩이를 팔 때까지 평안을 주시리이다
14 여호와께서는 자기 백성을 버리지 아니하시며
자기의 소유를 외면하지 아니하시리로다
15 심판이 의로 돌아가리니 마음이 정직한 자가 다 따르리로다

1~2절에서 시인은 여호와 하나님이 복수하시는 분이며 세계를 심판하시는 분으로 정의합니다. 복수와 심판은 왕으로서 행하시는 일입니다. 3~7절은 악인들의 행위를 고발합니다. 그들은 죄악을 행하며 하나님의 백성을 짓밟고 과부와 고아를 죽입니다. 그러면서 자만하여 하나님이 알아차리지 못한다고 합니다.

8~15절은 여호와께서 진리의 말씀으로 다스리실 것을 선포합니다. 자기들의 악행을 하나님께서 알지 못하실 것이라고 말하는 어리석은 자들에게 하나님은 귀를 지으시고 눈을 만드신 분으로 듣고 보고 계신다고 말합니다. 하나님은 지식으로 사람을 교훈하시는 분이시니 교훈에 따라 징벌하십니다.

하나님은 생각이 헛된 악인들만 징벌하지 않으시고 자기 백성도 징벌하심으로 교훈하십니다(12). 하나님의 백성은 징벌(징계)을 통해 환난의 날에 교훈을 따라 살아가게 되고 평안을 얻게 됩니다. 히브리서 12장에서는 하나님이 자기 백성을 징계하시는 것은 친아들과 같이 사랑하시는 증거라고 말합니다(히 12:6~8). 하나님은 자기 백성을 버리지 않으십니다. 의로운 통치는 회복되고 마음이 정직한 자(하나님의 의의 다스리심을 바라는 자)도 회복될 겁니다.

기도:
여호와 하나님이여, 하나님께서 의로 복수하시는 분이신 것이 우리에게 소망이 됩니다. 그런데 하나님의 의로우심은 때때로 우리를 고치시는 징계로 나타납니다. 우리가 징계를 받을 때 하나님께서 버리신다고 생각하지 않게 하옵소서. 오히려 아버지의 사랑으로 알고 더욱 정직하게 하나님을 바라게 하옵소서, 악이 심판을 받기까지 인내로 견디게 하옵소서. 예수 그리스도의 이름으로 기도합니다. 아멘.

시편 94:16~23 누가 나를 위하여 일어날까?

16 누가 나를 위하여 일어나서 행악자들을 치며
누가 나를 위하여 일어나서 악행하는 자들을 칠까
17 여호와께서 내게 도움이 되지 아니하셨더면
내 영혼이 벌써 침묵 속에 잠겼으리로다
18 여호와여 나의 발이 미끄러진다고 말할 때에
주의 인자하심이 나를 붙드셨사오며
19 내 속에 근심이 많을 때에
주의 위안이 내 영혼을 즐겁게 하시나이다
20 율례를 빙자하고 재난을 꾸미는 악한 재판장이
어찌 주와 어울리리이까
21 그들이 모여 의인의 영혼을 치려 하며
무죄한 자를 정죄하여 피를 흘리려 하나
22 여호와는 나의 요새이시오
나의 하나님은 내가 피할 반석이시라
23 그들의 죄악을 그들에게로 되돌리시며
그들의 악으로 말미암아 그들을 끊으시리니
여호와 우리 하나님이 그들을 끊으시리로다

여호와는 의로 다스리시는 왕이시지만 그의 심판의 때는 아직 남아 있습니다. 하나님께 피하는 이들은 하나님의 의로운 통치와 악에 대한 심판이 있기를 기다려야 합니다. 신자들은 세상의 힘 있는 자들에 의해 괴로움을 당합니다. 그들은 율례를 빙자하고 재난을 꾸미는 악한 재판장입니다. 그들은 악한 의도를 숨기고 율법을 지키는 체하면서 오히려 악을 행하는 자들입니다. 그들은 의인의 영혼을 치며 무죄한 자를 정죄하며 피를 흘리려 합니다.

이러한 불의의 권력 아래 사는 신자들은 하나님을 신뢰하면서도 흔들리며 질문합니다. "누가 나를 위하여 일어나 행악자들을 치며 누가 나를 위하여 일어나서 악행하는 자들을 칠까" 마음에 의문이 들지만 신자는 하나님께 나아옵니다.

"여호와는 나의 요새이시오 나의 하나님은 내가 피할 반석이시라"
신자는 여호와께서 도움이 되시며 침묵하지 않으시고 인자하심으로 미끄러질 때 붙드시는 것을 믿고 있습니다. 주님의 위안으로 영혼이 즐거워합니다. 결국에는 악을 갚으시고 그들을 끊으실 것을 믿습니다.

우리도 시인과 같이 불의의 시대를 살고 있습니다. 불의의 힘이 약한 이들을 괴롭게 하며, 불의한 권력이 많은 이들을 고난 가운데로 몰아갑니다. 선하신 하나님은 어디 계시는지, 우리의 기도를 들으시는지 묻게 됩니다. 그런 중에도 우리는 하나님을 우리의 요새요 반석으로 삼고 그에게 소망을 두어야 합니다. 여호와 하나님은 지체하지 않으시며 우리를 붙드실 겁니다.

기도:
여호와 하나님, 고난의 시간을 견디는 일은 참으로 어려운 일입니다. 특히 악인들이 힘을 갖고 의인을 괴롭게 할 때 우리의 마음도 무너집니다. 그리스도를 바라보게 하옵소서. 하나님의 아들이 세상의 악한 자들에게 고난 당하실 때 참으시고 영광에 이르셨습니다. 우리도 그리스도의 고난에 참여함으로 영광에 이르게 될 줄을 믿습니다. 불의함과 분노로 갚으려 하지 않게 하시고 여호와 하나님을 요새요 피난처로 삼게 하옵소서. 예수 그리스도의 이름으로 기도합니다. 아멘.

시편 95편 즐거이 외치자

¹ 오라 우리가 여호와께 노래하며
우리의 구원의 반석을 향하여 즐거이 외치자
² 우리가 감사함으로 그 앞에 나아가며
시를 지어 즐거이 그를 노래하자
³ 여호와는 크신 하나님이시오
모든 신들보다 크신 왕이시기 때문이로다
⁴ 땅의 깊은 곳이 그의 손 안에 있으며
산들의 높은 곳도 그의 것이로다
⁵ 바다도 그의 것이라 그가 만드셨고
육지도 그의 손이 지으셨도다
⁶ 오라 우리가 굽혀 경배하며
우리를 지으신 여호와 앞에 무릎을 꿇자
⁷ 그는 우리의 하나님이시요 우리는 그가 기르시는 백성이며
그의 손이 돌보시는 양이기 때문이라
너희가 오늘 그의 음성을 듣거든
⁸ 너희는 므리바에서와 같이 또 광야의 맛사에서 지냈던 날과 같이
너희 마음을 완악하게 하지 말지어다
⁹ 그 때에 너희 조상들이 내가 행한 일을 보고서도
나를 시험하고 조사하였도다
¹⁰ 내가 사십 년 동안 그 세대로 말미암아 근심하여 이르기를
그들은 마음이 미혹된 백성이라 내 길을 알지 못한다 하였도다
¹¹ 그러므로 내가 노하여 맹세하기를
그들은 내 안식에 들어오지 못하리라 하였도다

시편 95편은 왕이신 여호와 하나님을 예배하자고 초대하는 내용입니다. 1절의 "노래하며"(라난)와 2절의 "노래하자"(루아)는 "즐거이 외치자"(1)와 함께 함께 큰 소리로 외치는 것입니다. 전쟁의 외침만큼이나 큰 힘으로, 귀청이 터질 듯하게 큰 소리로, 자신이 가진 모든 힘과 능력을 사용하는 찬양입니다. 이렇게 감사함으로 찬양해야 하는 이유는 "여호와는 크신 하나님이시오 모든 신들보다 크신 왕이시기 때문"입니다.

땅의 깊은 곳, 산들의 높은 곳, 바다도 육지도 그의 것이며 그가 지으셨습니다. 그는 우리의 하나님이시오 우리는 그가 기르시는 백성이요 그의 손이 돌보시는 양입니다. 그 앞에 나아갑시다.

예배로의 초대는 과거의 사건 하나를 기억하게 합니다. 이는 마치 예배당 입구에 "주의사항"이라고 표지를 붙여놓은 것 같습니다. 출애굽의 과정에 이스라엘 백성은 므리바(맛사)에 도달합니다. 그들은 그곳에 물이 없다는 이유로 하나님을 시험합니다. "여호와께서 우리 중에 계신가 안 계신가"(출 17:7). 우리는 하나님을 예배할 때는 하나님의 임재에 대해서 의심하지 않아야 합니다.

1절의 "오라"는 단순한 부름이 아닙니다. "앞을 향하여 재촉하며 민첩하게 나아가다"는 의미입니다. 하나님을 예배하고자 하는 마음으로 적극적으로 나아가는 자세를 요청하는 겁니다. 6절의 "오라"는 장소적인 의미와 관계적인 의미를 포함합니다. 하나님을 예배하는 장소로, 하나님과의 언약의 관계로 나아오라고 초대하는 겁니다.

기도:
여호와 하나님, 우리의 크신 왕이신 하나님을 예배하도록 저희를 불러 주셔서 감사합니다. 노력도 생각도 없이 마지못해 예배하는 일이 없게 하옵소서. 하나님의 임재에 대한 의식도 없이 예배하는 일이 없게 하옵소서. 힘을 다해 큰 소리로 즐거이 하나님을 예배하게 하옵소서. 매 순간 힘을 다하고 마음을 다하게 하옵소서. 예수 그리스도의 이름으로 기도합니다. 아멘.

시편 96편 여호와의 이름에 합당한 영광을

¹ 새 노래로 여호와께 노래하라
온 땅이여 여호와께 노래할지어다
² 여호와께 노래하여 그의 이름을 송축하며
그의 구원을 날마다 전파할지어다
³ 그의 영광을 백성들 가운데에
그의 기이한 행적을 만민 가운데에 선포할지어다
⁴ 여호와는 위대하시니 지극히 찬양할 것이요
모든 신들보다 경외할 것임이여
⁵ 만국의 모든 신들은 우상들이지만
여호와께서는 하늘을 지으셨음이로다
⁶ 존귀와 위엄이 그의 앞에 있으며
능력과 아름다움이 그의 성소에 있도다
⁷ 만국의 족속들아 영광과 권능을 여호와께 돌릴지어다
여호와께 돌릴지어다
⁸ 여호와의 이름에 합당한 영광을 그에게 돌릴지어다
예물을 들고 그의 궁정에 들어갈지어다
⁹ 아름답고 거룩한 것으로 여호와께 예배할지어다
온 땅이여 그 앞에서 떨지어다
¹⁰ 모든 나라 가운데서 이르기를 여호와께서 다스리시니
세계가 굳게 서고 흔들리지 않으리라
그가 만민을 공평하게 심판하시리라 할지로다
¹¹ 하늘은 기뻐하고 땅은 즐거워하며
바다와 거기에 충만한 것이 외치고
¹² 밭과 그 가운데에 있는 모든 것은 즐거워할지로다
그때 숲의 모든 나무들이 여호와 앞에서 즐거이 노래하리니
¹³ 그가 임하시되 땅을 심판하러 임하실 것임이라
그가 의로 세계를 심판하시며
그의 진실하심으로 백성을 심판하시리로다

시편 96편은 만국의 족속들과 자연 만물까지 여호와를 찬송하라고 요청합니다. 1~6절은 "새 노래로 여호와께 노래하라"고 합니다. "새 노래"는 95편의 후반부에 하나님의 임재를 의심하던 사람들과 같은 태도가 아니라 구원의 즐거움과 감사로 믿음으로 날마다 신선함으로 부르는 것을 의미합니다. 하나님의 은혜는 아침마다 새롭습니다. 존귀와 위엄, 능력과 아름다움이 있는 하나님의 성소로 나아가서 그 이름을 송축하며 그의 구원을 백성에게 알리라고 말합니다.

7~10절은 만국의 족속들이 여호와의 이름에 합당한 영광을 돌리도록 초대합니다. 만국의 족속들은 여호와의 궁정에 들어가 하나님을 예배하고 그 앞에 떨어야 합니다.

11~13절은 자연 만물 곧 하늘과 땅, 밭과 그 가운데 있는 모든 것, 숲의 모든 나무에 여호와를 즐거워하라고 초대합니다. 하나님이 이 땅에 임하셔서 그 모든 것을 다스리시기 때문입니다.

하나님은 성소와 궁정에서 예배를 받으시고 마지막에는 이 땅에 임하셔서 다스리시며 모든 것이 즐거워하게 하십니다. 그리스도와 함께, 그리고 성령이 임하심으로 하나님의 다스리심은 이 땅에 임하였습니다. 우리는 그리스도와 함께 하나님의 성소요 그의 궁정으로 하나님께 나아갑니다. 그리고 이 땅에 임하여 다스리시는 하나님으로 인해 기뻐합니다.

기도:
세상의 모든 신은 헛된 우상이지만 하나님은 하늘을 지으시고 우리를 구원하신 분입니다. 우리에게 행하신 구원의 기이한 일을 알게 하옵소서. 영광과 권능이 오로지 여호와 하나님께 있습니다. 모든 족속과 지으신 모든 것이 하나님을 찬양하는 날이 속히 이르게 하옵소서. 이 땅에 임한 하나님의 통치와 그의 나라를 즐거워하도록 눈을 열어 주옵소서. 그 나라의 완성을 소망하오니 그리스도여 어서 오십시오. 예수 그리스도의 이름으로 기도합니다. 아멘.

시편 97편 여호와께서 다스리신다

1 여호와께서 다스리시나니
땅은 즐거워하며 허다한 섬은 기뻐할지어다
2 구름과 흑암이 그를 둘렀고
의와 공평이 그의 보좌의 기초로다
3 불이 그의 앞에서 나와
사방의 대적들을 불사르시는도다
4 그의 번개가 세계를 비추니 땅이 보고 떨었도다
5 산들이 여호와의 앞
곧 온 땅의 주 앞에서 밀랍 같이 녹았도다
6 하늘이 그의 의를 선포하니
모든 백성이 그의 영광을 보았도다
7 조각한 신상을 섬기며 허무한 것으로 자랑하는 자는
다 수치를 당할 것이라
너희 신들아 여호와께 경배할지어다
8 여호와여 시온이 주의 심판을 듣고 기뻐하며
유다의 딸들이 즐거워하였나이다
9 여호와여 주는 온 땅 위에 지존하시고
모든 신들보다 위에 계시니이다
10 여호와를 사랑하는 너희여 악을 미워하라
그가 그의 성도의 영혼을 보전하사
악인의 손에서 건지시느니라
11 의인을 위하여 빛을 뿌리고
마음이 정직한 자를 위하여 기쁨을 뿌리시는도다
12 의인이여 너희는 여호와로 말미암아 기뻐하며
그의 거룩한 이름에 감사할지어다

1~6절은 여호와의 위엄을 노래합니다. 여호와께서 다스리시기 위해 땅에 임하실 때 지중해 연안의 섬들 곧 이방 나라들은 기뻐하라고 합니다(1). 기뻐하라는 것은 하나님의 통치를 받아들이고 그에게 복종하라는 의미입니다. 하나님은 위엄이 있으신 분입니다. 구름과 흑암이 그를 둘렀고 불이 나와 대적을 불사릅니다. 그는 번개로 세상을 비추고, 땅은 떨며 산들은 녹아내립니다. 하나님의 보좌는 의와 공평입니다.

7~9절은 다른 신을 섬기는 것의 무익함을 말합니다. 하나님을 기뻐하지 않고 다른 신 곧 조각한 신상을 섬기는 자는 수치를 당하게 될 겁니다. 여호와는 모든 신보다 위에 계시니 신들조차 여호와를 경배해야 합니다. 이것은 다른 신들의 존재를 인정하는 것이 아닙니다. 당시의 다신론 세계관에서 여호와가 그 어떤 신들보다 위에 계심을 표현한 겁니다.

10~12절은 여호와의 다스리심이 신자들에게 어떤 영향을 미치는지 말하고 있습니다. 여호와는 그를 사랑하는 이들 곧 성도의 영혼을 보존하시고 악인의 손에서 건지십니다. 의인을 위하여 빛을 뿌리시고 마음이 정직한 자를 위하여 기쁨을 뿌리십니다. 여호와께서 의와 공평으로 다스리신다는 약속이 우리를 견고하게 합니다. 우리가 악을 미워하고 여호와로 말미암아 기뻐하게 합니다. 그의 거룩한 이름에 감사드립니다.

기도:

여호와 하나님, 불붙는 시내산에 강림하셔서 그 위엄을 알리신 때뿐 아니라 우리 마음에 성령을 주셔서 다스리실 때도 하나님은 의와 공평을 기초로 삼고 계십니다. 악을 심판하시며 의인 곧 하나님을 사랑하여 피하여 가는 자를 보존하십니다. 우리가 악을 미워하게 하시고 하나님으로 말미암아 기뻐하게 하옵소서. 오직 여호와 하나님께만 감사를 드리나이다. 예수 그리스도의 이름으로 기도합니다. 아멘.

시편 98편 새노래로 찬송하라

[시]
1 새 노래로 여호와께 찬송하라
그는 기이한 일을 행하사 그의 오른손과 거룩한 팔로
자기를 위하여 구원을 베푸셨음이로다
2 여호와께서 그의 구원을 알게 하시며
그의 공의를 뭇 나라의 목전에서 명백히 나타내셨도다
3 그가 이스라엘의 집에 베푸신 인자와 성실을 기억하셨으므로
땅끝까지 이르는 모든 것이 우리 하나님의 구원을 보았도다
4 온 땅이여 여호와께 즐거이 소리칠지어다
소리 내어 즐겁게 노래하며 찬송할지어다
5 수금으로 여호와를 노래하라
수금과 음성으로 노래할지어다
6 나팔과 호각 소리로 왕이신 여호와 앞에
즐겁게 소리칠지어다
7 바다와 거기 충만한 것과 세계와
그중에 거주하는 자는 다 외칠지어다
8 여호와 앞에서 큰물은 박수할지어다
산악이 함께 즐겁게 노래할지어다
9 그가 땅을 심판하러 임하실 것임이로다
그가 의로 세계를 판단하시며
공평으로 그의 백성을 심판하시리로다

1~3절은 새노래로 여호와께 노래하라고 초대합니다. "새 노래"는 새로 지은 노래라는 의미보다는 하나님의 구원하심을 노래하는 것을 말합니다. 1절에서 설명하는 것처럼 "기이한 일을 행하사 그의 오른손과 거룩한 팔로 자기를 위하여 구원을 베푸셨음"을 노래하는 겁니다. 여호와는 자기 백성에게 인자와 성실을 베푸심으로 구원하셨습니다.

4~8절은 모든 악기를 동원하여 여호와를 찬송합니다. 온 땅이 즐거이 소리치며, 수금과 음성으로 나팔과 호각소리로 여호와를 즐겁게 소리치며 찬송합니다. 바다와 거기 충만한 것과 세계와 그 거주민들, 큰물과 산악도 즐겁게 노래합니다. 온 땅과 거기에 충만한 것이 하나님을 찬송합니다.

9절은 찬송의 이유를 이스라엘뿐 아니라 온 땅으로 확대합니다. 하나님이 땅을 심판하러 임하실 겁니다. 그가 의로 세계를 다스리시며 공평으로 자기 백성을 다스리십니다.

새 노래로 즐거이 여호와를 찬송합시다. 여호와께서 의와 공평으로 세상을 판단하시고 다스리시는 것을 잊지 맙시다. 또한, 더욱 그렇게 하시기를 간절하게 바라며 살아갑시다.

기도:
여호와는 기이한 일을 행하사 우리를 죄와 사망에서 구원하셨습니다. 이것은 닳아지지 않는 노래의 주제입니다. 여호와는 의와 공평을 위하여 땅을 심판하러 임하실 겁니다. 그때 비로소 모든 악은 심판을 받고 하나님의 자녀들은 복된 하나님 나라를 누리게 됩니다. 그리스도여 속히 임하셔서 의와 공평으로 다스리시고 하나님 나라를 이루소서. 인내함으로 소망을 이루게 하옵소서. 예수 그리스도의 이름으로 기도합니다. 아멘.

시편 99편 여호와 하나님은 거룩하시다

¹ 여호와께서 다스리시니 만민이 떨 것이요
여호와께서 그룹 사이에 좌정하시니 땅이 흔들릴 것이로다
² 시온에 계시는 여호와는 위대하시고
모든 민족보다 높으시도다
³ 주의 크고 두려운 이름을 찬송할지니
그는 거룩하심이로다
⁴ 능력 있는 왕은 정의를 사랑하느니라
주께서 공의를 견고하게 세우시고
주께서 야곱에게 정의와 공의를 행하시나이다
⁵ 너희는 여호와 우리 하나님을 높여
그의 발등상 앞에서 경배할지어다 그는 거룩하시도다
⁶ 그의 제사장들 중에는 모세와 아론이 있고
그의 이름을 부르는 자들 중에는 사무엘이 있도다
그들이 여호와께 간구하매 응답하셨도다
⁷ 여호와께서 구름 기둥 가운데서 그들에게 말씀하시니
그들은 그가 그들에게 주신 증거와 율례를 지켰도다
⁸ 여호와 우리 하나님이여 주께서는 그들에게 응답하셨고
그들의 행한 대로 갚기는 하셨으나
그들을 용서하신 하나님이시니이다
⁹ 너희는 여호와 우리 하나님을 높이고
그 성산에서 예배할지어다
여호와 우리 하나님은 거룩하심이로다

시편 99편은 93편에서 시작된 여호와의 왕권을 찬양하는 시 모음 중 마지막 시편입니다. 1~3절은 왕이신 하나님을 찬양합니다. 여호와는 위대하시고 두려우며 거룩한 분입니다. 언약궤의 그룹 사이에 임재하셔서 다스리시며 모든 민족이 떨게 하십니다. 그는 거룩하십니다.

4~5절은 왕이신 여호와께서 정의와 공의를 행하신다고 선언합니다. 정의(미쉬파트)는 하나님께서 다스리심을 말하고, 공의(체다카)는 그의 의로움을 말합니다. 여호와 하나님께서 야곱 곧 이스라엘 백성에게 정의와 공의를 행하시니 그를 높이고 그의 발아래 엎드려야 합니다. 그는 거룩하십니다.

6~9절은 여호와께서 모세와 아론과 사무엘의 기도를 들으시고 그들의 기도에 응답하셨다고 합니다. 온 땅의 왕이시며 모든 민족을 두려움에 떨게 하시는 하나님께서 이스라엘은 자기 백성으로 삼으시고 구름 기둥 가운데서 말씀하셨습니다. 백성들은 그의 증거와 율례를 지켰습니다. 하나님은 백성들을 위해 제사장들을 세우셨고 그들의 기도에 응답하셨습니다. 행한 대로 갚으시지만 용서하시는 하나님이십니다. 그러므로 마땅히 하나님을 예배해야 합니다. 그는 거룩하십니다.

여호와는 거룩하시며 정의와 공의로 행하십니다. 거룩하신 하나님이 우리를 부르셔서 죄를 사하실 뿐 아니라 우리의 기도를 들으시고 우리와 함께 하십니다.

기도:
여호와 하나님, 우리에게는 모세와 아론, 사무엘보다 크신 우리 주 예수 그리스도가 대제사장으로 있습니다. 우리의 대제사장은 우리의 연약함으로 긍휼히 여기시고 우리를 위하여 항상 간구하십니다. 그리고 하나님께서는 항상 그리스도의 기도에 응답하십니다. 그리하여 우리가 담대하게 그리고 거룩하게 하나님께 나아옵니다. 우리가 믿음으로 이 은혜에 들어가게 하시니 감사합니다.

시편 100편 우리는 그의 백성이요 기르시는 양이라

[감사의 시]
¹ 온 땅이여 여호와께 즐거운 찬송을 부를지어다
² 기쁨으로 여호와를 섬기며
노래하면서 그의 앞에 나아갈지어다
³ 여호와가 우리 하나님이신 줄 너희는 알지어다
그는 우리를 지으신 이요 우리는 그의 것이니
그의 백성이요 그의 기르시는 양이로다
⁴ 감사함으로 그의 문에 들어가며
찬송함으로 그의 궁정에 들어가서
그에게 감사하며 그의 이름을 송축할지어다
⁵ 여호와는 선하시니 그의 인자하심이 영원하고
그의 성실하심이 대대에 이르리로다

시편 100편의 내용은 익숙합니다. 그 어느 단어나 내용도 낯설지 않습니다. 그래서 우리에게 편안합니다. 시편 전체가 가지고 있는 사상을 잘 요약해 놓은 것이고 많이 인용하기도 합니다. 그만큼 이 시가 담고 있는 내용은 놀라운 겁니다. 익숙해서 지나치기 쉽기에 천천히 곱씹어야 합니다. 이 시에는 우리 하나님이 어떤 분이며 우리와 어떤 관계에 있는지 그리고 우리는 그분을 어떻게 섬겨야 하는지 담겨 있습니다.
　1~3절에서 온 땅은 여호와를 찬송하라고 초대를 받습니다. 여호와

우리 하나님을 찬송할 때는 즐거운 찬송으로 기쁨으로 노래하면서 나아가야 합니다. 무엇보다 여호와가 우리 하나님이신 줄 알아야 합니다. 여호와는 우리를 지으신 분입니다. 우리는 그의 것입니다. 또한, 그의 백성이며 그의 기르시는 양입니다. 단지 창조물 중의 하나라고 말하는 것이 아닙니다. 여호와는 우리의 하나님이 되시며 우리는 그의 백성입니다. 이것은 우리에 대한 하나님의 비전이요 뜻입니다. 구속의 목적입니다. 어느 신이 자기가 창조한 자와 변함없는 사랑의 언약을 맺고 백성으로 삼고 보호합니까? 여호와는 우리의 하나님이 되시려고 우리를 구속하여 내셨습니다. 아들 하나님이 사람이 되시고 죽으시는 일을 감행하셨습니다. 우리는 마땅히 즐거움과 기쁨으로 그 앞에 나아가야 합니다.

    4~5절은 감사함으로 여호와의 이름을 찬양(송축)하라고 명령합니다. 하나님이 계신 곳에 감사함과 찬송함으로 들어가라고 합니다. 왜냐하면, 그는 선하시며 인자하심이 영원하고 성실하심이 대대에 이르기 때문입니다. 인자하심은 언약 안에 있는 변함없는 사랑이며, 성실하심은 변하지 않으심을 말합니다.

    시편 100편은 우리에게 큰 안정감을 줍니다. 여호와 하나님은 예수 그리스도를 우리를 위해 죽게 내어주심으로 우리에 대한 사랑을 보여주셨습니다. 구원은 우리에게 달린 것이 아니라 하나님의 변함없는 사랑에 달려있습니다. 당신에 대한 하나님의 사랑이 사실인 한 당신은 언제나 안전합니다. 여호와는 선하십니다.

기도:
    여호와여, 여호와가 우리의 하나님이신 줄 알게 하시니 감사합니다. 우리를 백성이요 기르시는 양으로 여기실 뿐 아니라 그리스도 안에서 자녀로 입양하여 주셔서 감사합니다. 구원의 즐거움을 회복시켜 주셔서 기쁨과 감사함으로 하나님께 나아가게 하옵소서. 선하신 하나님이 인자하심과 성실하심으로 나의 삶을 인도하여 가시는 것을 믿고 하나님을 신뢰하게 하소서. 예수 그리스도의 이름으로 기도합니다. 아멘.

시편 101편 완전한 길에 행하는 자

[다윗의 시]
¹ 내가 인자와 정의를 노래하겠나이다
여호와여 내가 주께 찬양하리이다
² 내가 완전한 길을 주목하오리니
주께서 어느 때나 내게 임하시겠나이까
내가 완전한 마음으로 내 집 안에서 행하리이다
³ 나는 비천한 것을 내 눈 앞에 두지 아니할 것이요
배교자들의 행위를 내가 미워하오리니
나는 그 어느 것도 붙들지 아니하리이다
⁴ 사악한 마음이 내게서 떠날 것이니
악한 일을 내가 알지 아니하리로다
⁵ 자기의 이웃을 은근히 헐뜯는 자를 내가 멸할 것이요
눈이 높고 마음이 교만한 자를 내가 용납하지 아니하리로다
⁶ 내 눈이 이 땅의 충성된 자를 살펴 나와 함께 살게 하리니
완전한 길에 행하는 자가 나를 따르리로다
⁷ 거짓을 행하는 자는 내 집 안에 거주하지 못하며
거짓말하는 자는 내 목전에 서지 못하리로다
⁸ 아침마다 내가 이 땅의 모든 악인을 멸하리니
악을 행하는 자는 여호와의 성에서 다 끊어지리로다

시편 101편은 왕의 노래입니다. 왕은 인자와 정의를 노래하며 여

호와를 찬양합니다. 인자와 정의를 사랑하는 것은 하나님을 섬기는 왕의 성품으로 합당합니다. 하나님 보좌의 기초가 의와 공의이며 인자함과 진실함이 하나님 앞에 있기 때문입니다(시 89:14). 왕은 인자와 정의를 따르는 완전한 길을 주목합니다. 그러면서도 하나님께서 임하셔서 복을 주시기를 간절히 바라고 있습니다. 하나님의 임재하심이 있을 때 비로소 인자와 정의가 실현되며 완전한 길에 이르게 됩니다.

3절 이하에서는 왕이 인자와 정의를 구하는 내용을 보여줍니다. 왕은 비천한 것, 배교자들의 행위를 미워합니다. 사악한 마음을 제거하고 악한 일을 행하는 것을 멀리합니다. 이웃을 헐뜯는 자를 멸하고 교만한 자를 용납하지 않습니다. 충성된 자를 살펴서 함께 있게 하고 거짓을 행하는 자는 거주하지 못하게 합니다.

8절에서 왕은 다시 다짐합니다. 아침마다 악인을 멸하며 악을 행하는 자를 여호와의 성에서 끊겠다고 합니다.

왕만 하나님의 인자와 정의를 따라야 하는 것은 아닙니다. 왕이 어떻게 통치하겠다고 밝힌 것은 백성들에게 이것을 요구하는 것과 같습니다. 왕과 백성들은 모두 인자와 정의를 추구하며 살아야 합니다. 하지만 누가 완전한 길, 흠이 없는 길을 걸어갈 수 있습니까? 이 시편을 따라 기도하고 이루실 수 있는 분은 우리 주 예수 그리스도뿐입니다. 우리의 왕이신 예수 그리스도는 우리의 대표와 머리로서 완전한 길을 걸으시고 그 의는 우리에게 전가됩니다. 그러하기에 우리는 더욱 완전한 길에 서기를 힘써야 합니다.

기도:

여호와 하나님, 우리의 왕이신 그리스도를 따라 인자와 정의의 길을 걸어가게 하옵소서. 인자함으로 사람을 긍휼히 여기고 사랑하며 정의의 길을 걸어가게 하옵소서. 악한 길, 거짓의 길로 가는 일이 없게 하옵소서. 이러한 일은 하나님 나라 성도에게 어울릴 수 없다는 것을 압니다. 완전한 길로 나아가게 하옵소서. 우리의 구속함과 거룩함이 되시는 예수 그리스도의 이름으로 기도합니다. 아멘.

시편 102:1~11 마음이 상한 자의 기도

[고난 당한 자가 마음이 상하여 그의 근심을 여호와 앞에 토로하는 기도]
¹ 여호와여 내 기도를 들으시고
나의 부르짖음을 주께 상달하게 하소서
² 나의 괴로운 날에 주의 얼굴을 내게서 숨기지 마소서
주의 귀를 내게 기울이사
내가 부르짖는 날에 속히 내게 응답하소서
³ 내 날이 연기같이 소멸하며
내 뼈가 숯같이 탔음이니이다
⁴ 내가 음식 먹기도 잊었으므로
내 마음이 풀 같이 시들고 말라 버렸사오며
⁵ 나의 탄식 소리로 말미암아
나의 살이 뼈에 붙었나이다
⁶ 나는 광야의 올빼미 같고
황폐한 곳의 부엉이같이 되었사오며
⁷ 내가 밤을 새우니
지붕 위의 외로운 참새 같으니이다
⁸ 내 원수들이 종일 나를 비방하며 내게 대항하여
미칠 듯이 날뛰는 자들이 나를 가리켜 맹세하나이다
⁹ 나는 재를 양식 같이 먹으며
나는 눈물 섞인 물을 마셨나이다
¹⁰ 주의 분노와 진노로 말미암음이라
주께서 나를 들어서 던지셨나이다
¹¹ 내 날이 기울어지는 그림자 같고
내가 풀의 시들어짐 같으니이다

시편 102편은 독특한 제목을 가지고 있습니다. 이 시는 제목처럼 "고난 당하는 자가 마음이 상하여 그의 근심을 여호와 앞에 토로하는 기도"입니다.

1~2절은 깊은 괴로움 속에서 부르짖음을 토합니다. 기도의 언어에서 긴급한 상황이 느껴집니다. "들으시고" "상달하게 하소서" "숨기지 마소서" "응답하소서" 기도를 들어주시기를 반복하여 말합니다.

3~11절에서는 그의 괴로움을 들려줍니다. 그의 날이 덧없음을 말합니다. 날은 연기같이 소멸하며 뼈가 숯같이 탔으며 마음이 풀 같이 시들고 마르고 살은 뼈에 붙었습니다. 마음뿐 아니라 몸도 상하게 되었음을 말합니다. 광야의 올빼미와 황폐한 곳의 부엉이같이, 지붕 위의 참새와 같이 외롭게 되었습니다. 고난 중에 그의 곁은 지키는 친구가 하나도 없다는 뜻입니다. 원수들은 비방하며 대항합니다. 재를 양식 같이 먹으며 눈물 섞인 물을 마십니다. 그의 고난은 하나님의 분노와 진노로 말미암은 것이라고 합니다.

고난을 당하여 마음이 상할 때 어떠한 말로 기도할 수 있는지 모범이 되는 기도입니다. 마음에 있는 것을 하나님께 토하며 부르짖으십시오. 그리고 이렇게 마음이 상한 자를 위해 기도합시다.

기도:
여호와여, 이 기도와 같이 괴로움을 당하는 이들이 우리 주변에 있음을 기억하고 돌아보게 하옵소서. 그들의 기도를 들어주옵소서. 아주 낙심하지 않게 하시고 그 근심을 가지고 하나님께 토하도록 그의 기도를 도와주옵소서. 그리고 우리 주님이 우리의 죄로 인하여 이러한 고난을 당하시고 기도하셨음을 생각합니다. 주님은 자신의 죄가 아닌 우리의 죄를 위하여 하나님의 진노를 받으셨습니다. 주님을 생각함으로 죄와 싸우게 하옵소서. 예수 그리스도의 이름으로 기도합니다. 아멘.

시편 102:12~22

¹² 여호와여 주는 영원히 계시고
주에 대한 기억은 대대에 이르리이다
¹³ 주께서 일어나사 시온을 긍휼히 여기시리니
지금은 그에게 은혜를 베푸실 때라
정한 기한이 다가옴이니이다
¹⁴ 주의 종들이 시온의 돌들을 즐거워하며
그의 티끌도 은혜를 받나이다
¹⁵ 이에 뭇 나라가 여호와의 이름을 경외하며
이 땅의 모든 왕들이 주의 영광을 경외하리니
¹⁶ 여호와께서 시온을 건설하시고
그의 영광 중에 나타나셨음이라
¹⁷ 여호와께서 빈궁한 자의 기도를 돌아보시며
그들의 기도를 멸시하지 아니하셨도다
¹⁸ 이 일이 장래 세대를 위하여 기록되리니
창조함을 받을 백성이 여호와를 찬양하리로다
¹⁹ 여호와께서 그의 높은 성소에서 굽어보시며
하늘에서 땅을 살펴 보셨으니
²⁰ 이는 갇힌 자의 탄식을 들으시며
죽이기로 정한 자를 해방하사
²¹ 여호와의 이름을 시온에서
그 영예를 예루살렘에서 선포하게 하려 하심이라
²² 그 때에 민족들과 나라들이 함께 모여
여호와를 섬기리로다

신자의 초점은 자신의 고난에서 여호와께 옮겨집니다. 신자는 여호와가 영원하시며 신뢰할 만한 분임을 노래합니다.

여호와는 영원히 계시고 주께서 행하신 일에 대한 기억도 영원히 지속될 겁니다. 여호와께서 시온 곧 이스라엘 백성에게 하신 언약을 기억하시고 복을 주시는 내용이 이어집니다.

여호와께서 고난을 주셨지만 버리지는 않으시고 아들을 징계하심과 같이 징계하신 후에는 회복하실 것을 믿고 있습니다. 지금은 은혜의 때입니다. 여호와께서 시온을 다시 건설하시고 영광 중에 나타나심으로 시온의 돌들과 티끌에도 복이 임하게 될 겁니다. 그래서 뭇 나라의 모든 왕이 여호와의 이름을 경외하게 됩니다.

여호와께서 고난 중에 있는 이의 기도를 들으셨고 그 일은 장래 세대를 위하여 기록되었습니다. 후손들이 그 기록을 통해 여호와를 찬양하게 될 겁니다. 19~22절은 그 찬양의 내용입니다. 여호와께서 그의 성소 하늘에서 살펴보시며 갇힌 자의 탄식을 들으시며 죽이기로 정한 자를 해방하사 시온에서 여호와의 이름을 선포하게 하십니다. 그때 모든 민족과 나라들이 여호와를 섬길 겁니다.

여호와는 그리스도 안에서 언약하신 대로 고난 중에 있는 신자들을 회복시키시며 그 일을 통해 사람들이 하나님을 섬기게 하십니다. 하나님 백성의 고난과 구원은 열방이 모여 여호와 하나님을 섬기게 하시려는 하나님의 섭리임을 알 수 있습니다.

기도:
여호와여, 고난 중에도 우리의 눈을 들어 언약의 하나님을 바라보게 하옵소서. 하나님은 언약에 신실하심으로 고난받는 이들의 탄식을 들으시고 자유하게 하시는 줄을 압니다. 그로 인해 뭇 사람들이 하나님을 두려워하게 하시고 하나님을 찬양하게 하옵소서. 예수 그리스도의 이름으로 기도합니다. 아멘.

시편 102:23~28 주는 영원하며 한결같으시다

²³ 그가 내 힘을 중도에 쇠약하게 하시며
내 날을 짧게 하셨도다
²⁴ 나의 말이 나의 하나님이여
나의 중년에 나를 데려가지 마옵소서
주의 연대는 대대에 무궁하니이다
²⁵ 주께서 옛적에 땅의 기초를 놓으셨사오며
하늘도 주의 손으로 지으신 바니이다
²⁶ 천지는 없어지려니와 주는 영존하시겠고
그것들은 다 옷 같이 낡으리니 의복 같이 바꾸시면 바뀌려니와
²⁷ 주는 한결같으시고
주의 연대는 무궁하리이다
²⁸ 주의 종들의 자손은 항상 안전히 거주하고
그의 후손은 주 앞에 굳게 서리이다 하였도다

여호와 하나님께서 시온의 영광을 회복시키시고 온 민족이 여호와

를 섬기게 하실 것이라고 찬양한 후에 신자는 개인적인 호소를 한마디 덧붙입니다. 23~24절에서 그는 중년에 데려가지 마시기를 구합니다. 고난으로 인하여 수명이 단축되지 않기를 구하는 겁니다. 그는 하나님의 영원하심과 무궁하심에 기대고 있습니다.

그는 하나님께서 지으신 창조세계와 하나님의 영원하심을 비교하며 하나님을 높입니다. 하나님은 땅의 기초를 놓으시고 손으로 하늘을 지으셨습니다. 이것은 은유입니다. 하나님은 말씀으로 모든 것을 지으셨습니다. 하늘과 땅은 없어지겠지만 하나님은 영원히 계시고, 그것들은 옷과 같이 낡아지는 성질이 있지만, 하나님은 한결같고 무궁하십니다. 그로 인해 하나님 종들의 자손은 항상 안전히 거주하고 하나님 앞에서 굳게 설 겁니다.

25~27절은 히브리서 1:10~12에서 인용되고 있습니다. 거기서는 이 내용이 예수 그리스도에게 돌려집니다. 그리스도는 육체로는 마리아에게 나시고 십자가에 죽으셨지만 사실 그는 땅과 하늘을 지으신 이요, 영존하시고 한결같으시며 무궁하신 분입니다. 그가 우리를 위해 십자가를 지시고 부활하신 후 아버지 하나님 우편에 앉아 계시며 온 세상을 다스리시고 특히 주의 백성을 다스리십니다. 그리고 우리 주는 다시 오셔서 그의 부활하심과 같이 우리를 다시 살리시고 영원토록 함께 있게 하실 겁니다. 그러하기에 28절의 고백을 우리의 것으로 삼을 수 있습니다.

"주의 종들의 자손은 항상 안전히 거주하고
그의 후손은 주 앞에 굳게 서리이다"

기도:
여호와여, 하나님께서 하늘과 땅을 지으셨습니다. 이 모든 것은 없어질 것이고 벗고 입는 옷처럼 낡아져서 새것으로 갈아 입혀질 것입니다. 그러나 하나님은 영원하시고 변함이 없으십니다. 하나님의 말씀 또한 영원하며 신실하십니다. 그러므로 당신의 자녀들을 안전하게 하시고 평강으로 지켜주옵소서. 고난과 죽음을 두려워하지 않고 담대히 살아가게 하옵소서. 예수 그리스도의 이름으로 기도합니다. 아멘.

시편 103:1~12 그의 모든 은택을 잊지 말지어다

[다윗의 시]
^{1} 내 영혼아 여호와를 송축하라
내 속에 있는 것들아 다 그의 거룩한 이름을 송축하라
^{2} 내 영혼아 여호와를 송축하며
그의 모든 은택을 잊지 말지어다
^{3} 그가 네 모든 죄악을 사하시며
네 모든 병을 고치시며
^{4} 네 생명을 파멸에서 속량하시고
인자와 긍휼로 관을 씌우시며
^{5} 좋은 것으로 네 소원을 만족하게 하사
네 청춘을 독수리 같이 새롭게 하시는도다
^{6} 여호와께서 공의로운 일을 행하시며
억압 당하는 모든 자를 위하여 심판하시는도다
^{7} 그의 행위를 모세에게
그의 행사를 이스라엘 자손에게 알리셨도다
^{8} 여호와는 긍휼이 많으시고 은혜로우시며
노하기를 더디 하시고 인자하심이 풍부하시도다
^{9} 자주 경책하지 아니하시며
노를 영원히 품지 아니하시리로다
^{10} 우리의 죄를 따라 우리를 처벌하지는 아니하시며
우리의 죄악을 따라 우리에게 그대로 갚지는 아니하셨으니
^{11} 이는 하늘이 땅에서 높음같이
그를 경외하는 자에게 그의 인자하심이 크심이로다
^{12} 동이 서에서 먼 것 같이
우리의 죄과를 우리에게서 멀리 옮기셨으며

찬양하는 자는 "여호와를 송축하라"라고 초대합니다. "송축"은 무릎을 꿇는다는 의미로 하나님을 찬양하는 겁니다. 하나님을 송축해야 하는 이유는 "그의 모든 은택" 때문입니다. 찬양자가 초대하는 자는 자기 자신입니다. "내 영혼아" "내 속에 있는 것들아", "네 모든 죄악을 사하시며 네 모든 병을 고치시며 네 생명을 … 네 청춘을". 하나님께서 자기에게 행하신 모든 은택을 잊지 않고 찬양하기로 마음을 먹고 있습니다. 10절부터는 공동체를 포함합니다. "우리의 죄를 따라 우리를 처벌하지는 아니하시며 우리의 죄악을 따라 우리에게 그대로 갚지는 아니하셨으니 … 우리의 죄과를 우리에게서 멀리 옮기셨으며"

하나님은 "긍휼이 많으시고 은혜로우시며 노하기를 더디 하시고 인자하심이 풍부"하십니다. 이것은 하나님께서 친히 당신을 소개하신 하나님의 자기소개서입니다. 하나님은 그 성품대로 나와 공동체의 죄를 사하시고 죄악을 따라 갚지 않으십니다. 인자와 긍휼로 관을 씌우시며 좋은 것으로 소원을 만족하게 하시고 청춘을 독수리 같이 새롭게 하십니다. 우리에게는 자격이 없지만, 그리스도 안에서 우리에게 베풀어지는 은혜입니다.

하나님은 우리의 죄를 기억하고 잊지 않는 분이 아닙니다. 죄를 갚으시는 두려운 분이 아닙니다. 하나님의 인자하심과 긍휼을 의심하지 마십시오. "내 영혼아 여호와를 송축하며 그의 모든 은택을 잊지 말지어다"라고 스스로에게 이르십시오.

기도:
여호와여, "허물의 사함을 받고 자신의 죄가 가려진 자는 복이 있도다"(시 32:1) 하신 것처럼 그리스도 안에서 죄 사함을 받은 자는 복이 있는 자입니다. 일을 한 것이 없지만 하나님은 저를 의롭게 여기십니다. 제 영혼을 독수리 같이 새롭게 하셨습니다. 두려움 없이 하나님을 섬기게 하시고 담대하게 날아오르게 하옵소서. 사랑과 기쁨으로 나의 하나님 앞에 무릎 꿇어 섬기게 하소서. 예수 그리스도의 이름으로 기도합니다. 아멘.

시편 103:13~22 인생은 그날이 풀과 같으며

¹³ 아버지가 자식을 긍휼히 여김 같이
여호와께서는 자기를 경외하는 자를 긍휼히 여기시나니
¹⁴ 이는 그가 우리의 체질을 아시며
우리가 단지 먼지뿐임을 기억하심이로다
¹⁵ 인생은 그날이 풀과 같으며
그 영화가 들의 꽃과 같도다
¹⁶ 그것은 바람이 지나가면 없어지나니
그 있던 자리도 다시 알지 못하거니와
¹⁷ 여호와의 인자하심은 자기를 경외하는 자에게
영원부터 영원까지 이르며
그의 의는 자손의 자손에게 이르리니
¹⁸ 곧 그의 언약을 지키고
그의 법도를 기억하여 행하는 자에게로다
¹⁹ 여호와께서 그의 보좌를 하늘에 세우시고
그의 왕권으로 만유를 다스리시도다
²⁰ 능력이 있어 여호와의 말씀을 행하며
그의 말씀의 소리를 듣는 여호와의 천사들이여
여호와를 송축하라
²¹ 그에게 수종들며 그의 뜻을 행하는 모든 천군이여
여호와를 송축하라
²² 여호와의 지으심을 받고
그가 다스리시는 모든 곳에 있는 너희여
여호와를 송축하라 내 영혼아 여호와를 송축하라

여호와를 송축해야 하는 이유가 이어집니다. 여호와께서 우리를 긍휼히 여기심은 우리의 체질을 아시기 때문입니다. 우리의 존재는 먼지와 같이 가볍고, 풀과 같이 잠깐 후면 그 영화가 시들고, 바람이 지나가면 없어지는 것처럼 한순간 있을 뿐입니다. 그런데 여호와를 경외하는 자에게, 그의 언약을 지키고 그의 법도를 기억하여 행하는 자에게 여호와의 인자하심이 영원하고 영원합니다.

영원하신 창조주 하나님께서 티끌과 같은 존재와 언약을 맺으시고 그 언약을 기억하고 지키기를 바라시는 것은 도덕적으로 완전한 존재가 되기를 바라는 것이 아닙니다. 하나님과의 관계로 우리를 부르신 사실을 기억하고 하나님을 경외하고 의지하여 피하여 나오기를 바라시는 겁니다. 그런 사람과 그의 자손에게 하나님은 인자하심과 의로움을 베푸십니다.

찬양자는 여호와가 그의 보좌를 하늘에 세우시고 그의 왕권으로 모든 것을 다스리시니 여호와를 송축하라고 초대합니다. 모든 천사와 천군 그리고 지으심을 받고 하나님께서 다스리시는 모든 곳에 있는 자는 여호와를 송축하라고 합니다. 그리고 자신에게 다시 한번 당부합니다. "내 영혼아 여호와를 송축하라"

기도:
여호와 하나님, 우리가 티끌과 바람에 나는 먼지에 불과한 것을 생각하게 하옵소서, 그런 우리를 영원하신 하나님의 언약 안에 부르시고 우리를 영화롭게 하신 것을 기억하게 하옵소서. 하나님께 나가는 자에게 인자와 의를 베푸시니 기쁨으로 나아가게 하옵소서. 사랑하는 아버지가 자식을 긍휼히 여기심 같이 하나님께서 베푸시는 손길에 온 삶을 맡기오니 평강으로 인도하옵소서. 나의 하나님 앞에 무릎을 꿇습니다. 나의 하나님을 찬양합니다. 예수 그리스도의 이름으로 기도합니다. 아멘.

시편 104:1~12 물을 다스리시는 하나님

[1] 내 영혼아 여호와를 송축하라
여호와 나의 하나님이여 주는 심히 위대하시며
존귀와 권위로 옷 입으셨나이다
[2] 주께서 옷을 입음 같이 빛을 입으시며
하늘을 휘장 같이 치시며
[3] 물에 자기 누각의 들보를 얹으시며
구름으로 자기 수레를 삼으시고 바람 날개로 다니시며
[4] 바람을 자기 사신으로 삼으시고
불꽃으로 자기 사역자를 삼으시며
[5] 땅에 기초를 놓으사
영원히 흔들리지 아니하게 하셨나이다
[6] 옷으로 덮음 같이 주께서 땅을 깊은 바다로 덮으시매
물이 산들 위로 솟아올랐으나
[7] 주께서 꾸짖으시니 물은 도망하며
주의 우렛소리로 말미암아 빨리 가며
[8] 주께서 그들을 위하여 정하여 주신 곳으로 흘러갔고
산은 오르고 골짜기는 내려갔나이다
[9] 주께서 물의 경계를 정하여 넘치지 못하게 하시며
다시 돌아와 땅을 덮지 못하게 하셨나이다
[10] 여호와께서 샘을 골짜기에서 솟아나게 하시고
산 사이에 흐르게 하사
[11] 각종 들짐승에게 마시게 하시니
들나귀들도 해갈하며
[12] 공중의 새들도 그 가에서 깃들이며
나뭇가지 사이에서 지저귀는도다

시편 103편과 104편은 "내 영혼아 여호와를 송축하라"로 시작하고 끝나는 쌍둥이 시입니다. 103편은 구원하시는 여호와의 인자하심을 노래하고 104편은 창조와 창조세계를 돌보시는 여호와의 주권을 노래합니다.

1절에서 존귀와 권위로 옷 입으신 위대하신 여호와를 송축하라고 자신에게 권합니다. 2~5절은 여호와 하나님을 빛과 하늘과 물과 구름, 바람, 불꽃을 주관하시는 분으로 묘사합니다. 사람들이 두려워하는 자연의 모든 요소가 여호와의 옷이며 사역자입니다. 그가 땅의 기초를 놓으셨습니다.

6~12절은 하나님이 창조하신 것 중 물을 다스리시는 것에 대하여 묘사합니다. 물로 땅을 덮으시고 물에 명령하여 물러가게 하시되 정해 주신 곳으로 흘러가게 하셨습니다. 물의 경계를 정하시고 넘치지 못하게 하시고 땅을 덮지 못하게 하십니다. 그뿐 아니라 골짜기에서 솟아나는 샘도 하나님의 것입니다. 샘의 물이 산 사이에 흐르게 하시사 들짐승들과 들나귀와 골짜기의 나무에 깃들어 사는 새들도 마시게 하십니다. 큰 바다의 물과 골짜기의 샘을 주관하시는 분이십니다.

자연의 아름다움과 웅장함과 신비를 볼 때 우리는 그것을 지으시고 다스리시는 하나님을 생각해야 합니다. 자연은 하나님의 존귀와 권위를 나타냅니다. 오 하나님, 우리의 눈을 열어 하나님의 아름다움을 보게 하옵소서.

기도:

여호와 하나님, 자연의 빛과 하늘과 구름과 바람에서 하나님의 존귀하심과 권능을 봅니다. 하나님은 심히 위대하십니다. 바다에서부터 골짜기의 샘에 이르기까지 모든 물을 하나님께서 다스리십니다. 하나님의 영광을 보여주는 이 아름다운 자연이 인간의 탐욕으로 훼손되고 병들어가고 있습니다. 사람이 죄로 인해 탄식하는 것처럼 자연도 괴로움을 호소합니다. 하나님, 은총을 베푸사 이 모든 것이 회복되게 하옵소서. 하나님의 영광을 나타내게 하옵소서. 예수 그리스도의 이름으로 기도합니다. 아멘.

시편 104:13~23 땅을 만족하게 하시는 하나님

¹³ 그가 그의 누각에서부터 산에 물을 부어 주시니
주께서 하시는 일의 결실이 땅을 만족시켜 주는도다
¹⁴ 그가 가축을 위한 풀과 사람을 위한 채소를 자라게 하시며
땅에서 먹을 것이 나게 하셔서
¹⁵ 사람의 마음을 기쁘게 하는 포도주와
사람의 얼굴을 윤택하게 하는 기름과
사람의 마음을 힘있게 하는 양식을 주셨도다
¹⁶ 여호와의 나무에는 물이 흡족함이여
곧 그가 심으신 레바논 백향목들이로다
¹⁷ 새들이 그 속에 깃들임이여
학은 잣나무로 집을 삼는도다
¹⁸ 높은 산들은 산양을 위함이여
바위는 너구리의 피난처로다
¹⁹ 여호와께서 달로 절기를 정하심이여
해는 그 지는 때를 알도다
²⁰ 주께서 흑암을 지어 밤이 되게 하시니
삼림의 모든 짐승이 기어나오나이다
²¹ 젊은 사자들은 그들의 먹이를 쫓아 부르짖으며
그들의 먹이를 하나님께 구하다가
²² 해가 돋으면 물러가서 그들의 굴속에 눕고
²³ 사람은 나와서 일하며 저녁까지 수고하는도다

찬양자는 물을 다스리실 뿐 아니라 물로 땅 위에 사는 생물들을 만족하게 하시는 하나님을 노래합니다. 그리고 그 자연을 질서대로 다스리심을 노래합니다.

하나님께서 부어 주시는 물이 땅을 만족하게 합니다. 하나님은 가축을 위한 풀과 사람을 위한 채소가 땅에서 나게 하시고 포도주와 기름과 양식을 내게 합니다. 여호와의 나무라 불리는 백향목과 같이 산림을 이루는 커다란 나무들이 물로 흡족하게 하십니다. 땅 위의 식물들뿐 아니라 각종 짐승도 하나님의 돌보심과 질서 속에 살아갑니다. 새들은 나무들 속에 깃들이고 학은 잣나무를 집으로 삼습니다. 높은 산은 산양에게 바위는 너구리에게 피난처를 제공합니다. 달은 여호와께 예배하는 절기를 알려주는 역할을 하고 하는 지는 때를 알고 있습니다. 해가 진 후에는 짐승이 나와 먹이를 하나님께 구하고 해가 돋으면 물러나고 사람이 나와서 일을 합니다.

하나님께서는 세상을 창조하셨을 뿐 아니라 그 지으신 것이 하나님의 보호하심과 질서를 따라 살아가도록 하셨습니다. 하나님이 돌보심이 없이 보존되는 자연은 없습니다. 모든 것이 그의 은택을 입고 있습니다. "내 영혼아 여호와를 송축하라"

기도:
여호와 하나님, 하나님은 자연에 물을 부어 주시고 땅을 만족하게 하십니다. 자연의 모든 것이 하나님을 기대어 살고 있습니다. 우리는 더욱 그렇습니다. 우리가 먹고 마시고 집에 거하고 일하는 모든 것이 하나님의 은총입니다. 그러므로 무엇을 먹을까 무엇을 입을까 무엇을 마실까 염려하지 않고 감사함으로 하나님께 아뢰게 하옵소서. 무엇보다 먼저 하나님의 나라와 의를 구하게 하옵소서. 예수 그리스도의 이름으로 기도합니다. 아멘.

시편 104:24~35 여호와로 말미암아 즐거워하리로다

²⁴ 여호와여 주께서 하신 일이 어찌 그리 많은지요
주께서 지혜로 그들을 다 지으셨으니
주께서 지으신 것들이 땅에 가득하니이다
²⁵ 거기에는 크고 넓은 바다가 있고
그 속에는 생물 곧 크고 작은 동물들이 무수하니이다
²⁶ 그 곳에는 배들이 다니며
주께서 지으신 리워야단이 그 속에서 노나이다
²⁷ 이것들은 다 주께서 때를 따라
먹을 것을 주시기를 바라나이다
²⁸ 주께서 주신즉 그들이 받으며
주께서 손을 펴신즉 그들이 좋은 것으로 만족하다가
²⁹ 주께서 낯을 숨기신즉 그들이 떨고
주께서 그들의 호흡을 거두신즉
그들은 죽어 먼지로 돌아가나이다
³⁰ 주의 영을 보내어 그들을 창조하사
지면을 새롭게 하시나이다
³¹ 여호와의 영광이 영원히 계속할지며
여호와는 자신께서 행하시는 일들로 말미암아 즐거워하시리로다
³² 그가 땅을 보신즉 땅이 진동하며
산들을 만지신즉 연기가 나는도다
³³ 내가 평생토록 여호와께 노래하며
내가 살아 있는 동안 내 하나님을 찬양하리로다
³⁴ 나의 기도를 기쁘게 여기시기를 바라나니
나는 여호와로 말미암아 즐거워하리로다
³⁵ 죄인들을 땅에서 소멸하시며
악인들을 다시 있지 못하게 하시리로다
내 영혼아 여호와를 송축하라 할렐루야

하나님께서 지혜로 지으신 것이 땅에 가득합니다. 깊고 넓은 바다에도 크고 작은 생물이 무수합니다. 리워야단(몸집이 거대한 미지의 바다생물)도 있습니다. 그것에게 때를 따라 먹을 것을 주시는 분이 하나님이십니다. 하나님께서 주실 때 그들은 좋은 것으로 만족하며 하나님께서 낯을 숨기시면 그들은 떨고 호흡을 거두시면 먼지로 돌아갑니다.

하나님은 당신의 영으로 생명을 창조하시고 계속 창조하십니다. 자손에서 자손으로 생명이 계속 이어짐으로 이 땅을 새롭게 하십니다. 생명이 탄생하는 것만큼 경이롭고 아름다운 것이 없습니다. 이렇게 계속되는 창조를 통해 하나님은 영광을 나타내십니다. 처음 창조를 하신 후 "보시기에 심히 좋았더라" 하신 말씀과 같이 하나님은 지금도 행하시는 일을 즐거워하십니다.

찬양자는 평생토록 여호와를 찬양하며 그의 기도(묵상)를 하나님께서 기쁘게 여기시기를 바랍니다. 그러나 악인들 곧 하나님을 경외하지 않는 자들은 하나님이 창조하신 세계, 하나님의 영광이 임한 곳에 함께 있지 못합니다. 죄를 사하시는 하나님의 은택 없이는 말입니다 (시 103:2). "내 영혼아 여호와를 송축하라"

기도:
여호와여, 하나님께서 이 땅에 생명이 탄생하게 하시고 자손을 이어가게 하시니 감사합니다. 그 일을 하나님께서 즐거워하십니다. 혼인을 귀하게 생각하지 않고 자녀를 낳지 않으려는 풍토를 고쳐주옵소서. 혼인과 자녀를 낳아 기르는 일을 거룩하게 하옵소서. 우리 가운데 행하시는 일을 즐거워하게 하시고 하나님을 묵상하게 하옵소서. 예수 그리스도의 이름으로 기도합니다. 아멘.

시편 105:1~11 언약을 기억하시는 하나님

¹ 여호와께 감사하고 그의 이름을 불러 아뢰며
그가 하는 일을 만민 중에 알게 할지어다
² 그에게 노래하며 그를 찬양하며
그의 모든 기이한 일들을 말할지어다
³ 그의 거룩한 이름을 자랑하라
여호와를 구하는 자들은 마음이 즐거울지로다
⁴ 여호와와 그의 능력을 구할지어다
그의 얼굴을 항상 구할지어다
⁵ 그의 종 아브라함의 후손
곧 택하신 야곱의 자손 너희는 그가 행하신 기적과
⁶ 그의 이적과 그의 입의 판단을 기억할지어다
⁷ 그는 여호와 우리 하나님이시라 그의 판단이 온 땅에 있도다
⁸ 그는 그의 언약 곧 천 대에 걸쳐 명령하신 말씀을
영원히 기억하셨으니
⁹ 이것은 아브라함과 맺은 언약이고 이삭에게 하신 맹세이며
¹⁰ 야곱에게 세우신 율례 곧 이스라엘에게 하신 영원한 언약이라
¹¹ 이르시기를 내가 가나안 땅을 네게 주어
너희에게 할당된 소유가 되게 하리라 하셨도다

시편 105편은 언약의 하나님을 찬양하는 노래입니다. 1~6절은 여호와 하나님께 감사하고 찬양하라는 초대입니다. 그의 이름을 불러 아뢰며, 그가 하는 일을 만민이 알게 하며, 노래하며 찬양하며 자랑하고 즐거워합니다. 또한, 그의 능력과 얼굴을 구합니다. 아브라함과

그의 후손들 곧 예배자들은 하나님께서 행하신 기적과 그의 판단(공의로운 다스림)을 기억해야 합니다. 이것은 예배에서 하나님을 높이는 행위들입니다.

여호와 하나님을 예배해야 하는 이유가 7절 이하에 나옵니다. 그는 아브라함과 맺으신 언약을 기억하십니다. 그 언약은 아브라함과 천대에 걸쳐 명령하신 말씀인데 그것을 영원히 기억하십니다. 그 언약은 아브라함에게서 이삭으로 이삭에게서 야곱으로 이어졌으며 이스라엘에게 하신 영원한 언약입니다. 그 내용은 "내가 가나안 땅을 네게 주어 너희에게 할당된 소유가 되게 하리라"는 말씀입니다.

사도 바울은 갈라디아서에 보낸 편지에서 아브라함과 맺은 언약을 이렇게 해석합니다.

"이 약속들은 아브라함과 그 자손에게 말씀하신 것인데 여럿을 가리켜 그 자손들이라 하지 아니하시고 오직 한 사람을 가리켜 네 자손이라 하셨으니 곧 그리스도라"(갈라디아서 3:16)

여호와께서 아브라함과 그의 자손과 언약을 맺으셨는데 그 자손은 그리스도를 의미한다고 합니다. 그리고 "너희가 그리스도의 것이면 곧 아브라함의 자손이요 약속대로 유업을 이을 자니라"(갈 3:29)라고 하여 신약 시대의 신자들이 그리스도와 함께 아브라함의 언약을 이어받은 자손이라고 말합니다. 이스라엘 자손들에게 가나안 땅을 주시겠다는 약속의 본질은 하나님이 그들의 하나님이 되시고 그들은 하나님의 백성이 된다는 겁니다. 그리스도 안에서 이 언약의 내용은 우리에게 성취되었습니다.

기도:
여호와여, 아브라함에게 그리고 그의 자손인 그리스도에게 약속하신 영원한 언약을 기억하시고 우리에게 하나님이 되시며, 하나님 나라를 우리의 소유가 되게 하심을 감사드립니다. 하나님께서 우리에게 행하신 일을 기억하고 알리며 크게 노래하며 자랑하게 하옵소서. 여호와로 인하여 항상 마음이 즐겁게 하옵소서. 예수 그리스도의 이름으로 기도합니다. 아멘.

시편 105:12~23 여호와의 말씀이 응할 때까지

¹² 그 때에 그들의 사람 수가 적어 그 땅의 나그네가 되었고
¹³ 이 족속에게서 저 족속에게로
이 나라에서 다른 민족에게로 떠돌아다녔도다
¹⁴ 그러나 그는 사람이 그들을 억압하는 것을
용납하지 아니하시고 그들로 말미암아 왕들을 꾸짖어
¹⁵ 이르시기를 나의 기름 부은 자를 손대지 말며
나의 선지자들을 해하지 말라 하셨도다
¹⁶ 그가 또 그 땅에 기근이 들게 하사
그들이 의지하고 있는 양식을 다 끊으셨도다
¹⁷ 그가 한 사람을 앞서 보내셨음이여 요셉이 종으로 팔렸도다
¹⁸ 그의 발은 차꼬를 차고 그의 몸은 쇠사슬에 매였으니
¹⁹ 곧 여호와의 말씀이 응할 때까지라
그의 말씀이 그를 단련하였도다
²⁰ 왕이 사람을 보내어 그를 석방함이여
뭇 백성의 통치자가 그를 자유롭게 하였도다
²¹ 그를 그의 집의 주관자로 삼아
그의 모든 소유를 관리하게 하고
²² 그의 뜻대로 모든 신하를 다스리며
그의 지혜로 장로들을 교훈하게 하였도다
²³ 이에 이스라엘이 애굽에 들어감이여
야곱이 함의 땅에 나그네가 되었도다

    12절부터는 이스라엘 자손이 애굽에 내려갔다가 출애굽하여 광야로 나온 때까지의 역사를 다루고 있습니다. 여호와께서 아브라함과 야곱에게 언약하신 것을 기억하시고 그것을 어떻게 신실하게 지키시는지를 보여줍니다.

이스라엘 자손은 약속으로 받은 가나안 땅에서 나그네로 살았습니다. 그렇지만 하나님께서 그 땅의 왕들에게 억압받지 않도록 보호하셨습니다. 그 후 가나안에 기근이 들게 하시그 그들이 의지하는 양식을 다 끊으신 후에 그들을 애굽으로 들어가게 하셔서 그 땅의 나그네가 되게 하셨습니다.

이스라엘 자손을 애굽으로 들어가게 하시기 전에 먼저 한 사람을 앞서 보내셨는데 바로 요셉이 종으로 팔려간 겁니다. 요셉은 발에 차꼬를 차고 쇠사슬로 매였는데 여호와의 말씀이 응할 때까지 말씀이 그를 단련하셨다고 합니다. 요셉의 고난이 하나님의 말씀을 이루는 도구로 사용되었던 겁니다.

왕이 요셉을 석방하여 자유롭게 한 후에 그를 그 나라의 주관자로 삼아 왕의 모든 소유를 관리하게 하였습니다. 요셉은 자기의 뜻대로 모든 신하를 다스리며 장로들을 교훈하였습니다. 이런 준비 후에 이스라엘 자손은 애굽에 들어가게 되었습니다.

가나안에 기근이 있고 요셉이 종으로 팔리고 야곱과 그의 자손이 애굽에 나그네가 된 일은 하나님의 주권 아래 된 일입니다. 요셉의 고난을 비롯하여 이 모든 일은 "여호와의 말씀이 응할 때까지 그의 말씀이 그를 단련"한 겁니다. 삶의 한 페이지도 허투루 하나님의 섭리하심 없이, 주권 밖에서 진행된다고 생각하지 마십시오. 하나님의 인자하심과 성실하심이 우리를 두르고 있습니다.

기도:
여호와 하나님, 우리가 고난을 받을 때 하나님의 인자하심 밖에 있다고 생각하지 않게 하옵소서. 하나님의 인자하심은 영원하고 성실하심은 변함이 없으십니다. 말씀이 응하기까지 단련하시는 시기라 생각하고 인내하게 하옵소서. 모든 것이 합력하여 선을 이루시는 하나님을 신뢰하며 걸어가게 하옵소서. 예수 그리스도의 이름으로 기도합니다. 아멘.

시편 105:24~36 대적의 마음을 변하게 하심

²⁴ 여호와께서 자기의 백성을 크게 번성하게 하사
그의 대적들보다 강하게 하셨으며
²⁵ 또 그 대적들의 마음이 변하게 하여
그의 백성을 미워하게 하시며
그의 종들에게 교활하게 행하게 하셨도다
²⁶ 그리하여 그는 그의 종 모세와 그의 택하신 아론을 보내시니
²⁷ 그들이 그들의 백성 중에서 여호와의 표적을 보이고
함의 땅에서 징조들을 행하였도다
²⁸ 여호와께서 흑암을 보내사 그곳을 어둡게 하셨으나
그들은 그의 말씀을 지키지 아니하였도다
²⁹ 그들의 물도 변하여 피가 되게 하사
그들의 물고기를 죽이셨도다
³⁰ 그 땅에 개구리가 많아져서 왕의 궁실에도 있었도다
³¹ 여호와께서 말씀하신즉 파리 떼가 오며
그들의 온 영토에 이가 생겼도다
³² 비 대신 우박을 내리시며 그들의 땅에 화염을 내리셨도다
³³ 그들의 포도나무와 무화과나무를 치시며
그들의 지경에 있는 나무를 찍으셨도다
³⁴ 여호와께서 말씀하신즉 황충과 수많은 메뚜기가 몰려와
³⁵ 그들의 땅에 있는 모든 채소를 먹으며
그들의 밭에 있는 열매를 먹었도다
³⁶ 또 여호와께서 그들의 기력의 시작인
그 땅의 모든 장자를 치셨도다

야곱이 그의 자손들을 이끌고 애굽으로 내려가서 그곳에서 나그네로 거주하였지만 번성하여 강대한 민족이 되었습니다. 요셉을 알지 못하는 새 왕이 일어나 애굽을 다스리면서 이스라엘 자손을 노예로 부렸습니다. 이스라엘 자손의 부르짖음을 여호와께서 들으시고 언약을 기억하심으로 모세와 아론을 보내어 그 땅에서 표적을 보이셨습니다. 피, 개구리, 파리, 이, 우박, 화염, 황충과 메뚜기, 흑암의 재앙이 있었고 마지막에 애굽의 모든 장자가 죽는 재앙이 있었습니다. 비로소 애굽의 왕은 항복하고 이스라엘 자손을 내보내기로 합니다.

찬양자는 이 모든 일의 주체를 여호와라고 합니다. 여호와께서는 애굽인들의 마음이 변하게 하여 당신의 백성을 미워하게 하셨고, 당신의 종들에게 교활하게 행하게 하셨고, 모세와 아론을 보내시어 표적과 징조를 행하셨습니다. 여호와는 당신 벡성들의 마음과 삶을 인도하실 뿐 아니라 대적들의 마음과 정치도 당신의 뜻대로 이끄셨습니다. 여호와는 일어나는 모든 일의 제일 원인입니다. '하나님께서 악의 원인도 되시는가?'라는 질문에는 하나님은 선하시며 악의 원인이 아니시라는 것과 악을 사용하여서 하나님의 공의를 나타내신다고 답할 수 있습니다. 바울은 하나님을 그 마음에 두기 싫어하는 자들을 그 상실한 마음대로 내버려 두어서 합당하지 못한 일을 하게 하심으로 그들을 심판하신다고 말합니다(로마서 1:28). 그 정도로 이해하는 것이 좋겠습니다.

기도:
여호와 하나님, 대적자들의 마음과 그들이 우리를 대하는 방식에까지 하나님의 뜻이 담겨 있다는 것은 우리를 불편하게 합니다, 그러나 악인들조차 하나님의 뜻에서 벗어나지 못하고 있다는 것과 하나님께서 공의로 다스리심을 믿고 낙심하지 않게 하옵소서. 하나님께서 친히 우리의 대적과 싸우시며 고난 중에도 표적을 나타내심으로 구원에 이르게 하옵소서. 예수 그리스도의 이름으로 기도합니다. 아멘.

시편 105:37~45 낮에는 구름으로 밤에는 불로

37 마침내 그들을 인도하여 은 금을 가지고 나오게 하시니
그의 지파 중에 비틀거리는 자가 하나도 없었도다
38 그들이 떠날 때에 애굽이 기뻐하였으니
그들이 그들을 두려워함이로다
39 여호와께서 낮에는 구름을 펴사 덮개를 삼으시고
밤에는 불로 밝히셨으며
40 그들이 구한즉 메추라기를 가져 오시고
또 하늘의 양식으로 그들을 만족하게 하셨도다
41 반석을 여신즉 물이 흘러나와 마른 땅에 강 같이 흘렀으니
42 이는 그의 거룩한 말씀과
그의 종 아브라함을 기억하셨음이로다
43 그의 백성이 즐겁게 나오게 하시며
그의 택한 자는 노래하며 나오게 하시고
44 여러 나라의 땅을 그들에게 주시며
민족들이 수고한 것을 소유로 가지게 하셨으니
45 이는 그들이 그의 율례를 지키고
그의 율법을 따르게 하려 하심이로다 할렐루야

여호와께서 애굽에 보인 열 번의 표적 후에 "마침내 그들을 인도하여" 은금을 가지고 나오게 하셨습니다. 백성 중에는 비틀거리는 사람이 하나도 없었습니다. 하나님의 구원이 모든 사람에게 온전하게 미친 겁니다. 애굽 사람들은 이스라엘 자손이 떠나는 것을 기뻐하였는데 그들을 붙들고 있어서 재앙이 계속되었기에 그들이 두렵기까지 했

습니다. 광야에 나온 후에도 여호와께서는 낮에는 구름을 펴서 백성들을 보호하셨고 밤에는 불을 밝혀 그들을 지키셨습니다. 그들의 간구를 들으시고 메추라기를 주시고 하늘의 양식 곧 만나를 주셔서 그들을 만족하게 하셨습니다. 반석을 열어 물을 주셨으니 물이 마른 땅에 강같이 흘렀습니다. 이후에 그들에게 여러 나라의 땅을 주셨고 민족들이 수고한 것을 소유로 가지게 하셨습니다.

이 모든 은택을 베푸신 이유는 두 가지입니다. 하나는 아브라함과 그와 맺으신 언약을 기억하셨기 때문입니다. 이스라엘의 역사는 여호와께서 아브라함과 그의 자손에게 언약하신 것을 이루어가시는 과정, 곧 구속의 역사입니다. 아브라함과 맺으신 언약은 그리스도 안에서 우리를 포함합니다. 우리는 그리스도와 함께 그리스도 안에서 아브라함 언약의 복을 받은 자들입니다. 그리스도 안에서 우리를 구속하셨고 하나님 나라에 참여하게 하십니다. 그리고 그 나라에 온전하게 임할 때까지 인도하시고 보호하십니다.

은택을 베푸신 다른 이유 하나는 그들이 여호와의 법을 지키고 따르게 하려는 겁니다. 하나님의 성령을 우리 마음에 부으시고 하나님의 법이 우리 마음에 있게 하셔서 그 법에 따라 사는 하나님의 친백성이 되게 하셨습니다. 그러므로 하나님의 법을 따르는 것은 복을 받기 위함이 아니라 이미 복을 받은 자이기 때문입니다. 하나님 나라에 들어가기 위해서가 아니라, 이미 은혜로 그 나라 백성이 되었기 때문에 그 말씀에 따라 다스림을 받기 위함입니다.

기도:
여호와 하나님, 하나님께서 창세 전에 우리를 예정하사 하나님의 아들들이 되게 하셨습니다. 그리스도의 언약 안에 우리를 두셔서 변치 않는 말씀으로 우리의 구원이 흔들리지 않게 하심을 감사드립니다. 믿음으로 이 은혜에 들어감을 얻었으니 성령 안에서 하나님의 말씀에 순종하는 삶을 살게 하옵소서. 하나님의 말씀을 마음에 두고 그 뜻을 따르는 것을 즐거워하게 하옵소서. 예수 그리스도의 이름으로 기도합니다. 아멘.

시편 106:1~12 그의 선하심과 인자하심이 영원함

[1] 할렐루야 여호와께 감사하라
그는 선하시며 그 인자하심이 영원함이로다
[2] 누가 능히 여호와의 권능을 다 말하며
주께서 받으실 찬양을 다 선포하랴
[3] 정의를 지키는 자들과 항상 공의를 행하는 자는 복이 있도다
[4] 여호와여 주의 백성에게 베푸시는 은혜로 나를 기억하시며
주의 구원으로 나를 돌보사
[5] 내가 주의 택하신 자가 형통함을 보고
주의 나라의 기쁨을 나누어 가지게 하사
주의 유산을 자랑하게 하소서
[6] 우리가 우리의 조상들처럼 범죄하여
사악을 행하며 악을 지었나이다
[7] 우리의 조상들이 애굽에 있을 때
주의 기이한 일들을 깨닫지 못하며
주의 크신 인자를 기억하지 아니하고
바다 곧 홍해에서 거역하였나이다
[8] 그러나 여호와께서는 자기의 이름을 위하여
그들을 구원하셨으니
그의 큰 권능을 만인이 알게 하려 하심이로다
[9] 이에 홍해를 꾸짖으시니 곧 마르니
그들을 인도하여 바다 건너가기를 마치 광야를 지나감 같게 하사
[10] 그들을 그 미워하는 자의 손에서 구원하시며
그 원수의 손에서 구원하셨고
[11] 그들의 대적들은 물로 덮으시매
그들 중에서 하나도 살아 남지 못하였도다
[12] 이에 그들이 그의 말씀을 믿고
그를 찬양하는 노래를 불렀도다

시편 105편과 106편은 한 쌍입니다. 두 시편 모두 역사시인데 105편은 아브라함에서 출애굽하여 광야에 들어선 초기까지의 역사를 다루면서 여호와께서 아브라함과의 언약을 기억하시고 신실하게 인도하셨다는 것을 찬양합니다. 반면, 106편은 애굽에서 나와 홍해 앞에 섰을 때부터 가나안에 들어가서 그 땅을 차지한 사사 시대에 이르기는 기간을 다루면서 이스라엘 자손이 여호와를 거역한 것과 그런 중에도 여호와께서 인자를 베푸신 것을 찬양합니다.

1~5절에서는 여호와의 인자하심과 그 권능을 찬양하면서 여호와의 구원과 그의 나라에 참여하게 해 주시기를 간구합니다.

6~12절은 홍해에서 일어난 일을 말합니다(출 14장). 이스라엘이 홍해에 이르렀을 때 백성을 내보낸 것을 후회한 바로가 군대를 이끌고 다가왔습니다. 이스라엘 자손은 모세와 하나님을 원망하며 애굽 사람을 섬기는 것이 광야에서 죽는 것보다 낫다고 말합니다. 그러나 여호와께서 자기의 이름을 위하여 그들을 구원하심으로 그의 큰 권능을 그 시대뿐 아니라 오늘날 우리에게까지 알게 하셨습니다. 이스라엘은 홍해를 마른 땅과 같이 건너고 그의 대적들은 살아남지 못하는 것을 경험한 후에야 여호와의 말씀을 믿고 찬양하였습니다.

기도:

여호와여, 우리도 이스라엘 자손과 같이 우리 하나님의 말씀과 우리를 구원하신 하나님의 인자하심을 믿지 못하고 염려하며 불평합니다. 그렇지만 하나님의 이름을 위하여 우리를 의의 길로 인도하시니 하나님의 인자하심을 찬양합니다. 우리의 구원이 하나님의 긍휼하심에 달려있음에 감사드립니다. 하나님께서 택하신 사람으로 형통하게 하시며 하나님 나라에 참여하게 됨을 기뻐하며 살게 하옵소서. 예수 그리스도의 이름으로 기도합니다. 아멘.

시편 106:13~23 그 어려움 가운데에서 그의 앞에 서서

¹³ 그러나 그들은 그가 행하신 일을 곧 잊어버리며
그의 가르침을 기다리지 아니하고
¹⁴ 광야에서 욕심을 크게 내며
사막에서 하나님을 시험하였도다
¹⁵ 그러므로 여호와께서는 그들이 요구한 것을
그들에게 주셨을지라도 그들의 영혼은 쇠약하게 하셨도다
¹⁶ 그들이 진영에서 모세와 여호와의 거룩한 자 아론을 질투하매
¹⁷ 땅이 갈라져 다단을 삼키며 아비람의 당을 덮었고
¹⁸ 불이 그들의 당에 붙음이여 화염이 악인들을 살랐도다
¹⁹ 그들이 호렙에서 송아지를 만들고 부어 만든 우상을 경배하여
²⁰ 자기 영광을 풀 먹는 소의 형상으로 바꾸었도다
²¹ 애굽에서 큰 일을 행하신
그의 구원자 하나님을 그들이 잊었나니
²² 그는 함의 땅에서 기사와 홍해에서
놀랄 만한 일을 행하신 이시로다
²³ 그러므로 여호와께서 그들을 멸하리라 하셨으나
그가 택하신 모세가 그 어려움 가운데에서 그의 앞에 서서
그의 노를 돌이켜 멸하시지 아니하게 하였도다

하나님께서 행하시는 일에는 이유가 있습니다. 광야에서 백성들이 주리게 되었을지라도 말입니다. 이스라엘 자손은 하나님을 신뢰하고 기다려야 했습니다. 그런데 그들은 그렇게 하지 않았습니다. "곧 잊어

버리며"라는 말은 서둘러 잊어버렸다는 의미입니다. 하나님을 신뢰하였다면 이 일을 통해 가르치시는 바가 있으실 것으로 생각하고 기다렸을 것인데 욕심이 앞섰던 겁니다.

그들은 마실 물과 먹을 양식 때문에 불평하며 모세와 여호와 하나님을 원망하였습니다. 여호와는 그들이 요구하는 것을 주셨습니다. 그런데 시편 기자는 그 일을 긍정적으로 보고 있지 않습니다. "여호와께서 그들이 요구한 것을 그들에게 주셨을지라도 그들의 영혼은 쇠약하게 하셨도다"(15). 백성들의 탐욕은 그들 속에 섞여 사는 이방인들에게서 출발했습니다(민 11:4). 그럴지라도 그 탐욕의 결과는 심각했습니다. 그들의 영혼이 쇠약해져서 하나님을 배반하기에 이르렀습니다. 다단과 아비람이 주도하여 지휘관 250명이 당을 이루어 모세와 아론의 지도력에 반기를 들었고 호렙에서는 송아지를 만들어 경배하였습니다. 여호와께서 악인들을 화염으로 심판하셨습니다. 그리고 우상 숭배한 이들을 멸하려 하셨지만, 모세가 중보자로 나서 이스라엘 자손을 멸하지 마시기를 간구하였고 여호와께서 그의 간구를 들으셨습니다.

본문에서는 "잊다"라는 단어가 두 번 등장합니다(13, 21). 백성들은 여호와와 그의 행하심을 잊어버렸습니다. 여호와는 공의로 심판하시는 중에도 중보자 모세를 통해 하나님의 자비로우심을 보여주셨습니다. 우리에게는 대제사장이신 예수 그리스도가 계십니다. 그는 "어려움 가운데"(23)(히브리어 "파레츠"는 "갈라진 틈"이란 의미)에서 우리를 위하여 간구하시는 분이십니다.

기도:
여호와 하나님, 세상의 탐욕에 마음이 어두워져 감사치 않는 일이 있음을 고백합니다. 우리에게 성령을 보내셨으니 우리가 하나님과 그 행하신 일을 잊지 않게 하시고 마음을 다하여 사랑하며 즐거워하게 하옵소서. 그리고 우리를 위하여 중보 하시는 대제사장이신 그리스도를 힘입어 하나님의 보좌로 나아가는 일에 담대하게 하옵소서. 예수 그리스도의 이름으로 기도합니다. 아멘.

시편 106:24~33 말씀을 믿지 않는 백성

²⁴ 그들이 그 기쁨의 땅을 멸시하며
그 말씀을 믿지 아니하고
²⁵ 그들의 장막에서 원망하며
여호와의 음성을 듣지 아니하였도다
²⁶ 이러므로 그가 그의 손을 들어 그들에게 맹세하기를
그들이 광야에 엎드러지게 하고
²⁷ 또 그들의 후손을 뭇 백성 중에 엎드러뜨리며
여러 나라로 흩어지게 하리라 하셨도다
²⁸ 그들이 또 브올의 바알과 연합하여
죽은 자에게 제사한 음식을 먹어서
²⁹ 그 행위로 주를 격노하게 함으로써
재앙이 그들 중에 크게 유행하였도다
³⁰ 그 때에 비느하스가 일어서서 중재하니
이에 재앙이 그쳤도다
³¹ 이 일이 그의 의로 인정되었으니
대대로 영원까지로다
³² 그들이 또 므리바 물에서 여호와를 노하시게 하였으므로
그들 때문에 재난이 모세에게 이르렀나니
³³ 이는 그들이 그의 뜻을 거역함으로 말미암아
모세가 그의 입술로 망령되이 말하였음이로다

모세가 중보하여 이스라엘 자손이 멸망 당하지 않은 이후에도 그들은 여호와의 말씀을 듣지 않았습니다. 모세가 정탐하도록 보낸 이들

은 여호와께서 약속하신 땅에 들어가면 죽게 될 것이라고 보고하여 백성들의 마음이 여호와의 말씀을 떠나게 하였습니다. 그 일로 이스라엘 자손은 광야에서 40년의 세월을 보내게 되었습니다. 그들이 광야 길을 행하는 중에 모압 지경을 지날 때 거짓 선지자 발람이 모압 왕 발락을 가르쳐 이스라엘 앞에 올무를 놓게 했습니다. 그때 이스라엘 자손은 우상의 제물을 먹고 음행함으로 하나님의 진노를 샀습니다(민 24~25장). 그때 이스라엘 진영에 염병이 퍼지게 되었는데 비느하스가 일어나 죄를 범한 자를 죽임으로 염병이 떠났습니다. 여호와께서는 비느하스의 행동을 중재의 기도로 여기셨고 그를 의롭게 여기셨습니다. 여기서 그의 행위로 의롭게 되었다고 생각해서는 안 됩니다. 행위로는 의롭게 될 사람이 없습니다. 의로움은 오직 믿음으로 말미암습니다. 언약에 신실하신 하나님의 인자하심을 믿는 그의 믿음을 보시고 그를 의롭다고 여기신 겁니다.

   이스라엘 자손은 므리바에서 물이 없음으로 여호와와 모세를 원망합니다. 여호와께서 모세에게 바위에게 명하여 물을 내라 하셨는데 모세는 백성에 대한 분노를 감추지 못하고 반석을 두 번 쳐서 물이 나오게 하였습니다. 그 일로 모세는 약속하신 땅에 들어가지 못하게 됩니다(민20:1~13). 백성들의 완악함으로 재난이 모세에게까지 이르게 된 겁니다. 모세는 이 일에 변명하거나 불평하지 않고 광야에서 죽게 되는 이스라엘 자손들과 운명을 같이 합니다. 모세에게까지 재난이 미친 것으로 보아 이스라엘 자손이 하나님을 원망한 일이 얼마나 중대한 일인지 알 수 있습니다.

   기도:
   여호와 하나님, 하나님의 말씀에 귀를 기울이고 따르는 일에 우둔함을 고백합니다. 하나님과 말씀에 대한 믿음이 없음을 고백합니다. 저에게 믿음을 주옵소서. 하나님의 말씀에 귀를 기울이고 순종하고자 하는 마음을 주옵소서. 감당하지 못할 시험을 허락하지 마시고 피할 길을 주옵소서. 하나님 나라와 의를 구하는 일을 최우선에 두게 하옵소서. 예수 그리스도의 이름으로 기도합니다. 아멘.

시편 106:34~43 자기 백성을 징계하시는 하나님

³⁴ 그들은 여호와께서 멸하라고 말씀하신
그 이방 민족들을 멸하지 아니하고
³⁵ 그 이방 나라들과 섞여서 그들의 행위를 배우며
³⁶ 그들의 우상들을 섬기므로
그것들이 그들에게 올무가 되었도다
³⁷ 그들이 그들의 자녀를 악귀들에게 희생제물로 바쳤도다
³⁸ 무죄한 피 곧 그들의 자녀의 피를 흘려
가나안의 우상들에게 제사하므로 그 땅이 피로 더러워졌도다
³⁹ 그들은 그들의 행위로 더러워지니 그들의 행동이 음탕하도다
⁴⁰ 그러므로 여호와께서 자기 백성에게 맹렬히 노하시며
자기의 유업을 미워하사
⁴¹ 그들을 이방 나라의 손에 넘기시매
그들을 미워하는 자들이 그들을 다스렸도다
⁴² 그들이 원수들의 압박을 받고
그들의 수하에 복종하게 되었도다
⁴³ 여호와께서 여러 번 그들을 건지시나
그들은 교묘하게 거역하며
자기 죄악으로 말미암아 낮아짐을 당하였도다

이스라엘 자손의 배반의 역사가 계속 이어집니다. 그들이 하나님께서 약속하신 가나안에 들어갈 때 그들은 그 땅의 백성들을 모두 멸해야 했습니다. 그런데 그렇게 하지 않았습니다. 그 결과 그들과 섞여

살면서 그들의 행위를 배우며 우상을 섬겼고 우상의 제물 곧 마귀의 제물로 그들의 자녀들을 희생제물로 바쳤습니다. 이에 대하여 하나님은 진노하시어 그들을 이방 민족의 손에 붙이셨습니다. 압박을 받고 그들에게 복종하게 하셨습니다. 그럴 때마다 이스라엘 자손은 부르짖었고 하나님께서는 여러 번 그들을 건져 주셨습니다. 하지만 그들은 반복하여 우상을 섬기며 죄악의 길을 걸었습니다.

가나안에 거주하는 여러 민족을 모두 멸하라는 명령은 선하지 못하다고 생각하는 이들이 있습니다. 이스라엘을 선택하시고 구원하시는 것처럼 모두를 구원하실 수 없으실까 의문을 갖는 겁니다. 이스라엘 자손이 하나님의 인도하심을 받는 길에도 하나님께서 행하신 일을 잊고 은혜를 배반하는 역사를 보지 않습니까? 한 민족을 거역과 우상 숭배에서 돌이켜 한 분 하나님을 섬기게 하는 일이 이처럼 어렵고 오래 걸리는 일입니다. 인류에 들어온 죄가 너무도 깊게 뿌리 내려있는 것을 알 수 있습니다. 그래서 하나님은 한 사람 아브라함으로부터 시작된 한 민족을 세우시고 약속된 한 분 그리스도를 통해 그를 믿는 모든 사람을 구원에 이르게 하시려고 계획하신 겁니다.

하나님께서 이스라엘만 택하시고 세계의 여러 민족은 미워하신 것이 아니라 모두를 구원하시기 위해 이스라엘을 먼저 택하셨습니다. 그들을 통해 모든 민족을 부르시려는 것이었습니다. 결국에는 그리스도를 통해 모든 민족, 모든 사람이 하나님께 나오는 길을 열어놓으신 겁니다(롬 15:8~9). 우리를 먼저 구원하심은 우리를 통해 다른 형제들을 부르시려는 계획이 있으신 겁니다.

기도:
여호와여, 하나님께서 징계하시는 것은 자기 백성, 자기의 유업을 버리지 않으시고 돌이키시려는 것인 줄 알겠습니다. 고난 중에도 하나님의 변함없는 사랑을 알게 하옵소서. 우리의 행위에 구원이 맡겨져 있지 않고 하나님의 변함없으신 언약과 사랑으로 구원에 이르게 하심을 감사드립니다. 그러므로 더욱 죄와 싸우고 거룩하게 하나님을 섬기게 하옵소서. 이것이 누군가에게 복음의 메시지가 되게 하옵소서. 예수 그리스도의 이름으로 기도합니다. 아멘.

시편 106:44~48 그의 언약을 기억하시고

⁴⁴ 그러나 여호와께서 그들의 부르짖음을 들으실 때에
그들의 고통을 돌보시며
⁴⁵ 그들을 위하여 그의 언약을 기억하시고
그 크신 인자하심을 따라 뜻을 돌이키사
⁴⁶ 그들을 사로잡은 모든 자에게서
긍휼히 여김을 받게 하셨도다
⁴⁷ 여호와 우리 하나님이여 우리를 구원하사
여러 나라로부터 모으시고
우리가 주의 거룩하신 이름을 감사하며
주의 영예를 찬양하게 하소서
⁴⁸ 여호와 이스라엘의 하나님을 영원부터 영원까지 찬양할지어다
모든 백성들아 아멘 할지어다 할렐루야

이스라엘 자손들이 하나님의 크신 인자를 기억하지 아니하고 배반함으로 하나님께서 그들을 낮추셨습니다. 그러나 하나님께서는 그들의 부르짖음을 들으시고 고통 가운데서 그들을 돌보셨습니다. 하나님께서 그들과 맺으신 언약을 기억하시고 그 크신 인자하심을 따라 뜻을 돌이키셨기 때문입니다. 이방 민족에게 사로잡혔던 이들을 그 사

로잡은 모든 자에게서 긍휼히 여김을 받게 하셨습니다. 하나님은 원수들의 잔악함까지도 자비로 바꾸시는 능력이 있으십니다.

하나님은 기쁘신 뜻대로 영원한 일을 작정하신 분이십니다. 그는 변하지 않는 분입니다. 그렇지만 우리가 이해할 수 있는 방식으로 일하시고 표현하시는 일이 종종 있습니다. "뜻을 돌이키사"가 그런 예입니다. 하나님의 은밀한 계획에 따라 당신의 뜻을 돌이키시고 죄인들을 구원하십니다.

48절을 제4권 전체를 마치는 찬양으로 본다면 47절이 106편의 마지막 기도입니다. 그런데 47절은 다시 구원을 바라는 기도입니다. 그들은 다시 죄를 범하여 여러 나라로 흩어져 있습니다. 이스라엘 자손의 배반이 진행되고 있는 겁니다. 이것은 인간의 한계를 보여주는 것 같습니다. 그렇지만 그들은 포기하지 않고 구원하여 주시기를 하나님께 부르짖습니다. 그리고 하나님께서 언약을 기억하시고 뜻을 돌이키사 긍휼히 여기실 것을 믿고 있습니다. 그들은 하나님의 거룩하신 이름에 감사하며 그의 영예를 찬양하게 되기를 바라고 있습니다. 어떤 사람들은 하나님의 용서를 바라고 쉽게 죄를 짓는다고 비난할지 모릅니다. 죄로 인한 징계도 용서도 절대로 가벼운 것이 아닙니다. 그리스도가 우리의 죄를 위해 희생제물이 되신 것을 생각하면 더욱 그렇습니다. 죄와 싸우되 피 흘리기까지 싸워야 합니다. 그리고 낙심하지 말고 하나님의 크신 인자하심을 바라야 합니다.

여호와 하나님은 영원부터 영원까지 찬양을 받으실 이십니다. 할렐루야!

기도:

여호와 하나님, 우리는 자주 죄를 범하고 엎드러지나 신실하신 하나님께서 언약을 기억하시고 그 크신 인자하심으로 우리에게 긍휼을 베풀어 주시니 감사합니다. 우리가 징계를 받는 중에도 낙심하지 않게 하시고 연단을 받은 후에 의와 평강의 열매를 맺게 하옵소서. 언제나 하나님의 거룩하신 이름과 영예를 찬양하게 하옵소서. 예수 그리스도의 이름으로 기도합니다. 아멘.

제5권

시편 107:1~9 속량을 받은 자들은 여호와께 감사하라

¹ 여호와께 감사하라
그는 선하시며 그 인자하심이 영원함이로다
² 여호와의 속량을 받은 자들은 이같이 말할지어다
여호와께서 대적의 손에서 그들을 속량하사
³ 동서남북 각 지방에서부터 모으셨도다
⁴ 그들이 광야 사막 길에서 방황하며
거주할 성읍을 찾지 못하고
⁵ 주리고 목이 말라
그들의 영혼이 그들 안에서 피곤하였도다
⁶ 이에 그들이 근심 중에 여호와께 부르짖으매
그들의 고통에서 건지시고
⁷ 또 바른길로 인도하사
거주할 성읍에 이르게 하셨도다
⁸ 여호와의 인자하심과 인생에게 행하신 기적으로 말미암아
그를 찬송할지로다
⁹ 그가 사모하는 영혼에게 만족을 주시며
주린 영혼에게 좋은 것으로 채워주심이로다

제5권은 바벨론에 포로가 되었던 이스라엘 자손이 돌아와 예루살렘을 회복하고 여호와 하나님이 다스리시는 왕국을 소망하며 찬양하는 내용으로 이루어져 있습니다.

106:47에서 "여호와 우리 하나님이여 우리를 구원하사 여러 나라로

부터 모으시고"라고 기도하였는데 107편은 그 기도에 여호와께서 응답하신 것에 대하여 그의 선하심과 인자하심을 찬송하는 것으로 시작합니다(1~3절). 1~3절은 107편의 서론이면서 동시에 5권 전체의 서론입니다.

시인은 바벨론에서 구원받은 것을 네 개의 이야기로 표현합니다. 4~9절은 길을 잃고 방황하는 사람들이 목적지에 도달한 것으로, 10~16절은 매인 사람들이 놓임을 받은 것으로, 17~22절은 병든 사람들이 회복되는 것으로 그리고 23~32절은 조난된 사람들이 구원을 받은 것을 노래합니다. 이야기마다 "여호와의 인자하심과 인생에게 행하신 기적으로 말미암아 그를 찬송할지로다"가 반복됩니다.

첫 번째 이야기(3~9절)는 광야에서 길을 잃은 자를 구원하시는 내용입니다. 광야에서 길을 잃고 거주할 성읍을 찾지 못하고 주리고 목이 마른 사람들이 고통에서 건지시기를 부르짖습니다. 여호와께서 부르짖음을 들으시고 여호와를 사모하는 영혼에게 만족을 주십니다. 주린 영혼에게 좋은 것으로 채워주십니다.

예수 그리스도께서 우리에게 하신 일이 이렇습니다. 그리스도는 광야 같은 인생길에서 우리의 길이시며 거주할 성읍이십니다. 우리 영혼의 만족이시며 좋은 것입니다. 예수 그리스도와 함께 우리에게 있어야 할 모든 것을 이미 받았으며 또한 받습니다. 그것을 깨닫게 되시기를 바랍니다.

기도:
하나님, 저는 아직 길을 잃고 방황하고 있습니다. 주리고 목이 마릅니다. 근심과 고통 가운데서 건져 주옵소서. 바른길로 인도하시사 거주할 성읍에 이르게 하옵소서. 예수께서 길과 성읍이 되신다는 것을 깨닫게 하옵소서, 그 안에서 쉼을 얻게 하옵소서, 여호와의 인자하심과 인생에게 행하신 기적으로 말미암아 하나님을 찬송합니다. 내 영혼을 만족하게 하시며 좋은 것으로 채워 주십니다. 모든 일에 우리 주 예수 그리스도의 이름으로 아버지께 감사하게 하옵소서. 예수 그리스도의 이름으로 기도합니다. 아멘.

시편 107:10~22 매임과 질병에서 건지시는 하나님

¹⁰ 사람이 흑암과 사망의 그늘에 앉으며 곤고와 쇠사슬에 매임은
¹¹ 하나님의 말씀을 거역하며 지존자의 뜻을 멸시함이라
¹² 그러므로 그가 고통을 주어 그들의 마음을 겸손하게 하셨으니
그들이 엎드러져도 돕는 자가 없었도다
¹³ 이에 그들이 그 환난 중에 여호와께 부르짖으매
그들의 고통에서 구원하시되
¹⁴ 흑암과 사망의 그늘에서 인도하여 내시고
그들의 얽어맨 줄을 끊으셨도다
¹⁵ 여호와의 인자하심과
인생에게 행하신 기적으로 말미암아 그를 찬송할지로다
¹⁶ 그가 놋문을 깨뜨리시며 쇠빗장을 꺾으셨음이로다
¹⁷ 미련한 자들은 그들의 죄악의 길을 따르고
그들의 악을 범하기 때문에 고난을 받아
¹⁸ 그들은 그들의 모든 음식물을 싫어하게 되어
사망의 문에 이르렀도다
¹⁹ 이에 그들이 그들의 고통 때문에 여호와께 부르짖으매
그가 그들의 고통에서 그들을 구원하시되
²⁰ 그가 그의 말씀을 보내어 그들을 고치시고
위험한 지경에서 건지시는도다
²¹ 여호와의 인자하심과
인생에게 행하신 기적으로 말미암아 그를 찬송할지로다
²² 감사제를 드리며 노래하여 그가 행하신 일을 선포할지로다

구원에 관한 두 번째와 세 번째 연은 같은 구조입니다.

두 번째 연	세 번째 연
고난에 대한 묘사(10~12)	고난에 대한 묘사(17~18)
여호와께 드리는 기도(13)	여호와께 드리는 기도(19)
구원에 대한 묘사(14)	구원에 대한 묘사(19~20)
찬송에 대한 표현(15~16)	찬송에 대한 표현(21~22)

두 번째 연(10~16절)은 흑암과 사망의 그늘에 앉으며 곤고와 쇠사슬에 매인 사람이 구원을 받은 이야기입니다. 그는 하나님의 말씀을 거역하며 그 뜻을 멸시함으로 고통을 받게 되었습니다. 하나님께서는 그의 마음을 겸손하게 하시고 그가 부르짖을 때 응답하셨습니다. 그들을 맨 줄을 끊으시고 놋문을 깨뜨리시고 쇠빗장을 꺾으셨습니다.

세 번째 연(17~22절)은 병든 중에 고난을 받는 자의 구원을 말합니다. "미련한 자"는 "병든 사람"을 의미합니다. 고대 근동 사람들은 병을 미련함과 연결했습니다. 심한 질병으로 음식을 먹지 못하고 죽음에 이르게 되었을 때 하나님께 부르짖음을 그가 들으시고 구원하셨습니다. 말씀을 보내어 그의 미련함을 고치시고 죽음에서 건지셨습니다. 모든 고난이 말씀을 거역한 데서 오는 것은 아니며 죄와 연결되어 있는 것은 아니어도 고난은 우리를 겸손하게 하고 하나님께 부르짖게 합니다. 하나님은 그 인자하심으로 우리의 기도를 들으시고 우리를 위해 기적을 행하시는 분입니다. 하나님과 그의 말씀을 믿으십시오.

기도:

여호와여, 하나님의 말씀을 거역하고 죄악의 길을 따름으로 고난을 겪을 때 고집스럽게 굴지 않게 하시고 겸손히 하나님께 부르짖게 하옵소서. 말씀을 보내서 고쳐 주옵소서, 얽어맨 줄을 끊으시고 견고한 성문을 깨뜨리소서, 구원하여 주옵소서. 여호와의 인자하심을 기억하시고 인생에 기적을 행하여 주옵소서. 하나님의 말씀, 지존자의 뜻을 따르기를 즐거워하게 하시고 하나님께서 행하신 일을 찬송하게 하옵소서. 예수 그리스도의 이름으로 기도합니다. 아멘.

시편 107;23~32 바다의 광풍에서 건지시는 하나님

²³ 배들을 바다에 띄우며
큰물에서 일을 하는 자는
²⁴ 여호와께서 행하신 일들과
그의 기이한 일들을 깊은 바다에서 보나니
²⁵ 여호와께서 명령하신즉 광풍이 일어나
바다 물결을 일으키는도다
²⁶ 그들이 하늘로 솟구쳤다가 깊은 곳으로 내려가나니
그 위험 때문에 그들의 영혼이 녹는도다
²⁷ 그들이 이리저리 구르며 취한 자 같이 비틀거리니
그들의 모든 지각이 혼돈 속에 빠지는도다
²⁸ 이에 그들이 그들의 고통 때문에 여호와께 부르짖으매
그가 그들의 고통에서 그들을 인도하여 내시고
²⁹ 광풍을 고요하게 하사
물결도 잔잔하게 하시는도다
³⁰ 그들이 평온함으로 말미암아 기뻐하는 중에
여호와께서 그들이 바라는 항구로 인도하시는도다
³¹ 여호와의 인자하심과 인생에게 행하신 기적으로 말미암아
그를 찬송할지로다
³² 백성의 모임에서 그를 높이며
장로들의 자리에서 그를 찬송할지로다

본문은 구원에 관한 네 번째 노래로 바다에서 풍랑을 만난 선원들이 구원을 받는 내용입니다. 광풍을 만난 배가 하늘로 솟구쳤다가 깊은 곳으로 내려갈 때 선원들은 생명의 위협을 느끼며 모든 지각이 혼돈에 빠집니다. 그들이 가진 그 어떤 이성적인 판단도 선원으로의 기

술도 그들의 생명을 건질 수 없음을 인정하게 됩니다. 그들이 여호와께 부르짖을 때 여호와께서 들으시고 광풍을 고요하게 하시고 물결을 잔잔하게 하심으로 그들을 고통에서 인도하여 내시며 안전한 항구로 인도하십니다.

지금도 그렇지만 고대인들은 바다가 신의 영역이라고 생각하여 배를 띄우기 전에 바다의 신에게 제사하였습니다. 찬양자는 바다에서 풍랑을 일으키시는 분도 여호와라고 합니다. 바다의 큰물이 물결을 일으키고 광풍이 일어나는 것이 여호와 말씀의 능력에 의한 것입니다. 그것도 "여호와께서 행하신 일"이며 "그의 기이한 일들"입니다. 이는 하나님의 다스림의 영역이 바다에까지 미치고 있음을 말하는 겁니다.

예수님과 제자들이 갈릴리 바다에서 광풍을 만난 일이 복음서에 기록되어 있습니다(마가 4:36~41). 선원의 경험이 있는 제자들까지 죽게 되었다고 부르짖을 때 주무시던 주께서 바람을 꾸짖으시고 바라더러 잠잠하고 고요하라고 명령하셨습니다. 이내 바람은 그치고 바다는 잔잔하여졌습니다. 예수께서 하나님의 능력을 가지신 분이심을 보여주는 사건입니다. 예수는 우리의 주이며 그리스도이시며 하나님이십니다. 실제로 바다에서 만나는 광풍이든 인생에서 만나는 광풍이든 하나님의 섭리와 주권 아래에서 일어나는 일임을 믿어야 합니다. 우리가 이해할 수 없는 일조차 하나님을 사랑하는 자들에게는 하나님의 은밀하신 뜻을 따라 합력하여 선을 이루게 될 것입니다.

기도:
여호와여, 광풍과 물결의 위협과 같은 인생의 고난에서 우리를 건지셨고 또한 건지시는 하나님을 찬양합니다. 우리에게 행하시는 일이 하나님의 섭리와 주권에 속하여 있음을 고백합니다. 하나님이 사랑하시는 자를 버리지 않으심을 믿습니다. 인자하심과 성실하심으로 기이한 일을 행하심을 믿습니다. 위기의 때에도 모든 지각에 뛰어난 하나님의 평강으로 마음과 생각을 지켜 주셔서 믿음 안에 평안하게 하옵소서. 예수 그리스도의 이름으로 기도합니다. 아멘.

시편 107:33~43 지혜 있는 자는 주의하여 보라

³³ 여호와께서는 강이 변하여 광야가 되게 하시며
샘이 변하여 마른 땅이 되게 하시며
³⁴ 그 주민의 악으로 말미암아
옥토가 변하여 염전이 되게 하시며
³⁵ 또 광야가 변하여 못이 되게 하시며
마른 땅이 변하여 샘물이 되게 하시고
³⁶ 주린 자들로 말미암아 거기에 살게 하사
그들이 거주할 성읍을 준비하게 하시고
³⁷ 밭에 파종하며 포도원을 재배하여
풍성한 소출을 거두게 하시며
³⁸ 또 복을 주사 그들이 크게 번성하게 하시고
그의 가축이 감소하지 아니하게 하실지라도
³⁹ 다시 압박과 재난과 우환을 통하여
그들의 수를 줄이시며 낮추시는도다
⁴⁰ 여호와께서 고관들에게는 능욕을 쏟아 부으시고
길 없는 황야에서 유리하게 하시나
⁴¹ 궁핍한 자는 그의 고통으로부터 건져 주시고
그의 가족을 양 떼 같이 지켜 주시나니
⁴² 정직한 자는 보고 기뻐하며
모든 사악한 자는 자기 입을 봉하리로다
⁴³ 지혜 있는 자들은 이러한 일들을 지켜 보고
여호와의 인자하심을 깨달으리로다

시편 107편은 네 개의 구원 노래를 마친 후에 인생에게 행하시는 여호와의 일과 능력을 노래하는 것으로 마무리됩니다. 여호와는 강과 샘이 변하여 사람이 살 수 없는 곳이 되게 하시고 광야와 마른 땅이 변하여 거주할 성읍이 되게 하십니다. 풍성한 소출을 거두게 하시고 압박과 재난과 우환을 만나게도 하십니다. 고관들을 낮추시며 궁핍한 자를 양 떼 같이 지켜 주십니다. 정직한 자 글 여호와를 사모하고 그에게 피하는 자는 인생에게 행하시는 이 모든 일을 보고 하나님을 즐거워합니다. 하지만 사악한 자는 하나님이 공의로 하시는 일에 그들의 말문이 막히게 될 겁니다.

43절에서 이러한 일들을 지켜보고 여호와의 인자하심을 깨닫는 자가 지혜있다고 말합니다. "지켜 보다"라는 말은 주의를 기울여 본다는 의미입니다. 주의를 기울여 살펴서 여호와의 인자하심을 깨닫기를 진심으로 힘써야 한다는 권면이 담겨 있습니다.

하나님의 다스리심을 벗어나 살려는 사람에게는 고통이 따릅니다. 하지만 광야에서나 매임 중이거나 질병 중이거나 큰 풍랑을 만나거나 여호와를 찾고 구원을 바라는 자에게는 인자하심을 베풀어 주십니다. 바울은 하나님의 인자하심을 이렇게 노래합니다.

"내가 확신하노니 사망이나 생명이나 천사들이나 권세자들이나 현재 일이나 장래 일이나 능력이나 높음이나 깊음이나 다른 어떤 피조물이라도 우리를 우리 주 그리스도 예수 안에 있는 하나님의 사랑에서 끊을 수 없으리라"(로마서 8:38~39)

기도:

여호와여, 하나님께서는 인생에게 일어나는 모든 일을 주관하십니다. 인생에게 행하시는 일에서 하나님의 인자하심을 깨닫게 하옵소서, 고난 중에 있을 때 하나님의 말씀이 응하기를 기다리며 부르짖게 하시고 악인들이 득세할 때 하나님의 의로우신 판단을 기다리게 하옵소서. 저를 향하신 하나님의 인자하심, 그 사랑에서 끊을 수 있는 것이 아무것도 없음을 확신함으로 평안함을 누리게 하옵소서. 예수 그리스도의 이름으로 기도합니다. 아멘.

시편 108 우리를 도와 대적을 치게 하소서

[다윗의 찬송 시]
^{1} 하나님이여 내 마음을 정하였사오니
내가 노래하며 나의 마음을 다하여 찬양하리로다
^{2} 비파야 수금아 깰지어다 내가 새벽을 깨우리로다
^{3} 여호와여 내가 만민 중에서 주께 감사하고
뭇 나라 중에서 주를 찬양하오리니
^{4} 주의 인자하심이 하늘보다 높으시며
주의 진실은 궁창에까지 이르나이다
^{5} 하나님이여 주는 하늘 위에 높이 들리시며
주의 영광이 온 땅에서 높임 받으시기를 원하나이다
^{6} 주께서 사랑하시는 자들을 건지시기 위하여
우리에게 응답하사 오른손으로 구원하소서
^{7} 하나님이 그의 성소에서 말씀하시되
내가 기뻐하리라 내가 세겜을 나누며 숙곳 골짜기를 측량하리라
^{8} 길르앗이 내 것이요 므낫세도 내 것이며
에브라임은 내 머리의 투구요 유다는 나의 규이며
^{9} 모압은 내 목욕통이라 에돔에는 내 신발을 벗어 던질지며
블레셋 위에서 내가 외치리라 하셨도다
^{10} 누가 나를 이끌어 견고한 성읍으로 인도해 들이며
누가 나를 에돔으로 인도할꼬
^{11} 하나님이여 주께서 우리를 버리지 아니하셨나이까
하나님이여 주께서 우리의 군대들과 함께
나아가지 아니하시나이다
^{12} 우리를 도와 대적을 치게 하소서
사람의 구원은 헛됨이니이다
^{13} 우리가 하나님을 의지하고 용감히 행하리니
그는 우리의 대적들을 밟으실 자이심이로다

1~5절은 57:7~11, 6~13절은 60:5~12과 같습니다. 두 개의 시편

일부를 가져다 하나로 묶어 놓은 것입니다. 다윗이 역사적 사건을 배경으로 지은 시의 일부를 가져와서 새로운 상황에 적용하고 있는 겁니다.

1~5절은 여호와 하나님이 온 땅의 왕이심을 개인적으로 찬양한다고 고백합니다. 찬양자는 만민 중에서 여호와께 감사하고 뭇 나라 중에서 찬양하기로 마음을 정하였습니다. 그런데 어떻게 이런 일이 일어날 수 있겠습니까? 하나님의 통치는 아직 온 세상에 나타나지 않습니다. 하나님을 대적하는 이들은 여전히 존재하며 하나님이 사랑하는 자들에게 위협이 되고 있습니다. 6~13절은 이에 대해 답을 합니다.

하나님이 세겜과 길르앗과 므낫세와 에브라임과 유다(백성들이 사는 중요한 도시)를 다스리시는 것과 같이 모압과 에돔과 블레셋(대적의 나라)도 다스리시고 심판하신다고 하셨습니다(7~9). 그 말씀을 근거로 하나님께서 우리 군대와 함께 나아가서 대적을 치고 밟으시기를 구하며 확신하고 있습니다(10~13).

하나님 나라는 유대를 넘어 전 세계에 이르게 되었지만, 여전히 견고하게 닫힌 성읍들이 있습니다. 하나님은 지금도 복음으로 무장한 당신의 사람들과 함께 나가 싸우시며 적들의 견고한 진을 무너뜨리고 계십니다. 당신도 하나님을 의지하고 용감히 나아가는 복음의 군사로 살아가십시오.

기도:
여호와여, 하나님이 온 땅의 왕이심을 찬양합니다. 제가 마음을 정하여 마음을 다하여 하나님의 인자하심을 찬양합니다. 아직 우리는 하나님을 대적하여 높아진 것들에 둘러싸여 있습니다. 세상은 위협적이고 우리는 작게 생각됩니다. 그럴지라도 하나님은 우리를 사랑하시며 우리와 함께하십니다. 제가 하나님의 복음으로 무장하게 하시고 하나님을 대적하여 높아진 것들을 파하여 그리스도께 복종하게 하소서. 하나님을 의지하여 용감히 행하게 하옵소서. 예수 그리스도의 이름으로 기도합니다. 아멘.

시편 109:1~10 하나님이여 잠잠하지 마소서

[다윗의 시, 인도자를 따라 부르는 노래]
¹ 내가 찬양하는 하나님이여 잠잠하지 마옵소서
² 그들이 악한 입과 거짓된 입을 열어 나를 치며
속이는 혀로 내게 말하며
³ 또 미워하는 말로 나를 두르고
까닭 없이 나를 공격하였음이니이다
⁴ 나는 사랑하나 그들은 도리어 나를 대적하니
나는 기도할 뿐이라
⁵ 그들이 악으로 나의 선을 갚으며
미워함으로 나의 사랑을 갚았사오니
⁶ 악인이 그를 다스리게 하시며
사탄이 그의 오른쪽에 서게 하소서
⁷ 그가 심판을 받을 때에 죄인이 되어 나오게 하시며
그의 기도가 죄로 변하게 하시며
⁸ 그의 연수를 짧게 하시며
그의 직분을 타인이 빼앗게 하시며
⁹ 그의 자녀는 고아가 되고 그의 아내는 과부가 되며
¹⁰ 그의 자녀들은 유리하며 구걸하고
그들의 황폐한 집을 떠나 빌어먹게 하소서

하나님 나라가 임할 때 대적들은 항복하려 하지 않습니다. 하나님의 백성이 바벨론 포로에서 돌아와 하나님의 성과 성전을 건축하려 할 때 많은 대적이 일어나 그 일을 방해하였습니다. 신자들이 하나님의 나라와 의를 먼저 구하는 삶을 살려고 할 때 대적들은 그들을 박해합니다. 시편 109편 바로 이러한 상황에 놓인 신자가 대적들에 대하여 하나님께 부르짖으며 간구하는 저주시입니다.

2~5절은 대적들이 하나님의 사람에게 어떻게 행했는지 고발하는 내용입니다. 그들은 악한 입과 거짓된 입 그리고 속이는 혀로 공격하였고 미워하는 말로 까닭 없이 공격했습니다. 신자는 사랑으로 대하였으나 대적은 미움으로 사랑을 갚았습니다. 그러하기에 신자는 하나님께 부르짖습니다. "내가 찬양하는 하나님이여 잠잠하지 마옵소서"(1). 대적에게 박해를 받는 중에도 신자는 여전히 하나님을 찬양한다고 고백하고 있습니다. 이것은 우리가 본받아야 할 부분입니다. 우리가 어떤 상황을 만나든 하나님은 찬양을 받으실 분이십니다.

6~19절까지는 대적들에 대항하는 간청입니다. 악인이 대적자를 다스리고 사탄(고발자)이 그를 고발하여 심판을 받게 되기를(6), 그의 죄가 드러나고 그의 기도조차 죄가 되기를(7), 생명의 길이가 짧고 직분이 빼앗기기를(8), 그의 자녀와 아내에게도 저주가 임하기를 간청합니다(9).

주께서는 원수를 사랑하라 하시고 십자가에 못 박는 대적들의 죄를 용서하여 달라고 구하셨는데 다윗의 저주시를 어떻게 이해해야 할까요? 저주시는 하나님 공의의 심판을 바라는 기도입니다. 불의에 대하여 저항하고 그들 편에 서지 않아야 한다는 교훈을 줍니다. 우리가 직접 원수를 갚거나 복수하지 않고 하나님의 의로우신 심판에 맡기겠다는 의지의 표현입니다. 악에 대한 정당한 분노의 표현입니다. 그러므로 "이 격렬하고 폭력적으로 들리는 기도는 사실상 비폭력적 행위"입니다.

기도:
하나님이여, 우리가 대적에게 위협을 당할 때 잠잠하지 마옵소서. 하나님의 의로우심으로 그들을 판단하옵소서. 악인에 대하여 불평하며 그들의 악에 집착하지 않게 하옵소서. 그들을 미워하고 분해하느라 마음이 상하고 삶이 망가지는 일이 없게 하옵소서. 부당하게 고난 당하신 그리스도를 바라보게 하옵소서. 대적을 긍휼히 보게 하옵소서. 예수 그리스도의 이름으로 기도합니다. 아멘.

시편 109:11~19 저주하기를 좋아하는 자의 결말

¹¹ 고리대금하는 자가 그의 소유를 다 빼앗게 하시며
그가 수고한 것을 낯선 사람이 탈취하게 하시며
¹² 그에게 인애를 베풀 자가 없게 하시며
그의 고아에게 은혜를 베풀 자도 없게 하시며
¹³ 그의 자손이 끊어지게 하시며
후대에 그들의 이름이 지워지게 하소서
¹⁴ 여호와는 그의 조상들의 죄악을 기억하시며
그의 어머니의 죄를 지워 버리지 마시고
¹⁵ 그 죄악을 항상 여호와 앞에 있게 하사
그들의 기억을 땅에서 끊으소서
¹⁶ 그가 인자를 베풀 일을 생각하지 아니하고
가난하고 궁핍한 자와 마음이 상한 자를 핍박하여
죽이려 하였기 때문이니이다
¹⁷ 그가 저주하기를 좋아하더니 그것이 자기에게 임하고
축복하기를 기뻐하지 아니하더니 복이 그를 멀리 떠났으며
¹⁸ 또 저주하기를 옷 입듯 하더니
저주가 물 같이 그의 몸 속으로 들어가며
기름 같이 그의 뼈 속으로 들어갔나이다
¹⁹ 저주가 그에게는 입는 옷 같고
항상 띠는 띠와 같게 하소서

대적을 저주한 내용이 이어지고 있습니다. 고리대금 하는 자가 그의 소유를 다 빼앗게 하시고 그가 수고한 것을 낯선 사람이 탈취하게 하시고 그에게 자비를 베풀 자가 없게 하시고, 그가 죽어 남은 고아에게조차 은혜를 베풀 자가 없게 하시고 그의 자손이 끊어지고 그의 이름이 잊히게 하시기를 간청합니다. 대적의 악은 그들의 것만이 아닙니다. 그의 조상과 그의 어머니가 걸었던 길을 걷는 겁니다. 하나님께 피하는 자에게 베푸시는 은총은 그의 죄를 기억하지 않으시는 겁니다. 그리하여 두려움 없이 하나님을 섬기며 사는 겁니다. 그리고 대적에게는 그와 정반대의 일이 일어나기를 간청합니다. "죄를 지워 버리지 마시고"(14), "그 죄악을 항상 여호와 앞에 있게"(15) 하시기를. 그는 두려움 때문에 하나님 앞에 설 수 없고 하나님께서 베푸시는 모든 은총으로부터 제외되길 구합니다.

이러한 저주는 그가 뿌린 것의 열매입니다(16~19). 인자를 베풀 일을 생각하지 않고 가난하고 궁핍한 자와 다음이 상한 자를 핍박하여 죽이려 했고 저주하기를 좋아하고 축복하기를 기뻐하지 아니했습니다. 그에게는 저주가 그의 몸과 그의 뼈에 들어가고 입는 옷과 같이 항상 있게 될 겁니다.

죄의 결과는 사망입니다(롬 6:23). "자기의 육체를 위하여 심는 자는 육체로부터 썩어질 것을 거두고 성령을 위하여 심는 자는 성령으로부터 영생을 거두리라"(갈라디아서 6:8)고 하신 대로 대적자는 그가 심은 대로 받게 될 겁니다.

기도:
하나님, 조상들의 헛된 행실에서 저를 건져 주시고 하나님의 나라로 옮기신 것을 감사드립니다. 저의 죄를 기억하지 않으시고 오히려 자녀 삼으시고 그리스도 안에서 생명과 경건에 속한 모든 신령한 것을 부어주시니 감사합니다. 악인의 길, 대적자의 길을 걷지 않게 하시고 인자를 베풀고 축복하기를 기뻐하며 살게 하옵소서. 예수 그리스도의 이름으로 기도합니다. 아멘.

시편 109:20~31 궁핍한 자의 오른쪽에 서신 하나님

20 이는 나의 대적들이 곧 내 영혼을 대적하여 악담하는 자들이
여호와께 받는 보응이니이다
21 그러나 주 여호와여 주의 이름으로 말미암아 나를 선대하소서
주의 인자하심이 선하시오니 나를 건지소서
22 나는 가난하고 궁핍하여 나의 중심이 상함이니이다
23 나는 석양 그림자 같이 지나가고
또 메뚜기 같이 불려 가오며
24 금식하므로 내 무릎이 흔들리고 내 육체는 수척하오며
25 나는 또 그들의 비방 거리라
그들이 나를 보면 머리를 흔드나이다
26 여호와 나의 하나님이여 나를 도우시며
주의 인자하심을 따라 나를 구원하소서
27 이것이 주의 손이 하신 일인 줄을 그들이 알게 하소서
주 여호와께서 이를 행하셨나이다
28 그들은 내게 저주하여도 주는 내게 복을 주소서
그들은 일어날 때에 수치를 당할지라도
주의 종은 즐거워하리이다
29 나의 대적들이 욕을 옷 입듯 하게 하시며
자기 수치를 겉옷 같이 입게 하소서
30 내가 입으로 여호와께 크게 감사하며
많은 사람 중에서 찬송하리니
31 그가 궁핍한 자의 오른쪽에 서사
그의 영혼을 심판하려 하는 자들에게서 구원하실 것임이로다

악인은 "인자를 베풀 일을 생각하지 아니하고 가난하고 궁핍한 자와 마음이 상한 자를 핍박하여 죽이려"(16) 하였습니다. 신자는 자신

이 가난하고 궁핍하여 마음이 상하였다고 합니다. 석양 그림자가 잠깐 있다가 사라지는 것처럼 메뚜기가 바람에 날려 가는 것처럼 잠시 있다가 사라져 버릴 존재라고 고백합니다. 금식하여 그는 더욱 수척하게 되었습니다. 대적이 그를 볼 때 비방 거리가 될 뿐입니다.

그는 여호와의 인자하심에 근거하여 구원하시기를 간구합니다(21, 26). 악인들은 저주하기를 좋아하며(17) 저주하기를 옷 입듯 하지만(18) 여호와께서 복을 주시기를 구합니다. 그들은 일어날 때 수치를 당하고 주의 종은 즐거워하게 될 것이라고 하나님께 소망을 둡니다. 대적은 욕을 옷 입듯 하고 수치를 겉옷같이 입게 하시기를 구합니다. 신자는 여호와를 신뢰하며 찬송하는 것으로 마칩니다.

신자들은 세상의 비방 거리가 됩니다. 세상이 그리스도를 미워한 것처럼 그리스도 편에 속한 이들을 미워합니다. 우리는 그리스도에게 속하여 있기에 박해를 받습니다. 하지만 우리에 대한 저주는 복이 되고 대적은 오히려 욕과 수치를 받게 될 겁니다. 하나님이 우리의 오른쪽에 서셔서 우리를 변호하시고 구원하실 겁니다.

"[31] 그런즉 이 일에 대하여 우리가 무슨 말 하리요 만일 하나님이 우리를 위하시면 누가 우리를 대적하리요 [32] 자기 아들을 아끼지 아니하시고 우리 모든 사람을 위하여 내주신 이가 어찌 그 아들과 함께 모든 것을 우리에게 주시지 아니하겠느냐 [33] 누가 능히 하나님께서 택하신 자들을 고발하리요 의롭다 하신 이는 하나님이시니 [34] 누가 정죄하리요 죽으실 뿐 아니라 다시 살아나신 이는 그리스도 예수시니 그는 하나님 우편에 계신 자요 우리를 위하여 간구하시는 자시니라" (로마서 8:31~34)

기도:

여호와 나의 하나님, 대적이 저를 넘어뜨리려 비방하나 하나님은 저의 우편에 계셔서 저를 변호하십니다. 그 무엇도 하나님의 사랑에서 끊을 수 없음을 믿습니다. 저를 보호하시고 악한 이들에게서 건져 주옵소서. 그들의 저주가 제게 복이 되게 하시고 그들이 수치를 당하게 하옵소서. 예수 그리스도의 이름으로 기도합니다, 아멘.

시편 110편 여호와께서 내 주에게 말씀하시기를

[다윗의 시]
1 여호와께서 내 주에게 말씀하시기를
내가 네 원수들로 네 발판이 되게 하기까지
너는 내 오른쪽에 앉아 있으라 하셨도다
2 여호와께서 시온에서부터 주의 권능의 규를 내보내시리니
주는 원수들 중에서 다스리소서
3 주의 권능의 날에 주의 백성이
거룩한 옷을 입고 즐거이 헌신하니
새벽 이슬 같은 주의 청년들이 주께 나오는도다
4 여호와는 맹세하고 변하지 아니하시리라
이르시기를 너는 멜기세덱의 서열을 따라
영원한 제사장이라 하셨도다
5 주의 오른쪽에 계신 주께서 그의 노하시는 날에
왕들을 쳐서 깨뜨리실 것이라
6 뭇 나라를 심판하여 시체로 가득하게 하시고
여러 나라의 머리를 쳐서 깨뜨리시며
7 길 가의 시냇물을 마시므로 그의 머리를 드시리로다

시편 109편은 대적에게 고난받는 신자가 하나님께서 대적에게 갚아주시기를 간구하는 내용인데, 따라오는 110편은 원수를 이기고 보좌에 앉은 왕에 대한 찬양시입니다.

110편은 여호와의 말씀으로 시작되는 두 개의 연으로 구성되어 있습니다. 첫 번째 연(1~3)에서 여호와께서는 "내 주" 곧 왕에게 원수를 발판으로 삼게 하실 것을 약속하십니다. "오른쪽"은 특별한 권능과 구별의 장소입니다. 신자는 왕에게 승리를 약속하신 여호와께 그

의 왕권으로 원수를 다스리시기를 간구합니다. 그리하면 주의 백성들이 즐겁게 헌신하며 젊은이들이 주께 나오게 될 것입니다.

두 번째 연(4~7)에서는 여호와께서 맹세하고 변하지 않으시는 말씀으로 왕에게 "멜기세덱의 서열을 따라 영원한 제사장"이라 하셨습니다. 이어서 신자는 여호와께서 승리하시는 것을 묘사합니다. 왕의 오른쪽에 계신 하나님께서 대적하는 왕들을 쳐서 깨뜨리실 겁니다. 1절에서는 왕을 하나님의 오른쪽에 앉으라 하셨는데, 여기서는 하나님께서 왕의 오른쪽에 계심으로 그의 힘이 되어 주시고 계십니다. 심판을 받은 나라의 시체가 가득하게 되고 전쟁에 참여한 이들은 목마름으로 시냇물을 마시고 승리로 그들의 머리를 들게 될 겁니다.

이 시편은 신약성경에 가장 많이 인용되었습니다. 그리스도께서 바리새인과 서기관들의 무지함을 책망하시고(마 22:44; 막 12:36; 눅 20:42~43). 베드로가 그리스도의 부활을 위한 증거로(행 2:34~35), 바울이 그리스도가 죽음에서 승리하셨다는 증거로(고전 15:25; 엡 1:20), 히브리서 기자는 그리스도의 탁월하심(히 1:3, 13)과 대제사장 되심(히 8:1)을 위한 증거로 인용했습니다. 여기서 말하는 왕은 곧 예수 그리스도입니다. 하나님께서 예수 그리스도를 통해 모든 전쟁에 승리하실 것을 예언하고 있습니다. 그리고 그 전쟁에 즐거움으로 헌신하여 나오는 성도들이 그 승리를 함께 누리게 될 것을 예언합니다. 승리는 이미 시작되었고 머지않아 완성될 겁니다.

기도:
여호와여, 우리의 왕이신 그리스도를 통해, 그리스도와 함께 원수를 다스리시고 그들을 깨뜨리시니 감사드립니다. 그리스도를 영원한 제사장으로 세우셔서 우리를 위해 중보하게 하시니 감사드립니다. 그리스도를 힘입어 즐거이 하나님께 나아옵니다. 그 승리의 영광에 참여하게 하옵소서. 이 싸움의 모든 것이 눈에 보이지 않을 때 맹세하고 변하지 않는 약속을 붙듭니다. 눈앞에서 벌어지는 일이 힘겹게 보일지라도 왕이신 그리스도만 바라보게 하옵소서. 예수 그리스도의 이름으로 기도합니다. 아멘.

시편 111편 여호와가 행하시는 일을 기억함

1 할렐루야
내가 정직한 자들의 모임과 회중 가운데에서
전심으로 여호와께 감사하리로다
2 여호와께서 행하시는 일들이 크시오니
이를 즐거워하는 자들이 다 기리는도다
3 그의 행하시는 일이 존귀하고 엄위하며
그의 의가 영원히 서 있도다
4 그의 기적을 사람이 기억하게 하셨으니
여호와는 은혜로우시고 자비로우시도다
5 여호와께서 자기를 경외하는 자들에게 양식을 주시며
그의 언약을 영원히 기억하시리로다
6 그가 그들에게 뭇 나라의 기업을 주사
그가 행하시는 일의 능력을 그들에게 알리셨도다
7 그의 손이 하는 일은 진실과 정의이며
그의 법도는 다 확실하니
8 영원무궁토록 정하신 바요
진실과 정의로 행하신 바로다
9 여호와께서 그의 백성을 속량하시며
그의 언약을 영원히 세우셨으니
그의 이름이 거룩하고 지존하시도다
10 여호와를 경외함이 지혜의 근본이라
그의 계명을 지키는 자는 다 훌륭한 지각을 가진 자이니
여호와를 찬양함이 영원히 계속되리로다

4권의 마지막에 있는 104~106편이 "할렐루야"로 마칩니다. 그리고 5권에서는 111~117편(114편은 예외)이 할렐루야로 시작하거나 마칩니다. 이 단어는 "여호와를 찬양하라"입니다. 110편에서 그리스도의 승리를 찬양한 후에 여호와께서 행하신 일을 기억하고 감사하는 시가 따라오는 것은 자연스럽습니다. 111편은 여호와께서 행하신 일을 기억하게 하시고 여호와를 경외함으로 지각을 가진 자는 영원히 찬양하라는 내용입니다.

1절에서 찬양자는 회중 가운데서 전심으로 여호와께 감사하겠다고 합니다. 2~4절에서는 여호와의 행하심을 찬양합니다. 찬양자는 여호와께서 행하시는 일을 기릴 것인데 그 행하시는 일이 크고 존귀하고 엄위하여 그의 의가 영원히 서 있다고 말합니다.

5~9절은 여호와께서 행하신 일을 묘사합니다. 여호와는 자기를 경외하는 자들에게 양식을 주시며 언약을 영원히 기억하십니다. 뭇 나라의 기업을 주시고 능력을 그들에게 알리셨습니다. 그의 손이 하는 일은 진실과 정의이며 법도는 확실하니 영원무궁토록 정하신 바입니다. 또 여호와는 자기 백성을 속량하시며 언약을 영원히 세우셨습니다. 그러므로 여호와를 경외하며 그의 계명을 지키는 훌륭한 지각을 가진 자는 여호와를 영원히 찬양하는 것이 마땅합니다.

여호와는 언약을 기억하심으로 우리를 속량하십니다(5, 9). 우리는 여호와의 기적을 기억함으로 하나님을 영원히 찬양합니다. 우리에게 기억하게 하시는 여호와는 은혜로우시며 자비로우십니다.

기도:
여호와의 일은 존귀하고 엄위하며 여호와는 은혜로우시고 자비로우십니다. 주는 진실하며 정의롭습니다. 그러므로 여호와를 경외하는 것이 지혜의 근본이고 말씀에 순종하는 것은 훌륭한 지각을 가진 자의 태도입니다. 여호와여 우리에게 행하신 일을 기억하게 하옵소서, 여호와를 사랑하며 순종하게 하옵소서. 영원히 여호와를 찬양하겠습니다. 예수 그리스도의 이름으로 기도합니다. 아멘.

시편 112편 여호와를 경외하는 자의 복

¹ 할렐루야
여호와를 경외하며
그의 계명을 크게 즐거워하는 자는 복이 있도다
² 그의 후손이 땅에서 강성함이여
정직한 자들의 후손에게 복이 있으리로다
³ 부와 재물이 그의 집에 있음이여
그의 공의가 영구히 서 있으리로다
⁴ 정직한 자들에게는 흑암 중에 빛이 일어나나니
그는 자비롭고 긍휼이 많으며 의로운 이로다
⁵ 은혜를 베풀며 꾸어 주는 자는 잘 되나니
그 일을 정의로 행하리로다
⁶ 그는 영원히 흔들리지 아니함이여
의인은 영원히 기억되리로다
⁷ 그는 흉한 소문을 두려워하지 아니함이여
여호와를 의뢰하고 그의 마음을 굳게 정하였도다
⁸ 그의 마음이 견고하여 두려워하지 아니할 것이라
그의 대적들이 받는 보응을 마침내 보리로다
⁹ 그가 재물을 흩어 빈궁한 자들에게 주었으니
그의 의가 영구히 있고 그의 뿔이 영광 중에 들리리로다
¹⁰ 악인은 이를 보고 한탄하여 이를 갈면서 소멸되리니
악인들의 욕망은 사라지리로다

시편 112편은 111:10에서 연결됩니다. 112편은 여호와를 경외하는 자, 그의 계명을 지키는 자에게 주시는 복이 무엇인지를 노래합니다. 그의 후손이 땅에서 강성하고 복을 받을 겁니다. 부와 재물, 공의가 있을 것입니다. 정직한 자들에게는 흑암 중에 빛이 일어납니다. 은혜를 베풀며 꾸어 주는 자가 잘 될 것이며 영원히 흔들리지 않고 기억될 겁니다. 흉한 소문을 두려워하지 않습니다. 그는 마음이 견고하여 두려워하지 않을 것이나 그의 대적은 고통을 당하게 됩니다. 그의 의는 영구하고 악인은 소멸할 겁니다.

여호와를 경외하는 자는 공의로운 사람이며(3) 자비롭고 긍휼이 많으며 의롭습니다(4). 꾸어 주는 일을 정의로 행하며(5) 여호와를 의뢰하여 마음을 굳게 합니다(7). 재물을 흩어 빈궁한 자들에게 줍니다(9).

경외한다는 말은 두려워한다는 의미를 포함하나 사랑하는 마음으로 순종하고 의지하는 것을 말합니다. 여호와를 경외하는 것은 지혜의 시작이며 최상입니다. 거기에서 정의롭고 진실한 계명에 대한 순종의 마음이 나옵니다. 이러한 마음은 성령께서 주시는 것입니다. 우리를 위해 행하시는 하나님의 은혜롭고 자비로우신 일을 기억하게 하심으로 기꺼이 하나님의 계명에 순종하게 하십니다.

누가 여호와를 경외하는 복을 누릴 수 있겠습니까? 모든 것이 하나님의 은혜인데 그 은혜를 간절히 사모하는 자에게 복을 주십니다.

기도:
여호와 나의 하나님, 하나님을 경외하는 자가 되게 하옵소서, 그것이 마땅한 일인데 하나님만 사랑하고 하나님의 뜻을 따르려는 데 온 마음을 집중하지 못하고 있습니다. 성령께서 인도하옵소서. 나의 감정, 나의 의지, 나의 뜻을 주장하소서. 하나님 나라가 제 안에 더욱 임하게 하옵소서. 예수 그리스도의 이름으로 기도합니다. 아멘.

시편 113편 여호와의 종들아 찬양하라

¹ 할렐루야
여호와의 종들아 찬양하라 여호와의 이름을 찬양하라
² 이제부터 영원까지 여호와의 이름을 찬송할지로다
³ 해 돋는 데에서부터 해지는 데에까지
여호와의 이름이 찬양을 받으시리로다
⁴ 여호와는 모든 나라보다 높으시며
그의 영광은 하늘보다 높으시도다
⁵ 여호와 우리 하나님과 같은 이가 누구리요
높은 곳에 앉으셨으나
⁶ 스스로 낮추사 천지를 살피시고
⁷ 가난한 자를 먼지 더미에서 일으키시며
궁핍한 자를 거름 더미에서 들어 세워
⁸ 지도자들 곧 그의 백성의 지도자들과 함께 세우시며
⁹ 또 임신하지 못하던 여자를 집에 살게 하사
자녀들을 즐겁게 하는 어머니가 되게 하시는도다
할렐루야

할렐루야로 시작하는 시편 중 하나입니다. 1~4절은 여호와를 찬양하라고 초대합니다. 찬양하라고 부름을 받은 사람들은 "여호와의 종들"입니다. 찬양의 시간은 "이제부터 영원까지", 범위는 "해 돋는 데에서부터 해지는 데에까지"입니다. 이 범위 안에 들어가지 않는 피조물은 없습니다. 특히 하나님의 형상으로 지으심을 받고 구속받은 사람들은 마땅히 하나님을 찬양해야 합니다. 그들을 향해 "여호와의 종"이라고 합니다. 여호와께 전적으로 속해 있어 여호와를 섬기는 자입니다. 그리스도를 일컬어 여호와의 종이라 하였습니다(사 42:1). 여호와의 종으로 불리는 것은 감사한 일입니다. 여호와는 모든 나라보다 높으시며 하늘보다 높으신 영광을 가지고 계시니 찬양받으실 분입니다.

5절에서 "여호와 우리 하나님과 같은 이가 누구리요"라고 물으며 찬양받기에 합당한 하나님의 행적에 대하여 말합니다. 그는 높은 곳에 앉으셨으나 스스로 낮추사 천지를 살피시는 분이십니다. 그는 가난한 자를 먼지 더미에서, 궁핍한 자를 거름 더미에서 들어 세우시되 백성의 지도자들과 함께 영광된 자리에 세우십니다. 그는 임신하지 못하던 여자에게 자녀를 주시고 자녀들을 즐겁게 하는 어머니가 되게 하십니다.

"앉으셨다"(5), "세우다"(8), "살게 하다"(9)로 번역된 단어는 하나의 단어입니다(야사브: 앉다, 거주하다는 의미). 여호와께서 높은 곳에 거주하시는 것처럼 가난하고 궁핍한 백성을 영광되고 안정된 곳에 거하게 하시는 분이십니다. 우리에게 가장 안정된 장소는 예수 그리스도입니다. 그는 자신을 우리에게 주시고 우리를 그 안에 거하라 하십니다. "내 안에 거하라 너도 너희 안에 거하리라"(요 15:4)

"여호와 우리 하나님과 같은 이가 누구리요"(5) 에 대한 답은 "아무도 없다" 입니다. 자기 백성을 이렇게 사랑하시고 돌보시는 신은 어디에도 없습니다. 할렐루야!

기도:

여호와 하나님, 저를 하나님의 것이요 하나님의 종으로 하나님을 섬기는 자리로 불러 주셔서 감사합니다. 하나님의 이름을 높여 찬송하게 하시니 감사합니다. 이것은 저를 먼지 더미, 거름 더미에서 일으키셔서 높은 자리에 앉히신 일입니다. 예수 그리스도 안에서 함께 보좌 앞으로 이끄셔서 거룩한 이들과 함께 하나님을 예배하게 하셨습니다. 마음을 다하고 뜻을 다하고 힘을 다하여 여호와 삼위일체 하나님을 찬송합니다. 예수 그리스도의 이름으로. 아멘.

시편 114편 땅이여 떨지어다

1 이스라엘이 애굽에서 나오며
야곱의 집안이 언어가 다른 민족에게서 나올 때에
2 유다는 여호와의 성소가 되고
이스라엘은 그의 영토가 되었도다
3 바다가 보고 도망하며 요단은 물러갔으니
4 산들은 숫양들 같이 뛰놀며
작은 산들은 어린 양들 같이 뛰었도다
5 바다야 네가 도망함은 어찌함이며
요단아 네가 물러감은 어찌함인가
6 너희 산들아 숫양들 같이 뛰놀며
작은 산들아 어린 양들 같이 뛰놂은 어찌함인가
7 땅이여 너는 주 앞 곧 야곱의 하나님 앞에서 떨지어다
8 그가 반석을 쳐서 못물이 되게 하시며
차돌로 샘물이 되게 하셨도다

시편 114편은 "할렐루야"로 시작하거나 마치는 시들 사이에 놓여 있습니다. 하나님을 찬양하라는 부름이 있는 것도 아닙니다. 그렇지만 하나님께서 행하신 일에 대하여 바다와 강이 경외함을 표현하고 산들이 뛰며 감탄하는 내용이 들어 있습니다. 이것을 읽는 이들이 하나님을 찬양하도록 하려는 의도로 보입니다.

이 시는 이스라엘이 애굽에서 나와 광야를 지나는 동안 하나님께서 행하신 기적을 구체적으로 언급하고 있지는 않지만, 그것을 배경으로

하고 있음을 알 수 있습니다.

　1~2절은 출애굽하게 하신 하나님과 백성의 관계를 보여주고 있습니다. 이스라엘은 여호와의 영토 곧 그가 다스리시는 나라가 되고, 유다는 여호와의 성소로 구별되었습니다. 여기서 유다는 다윗왕과 메시아가 나오게 될 유다 지파를 의미할 수도 있지만, 이스라엘 전체를 의미하며 이스라엘을 여호와의 성소로 구별하셨다고 말씀하는 겁니다. 하나님께서 이스라엘을 구속하셔서 당신의 성소와 나라가 되게 하셨습니다. 그것은 바로 우리에게도 적용되는 말씀입니다. 구원받은 백성은 하나님의 나라이며 그가 거하시는 거룩한 처소입니다.

　3~6절은 바다(홍해)와 요단강은 하나님이 백성들 앞에 나가실 때 뒤로 물러났으며, 산들과 작은 산들은 여호와의 구원하심을 기뻐하여 뛰어놀았다고 시적으로 표현합니다. 예루살렘 성에 들어가시는 주님을 향해 찬양하는 사람들을 꾸짖으라는 바리새인들에게 "만일 이 사람들이 침묵하면 돌들이 소리 지르리라"(눅 19:40) 하신 주님의 말씀을 생각나게 합니다. 만약 사람들이 하나님의 구원을 찬송하지 않는다면 산들을 통해서라도 찬양을 받으실 겁니다.

　7~8절에서 시인은 땅에게 하나님 앞에서 떨라고 합니다. 반석에서, 차돌(바위)에서 물이 나오게 하시는 하나님의 다스리심에 대하여 땅은 두려움으로 떨어야 합니다. 하나님은 이스라엘뿐 아니라 온 땅을 다스리십니다. 하나님은 찬양을 받으실 분이십니다.

　기도:
　여호와 하나님, 우리를 구원하셔서 하나님이 거하시는 성소로 삼으시고 다스리시는 나라로 삼으심을 감사하며 찬양합니다. 우리에게 행하신 하나님의 일들이 기이하여 측량할 수 없습니다. 바다도 산도 땅도 반석도 하나님 말씀에 떨며 복종합니다. 성령을 저에게 주시고 말씀을 듣게 하시니 하나님을 사랑하고 순종하며 그 이름에 합당한 영광을 돌리게 하옵소서. 마음을 다하여 하나님을 찬양하며 섬기게 하옵소서. 예수 그리스도의 이름으로 기도합니다. 아멘.

시편 115:1~8 여호와의 이름에만 영광을 돌리소서

¹ 여호와여 영광을 우리에게 돌리지 마옵소서
우리에게 돌리지 마옵소서
오직 주는 인자하시고 진실하시므로
주의 이름에만 영광을 돌리소서
² 어찌하여 뭇 나라가
그들의 하나님이 이제 어디 있느냐 말하게 하리이까
³ 오직 우리 하나님은 하늘에 계셔서
원하시는 모든 것을 행하셨나이다
⁴ 그들의 우상들은 은과 금이요
사람이 손으로 만든 것이라
⁵ 입이 있어도 말하지 못하며
눈이 있어도 보지 못하며
⁶ 귀가 있어도 듣지 못하며
코가 있어도 냄새 맡지 못하며
⁷ 손이 있어도 만지지 못하며
발이 있어도 걷지 못하며
목구멍이 있어도 작은 소리조차 내지 못하느니라
⁸ 우상들을 만드는 자들과
그것을 의지하는 자들이 다 그와 같으리로다

115편으로 기도하는 이는 하나님께서 구원하여 주시기를 바라는데 하나님의 영광을 위하여 그렇게 해 주시기를 구합니다. 여호와의 영광을 우리에게 돌리지 마시고 주의 이름에만 영광을 돌리시기를 구합니다. "이름"은 그 이름을 가진 대상의 본성과 특성을 반영합니다. 이름은 그 존재를 의미합니다. 우리 때문이 아니라 하나님의 인자하심과 진실하심을 위하여 우리를 구원하시고 하나님이 하나님 되심을 나타내시기를 간구하는 겁니다.

3~8절은 하나님과 우상을 비교합니다. 하나님은 하늘에 계셔서 원하시는 모든 것을 행하시는 분이십니다. 하지만 우상은 은금으로 되어있으며 사람이 만든 것입니다. 입, 눈, 귀, 코, 손, 발, 목구멍 등이 있다 할지라도 그것들은 아무런 기능을 하지 못합니다. 그러므로 우상을 만드는 자들과 그것을 의지하는 자들이 다 그 우상과 같이 무기력하고 우매하다고 말합니다.

바울은 우상을 숭배하는 자들에 대하여 이렇게 말합니다.

"21 하나님을 알되 하나님을 영화롭게도 아니하며 감사하지도 아니하고 오히려 그 생각이 허망하여지며 미련한 마음이 어두워졌나니 22 스스로 지혜 있다 하나 어리석게 되어 23 썩어지지 아니하는 하나님의 영광을 썩어질 사람과 새와 짐승과 기어 다니는 동물 모양의 우상으로 바꾸었느니라"(로마서 1:21~23)

우상 숭배는 생각이 허망하여지고 미련한 마음이 어두워진 결과입니다. 그 결과는 정욕대로 죄악의 길을 걷게 됩니다(롬 1:24~32). 어떤 형상을 섬기는 우상 숭배가 아니라고 해도 하나님을 영화롭게 하지 않고 감사하지 않는다면 그 또한 생각과 마음이 온전하다고는 할 수 없습니다. 모든 일에 하나님의 인자하심과 진실하심을 찬양하며 감사함으로 하나님께만 영광을 돌려야 합니다.

기도:

여호와 하나님, 당신의 이름에만 영광을 돌립니다. 우리가 호흡하며 살아가는 것, 삶에서 누리는 모든 것이 하나님의 인자하심과 진실하심에서 나오는 것임을 압니다. 그러므로 무슨 일을 하든지 하나님의 힘으로 하듯이 하게 하시고 모든 일에 하나님께 감사하게 하옵소서. 오늘 주신 삶, 주어진 일, 만나는 사람 그 무엇이든 하나님의 선물로 알게 하시고 그 속에서 하나님의 임재를 의식하게 하옵소서. 예수 그리스도의 이름으로 기도합니다. 아멘.

시편 115:9~18 여호와를 의지하라

⁹ 이스라엘아 여호와를 의지하라
그는 너희의 도움이시요 너희의 방패시로다
¹⁰ 아론의 집이여 여호와를 의지하라
그는 너희의 도움이시요 너희의 방패시로다
¹¹ 여호와를 경외하는 자들아 너희는 여호와를 의지하여라
그는 너희의 도움이시요 너희의 방패시로다
¹² 여호와께서 우리를 생각하사 복을 주시되
이스라엘 집에도 복을 주시고 아론의 집에도 복을 주시며
¹³ 높은 사람이나 낮은 사람을 막론하고
여호와를 경외하는 자들에게 복을 주시리로다
¹⁴ 여호와께서 너희를 곧 너희와 너희의 자손을
더욱 번창하게 하시기를 원하노라
¹⁵ 너희는 천지를 지으신 여호와께 복을 받는 자로다
¹⁶ 하늘은 여호와의 하늘이라도 땅은 사람에게 주셨도다
¹⁷ 죽은 자들은 여호와를 찬양하지 못하나니
적막한 데로 내려가는 자들은 아무도 찬양하지 못하리로다
¹⁸ 우리는 이제부터 영원까지 여호와를 송축하리로다 할렐루야

찬양자는 앞에서 오직 여호와만 찬양을 받으실 분이시며 우상은 아

무엇도 아니라고 밝힌 후에 이스라엘 백성과 아론의 집사람들을 불러 여호와를 의지하라고 합니다. 이스라엘은 백성 전체를 말하는 것이고 아론의 집은 제사장과 레위 지파를 말합니다. 그리고 여호와를 경외하는 자들에게도 여호와를 의지하라고 합니다. 여기서 여호와를 경외하는 자는 이스라엘과 아론의 집을 포함하여 모든 믿는 자들을 의미합니다. "의지하다"는 '믿다', '신뢰하다'라는 의미입니다. 여호와를 믿고 신뢰하는 것이 곧 그를 경외하는 겁니다. 여호와를 의지하라는 명령에 대하여 후렴이 뒤따릅니다. "그는 너희의 도움이시오 너희의 방패시로다"(9, 10, 11). 이것은 우리가 여호와를 의지해야 하며 또한 의지할 수 있는 이유입니다.

12절 이하에서는 여호와께서 주시는 복에 대하여 말합니다. 그는 이스라엘과 아론의 집과 여호와를 경외하는 자들에게 복을 주십니다. "너희와 너희 자손을" 번창하게 하실 겁니다. 여호와를 경외하는 이들은 천지를 지으신 여호와께 복을 받은 사람입니다. 하늘과 땅의 모든 것의 주권자이신 하나님께서 하늘에서 그 원하시는 대로 행하시는데(115:3) 땅을 사람에게 선물로 주셔서 다스리게 하십니다. 죽은 자들, 적막한 데로 내려가는 자들이 찬양하지 못한다는 것은 찬양이 살아 있는 자들에게 주어진 의무임을 강조하는 말로 생각됩니다.

여호와 하나님이 복의 근원이시며 그의 백성으로 부르심을 받은 우리는 복을 받은 사람입니다. 그러므로 더욱 여호와를 의지하며 그 이름에 영광을 돌리며 살아갑시다.

기도:
여호와는 우리의 도움이시요 방패이십니다. 여호와 나의 하나님을 의지합니다. 여호와는 나의 복이시며 복을 주시는 분이십니다. 나는 여호와께 복을 받은 자입니다. 그리스도 안에서 이 모든 은총을 입게 하셔서 감사합니다. 일상의 모든 일에 깃들어 있는 하나님의 복을 발견하는 눈을 주시고 그것으로 항상 기뻐하며 범사에 감사하게 하옵소서, 여호와의 이름을 찬양합니다. 예수 그리스도의 이름으로 기도합니다. 아멘.

시편 116:1~11 생명이 있는 땅에서 여호와 앞에 행하리이다

¹ 여호와께서 내 음성과 내 간구를 들으시므로
내가 그를 사랑하는도다
² 그의 귀를 내게 기울이셨으므로
내가 평생에 기도하리로다
³ 사망의 줄이 나를 두르고 스올의 고통이 내게 이르므로
내가 환난과 슬픔을 만났을 때에
⁴ 내가 여호와의 이름으로 기도하기를
여호와여 주께 구하오니 내 영혼을 건지소서 하였도다
⁵ 여호와는 은혜로우시며 의로우시며
우리 하나님은 긍휼이 많으시도다
⁶ 여호와께서는 순진한 자를 지키시나니
내가 어려울 때에 나를 구원하셨도다
⁷ 내 영혼아 네 평안함으로 돌아갈지어다
여호와께서 너를 후대하심이로다
⁸ 주께서 내 영혼을 사망에서 내 눈을 눈물에서
내 발을 넘어짐에서 건지셨나이다
⁹ 내가 생명이 있는 땅에서 여호와 앞에 행하리로다
¹⁰ 내가 크게 고통을 당하였다고 말할 때에도
나는 믿었도다
¹¹ 내가 놀라서 이르기를 모든 사람이
거짓말쟁이라 하였도다

시편 116편은 개인 감사시입니다. 1~2절에서 감사하겠다는 의지를

밝힙니다. 그리고 3~11절까지는 일어난 일에 대하여 묘사합니다. 천지의 창조주는 우리를 생각하사 복을 주시는 하나님이신데(시 115:12) 그 하나님께서 "내 음성과 내 간구를" 들으시고 내게 귀를 기울이십니다. 이토록 당신을 낮추셔서 우리에게 다가오신 하나님을 어찌 사랑하지 않으며 의지하지 않을 수 있을까요.

찬양자는 3절에서 그가 경험한 예를 말합니다. 사망의 줄이 두르고 스올의 고통이 이르고 환난과 슬픔 중에 기도했을 때 여호와께서 은혜로우시며 의로우시며 긍휼이 많으심으로 구원하셨습니다. 7~8절은 그의 독백입니다. 자신에게 여호와께서 후대(보답하다, 나누어 주다)하시니 평안하라고 합니다. 9~11절은 그의 의지를 보여줍니다. "생명이 있는 땅에서 여호와 앞에 행하리로다"(9) 라는 말은 그가 사는 동안에 여호와 앞에서 곧 하나님의 임재의식을 가지고 살아가겠다는 겁니다. 크게 고통을 당하는 때에도, 사람들을 의지하지 않고 오로지 하나님만 믿는다고 고백합니다.

여호와 하나님은 우리의 구원자이십니다. 고난 중에서 우리의 기도를 들으십니다. 그러하기에 고통을 당한 때에도 하나님을 신뢰할 수 있습니다. 그러므로 이렇게 결단합시다. "내가 생명이 있는 땅에서 여호와 앞에 행하리로다" 우리의 모든 순간 하나님은 우리와 함께 계십니다. 우리는 하나님 앞에서 살아갑니다. 시편의 기도와 찬양은 우리가 하나님 앞에 있는 현실을 일깨워 줍니다.

기도

여호와 나의 하나님이시여, 제가 환난과 슬픔을 만났을 때 제 영혼을 건져 주셔서 감사합니다. 지난날에 그러하셨으니 지금도 그리고 앞으로도 그러실 것을 믿습니다. 어떤 이들이 하나님이 없다 하고 하나님이 돕지 않으신다고 말합니다만 저는 언제나 하나님을 믿습니다. 하나님은 은혜로우시며 의로우시며 긍휼이 많으십니다. 저는 사는 동안 오직 여호와 앞에서 행하겠습니다. 예수 그리스도의 이름으로 기도합니다. 아멘.

시편 116:12~19 여호와께 감사제를 드리나이다

¹² 내게 주신 모든 은혜를 내가 여호와께 무엇으로 보답할까
¹³ 내가 구원의 잔을 들고 여호와의 이름을 부르며
¹⁴ 여호와의 모든 백성 앞에서
나는 나의 서원을 여호와께 갚으리로다
¹⁵ 그의 경건한 자들의 죽음은
여호와께서 보시기에 귀중한 것이로다
¹⁶ 여호와여 나는 진실로 주의 종이요
주의 여종의 아들 곧 주의 종이라
주께서 나의 결박을 푸셨나이다
¹⁷ 내가 주께 감사제를 드리고
여호와의 이름을 부르리이다
¹⁸ 내가 여호와께 서원한 것을
그의 모든 백성이 보는 앞에서 내가 지키리로다
¹⁹ 예루살렘아 네 한가운데에서
곧 여호와의 성전 뜰에서 지키리로다 할렐루야

12절에 스스로 질문합니다. 내게 주신 모든 은혜를 무엇으로 보답할까? 13절 이하에 그에 대한 대답이 이어집니다. 구원의 잔을 들고 여호와의 이름을 부르며 나의 서원을 모든 백성 앞에서 갚겠습니다

(13~14). 여호와께서 종의 결박을 푸셨으니 감사제를 드리며 여호와의 이름을 부르겠습니다(16~17). 여호와께 서원한 것을 모든 백성이 보는 앞에서 지킬 것인데 예루살렘 한가운데에서 곧 여호와의 성전 뜰에서 지키겠습니다(19).

 15절은 찬양자가 감사하는 이유입니다. "그의 경건한 자들의 죽음은 여호와께서 보시기에 귀중한 것이로다" 세상은 성도들이 죽는 것을 무가치하고 이름 없는 것으로 여기겠지만 하나님께서는 심히 귀중하게 여기십니다. 그의 죽음을 기쁘게 받아들이지 않으신다는 것이며 핍박자의 잔인함을 싫어하신다는 의미입니다. 그러하기에 그의 생명을 위하여 결박을 풀어주시고 구원하여 주시는 겁니다.

 찬양자가 여호와의 은혜를 무엇으로 갚겠다고 합니까? 모든 백성이 보는 앞에서 성전의 뜰에서 감사제를 드리겠다고 합니다. 감사야말로 하나님께서 원하시는 것인데 많은 이가 보는 앞에서 감사제를 드림으로 하나님께서 행하신 일을 선포하려는 겁니다.

 시편 107:21~22에서도 감사제를 드리라고 합니다. "[21] 여호와의 인자하심과 인생에게 행하신 기적으로 말미암아 그를 찬송할지로다 [22] 감사제를 드리며 노래하여 그가 행하신 일을 선포할지로다" 히브리서 13:15에서는 "그러므로 우리는 예수로 말미암아 항상 찬송의 제사를 하나님께 드리자"라고 합니다. 허물과 죄 가운데서 구원하신 은혜뿐 아니라 사는 동안 베푸시는 모든 은혜에 대하여 하나님께 감사합시다.

 기도:
 여호와 나의 하나님이여, 저의 죽음을 기뻐하지 않으시고 건져 주시니 감사드립니다. 하나님의 은혜에 갚을 길이 없는 줄 압니다. 그렇지만 감사로 제사 드리는 자가 하나님을 영화롭게 하는 줄 알고 힘써 감사하기를 원합니다. 은혜 아닌 것이 없으니 주의 깊게 살펴서 하나님께서 베푸신 은혜에 감사하게 하옵소서. 감사함으로 예배하게 하시고 성도들과 함께 감사하게 하소서. 예수 그리스도의 이름으로 기도합니다. 아멘.

시편 117편 우리에게 향하신 여호와의 인자하심이 크시다

[1] 너희 모든 나라들아 여호와를 찬양하며
너희 모든 백성들아 그를 찬송할지어다
[2] 우리에게 향하신 여호와의 인자하심이 크시고
여호와의 진실하심이 영원함이로다 할렐루야

시편 117편은 시편 중 가장 짧은 시이며 가장 짧은 찬양시입니다. 찬양자는 "모든 나라", "모든 백성"을 불러 여호와를 찬양하고 찬송하라고 합니다. 이것은 여호와 하나님께서 모든 나라와 모든 백성을 다스리시는 분이라는 선언입니다. "여호와"는 자기 백성과 언약을 맺으신 하나님의 이름입니다. 그런데 모든 나라, 모든 백성이 하나님과 언약 관계에 있지는 않습니다. 이 말씀은 모든 나라와 민족에 복음이 전하여지고 거기에서 부름을 받을 사람들이 나올 것을 예언하는 겁니다. 바울도 로마서 15:9에서 이 구절을 인용하면서 복음이 유대를 넘어 이방에까지 전하여져서 열방에서 하나님을 찬양하는 자들이 나올 것이라고 하였습니다. 장래에 이루어지길 바라는 마음으로 이 시편으로 찬송을 하는 겁니다.

찬송의 내용은 우리에게 향하신 여호와의 인자하심과 진실하심입니다. 인자하심은 언약 안에 있는 백성들에 대한 하나님의 변함없는 사랑입니다. 하나님의 인자하심을 맛보지 못한다면 누구도 마음으로 하나님을 찬송할 수 없습니다. 시편은 시종일관 여호와의 인자하심을 노래합니다. 또한, 여호와의 진실하심이 영원합니다. 진실하심은 인자하심과 한 쌍을 이루어 하나님의 인자하심이 변함없이 계속되는 것을 확증하여 줍니다.

아침에 일어나 하루를 맞이하면서 그리고 하루를 보내고 잠자리에 들면서 한마디의 찬양을 한다면, 생애의 마지막에 한 마디의 찬양을 한다면 이 구절이 적절합니다.

"우리에게 향하신 여호와의 인자하심이 크시고
여호와의 진실하심이 영원함이로다"

기도:
여호와 하나님, 그리스도 안에서 우리에게 향하신 하나님의 인자하심은 크시고 진실하심은 영원합니다. 예수 그리스도만이 모든 나라와 백성들의 소망이십니다. 모든 나라가 복음을 듣고 나아오게 하옵소서. 모든 백성이 하나님을 찬양하게 하옵소서. 이 일을 위해 그리스도 예수의 일꾼이 된 우리가 복음을 자랑하게 하옵소서, 저를 복음의 제사장으로 삼으시고 역사하셔서 하나님께 나오는 자들이 더하여지게 하옵소서. 예수 그리스도의 이름으로 기도합니다. 아멘.

시편 118:1~9 여호와는 내 편이십니다

¹ 여호와께 감사하라 그는 선하시며
그의 인자하심이 영원함이로다
² 이제 이스라엘은 말하기를
그의 인자하심이 영원하다 할지로다
³ 이제 아론의 집은 말하기를
그의 인자하심이 영원하다 할지로다
⁴ 이제 여호와를 경외하는 자는 말하기를
그의 인자하심이 영원하다 할지로다
⁵ 내가 고통 중에 여호와께 부르짖었더니
여호와께서 응답하시고 나를 넓은 곳에 세우셨도다
⁶ 여호와는 내 편이시라 내가 두려워하지 아니하리니
사람이 내게 어찌할까
⁷ 여호와께서 내 편이 되사 나를 돕는 자들 중에 계시니
그러므로 나를 미워하는 자들에게 보응하시는 것을 내가 보리로다
⁸ 여호와께 피하는 것이
사람을 신뢰하는 것보다 나으며
⁹ 여호와께 피하는 것이
고관들을 신뢰하는 것보다 낫도다

시편 118편은 개인 감사 찬송시입니다. 그러나 공동체가 드리는 예배 속에 엮여 있습니다. 그래서 화자가 "나"와 "우리"를 오갑니다.
　1~4절은 여호와의 선하심과 인자하심을 찬양하며 여호와께 감사하라는 초대입니다. 이스라엘, 아론의 집(제사장)과 여호와를 경외하는

자 모두가 예배에 초대되고 있습니다.

  5~28절은 여호와의 선하심과 인자하심을 경험한 내용입니다. 5~7절은 여호와께서 내 편이 되심을 노래합니다. "고통"은 좁고 제한된 곳에 갇혀 있는 상황입니다. 여호와께서 그의 부르짖음에 응답하셔서 그를 "넓은 곳"에 세우셨습니다. 여호와가 내 편이시니 두려워하지 않습니다. 바울은 이 구절을 인용하여 이렇게 말합니다.

  "³¹ 그런즉 이 일에 대하여 우리가 무슨 말 하리요 만일 하나님이 우리를 위하시면 누가 우리를 대적하리요 ³² 자기 아들을 아끼지 아니하시고 우리 모든 사람을 위하여 내주신 이가 어찌 그 아들과 함께 모든 것을 우리에게 주시지 아니하겠느냐 ³³ 누가 능히 하나님께서 택하신 자들을 고발하리요 의롭다 하신 이는 하나님이시니 34 누가 정죄하리요 죽으실 뿐 아니라 다시 살아나신 이는 그리스도 예수시니 그는 하나님 우편에 계신 자요 우리를 위하여 간구하시는 자시니라" (로마서 8:31~34)

  8~9절에서는 여호와께 피하는 것이 사람 즉 힘 있는 사람들에게 피하는 것보다 낫다고 합니다. 사람들에게 권력을 주시는 이도 하나님이시고 높이고 낮추시는 이도 하나님이십니다. 여호와께 피하여 가는 자가 복이 있습니다.

  이 시편과 같이 공동체 예배에 참석할 때 우리가 경험한 하나님의 선하심과 인자하심에 관한 내용을 가지고 나와서 무리 중에 고백하며 하나님을 높입시다.

  기도:

  여호와는 선하시며 인자하심이 영원합니다. 여호와께 감사를 드립니다. 홀로 있을 때 감사할 뿐 아니라 공동체 예배를 통해서도 하나님께 예배하게 하옵소서. 하나님께서 고통 가운데 건지신 일과 그리스도 안에서 내 편이 되시는 것을 믿음으로 고백하게 하시고 하나님을 신뢰하게 하옵소서. 나를 미워하는 자들을 두려워하지 않게 하시며 하나님께 피하여 힘을 얻게 하옵소서. 예수 그리스도의 이름으로 기도합니다. 아멘.

시편 118:10~18 내가 여호와의 이름으로 그들을 끊으리로다

[10] 뭇 나라가 나를 에워쌌으니
내가 여호와의 이름으로 그들을 끊으리로다
[11] 그들이 나를 에워싸고 에워쌌으니
내가 여호와의 이름으로 그들을 끊으리로다
[12] 그들이 벌들처럼 나를 에워쌌으나
가시덤불의 불 같이 타 없어졌나니
내가 여호와의 이름으로 그들을 끊으리로다
[13] 너는 나를 밀쳐 넘어뜨리려 하였으나
여호와께서는 나를 도우셨도다
[14] 여호와는 나의 능력과 찬송이시오
또 나의 구원이 되셨도다
[15] 의인들의 장막에는 기쁜 소리 구원의 소리가 있음이여
여호와의 오른손이 권능을 베푸시며
[16] 여호와의 오른손이 높이 들렸으며
여호와의 오른손이 권능을 베푸시는도다
[17] 내가 죽지 않고 살아서
여호와께서 하시는 일을 선포하리로다
[18] 여호와께서 나를 심히 경책하셨어도
죽음에는 넘기지 아니하셨도다

찬양자는 여호와의 선하심과 인자하심을 경험한 다양한 사례를 열거하고 있습니다. 찬양자는 두세 구절에 같거나 비슷한 단어를 반복하며 노래합니다. 10~12절에서는 "에워싸다"와 "끊으리로다"를 세 번 반복합니다. "여호와의 이름"도 세 번 반복되고 있습니다. 뭇 나라가 치려고 에워싸고 에워쌌으나 "내가" 그들을 끊겠다고 합니다. 여호와가 내 편이 되시니 두려워하지 않고 나아가겠다는 확신이 담겨 있습니다.

13~18절은 찬양자가 대적을 물리친 일을 찬양합니다. 13~14절에서는 여호와께서 도움과 능력과 찬송과 구원이 되셨다고 노래합니다. 15~16절은 "여호와의 오른손"과 "권능"을 반복하고 17~18절은 "죽음"을 반복합니다.

의인들의 장막 곧 여호와께 피하여 도움을 얻는 신자들의 거처에는 여호와께서 구원하신 일을 찬양하는 소리가 있습니다. 신자의 가족이 모여 하나님께서 행하신 일을 나누며 감사합니다.

여호와의 선하심과 인자하심은 신자가 죄를 범할 때도 나타납니다. 죄에 대하여 눈 감아 주시는 것이 아닙니다. 아버지의 사랑으로 징계하시되 그를 고아와 같이 버리지 않으십니다. 그러므로 징계를 받을 때 오히려 아버지 같은 하나님의 부성을 경험하게 됩니다.

기도:
여호와 하나님, 우리는 위험에 에워싸인 사회에 살고 있습니다. 온종일 사고 소식을 듣습니다. 그것은 우리를 두렵게 하고 넘어뜨리려 합니다. 하나님은 우리를 둘러싸고 있는 위험을 가시덤불 같이 태워 없애시고 우리를 구원하시는 분이십니다. 소문에 두려워하지 않게 하시고 하나님의 오른손의 권능을 붙들게 하옵소서. 하나님의 징계가 있을지라도 하나님의 선하심과 인자하심을 찬양하게 하옵소서. 예수 그리스도의 이름으로 기도합니다. 아멘.

시편 118:19~29 그는 선하시며 인자하심이 영원하시다

19 내게 의의 문들을 열지어다
내가 그리로 들어가서 여호와께 감사하리로다
20 이는 여호와의 문이라
의인들이 그리로 들어가리로다
21 주께서 내게 응답하시고 나의 구원이 되셨으니
내가 주께 감사하리이다
22 건축자가 버린 돌이 집 모퉁이의 머릿돌이 되었나니
23 이는 여호와께서 행하신 것이요
우리 눈에 기이한 바로다
24 이 날은 여호와께서 정하신 것이라
이 날에 우리가 즐거워하고 기뻐하리로다
25 여호와여 구하옵나니 이제 구원하소서
여호와여 우리가 구하옵나니 이제 형통하게 하소서
26 여호와의 이름으로 오는 자가 복이 있음이여
우리가 여호와의 집에서 너희를 축복하였도다
27 여호와는 하나님이시라 그가 우리에게 빛을 비추셨으니
밧줄로 절기 제물을 제단 뿔에 맬지어다
28 주는 나의 하나님이시라 내가 주께 감사하리이다
주는 나의 하나님이시라 내가 주를 높이리이다
29 여호와께 감사하라
그는 선하시며 그의 인자하심이 영원함이로다

찬양자의 노래가 계속됩니다. "의의 문"(19)이 곧 "여호와의 문"(20) 입니다. "의"를 통해서만 여호와께 들어갈 수 있습니다. 그 "의"는 우리의 것이 아닙니다. 여호와의 선하심과 인자하심이 우리의 "의"입니다. 여호와는 그리스도의 죽음을 우리의 죄를 대신한 충분한 보상으로 여기시고 우리를 의롭게 여기십니다.

21절 이하에서는 26절의 "복"을 제외하고는 단어의 반복이 나오지 않습니다. 그리고 노래하는 주체가 "나"에서 "우리"로 바뀝니다. 그렇지만 하나님께서 구원하심에 관하여 감사한다는 주제는 계속됩니다.

찬양자는 위에 열거한 구원의 내용을 요약하여 "건축자가 버린 돌이 집 모퉁이의 머릿돌이 되었나니"라고 합니다. 열방의 나라들이 귀한 줄 모르고 박해하고 버렸던 돌을 여호와께서 집 모퉁이의 머릿돌 즉 가장 귀하고 중요한 역할을 하게 하셨습니다. 주님은 이 말씀을 당신에게 적용하셨고(마 21:42), 베드로도 주님에 대한 말씀으로 인용하였습니다(행 4:11, 벧전 2:7). 그래서 이 시편은 단지 개인의 감사찬송을 넘어서 우리 주 그리스도께서 당하신 고난에서 구원받으신 것을 찬양하는 것으로 읽을 수 있습니다. 25~28절은 여호와의 구원을 바라고 함께 모여 예배하는 장면을 묘사합니다. 29절은 1절을 반복합니다. "여호와께 감사하라 그는 선하시며 그의 인자하심이 영원함이로다"

기도:
여호와 하나님, 우리 주 예수 그리스도가 우리의 의이시며 우리의 머릿돌이며 보배이십니다. 그리스도를 고통과 죽음에서 건지시고 우리의 중보자가 되게 하심을 감사합니다. 그리스도를 구원하신 것과 같이 그리스도 안에 있는 저를 구원하시며 복을 주심을 감사합니다. 나의 의이신 그리스도를 의지하여 하나님의 구원을 즐거워하고 기뻐합니다. 하나님은 선하시며 인자하심이 영원하십니다. 아멘.

시편 119:1~8 말씀을 따라 행하는 자들은 복이 있음이여

¹ 행위가 온전하여
여호와의 율법을 따라 행하는 자들은 복이 있음이여
² 여호와의 증거들을 지키고
전심으로 여호와를 구하는 자는 복이 있도다
³ 참으로 그들은 불의를 행하지 아니하고
주의 도를 행하는도다
⁴ 주께서 명령하사
주의 법도를 잘 지키게 하셨나이다
⁵ 내 길을 굳게 정하사
주의 율례를 지키게 하소서
⁶ 내가 주의 모든 계명에 주의할 때에는
부끄럽지 아니하리이다
⁷ 내가 주의 의로운 판단을 배울 때에는
정직한 마음으로 주께 감사하리이다
⁸ 내가 주의 율례들을 지키오리니
나를 아주 버리지 마옵소서

시편 119편은 176절로 가장 긴 시편입니다. 8절씩 22개의 연으로 구성되어 있는데 각 연은 히브리 알파벳으로 시작합니다. 첫 번째 연은 히브리어의 첫 알파벳인 '알렙'으로 각 절이 시작되고, 두 번째 연은 두 번째 알파벳인 '베트'로 각 절이 시작하는 식입니다.

119편은 하나님의 말씀을 사랑하고 즐거워한 사람의 고백입니다. 이 시편을 통해 하나님의 말씀을 어떻게 대해야 하는지 배우게 됩니다. 이 시편을 시편 중의 시편이라고 합니다. 루터는 "온 세상을 준

다해도 이 시편의 한 부분조차 포기하지 않겠다"고 했습니다. 많은 경건한 신자가 이 시편을 통해 영적인 회복을 얻었습니다. 함께 묵상해 가는 동안 성령께서 말씀을 사랑하는 시인의 마음을 우리에게도 전하여 주시기를 기도합니다.

  1~3절은 전체의 서론입니다. 시편 1편과 같이 복이 있는 자에 대한 선언입니다. 여호와의 율법을 따라 행하는 자, 여호와의 증거를 지키고 여호와를 구하는 자가 복이 있습니다. 이하의 내용은 여호와의 율법을 배우고 따르려는 시인의 마음이 기도로 표현되어 있습니다. 1~3절과 115절을 제외한 모든 구절은 하나님께 직접 말씀드리는 형식입니다.

  시인은 하나님의 말씀에 대해서 여러 단어를 사용합니다. 율법, 증거, 도, 법도, 율례, 계명, 판단, 말씀, 규례, 교훈 등인데 그 의미는 조금씩 다르지만 구분하는 것이 의미 없을 정도로 동의어로 사용합니다. 이것은 보석이 여러 단면을 가진 것과 같습니다. "언약"이라는 단어는 119편에 등장하지는 않지만, 하나님의 언약이 119편 전체를 두르고 있습니다. 언약의 핵심은 "나는 너의 하나님이 되고 너희는 내 백성이 되리라"라는 겁니다. 언약의 백성으로 하나님의 말씀에 어떤 태도로 살아야 하는지 이 시편이 담고 있습니다. 거기에는 의무와 책임이 앞서지 않습니다. 여호와의 인자하심과 진실하심을 먼저 생각해야 합니다. 하나님의 은혜에 기뻐하고 감사함이 말씀을 사모하는 마음으로 나타나는 겁니다.

기도:
  여호와여, 당신의 율법을 따라 행하는 자는 복이 있습니다. 여호와께서 명령하사 제가 언약의 말씀을 지키게 하셨습니다. 제 길을 굳게 정하사 당신의 율례를 지키게 하소서. 제가 당신의 모든 계명에 주의하게 하시고 당신의 의로운 판단을 배워 정직한 마음으로 감사하게 하옵소서. 제가 당신의 율례를 지키오리니 저를 영원히 버리지 마옵소서. 예수 그리스도의 이름으로 기도합니다. 아멘.

시편 119:9~16 주의 말씀을 내 마음에 두었나이다

⁹ 청년이 무엇으로 그의 행실을 깨끗하게 하리이까
주의 말씀만 지킬 따름이니이다
¹⁰ 내가 전심으로 주를 찾았사오니
주의 계명에서 떠나지 말게 하소서
¹¹ 내가 주께 범죄하지 아니하려 하여
주의 말씀을 내 마음에 두었나이다
¹² 찬송을 받으실 주 여호와여
주의 율례들을 내게 가르치소서
¹³ 주의 입의 모든 규례들을
나의 입술로 선포하였으며
¹⁴ 내가 모든 재물을 즐거워함 같이
주의 증거들의 도를 즐거워하였나이다
¹⁵ 내가 주의 법도들을 작은 소리로 읊조리며
주의 길들에 주의하며
¹⁶ 주의 율례들을 즐거워하며
주의 말씀을 잊지 아니하리이다

시편 119편이 어렵고 무겁게 느껴질 수도 있습니다. 행실을 깨끗하게 한다, 말씀을 지킨다, 계명을 떠나지 않는다 등 온전한 순종을 요구하기 때문입니다. 1절에서 "행위가 온전하여"라는 말씀도 비슷한 무게로 느껴집니다. 이 시편의 기도자가 죄를 범하지 않고 완전히 행하는 자라고 생각하지는 않아야 합니다. 그는 "주의 계명에서 떠나지 말게"(10) 하고 주의 율례들을 가르쳐달라고도 간구합니다(12). 그리고 주께 범죄하지 않기 위해 주의 말씀을 마음에 둔다고 합니다. 그는 항상 말씀에 순종하는 사람이 아니라 그러기를 바라는 사람입니다. 그래서 이렇게 질문으로 시작됩니다. "청년이 무엇으로 그의 행실을 깨끗하게 하리이까"

행실이 온전하도록 말씀에 순종하는 것이 의무와 책임으로만 있다면 어떻게 "모든 재물을 즐거워함 같이 주의 증거들의 도를 즐거워"할 수 있으며, 어떻게 "주의 율례들을 즐거워하며" 잊지 않으려고 힘쓰겠습니까. 여기에서 말하는 말씀, 계명, 율례, 규례, 증거들의 도, 법도 등은 단순히 지켜야 하는 규칙이 아닙니다. 죄를 짓지 않기 위해 순종해야 하는 법 이상의 것입니다. 거기에 믿고 구원에 이르는 진리와 언약적 사랑, 그리고 하나님 나라의 가치관과 질서가 담겨 있습니다.

무엇보다 찬양자는 말씀하시는 하나님을 사랑하는 자입니다. 하나님께서 성령을 보내셔서 그 마음을 부드럽게 하시고 그 마음판에 말씀을 새기신 사람입니다. 모세는 신명기 10:13에서 "내가 오늘 네 행복을 위하여 네게 명하는 여호와의 명령과 규례를 지킬 것이 아니냐"라고 했고, 사도 바울은 "하나님을 사랑하는 것은 이것이니 우리가 그의 계명들을 지키는 것이라 그의 계명들은 무거운 것이 아니로다"(요한일서 5:3)라고 했습니다.

당신에게 하나님의 말씀은 어떻게 다가와 있는지 정직하게 살펴보십시오. 그리고 은혜를 구하십시오.

기도:
하나님, 말씀만 따라 행실을 깨끗하게 해야 한다고 생각하지만 그럴 수 있을지 혹은 그래야만 하는지 갈등하는 마음이 있음을 고백합니다. 그것은 하나님의 말씀이 담고 있는 생명의 능력과 지혜를 맛보지 못했기 때문이 아닌가 싶습니다. 하나님, 말씀을 가르쳐 주옵소서. 말씀을 다른 것을 즐거워하는 것같이 즐거워하는 마음을 주옵소서. 말씀을 마음에 두고 살아가게 하옵소서. 당신은 찬양을 받으실 분이십니다. 예수 그리스도의 이름으로 기도합니다. 아멘.

시편 119:17~24 내 눈을 열어 말씀에서 놀라운 것을 보게 하소서

17 주의 종을 후대하여 살게 하소서
그리하시면 주의 말씀을 지키리이다
18 내 눈을 열어서
주의 율법에서 놀라운 것을 보게 하소서
19 나는 땅에서 나그네가 되었사오니
주의 계명들을 내게 숨기지 마소서
20 주의 규례들을 항상 사모함으로
내 마음이 상하나이다
21 교만하여 저주를 받으며
주의 계명들에서 떠나는 자들을 주께서 꾸짖으셨나이다
22 내가 주의 교훈들을 지켰사오니
비방과 멸시를 내게서 떠나게 하소서
23 고관들도 앉아서 나를 비방하였사오나
주의 종은 주의 율례들을 작은 소리로 읊조렸나이다
24 주의 증거들은 나의 즐거움이요
나의 충고자니이다

119편의 세 번째 연입니다. 본문에서 우리는 찬양자의 현재 상황이 어떤지 짐작할 수 있습니다. 그는 하나님의 은혜가 절실히 필요합니다. 땅에서 나그네가 되었고(19) 교만하여 주의 계명대로 하지 않는 자들의 박해를 받고 있습니다(21). 찬양자는 하나님의 교훈을 지켰지만, 그것이 비방과 멸시의 근거가 되었습니다(22). 권력이 있는 자들조차 공정하게 판단하지 않고 찬양자를 비난하였습니다(23).
이러한 환경에서 찬양자가 선택한 것이 무엇입니까? 그는 하나님의 말씀을 지키기로 합니다. 그런데 그것이 자기의 능력에 있지 않다는 것을 먼저 고백합니다.

"주의 종을 후대하여 살게 하소서
그리하시면 주의 말씀을 지키리이다
내 눈을 열어서 주의 율법에서 놀라운 것을 보게 하소서"

하나님의 은혜만이 그가 말씀을 지킬 수 있도록 생명을 주시고 힘을 주신다고 고백합니다. 그리고 악인이 이기는 것 같은 세상에서 여전히 하나님이 주권으로 통치하시며 당신의 종들을 보존하고 인도하신다는 것을 말씀에서 보기를 원하고 있습니다. 그래서 더욱 말씀을 사모하여 마음이 상하기까지 합니다. 세상의 권력자들이 비방할 때도 흔들리지 않고 하나님의 말씀을 붙들려고 묵상합니다. 찬양자는 오직 하나님의 말씀을 즐거움으로 삼고 그의 충고자(모사, 의논자)로 삼겠다고 결심합니다.

사도 바울은 디모데에게 보낸 편지에서 경건한 자가 박해를 받을 때 어떻게 해야 하는지 말합니다. "[12] 무릇 그리스도 예수 안에서 경건하게 살고자 하는 자는 박해를 받으리라 [13] 악한 사람들과 속이는 자들은 더욱 악하여져서 속이기도 하고 속기도 하나니 [14] 그러나 너는 배우고 확신한 일에 거하라 너는 네가 누구에게서 배운 것을 알며"(디모데후서 3:12~14)

하나님의 말씀에서 길을 찾아야 합니다.

기도:
하나님, 말씀을 연구하고 그 뜻을 따르면 고난이 없을 것으로 생각하곤 합니다. 그러다 보니 고난을 받을 때는 내가 뭔가 말씀을 어겼나보다 하는 죄책감을 먼저 느낍니다. 그런데 그런 것이 아님을 배웁니다. 경건한 자에게도 고난은 있으며 그때 더욱 하나님의 말씀을 붙들고 사모하기를 힘써야 한다는 사실을 알게 되었습니다. 하나님의 말씀에서 놀라운 것을 보게 하옵소서. 그래서 세상과 다르게 살아갈 용기와 소망을 주옵소서, 예수 그리스도의 이름으로 기도합니다. 아멘.

시편 119:25~32 내 영혼이 진토에 붙었습니다

²⁵ 내 영혼이 진토에 붙었사오니
주의 말씀대로 나를 살아나게 하소서
²⁶ 내가 나의 행위를 아뢰매 주께서 내게 응답하셨사오니
주의 율례들을 내게 가르치소서
²⁷ 나에게 주의 법도들의 길을 깨닫게 하여 주소서
그리하시면 내가 주의 기이한 일들을 작은 소리로 읊조리리이다
²⁸ 나의 영혼이 눌림으로 말미암아 녹사오니
주의 말씀대로 나를 세우소서
²⁹ 거짓 행위를 내게서 떠나게 하시고
주의 법을 내게 은혜로이 베푸소서
³⁰ 내가 성실한 길을 택하고
주의 규례들을 내 앞에 두었나이다
³¹ 내가 주의 증거들에 매달렸사오니
여호와여 내가 수치를 당하지 말게 하소서
³² 주께서 내 마음을 넓히시면
내가 주의 계명들의 길로 달려가리이다

이 연은 비탄의 말로 시작됩니다. "내 영혼이 진토에 붙었사오니" 진토는 먼지, 티끌을 말합니다. 그의 영혼이 땅의 먼지에 붙어있다는 말은 얼굴을 흙바닥에 완전히 처박고 납작 엎드려진 고통의 상황을 묘사하는 겁니다. 28절에는 "나의 영혼이 눌림으로 말미암아 녹사오니"라고 합니다. 물이 떨어지듯이 영혼이 녹아내릴 것처럼 슬픔과 비통으로 괴롭다는 표현입니다.

그런데 찬양자는 하나님에 대한 신뢰의 표현으로 결론을 내립니다. "내 마음을 넓히시면 … 달려가리이다" 진토에 영혼이 붙어있고 녹아

내리듯이 비탄의 상황에 있던 찬양자는 이제 넓은 길을 달려가는 사람처럼 자유를 얻게 되었습니다. 찬양자의 영혼을 진토에 붙게 한 것이 무엇이었을까요? 무엇이 당신을 깊은 우울과 절망에 떨어뜨립니까? 무엇이 당신을 그토록 힘든 상황에 몰아넣습니까? 고통에서 자유에 이르는 길을 발견하기 바랍니다.

찬양자는 그의 행위를 하나님께 아뢰었습니다. 이것은 그의 행위가 완전하다는 말이 아닙니다. 그가 걸어온 길, 그것이 의로웠든지 그렇지 않았든지 행실을 있는 그대로 하나님께 아뢴 겁니다. 하나님께서 우리를 언약의 백성으로 삼으신 것은 우리의 의로움 때문이 아닙니다. 우리가 책임감 있거나 잘 해낼 능력이 있어서가 아닙니다. 하나님은 선하심과 자비하심으로 우리를 언약 안으로 부르셨습니다. 그리고 거룩하게 하시고 그의 영광이 되게 하십니다. 찬양자는 바로 그 점을 생각하고 있는 것 같습니다. 그는 자기의 행위를 아뢰고 하나님의 율례로 가르침을 받습니다. 말씀의 길을 깨닫고 거기에서 하나님께서 행하시는 기이한 일을 묵상하여 작은 소리로 읊조립니다. 그는 자기를 속이고 하나님을 속이는 거짓 행위를 따라가지 않습니다. 하나님께서 보이신 은혜의 길을 따라갑니다. 진리이신 하나님께서 앞에 두신 길을 성실하게 따라갑니다. 그 증거들에 매달립니다. 여기 "매달린다"는 표현은 진토에 "붙었다"는 그 단어를 번역한 겁니다. 진토에 붙은 것처럼, 말씀에 붙어있겠다는 겁니다. 그러면 모든 것이 밝히 드러날 때 수치를 당하지 않게 될 것이라고 확신합니다.

기도:
하나님, 제가 슬픔과 절망 가운데 있습니다. 저는 일어설 힘이 없습니다. 길을 잃어 어디로 가야 하는지 혼란스럽습니다. 하나님의 인자하심으로 저를 살아나게 하옵소서. 하나님의 말씀을 가르쳐 주옵소서. 그것이 저에게 길임을 확신하게 하옵소서. 거짓을 따라가지 않게 하소서. 다른 길을 가는 사람들의 비방에 귀를 막아 주옵소서. 성실하게 가게 하시고 자유롭게 달려가게 하옵소서. 예수 그리스도의 이름으로 기도합니다. 아멘.

시편 119:33~40 탐욕과 허탄한 것으로 향하지 않게 하소서

³³ 여호와여 주의 율례들의 도를 내게 가르치소서
내가 끝까지 지키리이다
³⁴ 나로 하여금 깨닫게 하여 주소서
내가 주의 법을 준행하며 전심으로 지키리이다
³⁵ 나로 하여금 주의 계명들의 길로 행하게 하소서
내가 이를 즐거워함이니이다
³⁶ 내 마음을 주의 증거들에게 향하게 하시고
탐욕으로 향하지 말게 하소서
³⁷ 내 눈을 돌이켜 허탄한 것을 보지 말게 하시고
주의 길에서 나를 살아나게 하소서
³⁸ 주를 경외하게 하는
주의 말씀을 주의 종에게 세우소서
³⁹ 내가 두려워하는 비방을 내게서 떠나게 하소서
주의 규례들은 선하심이니이다
⁴⁰ 내가 주의 법도들을 사모하였사오니
주의 의로 나를 살아나게 하소서

33~35절은 여호와의 말씀을 가르쳐 달라고 간구하면서 찬양자의

결의를 보여주고 있습니다. "가르치소서 내가 끝까지 지키리이다", "깨닫게 하여 주소서 내가 … 준행하며 전심으로 지키리이다", "행하게 하소서 내가 이를 즐거워함이니이다". 찬양자가 이토록 간절하게 말씀을 배우고 그 길로 가려는 이유를 36~40절에서 찾을 수 있습니다. 37절과 40절에 반복되는 단어가 그것입니다. "살아나게 하소서". 찬양자는 생명에 이르는 길을 구하고 있습니다. 하나님의 말씀이 생명의 길이기에 이토록 간절한 마음으로 말씀을 가르쳐 주시기를, 깨닫게 하여 주시기를 구할 뿐 아니라 그것을 즐거워하며 그 길로 행하겠다고 다짐합니다.

바울은 복음이 생명을 주시는 하나님의 능력이라고 했습니다. "내가 복음을 부끄러워하지 아니하노니 이 복음은 모든 믿는 자에게 구원을 주시는 하나님의 능력이 됨이라 먼저는 유대인에게요 그리고 헬라인에게로다"(로마서 1:16)

복음의 길에서 우리는 그리스도의 의로 생명을 얻습니다. 그러므로 땅에 보물을 발견한 농부가 모든 것을 팔아 그 땅을 사듯이, 진주 장사가 값진 진주를 얻기 위해 가진 모든 것을 팔아 그것을 사듯이 하나님의 말씀을 사모하여야 합니다.

생명의 길과 반대되는 길이 있습니다. 그것은 "탐욕"과 "허탄한 것"을 따르는 겁니다. 탐욕은 부당한 소득에 마음을 빼앗기는 것이고, "허탄한 것"은 우상을 말합니다. 바울이 탐심은 우상 숭배(골 3:5)라고 한 것처럼 탐욕과 허탄한 것은 같은 길에 있는 것으로 말씀이 결실하지 못하게 하는 가시입니다. 그것에 마음과 눈을 빼앗기지 않을 방법은 하나님의 말씀을 즐거워하는 것뿐입니다.

기도:

여호와여, 제 마음이 여호와의 말씀으로 향하게 하시고 제 눈이 그것을 즐거워하게 하옵소서. 생명의 능력이 있는 말씀을 사모하게 하옵소서. 거기에 하나님의 길이 있고 하나님의 의가 있습니다. 제 마음이 탐욕으로 향하지 않게 하옵소서. 제 눈이 허탄한 것을 보지 않게 하옵소서. 예수 그리스도의 이름으로 기도합니다. 아멘.

시편 119:41~48 왕들 앞에서 주의 교훈을 말할 때

⁴¹ 여호와여 주의 말씀대로
주의 인자하심과 주의 구원을 내게 임하게 하소서
⁴² 그리하시면 내가 나를 비방하는 자들에게 대답할 말이 있사오리니
내가 주의 말씀을 의지함이니이다
⁴³ 진리의 말씀이 내 입에서 조금도 떠나지 말게 하소서
내가 주의 규례를 바랐음이니이다
⁴⁴ 내가 주의 율법을 항상 지키리이다
영원히 지키리이다
⁴⁵ 내가 주의 법도들을 구하였사오니
자유롭게 걸어갈 것이오며
⁴⁶ 또 왕들 앞에서 주의 교훈들을 말할 때에
수치를 당하지 아니하겠사오며
⁴⁷ 내가 사랑하는
주의 계명들을 스스로 즐거워하며
⁴⁸ 또 내가 사랑하는 주의 계명들을 향하여 내 손을 들고
주의 율례들을 작은 소리로 읊조리리이다

여섯 번째 연입니다. 본문은 비방하는 자(42)와 왕들 앞에서 대답할 상황(46)에 오로지 여호와의 말씀에 의지하고 주의 교훈을 따라 말하겠다는 내용입니다.

찬양자는 여호와의 말씀에 약속된 대로 인자하심과 구원을 임하게 해 달라고 간구합니다. 여호와의 말씀이 자기 백성에 대한 변함없는

사랑과 구원을 약속하고 있기 때문입니다. 여호와의 약속은 하나님이 어디 계시냐고 비방하는 이들에게 대답할 말이 있게 합니다. 또한, 여호와의 말씀은 우리를 넓은 길로 자유롭게 걸어가도록 확신을 줍니다. 세상 사람들이 가는 길에 비록 많은 사람이 걸어가지만 그 길은 멸망의 길이며, 신자들이 가는 길은 비록 좁고 협착하여 적은 사람들이 가더라도 생명의 길임을 말씀을 통해 확신하게 됩니다. 우리의 신앙을 왕들 앞에 변호할 경우라도 우리가 수치를 당하지 않을 것은 우리가 말하는 것이 진리이며 성령께서 우리를 붙드실 것이기 때문입니다. 그리스도인은 자기의 삶과 신앙을 변호해야 할 일을 만납니다. 이런 일은 고대로부터 계속 있었습니다. 그래서 주님은 제자들에게 당부하셨습니다. "사람들이 너희를 끌어다가 넘겨줄 때에 무슨 말을 할까 미리 염려하지 말고 무엇이든지 그 때에 너희에게 주시는 그 말을 하라 말하는 이는 너희가 아니요 성령이시니라"(마가복음 13:11) 성령께서 말하게 하심이 성경을 떠나 말씀하신다는 의미는 아닙니다. 성령은 진리의 영으로서 성경을 깨닫도록 밝히 드러나게 하시는 분이시기 때문입니다. 성령의 도움으로 우리가 말하게 되는 것은 하나님의 말씀입니다. 베드로 사도는 "너희 속에 있는 소망에 관한 이유를 묻는 자에게는 대답할 것을 항상 준비하되 온유와 두려움으로 하고"(벧전 3:15)라고 했습니다.
  이러한 경험들은 우리가 하나님의 말씀을 더욱 사랑하게 합니다.

기도:
  여호와여, 말씀대로 제게 인자하심과 구원을 보여주옵소서. 저를 향한 언약의 말씀이 변하지 않는 줄을 믿습니다. 제가 말씀을 의지합니다. 하나님을 두려워하지 않고 믿음의 걸음을 비방하는 사람들에게 할 말을 주옵소서. 믿지 않는 형제들과 이웃들에게 수치를 당하지 않게 하옵소서. 여호와의 말씀을 사랑함으로 그 말씀만을 붙들고 자유롭게 나아가게 하옵소서. 예수 그리스도의 이름으로 기도합니다. 아멘.

시편 119:49~56 나그네의 삶에 소망과 위로

⁴⁹ 주의 종에게 하신 말씀을 기억하소서
주께서 내게 소망을 가지게 하셨나이다
⁵⁰ 이 말씀은 나의 고난 중의 위로라
주의 말씀이 나를 살리셨기 때문이니이다
⁵¹ 교만한 자들이 나를 심히 조롱하였어도
나는 주의 법을 떠나지 아니하였나이다
⁵² 여호와여 주의 옛 규례들을 내가 기억하고
스스로 위로하였나이다
⁵³ 주의 율법을 버린 악인들로 말미암아
내가 맹렬한 분노에 사로잡혔나이다
⁵⁴ 내가 나그네 된 집에서
주의 율례들이 나의 노래가 되었나이다
⁵⁵ 여호와여 내가 밤에 주의 이름을 기억하고
주의 법을 지켰나이다
⁵⁶ 내 소유는 이것이니
곧 주의 법도들을 지킨 것이니이다

찬양자는 고난 중에 있습니다. 하나님을 대적하는 교만한 자들은 하나님의 말씀을 의지하는 자들을 조롱합니다. 그는 자신의 삶을 나그네의 삶이라고 합니다. 베드로 사도도 신자를 "거류민과 나그네"라고 했습니다. 이 땅에서 우리의 안식처를 발견할 수 없기 때문입니다. 찬양자는 이러한 삶을 "밤"으로 표현했습니다.

이럴 때 신자에게 소망과 위로가 되는 것이 무엇입니까? 찬양자는 여호와께 간구합니다. "주의 종에게 하신 말씀을 기억하소서". 그 말씀은 언약의 말씀입니다. 우리가 그의 백성이 되고 여호와가 우리의 하나님이 되신다는 말씀입니다. 여호와께 기억해 달라고 구하는 것은 하나님이 잊으셨음을 상기하시라는 것이 아닙니다. 말씀하신 대로 행하시기를 구하는 겁니다. 신앙의 선조들에게 행하신 일들이 담긴 말씀을 기억할 때 하나님은 인자하시며 진실하십니다. 하나님은 지체하지 않으시며 말씀하신 대로 행하십니다. 그 변치 않는 말씀은 우리에게 소망입니다. 지금 우리의 형편이 바라던 것과 같지 않더라도 그 말씀이 우리를 살리셨습니다. 그러므로 고난 중에 위로가 됩니다.

 나그네로 사는 동안 신자는 여호와의 말씀에서 소망을 갖습니다. 말씀에서 위로를 얻고 그 말씀을 밤을 견디는 노래로 삼습니다. 여호와의 성품과 그 행하신 일을 기억하며 말씀을 지킵니다. 그리고 말씀을 지킨 것을 나그네로 사는 땅에서 "내 소유"(행복)로 주장합니다(56). "주님의 법도를 따라서 사는 삶에서 내 행복을 찾습니다"(새번역).

 아브라함은 약속으로 받은 땅을 나그네처럼 살며 장막에 거하였습니다. 그것은 "그가 하나님이 계획하시고 지으실 터가 있는 성을 바랐"기 때문입니다(히 11:9~10). 그리스도와 함께 그리고 성령의 능력과 함께 하나님 나라가 지금 여기에 임하였지만, 세상과 죄와 마귀의 저항으로 우리는 이 땅에서 나그네 같은 삶을 살아갑니다. 우리를 위로하고 소망이 되는 것은 하나님의 말씀과 그것을 지키는 겁니다. .

기도:
 여호와여, 하나님의 의로우심과 진실하심이 이 땅에 드러나지 않고 불의한 자들이 하나님과 믿는 자들을 비방하는 것을 볼 때 우리 안에 분노가 일어납니다. 우리는 아직 나그네 같은 삶을 살아갑니다. 하나님은 신실하셔서 우리의 기도를 들으시고 약속하신 대로 하나님 나라가 임하게 하시며 공의를 나타내시는 분이신 것을 믿습니다. 고난 중에 말씀을 위로로 삼게 하옵소서. 말씀을 따라 믿음의 길을 걸어가게 하옵소서. 예수 그리스도의 이름으로 기도합니다. 아멘.

시편 119:57~64 여호와는 나의 분깃이시라

⁵⁷ 여호와는 나의 분깃이시니
나는 주의 말씀을 지키리라 하였나이다
⁵⁸ 내가 전심으로 주께 간구하였사오니
주의 말씀대로 내게 은혜를 베푸소서
⁵⁹ 내가 내 행위를 생각하고
주의 증거들을 향하여 내 발길을 돌이켰사오며
⁶⁰ 주의 계명들을 지키기에 신속히 하고
지체하지 아니하였나이다
⁶¹ 악인들의 줄이 내게 두루 얽혔을지라도
나는 주의 법을 잊지 아니하였나이다
⁶² 내가 주의 의로운 규례들로 말미암아
밤중에 일어나 주께 감사하리이다
⁶³ 나는 주를 경외하는 모든 자들과
주의 법도들을 지키는 자들의 친구라
⁶⁴ 여호와여 주의 인자하심이 땅에 충만하였사오니
주의 율례들로 나를 가르치소서

"찬양자는 "여호와는 나의 분깃"이시라는 고백으로 입을 엽니다. "분깃"이라는 말은 할당된 몫이라는 의미입니다. 여호와가 나의 몫이라는 말은 여호와를 소유로 삼겠다는 말인데 이는 여호와가 나의 전부라는 고백과도 같습니다. 여호와를 나의 분깃으로 삼는 것은 여호와로 충분하다는 고백이며 그로부터 모든 은혜가 나온다는 신뢰와 소망을 표현한 겁니다.

여호와를 신뢰하는 마음은 그의 말씀에 대한 사랑으로 나타납니다. "나는 주의 말씀을 지키리라"라고 결심합니다. 그리고 말씀대로 은혜를 베푸시길 간구합니다. 그뿐만 아니라 말씀에 대한 열정을 나타냅니다. "주의 증거들을 향하여 내 발길을 돌이켰사오며"(59), "주의 계명들을 지키기에 신속히 하고 지체하지 아니하였나이다"(60), "주의 법을 잊지 아니하였나이다"(61), "밤중에 일어나 주께 감사하리이다"(62). 그리고 주를 경외하며 말씀을 지키는 사람들과 교제합니다(63).

찬양자가 여호와를 분깃으로 삼고 그의 말씀을 사랑하는 것은 "여호와의 인자하심이 땅에 충만"(64)하기 때문입니다. 땅에 충만한 하나님의 인자하심 곧 언약에 신실하신 사랑을 믿고 경험하였기에 그는 더욱 힘써 언약의 말씀을 가르쳐 달라고 간구합니다(64). 여호와를 사랑하는 것과 말씀을 지키는 것은 뗄 수 없는 일입니다. 그리스도께서도 이렇게 말씀하셨습니다.

"나의 계명을 지키는 자라야 나를 사랑하는 자니 나를 사랑하는 자는 내 아버지께 사랑을 받을 것이요 나도 그를 사랑하여 그에게 나를 나타내리라"(요한복음 14:21)

이 말씀은 완벽한 순종이 사랑의 증거라는 말이 아닙니다. 계명은 우리가 지켜야 할 도덕적인 규칙이 아닙니다. 계명은 그리스도로 말미암아 하나님을 믿는 내용입니다.

기도:
여호와 하나님, 우리에게 향하신 하나님의 인자하심으로 말미암아 하나님을 나의 분깃으로 삼고 사랑합니다. 언약의 말씀을 사랑하여 말씀을 지키기에 신속하게 하시고 지체하지 않게 하옵소서. 율법주의의 함정에 빠지지 않게 하시고 연약함을 긍휼히 여기시는 그리스도를 언제나 의지하게 하옵소서. 하나님을 경외하고 말씀을 따르는 자들을 곁에 주셔서 함께 이 길을 따라가게 하옵소서. 예수 그리스도의 이름으로 기도합니다. 아멘.

시편 119:65~72 고난과 선하심

⁶⁵ 여호와여 주의 말씀대로
주의 종을 선대하셨나이다
⁶⁶ 내가 주의 계명들을 믿었사오니
좋은 명철과 지식을 내게 가르치소서
⁶⁷ 고난 당하기 전에는 내가 그릇 행하였더니
이제는 주의 말씀을 지키나이다
⁶⁸ 주는 선하사 선을 행하시오니
주의 율례들로 나를 가르치소서
⁶⁹ 교만한 자들이 거짓을 지어 나를 치려 하였사오나
나는 전심으로 주의 법도들을 지키리이다
⁷⁰ 그들의 마음은 살쪄서 기름덩이 같으나
나는 주의 법을 즐거워하나이다
⁷¹ 고난 당한 것이 내게 유익이라
이로 말미암아 내가 주의 율례들을 배우게 되었나이다
⁷² 주의 입의 법이
내게는 천천 금은보다 좋으니이다

9연의 배경이 되는 단어는 "고난"입니다. "고난 당하기 전에는 내가 그릇 행하였더니"(67), "고난 당한 것이 내게 유익이라"(71)

"고난"으로 번역된 단어의 의미는 "괴롭히다", "천하게 하다"입니다. 교만한 자의 거짓 때문인지 찬양자는 괴롭힘을 받고 비천하게 되었습니다. 그런데 그 사건으로 그는 오히려 하나님의 말씀을 지키게 되었고 말씀을 배우게 되었습니다. 그래서 그것을 유익(선)이라고 고백합니다(71). 그뿐 아니라 고난을 통해 말씀을 따르고 배우게 하신 하나님이 선하시며(68) 자기를 선하게 대하셨다고 말합니다(65).

"선하다"는 의미의 히브리어 "토브"가 다섯 곳에서 사용되었습니다. "주의 종을 선대하셨나이다"(65), "좋은 명철과 지식"(66), "주는 선하사 선을 행하시오니"(68), "고난 당한 것이 내게 유익이라"(71), "내게는 천천 금은보다 좋으니이다"(72).

고난과 선하심은 어울리기 어려운 개념입니다. 그런데 이 둘이 그리스도 안에서 하나가 되었습니다. 그리스도께서 고난을 당하심으로 선하심과 인자하심을 보이셨습니다. 우리도 그리스도의 고난에 동참함으로 영광에 이르게 됩니다. 고난은 하나님의 선을 이루는 도구입니다. 바울의 고백처럼 모든 것이 합력하여 선을 이루게 됩니다(롬 8:28).

찬양자는 고난을 통해 하나님의 선하심을 경험하고 하나님의 언약의 말씀이 그 무엇보다 좋다고 고백합니다. 그런데 누구나 고난을 받는다고 말씀을 따르게 되거나 고난을 유익으로 여기지는 않습니다. 성령께서 우리의 눈을 열어주시고 마음을 부드럽게 하여 주셔야 고난 뒤에 있는 하나님의 사랑의 손길을 보게 됩니다. 그런 은혜가 당신에게 있기를 축복합니다.

기도:
여호와 하나님, 하나님은 선하시며 저를 선대하십니다. 그렇다는 것을 평안의 날에는 생각지 못하였다가 뜻하지 않은 고난의 길을 걸을 때 발견하게 하십니다. 이 모든 것이 은혜였음을. 고난이 있다고 버림받은 것이 아님을 압니다. 제가 받아들이기를 원하지 않을 때조차 하나님은 선하시며 옳으십니다. 제 마음이 교만한 자와 같이 무디지 않게 하시고 말씀을 배우게 하옵소서. 야단맞은 후 어머니의 품에서 위로를 받는 아이처럼 사랑을 더욱 알게 하옵소서. 예수 그리스도의 이름으로 기도합니다. 아멘.

시편 119:73~80 고난 중의 위로

⁷³ 주의 손이 나를 만들고 세우셨사오니
내가 깨달아 주의 계명들을 배우게 하소서
⁷⁴ 주를 경외하는 자들이 나를 보고 기뻐하는 것은
내가 주의 말씀을 바라는 까닭이니이다
⁷⁵ 여호와여 내가 알거니와 주의 심판은 의로우시고
주께서 나를 괴롭게 하심은 성실하심 때문이니이다
⁷⁶ 구하오니 주의 종에게 하신 말씀대로
주의 인자하심이 나의 위안이 되게 하시며
⁷⁷ 주의 긍휼히 여기심이 내게 임하사 내가 살게 하소서
주의 법은 나의 즐거움이니이다
⁷⁸ 교만한 자들이 거짓으로 나를 엎드러뜨렸으니
그들이 수치를 당하게 하소서
나는 주의 법도들을 작은 소리로 읊조리리이다
⁷⁹ 주를 경외하는 자들이 내게 돌아오게 하소서
그리하시면 그들이 주의 증거들을 알리이다
⁸⁰ 내 마음으로 주의 율례들에 완전하게 하사
내가 수치를 당하지 아니하게 하소서

"주의 손이 나를 만들고 세우셨사오니" 찬양자는 여호와가 창조주이시며 자기는 그의 손으로 만들고 세우신 자라고 고백합니다. 그렇지만 우리는 완전한 자로 지어지지 않았습니다. 우리는 그리스도를 닮아가도록 부르심을 받았습니다. 이것이 우리를 지으신 중요한 목적

의 하나입니다. "하나님이 미리 아신 자들을 또한 그 아들의 형상을 본받게 하기 위하여 미리 정하셨으니"(롬 8:29). 그 목적을 위해 우리 안에서 착한 일을 시작하신 하나님은 그의 의로우심으로 우리를 다스리시고(심판) 성실하심으로 괴롭게 하기도 하십니다. 우리는 고난조차도 하나님의 의로우시며 성실하신 성품에서 나오는 것인 줄 알기에 하나님의 인자하심을 구할 수 있으며 거기에서 위로를 얻을 수 있습니다(75, 76).

사람들은 신자들이 고난을 받을 때 하나님이 계시지 않기라도 한 것처럼 의심하며 신자들을 불쌍하게 봅니다. 하지만 신자는 여전히 하나님의 긍휼히 여기심을 힘입어 살며 더욱 하나님의 말씀을 즐거움으로 삼습니다(77). 하나님의 말씀대로 수치를 당하지 않게 하실 것을 믿기 때문입니다(80).

신자의 고난을 보고 교만한 자들은 떠나겠지만 하나님을 경외하는 자들은 도리어 위로하고 위로를 얻는 교제로 나아옵니다(74, 79). 그들은 그리스도를 따르는 삶에 고난이 있다는 것을 알기도 하고 이미 겪기도 했기 때문입니다. 고난 중에 함께 기도하고 평안한 중에 함께 즐거워할 수 있는 동료가 가까이 있는 것은 얼마나 큰 복인가요! 그래서 바울은 디모데에게 이렇게 권면합니다.

"또한 너는 청년의 정욕을 피하고 주를 깨끗한 마음으로 부르는 자들과 함께 의와 믿음과 사랑과 화평을 따르라"(디모데후서 2:22)

기도:
여호와 하나님, 고난 당할 때 하나님은 '의로우시다', 하나님은 '성실하시다' 말하며 의지하게 하옵소서. 말씀하신 대로 인자하심을 베풀어 주옵소서. 그래서 하나님의 말씀을 떠나지 않게 하옵소서. 하나님, 세상의 거짓되고 일시적인 복과 안전에 기대어 살지 않게 하옵소서. 그리스도를 따르는 좁은 길에 위로가 되는 친구들을 주옵소서. 평안할 때뿐 아니라 괴롭고 힘들 때도 하나님을 경외함으로 서로 격려하게 하옵소서. 예수 그리스도의 이름으로 기도합니다. 아멘.

시편 119:81~88 내 눈이 주의 말씀을 바라기에 피곤하니이다

⁸¹ 나의 영혼이 주의 구원을 사모하기에 피곤하오나
나는 주의 말씀을 바라나이다
⁸² 나의 말이 주께서 언제나 나를 안위하실까 하면서
내 눈이 주의 말씀을 바라기에 피곤하니이다
⁸³ 내가 연기 속의 가죽 부대 같이 되었으나
주의 율례들을 잊지 아니하나이다
⁸⁴ 주의 종의 날이 얼마나 되나이까
나를 핍박하는 자들을 주께서 언제나 심판하시리이까
⁸⁵ 주의 법을 따르지 아니하는 교만한 자들이
나를 해하려고 웅덩이를 팠나이다
⁸⁶ 주의 모든 계명들은 신실하니이다
그들이 이유 없이 나를 핍박하오니 나를 도우소서
⁸⁷ 그들이 나를 세상에서 거의 멸하였으나
나는 주의 법도들을 버리지 아니하였사오니
⁸⁸ 주의 인자하심을 따라 나를 살아나게 하소서
그리하시면 주의 입의 교훈들을 내가 지키리이다

열한 번째 연의 분위기는 어둡습니다. 찬양자의 영혼은 "주의 구원을 사모하기에 피곤"(81)하고 그의 눈은 "주의 말씀을 바라기에 피곤"(82)합니다. 하나님의 구원과 안위하심을 기다리는데 그는 연약해졌고 지쳤습니다. 자신의 모습을 "연기 속의 가죽 부대"라고 말합니다. 연기 속에 있어서 쭈글쭈글해지고 그을음이 잔뜩 묻어 있는 가죽 부대와 같이 아무런 힘이 없이 절망 가운데 있는 모습을 표현한 것으로 보입니다. 그의 날이 얼마 남지 않은 사람처럼 하나님께서 속히 심판하시기를 구합니다.

85절 이하에서 찬양자가 왜 이런 형편에 놓이게 되었는지 볼 수 있습니다. 주의 법을 따르지 않는 교만한 자들이 그를 해하려고 웅덩이를 팠습니다. 그들은 이유 없이 여호와를 경외하는 자를 핍박하고 세상에서 멸하려 하였습니다. 찬양자는 세상에서 거의 끝났습니다.

그런데 찬양자는 오로지 한 가지 마음만 가집니다. "나는 주의 말씀을 바라나이다"(81)

하나님의 구원하심이 더디고 지쳐 다른 길을 찾고 싶은 마음이 들 수 있겠지만, 그는 "주의 율례들을 잊지 아니하나이다"(83)라고 고백합니다. 왜냐하면 "주의 모든 계명들은 신실"(86)하기 때문이며, 여호와 하나님은 말씀하신 대로 행하는 분이기 때문입니다. 여호와께서 하박국 선지자에게 말씀하셨습니다. "비록 더딜지라도 기다리라 지체되지 않고 반드시 응하리라"(합 2:3)

아브라함은 이삭을 낳기까지 25년의 세월을 기다려야 했고 그에게 약속된 땅이 자손들에게 주어지기까지는 430년의 세월을 기다려야 했습니다. 긴 시간 견디게 하는 힘은 말씀을 믿는 데서 나옵니다. 히브리서 저자는 이렇게 권면합니다.

"[36] 너희에게 인내가 필요함은 너희가 하나님의 뜻을 행한 후에 약속하신 것을 받기 위함이라 [37] 잠시 잠깐 후면 오실 이가 오시리니 지체하지 아니하시리라"(히브리서 10:36~37)

하나님의 인자하심을 의지하고 말씀의 약속을 붙들고 인내하시기 바랍니다.

기도:

여호와여, 교만하여 하나님을 대적하는 자로 살지 않게 하시고 하나님 편에서 있게 하심을 감사드립니다. 고난의 때 저는 하나님을 바라봅니다. 말씀하신 대로 인자하심을 따라 살아가게 하옵소서, 저는 하나님께서 약속하신 말씀을 붙들고 나아갑니다. 인내하게 하옵소서. 저의 연약함을 아시오니 오래 두지 마시며 지체하지 마옵소서. 예수 그리스도의 이름으로 기도합니다. 아멘.

시편 119:89~96 창조세계와 말씀의 영원함

⁸⁹ 여호와여 주의 말씀은
영원히 하늘에 굳게 섰사오며
⁹⁰ 주의 성실하심은 대대에 이르나이다
주께서 땅을 세우셨으므로 땅이 항상 있사오니
⁹¹ 천지가 주의 규례들대로 오늘까지 있음은
만물이 주의 종이 된 까닭이니이다
⁹² 주의 법이 나의 즐거움이 되지 아니하였더면
내가 내 고난 중에 멸망하였으리이다
⁹³ 내가 주의 법도들을 영원히 잊지 아니하오니
주께서 이것들 때문에 나를 살게 하심이니이다
⁹⁴ 나는 주의 것이오니 나를 구원하소서
내가 주의 법도들만을 찾았나이다
⁹⁵ 악인들이 나를 멸하려고 엿보오나
나는 주의 증거들만을 생각하겠나이다
⁹⁶ 내가 보니 모든 완전한 것이 다 끝이 있어도
주의 계명들은 심히 넓으니이다

　　찬양자는 하늘과 땅의 영원함과 견고함에 비추어서 말씀의 영원함을 말합니다. 새 하늘과 새 땅이 임하기 전까지 하늘과 땅은 견고하게 그 자리에 있을 것인데 그것은 하나님이 그의 말씀의 능력과 영광으로 지으신 겁니다. 90절은 말씀에 관한 동의어가 들어 있지 않은 구절 중 하나입니다. "말씀" 대신에 "성실하심"을 말합니다. "성실하심"은 언약 말씀의 흔들림 없는 견고함입니다. 하늘과 땅은 그 말씀대로 존재하며 만물은 하나님의 종으로 있습니다. 바울은 그리스도가 만물의 근원이며 목적이라고 밝힙니다.

"^{16} 만물이 그에게서 창조되되 하늘과 땅어서 보이는 것들과 보이지 않는 것들과 혹은 왕권들이나 주권들이나 통치자들이나 권세들이나 만물이 다 그로 말미암고 그를 위하여 창조되었고 ^{17} 또한 그가 만물보다 먼저 계시고 만물이 그 안에 함께 섰느니라"(골로새서 1:16~17)

아브라함 카이퍼의 말대로 그리스도가 다스리지 않으시는 곳은 단 한 평도 없습니다. 그런데 아직 세상은 원수와 악인들의 영향력 아래 있는 듯합니다. 신자들은 고난을 겪으며 악인들에게 둘러싸여 있습니다.

찬양자는 하나님의 말씀을 바라보게 합니다. "내가 보니 모든 완전한 것이 다 끝이 있어도 주의 계명들은 심히 넓으니이다"(96)

모든 것이 끝이 있습니다. 악인들과 그 영향력도 잠깐의 일입니다. 세상의 과학과 문화도 지나갑니다. 젊은 시절도 괴로움으로 고통받는 시간도 끝이 있습니다. 그리스도께서 "천지는 없어질지언정 내 말은 없어지지 아니하리라"(마 24:31) 하신 대로 오직 여호와의 말씀만 영원합니다. 그러므로 우리의 눈을 말씀에 향하게 합시다. 말씀을 즐거워하고 말씀을 믿고 나아갑시다. 하나님께서 인자하심과 성실하심으로 행하시는 일에 감사하고 서로 사랑합시다.

기도:
여호와 하나님의 말씀은 영원합니다. 그 말씀으로 만물을 지으셨고 보존하시며 다스리십니다. 제 삶의 모든 영역이 하나님 말씀의 다스림 가운데 있음을 믿습니다. 저의 지혜나 많은 사람 곧 세상의 방식을 따라 생각하고 결정하며 살지 않게 하옵소서. 장래 일을 영원하신 하나님께 맡기고 매 순간 성령의 인도하심 가운데 살게 하옵소서. 예수 그리스도의 이름으로 기도합니다. 아멘.

시편 119:97~104 말씀의 지혜

⁹⁷ 내가 주의 법을 어찌 그리 사랑하는지요
내가 그것을 종일 작은 소리로 읊조리나이다
⁹⁸ 주의 계명들이 항상 나와 함께 하므로
그것들이 나를 원수보다 지혜롭게 하나이다
⁹⁹ 내가 주의 증거들을 늘 읊조리므로
나의 명철함이 나의 모든 스승보다 나으며
¹⁰⁰ 주의 법도들을 지키므로
나의 명철함이 노인보다 나으니이다
¹⁰¹ 내가 주의 말씀을 지키려고 발을 금하여
모든 악한 길로 가지 아니하였사오며
¹⁰² 주께서 나를 가르치셨으므로
내가 주의 규례들에서 떠나지 아니하였나이다
¹⁰³ 주의 말씀의 맛이 내게 어찌 그리 단지요
내 입에 꿀보다 더 다니이다
¹⁰⁴ 주의 법도들로 말미암아 내가 명철하게 되었으므로
모든 거짓 행위를 미워하나이다

찬양자는 여호와의 말씀을 사랑하여 종일 묵상(작은 소리로 읊조리다)합니다. 이 연에서 찬양자는 말씀의 지혜를 노래합니다. 말씀의 지혜는 그가 말씀을 사랑하는 이유이면서 결과이기도 합니다. 말씀이 원수보다 지혜롭게 합니다. 그의 명철(지혜. 총명)이 그의 모든 스승보다 낫고 노인보다 낫게 합니다. 말씀을 지키려고 하여 모든 악한

길로 가지 않게 되었고 주의 가르치심으로 말씀을 떠나지 않게 되었습니다. 말씀이 꿀보다도 더 달게 여겨지고 므든 거짓 행위를 미워하게 되었습니다.

하나님의 말씀을 지켜야만 하는 규칙으로 여긴다면 그것을 사랑하게 되지는 않을 겁니다. 학교의 규칙을 사랑하는 학생들이 없는 것과 같습니다. 말씀이 주는 유익을 경험하고 나면 그것을 대하는 태도가 달라집니다. 요즘엔 위성을 이용한 내비게이션을 사람들 대부분이 사용합니다. 그것만 있으면 한 번도 가보지 않은 곳을 가더라도 길을 잃을 걱정을 하지 않습니다. 얼마나 큰 힘이 되는지 모릅니다. 그것의 안내를 따라가면서 순종을 요구한다고 블평하는 일은 없습니다. 모르는 길을 갈수록, 어두운 길을 갈수록 더욱 의지하게 됩니다. 혹 안내를 놓칠까 싶어 눈과 귀를 예민하게 열어두고 갑니다. 아는 길이라도 확신을 위해 곁에 두는 경우가 많습니다. 하나님의 말씀은 우리가 한 번도 가보지 않은 길을 안내하는 인생의 내비게이션입니다. 스승보다, 노인보다 지혜롭게 우리를 안내합니다. 그것은 단지 이생의 유익만이 아니라 영원한 유익을 우리에게 제공해 줍니다.

자기를 사랑하는 법, 이웃을 대하는 법, 행복한 가정을 만드는 법, 성공한 인생을 사는 법, 하나님의 형상을 회복하여 사는 법, 자녀를 지혜롭게 양육하는 법, 하나님과 친밀하게 교제하는 법 등. 하나님 나라를 누리게 합니다. 말씀을 통해 받은 유익이 무엇인지 헤아려 보십시오. 그리고 더 많은 은택을 사모하십시오.

기도:
여호와여, 제가 하나님의 말씀을 사랑합니다. 말씀에서 하나님의 인자하심의 풍성함과 진실하심을 알았습니다. 하나님의 말씀이 저를 살리시고 깨끗하게 하시고 자유롭게 하셨습니다. 말씀을 제게 가르쳐 주옵소서. 말씀을 떠나지 않게 하옵소서. 지혜롭게 하옵소서. 말씀이 제 안에 풍성히 거하게 하옵소서. 예수 그리스도의 이름으로 기도합니다. 아멘.

시편 119:105~112 내 발에 등, 내 길의 빛

105 주의 말씀은 내 발에 등이요
내 길에 빛이니이다
106 주의 의로운 규례들을 지키기로 맹세하고
굳게 정하였나이다
107 나의 고난이 매우 심하오니
여호와여 주의 말씀대로 나를 살아나게 하소서
108 여호와여 구하오니 내 입이 드리는 자원제물을 받으시고
주의 공의를 내게 가르치소서
109 나의 생명이 항상 위기에 있사오나
나는 주의 법을 잊지 아니하나이다
110 악인들이 나를 해하려고 올무를 놓았사오나
나는 주의 법도들에서 떠나지 아니하였나이다
111 주의 증거들로 내가 영원히 나의 기업을 삼았사오니
이는 내 마음의 즐거움이 됨이니이다
112 내가 주의 율례들을 영원히 행하려고
내 마음을 기울였나이다

찬양자는 "주의 말씀이 내 발에 등이요 내 길에 빛"이라고 고백합니다. 내 발에 등, 내 길에 빛은 어떤 상황일까요? 조명하나에 의지해서 어두운 길을 걸어본 경험을 생각해 보십시오. 요즘에는 멀리까지 넓고 환하게 비춰주는 조명이 발달해 있지만, 고대에는 그런 기술이 없었습니다. 말 그대로 내 발 앞에 길을 보여주는 정도였습니다. 앞에 무엇이 있을지 알지 못하는 상황에서 오로지 손에 들고 있는 등

만 의지해야 했습니다. 내 길에 빛은 바로 앞에 있는 등과는 조금 다릅니다. 길의 방향을 알지 못할 때 멀리 산 위의 동네에서 흘러나오는 빛을 보고 방향을 정하여 가는 것과 같이 방향과 목적지를 알려주는 겁니다.

찬양자는 "나의 생명이 항상 위기에 있사오나"(109) 라고 고백합니다. 이 구절의 원래 의미는 "나의 영혼이 계속해서 나의 손안에 있사오니"입니다. 외부의 어떠한 도움도 없이 홀로 자신의 생명을 지켜내야 하는 것이야말로 위기입니다. 생명과 안전이 하나님의 손에 그리고 하나님의 공동체와 연결된 것이 우리에게 복입니다.

찬양자는 "악인이 나를 해하려고 올무를 놓았사오나"(110) 라고 고백합니다. 베드로 사도는 "근신하라 깨어라 너희 대적 마귀가 우는 사자같이 두루 다니며 삼킬 자를 찾나니"(벧전 5:8)라고 말합니다. 어린아이는 전쟁 중에도 혹은 포로 생활 중에도 부모의 사랑과 돌봄으로 안전하다는 생각으로 뛰어놀 수 있습니다. 그렇지만 그 전쟁을 이끄는 권한을 가진 사람이나 포로 생활의 진상을 아는 사람은 긴장을 놓을 수 없는 법입니다. 하나님의 말씀과 성령의 인도하심이 아니고서는 하나님의 선하시고 온전하신 뜻을 따를 수 없습니다.

어두운 길에 내 앞을 비추는 등불을 의지함같이 그리고 저 멀리 보이는 빛을 따라 길을 정하고 가는 것처럼 하나님의 말씀을 붙들고 그것을 즐거움으로 삼아 걸어갑시다.

기도:

여호와 하나님, 말씀을 주셔서 제 발의 등이요, 제 길의 빛이 되게 하시니 감사합니다. 더욱 말씀을 제 발의 등과 길의 빛으로 삼고 걸어가게 하옵소서. 그리고 저의 눈을 열어주셔서 저의 평안만이 아니라 주변의 형편과 공동체의 상황을 보게 하옵소서. 위기 가운데 있는 지체들을 보게 하옵소서. 말씀을 따라 위로하며 동행하게 하옵소서. 예수 그리스도의 이름으로 기도합니다. 아멘.

시편 119:113~120 두 마음과 말씀을 사랑함

¹¹³ 내가 두 마음 품는 자들을 미워하고
주의 법을 사랑하나이다
¹¹⁴ 주는 나의 은신처요 방패시라
내가 주의 말씀을 바라나이다
¹¹⁵ 너희 행악자들이여 나를 떠날지어다
나는 내 하나님의 계명들을 지키리로다
¹¹⁶ 주의 말씀대로 나를 붙들어 살게 하시고
내 소망이 부끄럽지 않게 하소서
¹¹⁷ 나를 붙드소서 그리하시면 내가 구원을 얻고
주의 율례들에 항상 주의하리이다
¹¹⁸ 주의 율례들에서 떠나는 자는 주께서 다 멸시하셨으니
그들의 속임수는 허무함이니이다
¹¹⁹ 주께서 세상의 모든 악인들을 찌꺼기 같이 버리시니
그러므로 내가 주의 증거들을 사랑하나이다
¹²⁰ 내 육체가 주를 두려워함으로 떨며
내가 또 주의 심판을 두려워하나이다

　　신자의 믿음을 흔드는 사람들은 교회 밖에만 있는 것이 아닙니다. 교회 안에도 있습니다. 그들은 두 마음을 품은 사람들입니다. 그들은

하나님을 믿는다고 하면서 정작 하나님의 말씀에는 마음을 두지 않습니다. 세상을 살아가려면 어쩔 수 없다고 합니다. 세상 따르는 것을 말씀을 따르는 것보다 더 지혜롭게 생각합니다. 말씀을 따라 사는 것은 세상의 이치를 모르는 광신자들의 몫인 양 비난합니다. 그리스도께서 비유로 말씀하신 길가, 돌밭, 가시 떨기에 말씀이 떨어져서 결실하지 못하는 사람들이 이에 속합니다. 그들은 세상의 염려와 욕심으로 하나님을 신뢰하지 못합니다.

찬양자는 두 마음을 품은 그들을 미워하며 그들에게 "너희 행악자들이여 나를 떠날지어다"라고 말합니다. 하나님의 말씀을 떠나 자기들이 지혜롭다고 생각하는 길을 걸어가는 자들을 하나님께서는 멸시하십니다. 그들의 길은 속임수에 불과한 것이 드러나고 말 겁니다. 하나님의 인자하심은 영원하지만 언약의 말씀을 떠난 자들에게까지 한없이 자비하시지는 않으십니다. 반드시 심판이 있습니다. 두 마음을 품은 자들이 공동체 안에 있다면 하나님의 은혜가 그를 돌이키시기를 바라야겠지만 그가 걷는 그릇된 길을 부러워하거나 따라가서는 안 됩니다.

우리는 하나님의 말씀을 사랑하며 하나님을 은신처와 방패로 삼아야 합니다. 아빠 아버지로 친밀하게 대하시는 사랑의 하나님이시지만 동시에 의로우시며 엄위하신 하나님이시기에 두려움으로 떨며 진리 가운데 서기를 힘써야 합니다.

기도:
여호와 하나님, 교회 밖은 물론이고 교회 안에도 하나님의 말씀을 따라 살지 않는 사람들이 있습니다. 그들은 진리를 따라 살아가려는 사람들의 마음을 흔들어 놓곤 합니다. 저에게 진리를 깨닫는 눈을 주옵소서, 세상의 가치를 따르지 않고 말씀을 따라 먼저 하나님 나라와 의를 구하는 자로 살게 하옵소서. 염려와 욕심으로 사는 옛사람을 벗어버리고 진리의 거룩함으로 지으심을 받은 사람으로 날마다 새롭게 하여 주옵소서. 두 마음을 품은 자를 돌아서게 하는 지혜와 사랑을 주옵소서. 예수 그리스도의 이름으로 기도합니다. 아멘.

시편 119:121~128 의로운 말씀을 사모함

¹²¹ 내가 정의와 공의를 행하였사오니
나를 박해하는 자들에게 나를 넘기지 마옵소서
¹²² 주의 종을 보증하사 복을 얻게 하시고
교만한 자들이 나를 박해하지 못하게 하소서
¹²³ 내 눈이 주의 구원과
주의 의로운 말씀을 사모하기에 피곤하니이다
¹²⁴ 주의 인자하심대로 주의 종에게 행하사
내게 주의 율례들을 가르치소서
¹²⁵ 나는 주의 종이오니 나를 깨닫게 하사
주의 증거들을 알게 하소서
¹²⁶ 그들이 주의 법을 폐하였사오니
지금은 여호와께서 일하실 때니이다
¹²⁷ 그러므로 내가 주의 계명들을 금
곧 순금보다 더 사랑하나이다
¹²⁸ 그러므로 내가 범사에 모든 주의 법도들을 바르게 여기고
모든 거짓 행위를 미워하나이다

찬양자가 정의와 공의를 행하였다는 것은 곧 말씀을 행하였다는 것인데 이는 자기의 의를 자랑하려는 것이 아닙니다. 그는 하나님께 말씀대로 붙들어 살게 하시기를 구했고(116), 여전히 말씀을 깨닫게 하여 달라고 구하는 사람입니다(125). 하나님의 도우심이 아니면 말씀을 따라 살 수 없다는 것을 그는 알고 있습니다. 그러므로 그가 정의와 공의를 행하고 있다는 것은 하나님의 인자하심이 그에게 있어서 말씀을 행할 수 있었음을 고백하는 겁니다.

하나님의 도우심이 절대적으로 필요하기에 그는 더욱 은혜를 구합니다. "주의 종을 보증하사 복을 얻게 하시고"(122), "주의 인자하심대로 주의 종에게 행하사 내게 주의 율례를 가르치소서"(124), "나는 주의 종이오니 나를 깨닫게 하사 주의 증거들을 알게 하소서"(125) 그렇게 하시기를 갈망하기에 그의 눈이 피곤해 있습니다. 말씀을 향한 그의 열심은 악을 행하는 자들을 심판하시도록 하나님께서 일하시길 간구하는 것으로도 나타납니다.

하나님의 사람들을 구원하시는 것과 악인을 심판하시는 것은 동전의 양면과 같습니다. 애굽을 심판하지 않으시고 이스라엘을 구원하실 수 없으셨고 사탄을 멸하지 않으시고 당신의 백성들에게 자유를 주실 수는 없습니다. 그리스도께서 육체를 입으신 것은 "죽음의 세력을 잡은 자 곧 마귀를 멸하시며 또 죽기를 무서워하므로 한평생 매여 종노릇 하는 모든 자들을 놓아주려 하심이니"(히 2:14~15)라고 말씀하신 것과 같습니다. 그리스도는 우리의 흔들리지 않는 보증이 되셨습니다. 그리스도께서 언약의 말씀대로 우리의 보증이 되고 우리의 의로움과 거룩함과 구원이 되셨기에 우리는 하나님의 말씀을 사랑하며 범사에 그 말씀을 옳고 정당하다 여기고 거짓을 미워합니다. 그리고 그렇게 하여 주시기를 간구합니다.

기도:
여호와여, 그리스도께서 우리를 대신하여 십자가를 지심으로 죄를 사하여 주시니 감사합니다. 또한, 그리스도께서 하나님의 모든 말씀에 순종하심으로 의를 이루셨고 그 의를 우리에게 전가하심으로 우리의 의가 되어 주시니 감사합니다. 그리고 성령께서 우리의 마음에 하나님의 법을 새기셨습니다. 그러하기에 의로운 말씀을 사랑하며 사모합니다. 범사에 옳게 여기고 행하게 하옵소서. 예수 그리스도의 이름으로 기도합니다. 아멘.

시편 119:129~136 경탄과 슬픔

¹²⁹ 주의 증거들은 놀라우므로
내 영혼이 이를 지키나이다
¹³⁰ 주의 말씀을 열면 빛이 비치어
우둔한 사람들을 깨닫게 하나이다
¹³¹ 내가 주의 계명들을 사모하므로
내가 입을 열고 헐떡였나이다
¹³² 주의 이름을 사랑하는 자들에게 베푸시던 대로
내게 돌이키사 내게 은혜를 베푸소서
¹³³ 나의 발걸음을 주의 말씀에 굳게 세우시고
어떤 죄악도 나를 주관하지 못하게 하소서
¹³⁴ 사람의 박해에서 나를 구원하소서
그리하시면 내가 주의 법도들을 지키리이다
¹³⁵ 주의 얼굴을 주의 종에게 비추시고
주의 율례로 나를 가르치소서
¹³⁶ 그들이 주의 법을 지키지 아니하므로
내 눈물이 시냇물 같이 흐르나이다

　이 연은 경탄으로 시작하고 슬픔으로 마칩니다. 찬양자는 하나님의 말씀이 얼마나 기이하고 놀라운지 감탄합니다. 말씀의 놀라움은 시편 119편 전체에 가득한데 특히 130절에서는 이렇게 말합니다.
　"주의 말씀을 열면 빛이 비치어
　우둔한 사람들을 깨닫게 하나이다"
　깨달음의 빛은 우둔한 자를 조금 지혜롭게 하는 정도에 머무르지 않습니다. 이 빛은 생명에 이르는 깨달음을 줍니다. 바울은 골로새 교인들에게 쓴 편지에서 "이 복음이 이미 너희에게 이르매 너희가 듣고 참으로 하나님의 은혜를 깨달은 날부터 너희 중에서와 같이 또한 온 천하에서도 열매를 맺어 자라는도다"(골 1:6)라고 말했습니다. 그러므로 이 말씀이 열려 그 빛이 만민에게 비치기를 사모해야 하지 않겠습니까. 찬양자는 말씀을 사모하므로 입을 열고 헐떡인다고 합니다.

말씀의 경이로움은 하나님이 사랑하시는 자를 은혜로 판단하시고 다스리시는 것에도 있습니다. "베푸시던 대로"(132) 라는 말은 "판단하다", "다스리다"는 의미의 단어(미쉬파트)를 번역한 겁니다. 하나님께서는 그의 사랑하시는 자들을 판단하시되 그들의 행위대로가 아니라 은혜로 다스리십니다. 바울이 "우리가 알거니와 하나님을 사랑하는 자 곧 그의 뜻대로 부르심을 입은 자들에게는 모든 것이 합력하여 선을 이루느니라"(롬 8:28) 하신 말씀을 연상시킵니다. 선을 위해, 하나님의 영광이 나타나는 삶으로 이끄시기 위해 하나님은 우리의 발걸음을 주의 말씀에 굳게 세우시고, 어떤 죄악도 우리를 주관(지배)하지 못하게(133) 하실 겁니다.

말씀의 경이로움에 감탄하는 찬양자는 그 말씀에 귀를 닫고 그것을 지키지 않는 사람들을 보면서 깊은 슬픔에 빠집니다. 이 슬픔은 자기의 우월함을 드러내는 것이 아닙니다. 하나님의 은혜가 아니면, 하나님께서 얼굴을 비추시지 않았다면, 우리도 그들과 같은 처지일 겁니다. 길가와 돌밭과 가시떨기 같은 마음을 가진 이들에게 성령께서 말씀을 깨닫게 하시기를 간절히 바라야겠습니다.

기도:
여호와 하나님, 하나님의 말씀은 기이하고 놀랍습니다. 그 말씀의 빛이 제게 비치어 깨닫고 구원에 이르게 하셨습니다. 말씀을 듣고 배울 때 하나님의 사랑의 너비와 길이와 높이와 깊이가 어떠함을 깨달아 알게 하옵소서. 말씀으로 서로 권면하고 가르치게 하옵소서. 진리를 깨닫지 못하는 영혼들이 돌아서게 하옵소서. 말씀의 빛을 비추소서. 예수 그리스도의 이름으로 기도합니다. 아멘.

시편 119:137~144 의로우신 말씀

¹³⁷ 여호와여 주는 의로우시고
주의 판단은 옳으니이다
¹³⁸ 주께서 명령하신 증거들은 의롭고
지극히 성실하니이다
¹³⁹ 내 대적들이 주의 말씀을 잊어버렸으므로
내 열정이 나를 삼켰나이다
¹⁴⁰ 주의 말씀이 심히 순수하므로
주의 종이 이를 사랑하나이다
¹⁴¹ 내가 미천하여 멸시를 당하나
주의 법도를 잊지 아니하였나이다
142 주의 의는 영원한 의요
주의 율법은 진리로소이다
¹⁴³ 환난과 우환이 내게 미쳤으나
주의 계명은 나의 즐거움이니이다
¹⁴⁴ 주의 증거들은 영원히 의로우시니
나로 하여금 깨닫게 하사 살게 하소서

"의"에 관한 단어가 반복됩니다. "의로우시고"(137), "의롭고"(138), "주의 의는 영원한 의요"(142), "영원히 의로우시니"(144). 여호와와 그의 말씀은 의롭습니다. 그뿐만 아니라 주의 판단은 옳고(137) 성실하고(138) 심히 순수하며(140) 진리입니다(142).

여호와와 그의 말씀과 다스림이 의롭다는 것은 죄인에게는 두려운 일입니다. 죄인은 하나님의 의로우심 앞에 설 수 없기 때문입니다. 하지만 여호와께 피하는 사람들에게는 은혜의 말씀입니다. 여호와가 의로우시다는 것은 말씀하신 대로 그에게 피하는 자에게 인자하심을 나타내신다는 겁니다. 우리는 우리의 의로움으로 하나님 앞에서 서는 것이 아닙니다. 하나님께서 은혜로 언약하신 대로 예수 그리스도 안에서 우리를 용서하시고 의롭게 여기시기에 오직 믿음으로 하나님 앞에 나아갑니다. 그리스도의 의로 옷을 입은 신자들에게 하나님의 의로우심은 흔들리지 않는 바위이며 요새입니다.

여호와의 의로우심은 우리에게 의를 요구하십니다. 우리는 그리스도의 의로 옷을 입은 자가 되었으니 또한 의를 행하는 자가 되어야 합니다. 성령께서는 바울을 통해 그리스도 안에 있는 자들에게 "하나님을 따라 의와 진리의 거룩함으로 지으심을 받은 새사람을 입으라" (엡 4:24)라고 명령합니다. 우리는 하나님의 형상인 의와 진리로 지으심을 받았습니다.

하나님의 형상으로 지음을 받고 하나님의 은혜 안에 있지만, 세상에서는 멸시를 받습니다. 바울은 신자들의 형편을 이렇게 말합니다. "형제들아 너희를 부르심을 보라 육체를 따라 지혜로운 자가 많지 아니하며 능한 자가 많지 아니하며 문벌 좋은 자가 많지 아니하도다" (고전 1:26) 이렇게 하신 것은 하나님 앞에서 아무 육체도 자랑하지 못하게 하시려는 데 있습니다. 우리는 "하나님으로부터 나서 그리스도 예수 안에 있고 예수는 하나님으로부터 나와서 우리에게 지혜와 의로움과 거룩함과 구원함이 되셨"습니다(고전 1:30). 세상은 하나님의 말씀을 알지 못하고 여전히 우리를 대적합니다. 하지만 말씀을 향한 우리의 열정은 결코 훼방할 수 없습니다.

기도:
여호와여, 하나님은 의로우시며 말씀도 의롭습니다. 그리스도가 우리의 의가 되셔서 하나님 앞에 의롭게 서게 하시니 감사합니다. 더욱 말씀을 사랑하게 하시고 그 열정에 사로잡히게 하옵소서. 말씀을 따르지 않는 사람들로 인해 시험에 들지 않게 하시고 오히려 진리 안에 살아가게 하옵소서. 말씀을 깨달아 살게 하옵소서. 예수 그리스도의 이름으로 기도합니다. 아멘.

시편 119:145~152 여호와를 부르다

¹⁴⁵ 여호와여 내가 전심으로 부르짖었사오니 내게 응답하소서
내가 주의 교훈들을 지키리이다
¹⁴⁶ 내가 주께 부르짖었사오니 나를 구원하소서
내가 주의 증거들을 지키리이다
¹⁴⁷ 내가 날이 밝기 전에 부르짖으며
주의 말씀을 바랐사오며
¹⁴⁸ 주의 말씀을 조용히 읊조리려고
내가 새벽녘에 눈을 떴나이다
¹⁴⁹ 주의 인자하심을 따라 내 소리를 들으소서
여호와여 주의 규례들을 따라 나를 살리소서
¹⁵⁰ 악을 따르는 자들이 가까이 왔사오니
그들은 주의 법에서 머니이다
¹⁵¹ 여호와여 주께서 가까이 계시오니
주의 모든 계명들은 진리니이다
¹⁵² 내가 전부터 주의 증거들을 알고 있었으므로
주께서 영원히 세우신 것인 줄을 알았나이다

"부르짖다"라는 말이 세 절에 등장합니다. "카라"라는 이 단어는 "부르다"는 의미입니다. "하나님이 빛을 낮이라 부르시고"(창 1:5), "여호와 하나님이 아담을 부르시며"(창 3:9)와 같이 쓰인 말입니다. 그런데 시편에서는 대개 "부르짖다"로 번역되었습니다. "부르짖다"는

큰 소리를 내는 것입니다. 하나님을 부르는 시편 기도자들의 상황이 절박하기에 그렇게 번역한 것 같습니다. 큰 스리로 불러야 하는 절박한 상황에서는 부르짖게 됩니다만 이 단어가 기본적으로 그런 의미를 지니지 않았다는 것을 알 필요는 있습니다. 합심해서 기도하자고 할 때 보통은 큰 소리로 부르짖어야 하는 것은 아닙니다.

찬양자는 전심으로 여호와를 불렀습니다. 응답하시고 구원하시기를 바랐고 또한 말씀을 바랐습니다. 말씀을 바란다는 것은 그가 놓인 상황에 적절한 하나님의 말씀을 깨닫기를 기대한 겁니다. 말씀을 바라는 것은 어떤 내적인 음성이 들려지기를 기대하는 것이 아닙니다. 그는 어느 특정 상황에 답을 찾기 위해 말씀에 몰두하는 사람이 아닙니다. 계속해서 말씀을 따라 살아왔습니다. 날이 밝기 전 새벽에 그 어떤 일로도 방해받지 않을 시간에 말씀을 읽고 묵상하며 연구하는 데 시간을 썼습니다. 그 언약의 말씀대로 자기 자녀에게 약속하신 대로 행하시기를 간구하고 있습니다.

하나님께서 우리의 소리를 들으시는 것은 우리의 선한 행위나 열심 때문이 아니며, 찬양자와 같이 말씀을 지키겠다는 결단이 있어서가 아닙니다. 그리스도 안에서 우리를 하나님의 자녀로 삼으셨기에 언약하신 대로 인자하심으로 우리에게 귀를 기울이시는 겁니다. 이것은 찬양자가 고백하는 대로 "주께서 영원히 세우신 것(말씀)"이기에 하나님은 변하실 수 없으십니다. 하나님께서 듣지 않으심으로 고난이 있다고 생각하지 마십시오. 악이 가까이 있을 때 하나님께서도 가까이 계심을 기억하시기 바랍니다.

기도:
여호와 나의 하나님, 나의 아버지, 제가 부를 때에 응답하옵소서. 구원하여 주옵소서. 말씀에서 위로를 얻게 하시고 길을 찾게 하시고 말씀에 붙어 흔들리지 않게 하옵소서. 위기 가운데서 건지시며 생명으로 인도하옵소서. 영원하신 하나님의 말씀에 의지하여 하나님께 나아갑니다. 예수 그리스도의 이름으로 기도합니다. 아멘.

시편 119:153~160 보시고 변호하소서

¹⁵³ 나의 고난을 보시고 나를 건지소서
내가 주의 율법을 잊지 아니함이니이다
¹⁵⁴ 주께서 나를 변호하시고 나를 구하사
주의 말씀대로 나를 살리소서
¹⁵⁵ 구원이 악인들에게서 멀어짐은
그들이 주의 율례들을 구하지 아니함이니이다
¹⁵⁶ 여호와여 주의 긍휼이 많으오니
주의 규례들에 따라 나를 살리소서
¹⁵⁷ 나를 핍박하는 자들과 나의 대적들이 많으나
나는 주의 증거들에서 떠나지 아니하였나이다
¹⁵⁸ 주의 말씀을 지키지 아니하는 거짓된 자들을
내가 보고 슬퍼하였나이다
¹⁵⁹ 내가 주의 법도들을 사랑함을 보옵소서
여호와여 주의 인자하심을 따라 나를 살리소서
¹⁶⁰ 주의 말씀의 강령은 진리이오니
주의 의로운 모든 규례들은 영원하리이다

20번째 연입니다. 히브리어 알파벳 레쉬(ר)로 시작되는 단어들이 각 절의 앞에 등장합니다. 여러 번 등장하는 단어는 "보다"입니다. 본다는 것은 자세히 보시고 아신다는 겁니다. "나의 고난을 보시고"(153), "내가 보고 슬퍼하였나이다"(158), "내가 주의 법도들을 사랑함을 보옵소서"(159)

찬양자가 시의 구조상 "보다"는 단어를 모든 구절에 넣을 수 없었지만, 하나님께서 더 많은 것을 보시는 분인 줄 알고 있습니다. 하나님은 자기 자녀의 고난을 보실 뿐 아니라 악인들이 하나님의 말씀에서 멀어져 있는 것을 보십니다. 여호와는 핍박자들과 대적들이 많은 것을 보시며 당신의 자녀들이 슬퍼하는 것을 보십니다. 그리고 당신의 자녀들이 하나님의 말씀을 사랑하는 것을 보십니다. 하나님은 대적에 끌려가는 아이를 그저 보고만 있어야 하는 사랑은 있으나 능력이 없는 부모와 같지 않습니다. 하나님은 전능하십니다. 하나님이 우리를 보시는 것은 우리에게 위로이며 힘이며 구원입니다.

말씀대로 우리를 변호하시고 구원하십니다(154). 바울은 로마서 8장에서 대적이 우리를 정죄하고 고발하는 것에 대하여 죽으시고 다시 살아나신 그리스도께서 하나님 우편에서 우리를 위하여 간구하신다고 말합니다(롬 8:33~34). 그리스도께서 우리를 위해 간구하시는 것은 대적이 우리를 정죄하고 고발하는 건에 대하여 변호하시고 지켜내시기 위한 겁니다.

힘 있는 변호사의 변호를 받으려면 많은 돈이 있거나 연줄이 있어야 한다고 생각하듯이 그리스도의 변호를 받으려면 죄짓는 일 없이 하나님께 열심이었어야 하지 않는가 하는 생각을 하는 이들이 있습니다. 그리스도와 우리는 그런 관계가 아닙니다. 바울이 말했듯이 그리스도는 우리를 위하여 "죽으실 뿐 아니라 다시 살아나신"분입니다 우리의 죄를 위해 죽으시고 속량하신 자를 위해 값없이 변호하십니다. 찬양자는 주의 말씀이 진리이며 영원히 의로운 것에 자신의 안전을 맡깁니다.

기도:
여호와 하나님, 저를 보십시오. 저의 고난과 저의 괴로움을 보십시오. 그리고 저를 살리소서. 하나님이 우리를 위하시면 누가 우리를 대적할 수 있겠습니까. 고난에서 그리고 악한 자의 손에서 저를 건져주옵소서. "이 모든 일에 우리를 사랑하시는 이로 말미암아 우리가 넉넉히 이기느니라"(롬 8:37)라고 말씀하신 대로 이기게 하옵소서. 예수 그리스도의 이름으로 기도합니다. 아멘.

시편 119:161~168 고관들의 핍박 속에서 누리는 평안

¹⁶¹ 고관들이 거짓으로 나를 핍박하오나
나의 마음은 주의 말씀만 경외하나이다
¹⁶² 사람이 많은 탈취물을 얻은 것처럼
나는 주의 말씀을 즐거워하나이다
¹⁶³ 나는 거짓을 미워하며 싫어하고
주의 율법을 사랑하나이다
¹⁶⁴ 주의 의로운 규례들로 말미암아
내가 하루 일곱 번씩 주를 찬양하나이다
¹⁶⁵ 주의 법을 사랑하는 자에게는 큰 평안이 있으니
그들에게 장애물이 없으리이다
¹⁶⁶ 여호와여 내가 주의 구원을 바라며
주의 계명들을 행하였나이다
¹⁶⁷ 내 영혼이 주의 증거들을 지켰사오며
내가 이를 지극히 사랑하나이다
¹⁶⁸ 내가 주의 법도들과 증거들을 지켰사오니
나의 모든 행위가 주 앞에 있음이니이다

이 연의 첫 번째 단어인 "고관"은 통치자, 지배자를 의미합니다. 권력을 가진 사람이 거짓으로 누군가를 핍박하기로 한다면 그 사람은 의지할 곳을 찾을 수 없게 됩니다. 통치자가 언론을 장악하려고 언론사와 기자들을 압수 수색하고, 정적을 제거하기 위해 권력을 동원한다면 그 누구도 약자 편에 서서 변호하려고 하지 않습니다. 다윗은 광야로 도망하였고 주님이 잡히실 때는 그의 사랑하시는 제자들도 도망하였습니다. 이런 위기에 서 있는 찬양자는 샬롬(평안)을 노래합니다.

상황에 어울리지 않게 찬양자는 기쁨과 사랑과 평안과 기대를 표현합니다. "사람이 많은 탈취물을 얻은 것처럼 … 즐거워하나이다"(162), "사랑하나이다"(163), "주의 법을 사랑하는 자에게는 큰 평안이 있으니"(165), "여호와여 내가 주의 구원을 바라며"(166), "내가 이를 지극히 사랑하나이다"(167) 등. 권력자로부터 박해를 받고 있다고 생각하기 어려운 표현들입니다.

이렇게 마음의 평안을 누릴 수 있는 것은 그의 마음이 오직 하나님의 말씀만 바라보고 있기 때문입니다. 그는 고관을 두려워하지 않고 하나님의 말씀을 경외(두려워)합니다(161). 권력자들의 불의로 기울어지지 않고 오히려 하나님의 의로운 말씀에 의지하여 하루 일곱 번씩 하나님을 찬양합니다(164). 박해를 받더라도 불의를 따르지 않겠다는 의지가 담긴 표현입니다. 그렇게 말씀을 사랑하는 자에게 하나님이 평안을 주시는 데 방해할 어떤 장애물도 없습니다. 그러하기에 그는 더욱 말씀을 지키는 자로 살며 하나님 앞에 있음을 의식하며 살아갑니다.

우리의 모든 행위가 하나님 앞에 있습니다. 하나님은 우리를 보시고 아시며 보호하시고 지키십니다. 하나님 앞에 있다는 의식 곧 하나님께서 우리와 함께하신다는 임재의식은 신을 내면에서 느끼는 것이 아닙니다. 말씀을 묵상하고 믿음으로 갖는 의식이어야 합니다. 언약의 말씀을 믿음으로 하나님이 주시는 평안을 누리게 되길 바랍니다.

기도:
여호와 하나님, 두려움은 저를 움직이는 중요한 동기입니다. 불의한 권력자들, 돈과 명예와 같은 세상의 권력을 두려워하지 않게 하옵소서. 모든 것의 주인이고 왕이신 하나님을 경외하며 말씀을 사랑하게 하옵소서. 저는 늘 하나님 앞에 있습니다. 인자하신 말씀을 믿고 지키는 데서 오는 평안을 주옵소서. 예수 그리스도의 이름으로 기도합니다. 아멘.

시편 119:169~176 잃은 양 같이 내가 방황하오니

169 여호와여 나의 부르짖음이 주의 앞에 이르게 하시고
주의 말씀대로 나를 깨닫게 하소서
170 나의 간구가 주의 앞에 이르게 하시고
주의 말씀대로 나를 건지소서
171 주께서 율례를 내게 가르치시므로
내 입술이 주를 찬양하리이다
172 주의 모든 계명들이 의로우므로
내 혀가 주의 말씀을 노래하리이다
173 내가 주의 법도들을 택하였사오니
주의 손이 항상 나의 도움이 되게 하소서
174 여호와여 내가 주의 구원을 사모하였사오며
주의 율법을 즐거워하나이다
175 내 영혼을 살게 하소서 그리하시면 주를 찬송하리이다
주의 규례들이 나를 돕게 하소서
176 잃은 양 같이 내가 방황하오니 주의 종을 찾으소서
내가 주의 계명들을 잊지 아니함이니이다

본문은 스물두 번째 연으로 말씀에 대한 예찬과 결단이 가득했던 119편의 마지막 연입니다. 그런데 마지막의 자리에 있을 내용 같지 않습니다. 앞에서 고백했던 내용의 반복입니다. 말씀을 묵상하고 깨닫고 지켜 살아온 시간은 온데간데없고 잃은 양 같이 방황한다는 말은 독자를 혼란하게 합니다. 이것은 마지막 순간까지 우리의 노력으로 무엇을 이룰 수 있는 것이 아님을 보여줍니다. 하나님의 은혜로 시작되고 하나님의 은혜로 마쳐야 한다고 경계하는 겁니다. 이만하면 되었다고 할 순간에, 하나님의 은혜와 그리스도의 십자가를 바라보지

않은 순간에 죄의 힘이 영향력을 행사합니다. 그것을 알기에 찬양자는 마지막 연에 자신과 우리에게 정말 필요한 것이 무엇인지 생각하게 합니다.

169절은 하나님 앞에 부르짖음(외침)으로 시작합니다. "주의 말씀대로 나를 깨닫게 하소서." 우리는 말씀을 깨닫고 그 말씀에 약속된 하나님의 인자하심에 기대야 합니다. 169절과 병행절인 170절은 "간구"가 하나님 앞에 이르게 하시기를 기도합니다. "간구"는 "은혜를 구하는 기도"입니다. 그는 절실한 마음으로 은혜를 사모합니다. 따라오는 구절들은 찬양자가 바라는 은혜의 내용으로 볼 수 있습니다. "율례를 내게 가르치시므로"(171), "주의 손이 항상 나의 도움이 되게 하소서"(173), "내 영혼을 살게 하소서"(175) 특히 176절이 절정입니다. "잃은 양 같이 내가 방황하오니 주의 종을 찾으소서" 찬양자는 은혜가 필요한 자신의 상태를 "잃은 양"에 비유합니다. 절대적으로 은혜 베푸시기를 구하는 겁니다.

주님은 십자가에서 "다 이루었다"고 하셨습니다. 사도 바울은 생애 끝에서 "나는 선한 싸움을 싸우고 나의 달려갈 길을 마치고 믿음을 지켰으니 이제 후로는 나를 위하여 의의 면류관이 예비되었으므로…"(딤후 4:7~8)라고 말했습니다. 하나님께서 부르시는 날까지 우리는 잃은 양 같이 심령이 가난한 자로 은혜를 사모하며 살아야 합니다. 그리고 마지막 때에 그리스도의 영광된 부활에 참석하기를 소망합시다.

기도:
여호와 나의 하나님, 제게 은혜를 베푸소서. 하나님의 말씀대로 저를 건지소서. 제 안에서 선한 일을 시작하신 이가 하나님이시오니 예수 그리스도의 날까지 이루어 주옵소서. 그리스도를 의지하여 선한 싸움을 끝까지 싸우고 달려갈 길을 끝까지 달려가게 하옵소서, 시련과 고난을 만나고 넘어지더라도 다시 일어나 걸어가게 하옵소서. 고난 없는 영광이 어디에 있겠습니까. 언제나 그리스도 안에 있는 하나님의 사랑을 묵상하게 하옵소서. 예수 그리스도의 이름으로 기도합니다. 아멘.

시편 120편 화평을 미워하는 자들과 거주하는 신자들

[성전에 올라가는 노래]
¹ 내가 환난 중에 여호와께 부르짖었더니
내게 응답하셨도다
² 여호와여 거짓된 입술과 속이는 혀에서
내 생명을 건져 주소서
³ 너 속이는 혀여 무엇을 네게 주며
무엇을 네게 더할꼬
⁴ 장사의 날카로운 화살과
로뎀 나무 숯불이리로다
⁵ 메섹에 머물며 게달의 장막 중에 머무는 것이
내게 화로다
⁶ 내가 화평을 미워하는 자들과 함께
오래 거주하였도다
⁷ 나는 화평을 원할지라도
내가 말할 때에 그들은 싸우려 하는도다

시편 120~134편은 "성전에 올라가는 노래"라는 표제가 달려있습니다. 이스라엘과 이방 지역에 흩어져 있던 이스라엘 백성들이 언덕 위에 있는 예루살렘을 향해 올라가면서 부르거나 예루살렘에 도착하여 성전에 올라가면서 불렀을 겁니다. 15개의 시편에 개인이나 공동체 탄식시(120, 123, 126, 130), 개인이나 공동체 찬송시(121, 122, 124, 125, 129, 131, 134), 지혜시(127, 128, 133), 그리고 왕의 시(132)

등 다양한 양식이 포함되어 있습니다.

성전에 올라가는 시편 중 첫 시편인 120편은 개인 애가시입니다. 노래하는 자는 화평을 미워하는 자들과 함께 거주하고 있었습니다. 그가 머물던 곳은 메섹과 게달인데 지리적으로 어디인지 정확히 알 수 없으나 안녕과 거리가 있는 곳이 분명합니다. 백성들은 절기에 여호와 하나님께 예배하고자 거주하던 곳을 떠나 예루살렘의 성전으로 순례에 나섰습니다.

노래하는 자는 자기가 살던 땅의 형편과 긴장을 "환난", "거짓된 입술과 속이는 혀", "내게 화로다", "그들은 싸우려 하는도다"라는 말로 표현합니다. 그는 그런 세속의 형편에서 하나님을 떠나지 않았으며 예배하기 위해 순례의 길에 올랐습니다. 이 순례의 길은 그가 환난 중에 하나님께 부르짖은 것에 대한 응답으로 보입니다(1). 성전에 가서 예배할 수 있다는 것으로도 하나님께서 그의 기도를 들으셨으며 은혜를 베푸신 것으로 고백합니다. 그리고 그의 기도는 계속됩니다. "내 생명을 건져 주소서"(2)

이 시편은 이 세상에 사는 신자의 모습을 보여주고 있습니다. 신자들이 사는 형편이 다양하지만, "화평을 미워하는 자들과 함께 오래 거주"하고 있지 않습니까? 성령의 능력 안에서 하나님 나라가 우리에게 임하였지만 우리는 여전히 메섹과 게달의 장막에 머물며 나그네 삶을 삽니다. 그러하기에 우리는 하늘 예루살렘을 향하여 올라가는 순례자처럼 탄식하며 하나님의 은혜를 바라야 합니다.

기도:
여호와 하나님, 환난과 싸움 중에 살아갈 때 우리가 바라는 목적지를 잊지 않게 하옵소서. 하나님을 예배하는 자리에 나가기를 힘쓰게 하옵소서. 세상의 가치관에 타협하지 않게 하시고 세상에서 떠나기를 바라지도 않게 하옵소서. 진리로 거룩하게 하시고 세상에서 하나님 나라를 누리며 살아가게 하옵소서. 예수 그리스도의 이름으로 기도합니다. 아멘.

시편 121편 성도를 지키시는 하나님

[성전에 올라가는 노래]
¹ 내가 산을 향하여 눈을 들리라
나의 도움이 어디서 올까
² 나의 도움은 천지를 지으신 여호와에게서로다
³ 여호와께서 너를 실족하지 아니하게 하시며
너를 지키시는 이가 졸지 아니하시리로다
⁴ 이스라엘을 지키시는 이는 졸지도 아니하시고
주무시지도 아니하시리로다
⁵ 여호와는 너를 지키시는 이시라
여호와께서 네 오른쪽에서 네 그늘이 되시나니
⁶ 낮의 해가 너를 상하게 하지 아니하며
밤의 달도 너를 해치지 아니하리로다
⁷ 여호와께서 너를 지켜 모든 환난을 면하게 하시며
또 네 영혼을 지키시리로다
⁸ 여호와께서 너의 출입을 지금부터
영원까지 지키시리로다

시편 121편은 여호와 하나님이 신자들을 도우신다는 확신을 심어주는 내용입니다. 1절에서 노래하는 자는 산을 향하여 도움을 찾고 있습니다. 어떤 이들은 "산"을 예루살렘이 있는 시온 산으로 보지만 칼빈은 "세상의 모든 위대하고 뛰어난 것"을 가리킨다고 말합니다. 신자도 유혹의 충동을 받아 다른 것에 마음을 기울이는 일이 있습니다. 그렇지만 그는 "나의 도움이 어디서 올까?"라는 질문에 스스로 돌이켜 하나님을 붙듭니다. "나의 도움은 천지를 지으신 여호와에게서로다"

그의 말을 받아서 다른 화자가 여호와의 도우심을 확신하도록 격려합니다. 그 화자는 6절을 제외한 모든 구절에서 여호와가 성도를 지키시는 분이라고 말합니다.

"너를 지키시는 이가 졸지 아니하시리로다"(3)
"이스라엘을 지키시는 이는 졸지도 아니하시고"(4)
"여호와는 너를 지키시는 이시라"(5)
"여호와께서 너를 지켜 모든 환난에서 면하게 하시며 또 네 영혼을 지키시리로다"(7)
"여호와께서 … 영원까지 지키시리로다"(8)

화평을 미워하는 사람들 속에서 나그네로 살아갈 때나 하나님을 예배하는 자로 성전을 향해 순례의 길을 갈 때 위험으로부터 지켜 주시는 하나님의 도움이 절대로 필요합니다. 잠시 잠깐은 유혹을 받아 세상의 뛰어난 것에서 도움을 얻을 수 있지 않을까 생각할 수 있습니다만 찬양자와 같이 곧바로 돌이켜야 합니다. 우리의 도움은 천지를 지으신 여호와 우리 하나님에게서 옵니다. 여호와는 확실하며 영원한 도움이십니다.

그렇다고 사람의 도움을 물리치라거나 서르의 도움이 필요 없다는 말이 아닙니다. 우리의 중심을 하나님께 향하고 하나님의 도우심으로 안전하다는 믿음으로 걸어갑시다.

기도:
천지를 지으신 여호와 하나님, 오늘 저는 하나님의 은총과 도우심으로 살아갑니다. 하나님을 아빠 아버지로 부르며 의지하게 하시니 감사합니다. 아직 오지 않는 일로 두려워하지 않게 하옵소서. 모든 환난에서 건져 주시고 제 영혼을 지켜 주옵소서. 영광을 위하여 주시는 고난 중에 낙심하거나 믿음을 잃지 않게 하옵소서. 나가고 들어오는 것을 지금부터 영원까지 지켜 주옵소서. 예수 그리스도의 이름으로 기도합니다. 아멘.

시편 122편 여호와의 집에 올라가자

   [다윗의 시 곧 성전에 올라가는 노래]
   ^{1} 사람이 내게 말하기를 여호와의 집에 올라가자 할 때에
   내가 기뻐하였도다
   ^{2} 예루살렘아 우리 발이 네 성문 안에 섰도다
   ^{3} 예루살렘아 너는 잘 짜여진 성읍과 같이 건설되었도다
   ^{4} 지파들 곧 여호와의 지파들이 여호와의 이름에 감사하려고
   이스라엘의 전례대로 그리로 올라가는도다
   ^{5} 거기에 심판의 보좌를 두셨으니
   곧 다윗의 집의 보좌로다
   ^{6} 예루살렘을 위하여 평안을 구하라
   예루살렘을 사랑하는 자는 형통하리로다
   ^{7} 네 성 안에는 평안이 있고
   네 궁중에는 형통함이 있을지어다
   ^{8} 내가 내 형제와 친구를 위하여 이제 말하리니
   네 가운데에 평안이 있을지어다
   ^{9} 여호와 우리 하나님의 집을 위하여
   내가 너를 위하여 복을 구하리로다

　　시편 122편은 순례자가 예루살렘에 도착하여 성문에 들어가면서 송축하며 부른 노래입니다. 노래하는 자는 예루살렘에 도착했습니다. 순례의 길은 고되지만, 여호와의 도우심으로 안전하게 이곳에 오게 되었습니다. 누군가 말합니다. "여호와의 집에 올라가자" 그 말을 들을 때 순례자는 기쁨이 가득했습니다. 여호와의 집에서 예배하기 위해 이 길을 걸어온 것이 아닙니까.
　　노래하는 자는 예루살렘을 여호와의 집으로 부릅니다. 예루살렘은 잘 짜여진 성읍이며 전례대로 이스라엘의 지파들이 감사하려고 그리

로 올라갑니다(3, 4절). "잘 짜여졌다"는 우리 말의 의미는 "틀이나 구성 따위가 조화롭다"이지만, 히브리어는 "연합하다"는 뜻으로 공동체를 이루고 있음을 말합니다. 모든 지파가 절기에 한자리에 모여 하나님의 백성으로 연합함을 표현하는 겁니다. 그곳은 하나님이 세우신 왕 다윗의 보좌가 있는 곳이며 거기로부터 하나님의 통치가 백성들에게로 흘러갑니다(5). 백성들은 예루살렘의 평안을 구하고 예루살렘을 사랑하는 자들의 형통을 구합니다(6, 7). 또 그 안에 있는 형제와 친구들의 평안과 형통을 빕니다(8). 끝으로 예루살렘 곧 여호와 우리 하나님의 집을 위하여 복을 빕니다.

예루살렘은 신약의 신자들에게는 교회입니다. 건물을 말하는 것이 아니라 하나님의 자녀들이 모이는 모임으로의 교회를 말합니다. 교회는 하나님의 성전이며 하나님이 임재하여 계시는 곳입니다. 지역 교회의 모든 지체가 주일에 교회로 모여 하나님께 예배하고 감사하는 일은 얼마나 기쁘고 아름다운 일입니까. 규모가 크든 작든 교회는 그리스도가 왕으로 다스리십니다. 그리스도께 순종하며 말씀을 따라 모이는 건강한 교회는 잘 짜인 성읍과 같은 연합된 공동체로 그 안에 있는 백성들에게 안전과 평안을 제공합니다. 그리고 교회를 사랑하는 이에게 형통함을 주십니다. 이스라엘 백성들에게 예루살렘이 중요했던 것처럼 신자들에게 교회는 어머니 같은 곳입니다. 교회를 위하여 기도하며 복을 빌고 사랑하십시오. 여호와의 집에 올라갑시다.

기도:

여호와 하나님, 우리를 하나님의 성전으로 삼으시고 임재하시니 두렵고 떨리는 일입니다. 또한, 우리를 그리스도 안에서 서로 연결하여 성전으로 지어가시니 감사합니다. 그리스도의 교회를 사랑합니다. 교회를 위하여 복을 빕니다. 평안하게 하시고 그 안에 있는 형제자매들에게 평안과 형통함을 주옵소서. 함께 여호와의 집에 올라와 예배할 수 있게 하옵소서. 예수 그리스도의 이름으로 기도합니다, 아멘.

시편 123편 내가 눈을 들어 주께 향하나이다

[성전에 올라가는 노래]
¹ 하늘에 계시는 주여
내가 눈을 들어 주께 향하나이다
² 상전의 손을 바라보는 종들의 눈같이
여주인의 손을 바라보는 여종의 눈같이
우리의 눈이 여호와 우리 하나님을 바라보며
우리에게 은혜 베풀어 주시기를 기다리나이다
³ 여호와여 우리에게 은혜를 베푸시고
또 은혜를 베푸소서
심한 멸시가 우리에게 넘치나이다
⁴ 안일한 자의 조소와 교만한 자의 멸시가
우리 영혼에 넘치나이다

    시편 123편은 환난과 화평을 싫어하는 사람들 속에 살던 순례자가 예루살렘에 올라와 하나님께 예배할 때 구하는 첫 번째 간구입니다.
    노래하는 자는 눈을 들어 하나님을 향합니다. 하나님을 하늘에 계시는 주로 표현하는 것은 하나님이 권능으로 세상의 일을 주관하시는 분임을 말하고자 하는 겁니다. 그리스도께서도 기도를 가르쳐 주실 때 "하늘에 계신 우리 아버지"라고 부르도록 하셨습니다. 하나님은 "하나님의 왕국에서 만물을 다스리고 주관하시며 오직 하나님 자신이 기뻐하시는 대로 세상의 온갖 난리를 평탄케 하시고, 비탄에 빠진 자들과 절망 속에서 헤매는 자들을 구원하시며, 어두움을 내쫓고 빛을 회복시키며, 땅에 엎드려져 기진맥진해 있는 자들을 일으켜 세우십니다."(칼빈). 그러므로 우리는 어떠한 상황에서도 하나님을 향하여 눈을 들어야 합니다.

1절은 "나"로 시작했는데 2절부터는 "우리"가 기도에 동참합니다. 세상에서 고난 당하는 것은 신자 개인이 아닙니다. 교회가 함께 세상의 공격을 받습니다. 그때 우리는 여호와 우리 하나님께 은혜를 구합니다. 마치 상전의 손을 바라보는 종들과 같이, 혹은 여주인의 손을 바라보는 여종과 같이. 주인의 말 한마디, 행동 하나에 모든 것이 달린 시절에 종들은 오직 주인의 자비를 바랐습니다. 전심으로 하나님만 바라는 신자의 간절함이 담긴 표현입니다.

3~4절은 노래하는 자들이 은혜를 구하는 이유를 담고 있습니다. "심한 멸시가 우리에게 넘치나이다", "안일한 자의 조소와 교만한 자의 멸시가 우리 영혼에 넘치나이다"

"안일한 자"는 "부유한 자"인데 다른 사람을 돌아볼 마음을 전혀 갖지 않은 자를 말합니다. 이들은 자기의 영혼에 관심을 두지 않고 가난한 이웃들을 생각하지 않습니다. 그들은 "교만한 자"입니다. 하나님과 하나님의 백성을 멸시하여 내려다봅니다. 교회와 신자들은 바로 이러한 사람들의 멸시 속에 살아갑니다. 이 속에서 우리가 해야 하는 일은 세상에서 성공으로 하나님의 자녀 됨을 증명해 보이는 것이 아닙니다. 진리로 거룩하여지고 서로 사랑함으로 하나 되는 겁니다(요 17:17, 20). 하나님의 자비의 손길을 바라며.

기도:
하늘에 계신 우리 아버지, 우리의 눈이 아버지를 향하여 있습니다. 은혜를 베풀어 주시기를 기다립니다. 종이 그 주인보다 낫지 못하다 하셨는데 우리 주이신 예수께서도 세상에서 고난 당하셨으니 우리가 당하는 고난이 이상한 일이 아닙니다. 고난에서 우리를 건져 주옵소서, 우리를 살려 주옵소서, 사람들의 멸시가 우리에게 넘칩니다. 우리를 건지소서, 예수 그리스도의 이름으로 기도합니다. 아멘.

시편 124편 여호와께서 우리 편에 계시지 아니하셨더라면

[다윗의 시 곧 성전에 올라가는 노래]
1 이스라엘은 이제 말하기를
여호와께서 우리 편에 계시지 아니하셨더라면
우리가 어떻게 하였으랴
2 사람들이 우리를 치러 일어날 때에
여호와께서 우리 편에 계시지 아니하셨더라면
3 그 때에 그들의 노여움이 우리에게 맹렬하여
우리를 산채로 삼켰을 것이며
4 그 때에 물이 우리를 휩쓸며
시내가 우리 영혼을 삼켰을 것이며
5 그 때에 넘치는 물이
우리 영혼을 삼켰을 것이라 할 것이로다
6 우리를 내주어 그들의 이에 씹히지 아니하게 하신
여호와를 찬송할지로다
7 우리의 영혼이 사냥꾼의 올무에서 벗어난 새같이 되었나니
올무가 끊어지므로 우리가 벗어났도다
8 우리의 도움은 천지를 지으신 여호와의 이름에 있도다

    시편 124편은 123편에 대한 응답으로 읽을 수 있습니다. 123편에서 하나님께 은혜를 베풀어 달라고 간청합니다. 124편은 하나님께서 우리의 기도에 응답하심으로 우리의 도움이 되셨음을 찬송하는 공동체 시입니다.
    1, 2절에서 반복하여 "여호와께서 우리 편에 계시지 아니하셨더라면" 어떻게 되었겠느냐고 묻고 그에 대하여 3~5절에서 답을 합니다. 여호와께서 우리 편에 계시지 아니하셨더라면 신자들을 치러 일어난

사람들의 노여움이 맹렬하여 그들을 산채로 삼켰을 것이며, 물이 신자들을 휩쓸고 그들의 영혼도 삼키되 넘치는 물이 삼켰을 겁니다. 찬양자는 신자들을 삼키려는 대적의 힘을 홍수 때 상류에서부터 내려오는 큰물에 비유합니다. 그 물은 멈출 수 없이 내려오며 닥치는 대로 모든 것을 삼켜버립니다. 그 같은 대적의 위협에서 하나님께서 건지셨다고 찬양합니다.

6~7절은 하나님의 도움을 비유로 표현합니다. 대적은 사자와 같이 입을 벌려 신자들을 물려 하는데 그 입에서 구하여 내신 분이 하나님이십니다. 사냥꾼의 올무에 걸렸다가 올무가 끊어져 벗어난 새처럼 생명의 기쁨이 가득하게 하신 이도 하나님이십니다.

8절은 전체의 결론입니다. "우리의 도움은 천지를 지으신 여호와의 이름에 있도다" 천지를 지으신 하나님은 우리의 도움이시며 우리 편에 계십니다. 여호와 하나님께서 그리스도 안에서 언약하셨기에 우리는 감히 그렇게 주장할 수 있습니다. 여호와는 인자하심과 진실하심이 영원한 하나님입니다. 하나님은 그리스도의 십자가로 그것을 증명해 보이셨습니다. "우리가 아직 죄인 되었을 때에 그리스도께서 우리를 위하여 죽으심으로 하나님께서 우리에 대한 자기의 사랑을 확증하셨느니라"(로마서 5:8)

우리를 죄와 사망에서 구원하셨을 뿐 아니라 삶의 다양한 위기에서 건지신 지난날의 일들을 기억하십시오. 여호와께서 우리 편에 계시지 아니하셨더라면…

기도:
천지를 지으신 여호와 하나님, 하나님이 우리 편에 계셔서 우리의 도움이 되시니 감사드립니다. 두려워하지 않으며 염려하지 않겠습니다. 하나님이 우리를 위하시니 누가 우리를 대적하겠습니까? 무엇이 우리를 넘어뜨리겠습니까? 사람이 내게 어찌하겠습니까? 죽음이라도 부활하신 그리스도 안에 있는 우리를 어찌하겠습니까? 감사함으로 담대하게 하나님과 함께 나아가게 하옵소서. 예수 그리스도의 이름으로 기도합니다. 아멘.

시편 125편 여호와를 의지하는 자는 흔들리지 않는다

[성전에 올라가는 노래]
1 여호와를 의지하는 자는
시온 산이 흔들리지 아니하고 영원히 있음 같도다
2 산들이 예루살렘을 두름과 같이
여호와께서 그의 백성을 지금부터 영원까지 두르시리로다
3 악인의 규가 의인들의 땅에서는 그 권세를 누리지 못하리니
이는 의인들로 하여금 죄악에 손을 대지 아니하게 함이로다
4 여호와여 선한 자들과
마음이 정직한 자들에게 선대하소서
5 자기의 굽은 길로 치우치는 자들은
여호와께서 죄를 범하는 자들과 함께 다니게 하시리로다
이스라엘에게는 평강이 있을지어다

　노래하는 자는 예루살렘이 서 있는 시온산의 지형을 통해 여호와를 의지하는 자가 안정된다고 찬양합니다. 예루살렘 성은 시온산 위에 세워진 산 위의 도시입니다. 대체로 산은 흔들리지 않는 견고함을 나타냅니다. 노래하는 자는 여호와의 통치와 그가 택하신 왕의 보좌가 있는 시온산이 영원히 있을 것이라고 찬송합니다(1). 시온산은 다른 산들이 두르고 있어 천연 요새와 같은 곳입니다. 이처럼 예루살렘이 안전한 것은 여호와께서 그의 백성을 영원까지 두르시기 때문입니다(2). 당연히 악인들의 권세가 그곳까지 미치지 못하게 될 겁니다. 여

호와를 의지하는 자들이 죄악에 손을 대지 않게 하여 주십니다(3). 여호와를 의지하지 않고 스스로 죄악에 빠지지 않을 수 있는 사람은 없다는 사실을 기억하십시오. 사탄은 우는 사자와 같이 삼킬 자를 찾으며 돌아다니고 우리는 연약하여 하나님의 도움 없이는 한순간도 거룩함에 머무르지 못합니다. 우리가 안전하고 평안한 것은 하나님의 두르심이 있기 때문으로 알아야 합니다. 시온산은 교회를 의미합니다. 그리스도는 교회의 머리요 주이시며 왕이십니다. 그리스도의 통치가 있는 교회는 하나님이 두르심으로 견고하게 하십니다.

4절과 5절은 선인과 악인의 대조를 이룹니다. 선한 자들과 마음이 정직한 자에게 하나님께서 선을 행하시고, 자기의 굽은 길로 치우치는 자는 죄를 범하는 자들과 함께 다니게 하심으로 심판을 받게 하실 겁니다. 선하고 마음이 정직한 자는 윤리적으로 완전한 자라기보다 하나님의 의로우심을 힘입어 하나님께 피하여 나오는 자를 말합니다. 그 반대편에 서 있는 자를 "자기의 굽은 길토 치우치는 자"라고 말한 것에서 그 의미를 생각해 볼 수 있습니다. 악인의 특징은 그의 길, 그의 생각, 그의 마음이 이미 비틀어져 있습니다. 그런데도 그것을 알지 못하고 그 길로 치우쳐 살아갑니다. 의인은 자기의 무능함과 부패함을 발견하고 하나님께 나아와 자백하며 용서를 구하고 하나님의 의로우심에 피하는 자입니다.

당신은 어떤 사람입니까? 자기의 길로 가지 말고 돌이켜 하나님께로 향하십시오. 마음을 정직하게 여호와를 의지하는 자는 시온 산이 흔들리지 않는 것처럼 영원히 있을 겁니다.

기도:
여호와여, 하나님은 산 위의 요새와 같이 흔들리지 않으시는 나의 도움이십니다. 하나님을 의지하는 자에게 평강을 주십니다. 아무것도 염려하지 않고 오직 기도와 간구로 감사함으로 하나님께 아뢸 수 있게 하옵소서. 하나님의 기업에 악의 권세가 미치지 않게 하옵소서. 굽은 길로 치우치지 않게 하시고 죄인의 길에 서지 않게 하옵소서. 예수 그리스도의 이름으로 기도합니다. 아멘.

시편 126편 우리를 회복시키소서

[성전에 올라가는 노래]
1 여호와께서 시온의 포로를 돌려 보내실 때에
우리는 꿈꾸는 것 같았도다
2 그때에 우리 입에는 웃음이 가득하고
우리 혀에는 찬양이 찼었도다
그때에 뭇 나라 가운데에서 말하기를
여호와께서 그들을 위하여 큰일을 행하셨다 하였도다
3 여호와께서 우리를 위하여 큰일을 행하셨으니 우리는 기쁘도다
4 여호와여 우리의 포로를 남방 시내들 같이 돌려보내소서
5 눈물을 흘리며 씨를 뿌리는 자는 기쁨으로 거두리로다
6 울며 씨를 뿌리러 나가는 자는
반드시 기쁨으로 그 곡식 단을 가지고 돌아오리로다

시편 126편은 "기억된 기쁨과 기대된 기쁨"을 담고 있습니다. 1~3절은 과거 하나님께서 이스라엘을 포로 된 곳에서 돌아오게 하신 일을 기억하며 기뻐합니다. 그 일은 꿈꾸는 것 같은 일입니다. 입에 웃음이 가득하고 찬양이 가득했습니다. 여호와께서 큰일을 행하셨다고 노래합니다.

4~6절은 다시 한번 그 같은 회복을 주시기를 기대하며 노래합니다. 포로에서 돌아온 이들이 있지만, 아직 모든 이가 돌아온 것이 아닙니다. 그래서 완전한 회복을 기대하며 간청합니다. "남방"은 유다의 불모지인 네게브 사막을 가리킵니다. 그곳의 시내는 평소에는 마른

상태였다가 가을이나 겨울철에 많은 양의 비로 흙탕물 가득한 격류로 변합니다. 그처럼 당신의 백성들이 포로에서 물밀 듯 돌아오게 해 달라고 간청합니다(4). 회복의 기대를 추수의 비유로 표현하며 반드시 그렇게 되리라는 소망을 담았습니다(5~6). 눈물 흘리며 씨를 뿌리는 자는 추수 때에 곡식 단을 가지고 돌아올 것이기에 기뻐하게 됩니다.

눈물을 흘리며 씨를 뿌린다는 것은 현대에는 이해하기 어려운 일입니다. 가난한 자들은 씨를 위해 곡식을 아껴 두었다가 파종을 합니다. 넉넉한 것을 뿌리는 것이 아닙니다. 배를 곯더라도 추수를 위해 땅에 묻어 두지 않으면 안 되는 일입니다. 프로로 사는 고단한 삶을 추수를 내다보며 눈물로 씨를 뿌리는 것에 비유했습니다. 반드시 추수의 결실이 있을 것이며 그때는 기쁨이 가득하게 될 것이라는 소망을 담고 있는 겁니다.

인생에는 생각지 못한 고난이 많습니다. 이런 시련이 내게 있는 이유가 무엇이냐는 돌아오지 않는 질문을 하게 됩니다. 노래하는 자는 우리의 고난에 대해 이렇게 말합니다. 그것은 눈물을 흘리며 씨를 뿌리는 것이라고. 그리고 "반드시 기쁨으로 그 곡식 단을 가지고 돌아오"게 될 것이라고.

당신이 오늘 겪는 고난, 시련, 아픔, 수고와 실패는 울며 씨를 뿌리는 것임을 기억하십시오. 머지않아 기쁨이 당신을 맞이할 것을 바라보십시오.

기도:
여호와여, 하나님은 우리를 포로에서 돌리셨습니다. 하나님의 형상을 회복하셨고 구원의 즐거움을 누리게 하셨습니다. 하지만 우리의 삶은 여전히 회복의 은혜가 필요합니다. 우리는 자주 죄에 넘어지며 관계는 엉망이고 삶은 고달픕니다. 하나님, 우리를 온전히 회복시키소서. 하나님 나라를 누리게 하옵소서. 오늘 뿌리는 이 눈물의 씨앗을 기쁨의 단으로 거두게 하옵소서. 견디게 하시고 소망하게 하옵소서. 그것을 기쁨으로 삼게 하옵소서. 예수 그리스도의 이름으로 기도합니다. 아멘.

시편 127편 여호와께서 세우지 아니하시면

[솔로몬의 시 곧 성전에 올라가는 노래]
[1] 여호와께서 집을 세우지 아니하시면
세우는 자의 수고가 헛되며
여호와께서 성을 지키지 아니하시면
파수꾼의 깨어 있음이 헛되도다
[2] 너희가 일찍이 일어나고 늦게 누우며
수고의 떡을 먹음이 헛되도다
그러므로 여호와께서 그의 사랑하시는 자에게는
잠을 주시는도다
[3] 보라 자식들은 여호와의 기업이요
태의 열매는 그의 상급이로다
[4] 젊은 자의 자식은 장사의 수중의 화살 같으니
[5] 이것이 그의 화살통에 가득한 자는 복되도다
그들이 성문에서 그들의 원수와 담판할 때에
수치를 당하지 아니하리로다

집을 세우거나 성을 세우는 일 곧 가정이나 국가의 질서와 안정을 세우는 일상적인 일들이 하나님의 복에 의해서만 유지되는 것임을 이 시편에서 말하고 있습니다. 이러한 내용이 성전에 올라가는 노래로 구성되어 있다는 것이 의아합니다만 이렇게 답을 할 수 있습니다. 이스라엘 백성은 일 년에 세 차례 절기에 성전을 향해 순례를 떠났습니다. 하나님을 예배하기 위해 하던 일에서 손을 놓아야 하고 집을 지키는 일도 할 수 없게 됩니다. 경제적인 손실도 있습니다. 그렇게까지 할 필요가 있느냐고 누군가 물었을 겁니다. 이 시편은 거기에 대해 답을 합니다. "여호와께서 집을 세우지 아니하시면 세우는 자의 수고가 헛되며 여호와께서 성을 지키지 아니하시면 파수꾼의 깨어 있음이 헛되도다"

우리가 수고하고 애쓰는 일상의 일들이 하나님의 도우심이 아니라면 모두 헛되다는 진리를 가르쳐줍니다. 하나님께서 함께하지 않으시면 일찍이 일어나고 늦게 누우며 수고하는 것이 헛됩니다. 오히려 여호와께서 그의 사랑하시는 자에게 잠을 주십니다. 이 말은 게으름을 부추기는 것이 아닙니다. 하나님을 신뢰하지 못하여 평안히 잠을 자지 못할 정도로 수고하는 것에 대해 경고하는 겁니다. 솔로몬은 잠언에서 게으름에 대해서 이미 경고한 바가 있습니다(잠 6:9~11).

하나님이 함께하심으로 복이 되는 구체적인 예로 든 것이 자식입니다. 자식은 부부의 행위를 통해 태어나는 것이 아니라 "여호와의 기업"이요 "그의 상급"입니다. 용사에게 잘 준비된 화살과 같이 만족함이 됩니다. 그리고 성문 곧 공적인 자리에서 공격을 당하는 일이 있을 때 흠결이 없는 자녀들의 성품으로 명예를 얻게 될 것인데 이 모든 일이 하나님의 은혜라고 말합니다.

누구나 가정이나 사업을 잘 세우고 싶어 합니다. 하지만 그렇게 하려면 정작 무엇을 해야 하는지 아는 사람은 많지 않습니다. 여호와를 경외하고 그를 의지하십시오. 예배를 사모하고 겸손히 말씀에 귀를 기울이십시오.

기도:
여호와여, 하나님께서 세우시고 지키지 않으시면 저의 모든 수고가 헛됩니다. 오직 하나님이 함께하심이 우리에게 복입니다. 열매에 대하여 염려하지 않게 하시고 하나님을 의지할 때 주시는 평강을 따라 살아가게 하옵소서. 무엇보다 자식의 복을 주옵소서. 그리고 교회 공동체에 다음 세대가 많게 하옵소서. 예수 그리스도의 이름으로 기도합니다. 아멘.

시편 128편 여호와께서 시온에서 복을 주실지어다

[성전에 올라가는 노래]
¹ 여호와를 경외하며
그의 길을 걷는 자마다 복이 있도다
² 네가 네 손이 수고한 대로 먹을 것이라
네가 복되고 형통하리로다
³ 네 집 안방에 있는 네 아내는 결실한 포도나무 같으며
네 식탁에 둘러 앉은 자식들은 어린 감람나무 같으리로다
⁴ 여호와를 경외하는 자는
이같이 복을 얻으리로다
⁵ 여호와께서 시온에서 네게 복을 주실지어다
너는 평생에 예루살렘의 번영을 보며
⁶ 네 자식의 자식을 볼지어다
이스라엘에게 평강이 있을지로다

시편 128편은 127편과 긴밀하게 연결되어 있습니다. 127편에서는 여호와께서 함께하심이 복이라고 말하고 있고 128편에서는 그러므로 여호와를 경외해야 한다고 가르칩니다.

1절에 "여호와를 경외하며 … 복이 있도다"라는 말씀과 2절의 "네가 복되고 형통하리로다"의 "복"은 "행복"을 말합니다. 부족함이 없이 만족한 상태입니다. 행복한 삶은 대단히 많은 것을 가지고 있을 때 찾아오는 것이 아닙니다. 손이 수고한 대로 먹을 수 있다면, 아내와

자식들과 함께 평안을 누린다면 거기에 행복이 있습니다.

그리스도께서는 우리가 하늘 아버지를 믿음으로 자족하여야 한다고 가르치셨습니다. "[31] 그러므로 염려하여 이르기를 무엇을 먹을까 무엇을 마실까 무엇을 입을까 하지 말라 [32] 이는 다 이방인들이 구하는 것이라 너희 하늘 아버지께서 이 모든 것이 너희에게 있어야 할 줄을 아시느니라"(마태복음 6:31~32). 행복에 이르는 최선의 길은 여호와를 경외하는 겁니다. 여호와를 경외할 때 하나님께서 우리를 보호하시고 인생에 필요한 것을 공급해 주심으로 이 땅의 나그네 삶에서도 만족함을 누리게 하십니다.

여호와의 복 주심은 시온에서 나옵니다. 시온은 하나님을 예배하는 장소이며 하나님께서 왕을 세워 통치하시는 장소입니다. 신자들은 그곳에서 하나님께 예배하며 그 통치하심을 받아 순종하기를 힘써야 합니다. 하나님은 예루살렘을 번영하게 하시며 거기에 속한 백성과 그의 자식들까지 평강을 주십니다.

하나님을 경외하는 것과 교회 공동체로 모여 하나님께 예배하고 교회를 사랑하는 것은 분리되지 않습니다. 하나님은 그리스도를 교회의 머리로 우리에게 주셨습니다. 우리는 그리스도 안에서 부르심을 입어 함께 하나님을 찬양하고 예배하며 그 말씀 앞에 귀를 기울이며 살아갑니다. 하나님의 평강은 그리스도의 통치로부터 나옵니다.

기도:

여호와 하나님, 하나님은 우리의 아버지십니다. 우리에게 있어야 할 것을 아시며 때를 따라 필요한 것을 공급하여 주십니다. 이미 주신 것들도 아버지께서 공급해 주신 것이기에 감사드립니다. 우리에게 자족하는 마음을 주셔서 세상의 것들과 비교하지 않게 하시고 다른 사람들의 화려한 것에 눈을 두지 않게 하옵소서. 그리스도 안에서 항상 아버지께 감사하게 하옵소서. 교회에 복을 주셔서 평안하게 하시고 그 안에 있는 저희가 복을 얻게 하옵소서. 예수 그리스도의 이름으로 기도합니다. 아멘

시편 129편 여호와는 의로우시다

[성전에 올라가는 노래]
¹ 이스라엘은 이제 말하기를
그들이 내가 어릴 때부터 여러 번 나를 괴롭혔도다
² 그들이 내가 어릴 때부터 여러 번 나를 괴롭혔으나
나를 이기지 못하였도다
³ 밭 가는 자들이 내 등을 갈아 그 고랑을 길게 지었도다
⁴ 여호와께서는 의로우사 악인들의 줄을 끊으셨도다
⁵ 무릇 시온을 미워하는 자들은
수치를 당하여 물러갈지어다
⁶ 그들은 지붕의 풀과 같을지어다
그것은 자라기 전에 마르는 것이라
⁷ 이런 것은 베는 자의 손과 묶는 자의 품에 차지 아니하나니
⁸ 지나가는 자들도 여호와의 복이 너희에게 있을지어다 하거나
우리가 여호와의 이름으로 너희에게 축복한다 하지 아니하느니라

시편 129편은 이스라엘을 괴롭히는 대적에 대해 하나님의 심판이 있기를 바라는 저주시로 분류됩니다. 이스라엘은 어릴 때부터 여러 번 괴롭힘을 받았다고 합니다. 어릴 때란 이스라엘 백성이 출애굽 하여 광야의 시절을 지낼 때 곧 아직 한 나라로 자리를 잡지 못한 상태를 말합니다. 그때부터 이스라엘은 주변 민족에게 괴롭힘을 받았습니다. 그들이 농사꾼이 땅에 고랑을 내듯 이스라엘을 고통스럽게 하였지만, 이스라엘을 이기지 못하였습니다. 여호와께서 의로우시며 악

인들의 줄을 끊으셨습니다. "악인의 줄"은 대적들이 결박하여 포로로 삼았던 것을 비유로 표현하는 겁니다.

이스라엘 민족은 소수였고 제대로 갖추어진 군대도 무기도 없었습니다. 그들이 애굽에서 나온 후로 주변 민족들은 이스라엘을 위협하였고 가나안에 들어간 후에도 계속해서 침략하였습니다. 왕권 국가로 성장한 후에도 앗시리아, 애굽, 바벨론의 침략에 국토가 짓밟혔습니다. 그렇지만 이 민족은 다시 회복되었으며 아주 엎드려지지 않았습니다. 여호와께서 그들의 조상 아브라함에게 약속하신 대로, 그리고 다윗에게 약속하신 대로 이 민족의 죄악대로 다루지 않으셨던 겁니다.

노래하는 자는 과거의 사건을 기억하면서 미래에도 하나님의 의로우심으로 대적을 심판하시고 하나님의 교회를 보호하시기를 간구합니다 (5~8). "시온을 미워하는 자"(5)는 시편 2편과 같이 하나님께서 세우신 왕 그리스도의 통치를 싫어하는 사람입니다. 노래하는 자는 하나님을 대적하는 모든 이가 수치를 당하기를 바라며 추수 때의 흉작에 비유하여 그들을 저주합니다. 대적은 지붕의 풀 같이 속히 마르게 될 것이며 추수하는 사람의 손에 한 줌 거리, 한 품 거리도 되지 않게 빈약할 겁니다. 추수 때에 흔한 축복의 말도 그들은 들을 수 없을 겁니다.

하나님은 고난이 없을 것이라 말씀하지 않으십니다. 고난은 있되 그것이 우리를 이기지 못할 것이라 말씀하십니다. 그러므로 고난이나 대적에 맞서는 담대함을 주시기를 구하십시오. 신자는 그리스도 고난에 참여하듯 영광에 참여하게 될 겁니다.

기도:
여호와여, 하나님은 의로우십니다. 우리에게 의로우사 언약하신 대로 구원하시고 영광에 이르게 하실 겁니다. 또한, 대적에게 의로우사 그들의 행위를 따라 판단하시고 다스리실 겁니다. 그러므로 고난의 때에 뒤로 물러서지 않게 하시고 대적의 번성에 두려워하지 않게 하옵소서. 그들은 잠시 있다가 없어지는 풀과 같을 뿐입니다. 하나님은 의로우십니다. 예수 그리스도의 이름으로 기도합니다. 아멘,

시편 130편 용서하심이 하나님께 있다

[성전에 올라가는 노래]
¹ 여호와여 내가 깊은 곳에서 주께 부르짖었나이다
² 주여 내 소리를 들으시며
나의 부르짖는 소리에 귀를 기울이소서
³ 여호와여 주께서 죄악을 지켜보실진대
주여 누가 서리이까
⁴ 그러나 사유하심이 주께 있음은
주를 경외하게 하심이니이다
⁵ 나 곧 내 영혼은 여호와를 기다리며
나는 주의 말씀을 바라는도다
⁶ 파수꾼이 아침을 기다림보다
내 영혼이 주를 더 기다리나니
참으로 파수꾼이 아침을 기다림보다 더하도다
⁷ 이스라엘아 여호와를 바랄지어다
여호와께서는 인자하심과 풍성한 속량이 있음이라
⁸ 그가 이스라엘을 그의 모든 죄악에서 속량하시리로다

시편 130편은 시편에 실린 일곱 편의 참회시 중 하나입니다(시편 6, 32, 38, 51, 102, 130, 143편). 개인의 기도로 시작하지만 이스라엘 전체를 대표하는 기도이기도 하여 모든 신자와 교회의 기도로 읽어야 합니다.

참회하는 자는 "깊은 곳"에 있습니다. 그는 극심한 고난을 받고 있는데 그것이 죄의 결과라고 인정합니다. 인간이 겪는 모든 고난은 죄의 결과입니다. 이 말은 우리가 고난받을 때마다 어떤 죄에 대한 형벌이라는 의미는 아닙니다. 본질에서 그렇다는 말입니다. 신자는 깊은 곳에 처해서 자기의 죄를 깨닫고 하나님께 부르짖었습니다. 그리고 자신의 죄에 대하여 하나님의 용서하심을 기대하며 간구합니다. 하나님께서 우리의 죄악을 보신다면 그 누구도 하나님 앞에 설 수 없습니다. 그가 은혜를 바라며 하나님께 용서를 구하는 것은 하나님의 성품과 그의 언약의 말씀을 믿기 때문입니다.

하나님은 당신께 피하여 오는 자들의 죄를 용서(사유)하십니다. 그렇게 하시는 이유는 하나님의 선하심과 자비하심에서 나오는 은혜로 인하여 더욱 하나님을 경외하게 하시려는 겁니다. 그러한 하나님이신 줄 알기에 참회자는 여호와를 기다리고 그 말씀을 기다립니다. 그는 기다림을 파수꾼이 아침을 기다리는 것에 비유합니다. 성을 지키는 자가 아무런 일이 없이 아침이 오기를 기다리는 바람이든지, 아니면 성전에서 드려지는 아침 제사를 위해 준비한 아침의 파수꾼이 아침을 기다리는 열정이든지 파수꾼의 기다림은 인내와 열정을 담고 있습니다. 그처럼 참회하는 자는 여호와께서 용서의 말씀을 주시기를 기다립니다.

우리는 너무 쉽게 죄에서 용서의 확신으로 건너뛰곤 합니다. 죄에 대한 성찰과 깊은 참회 없이 속히 평안한 마음을 얻고자 합니다. 그리스도의 십자가로 대속하신 것을 믿지 않고 두려움에 빠져 있어서도 안 되겠지만 하나님의 인자하심과 풍성한 속량이 함께 하기를 기다리지 않고 스스로 확신을 찾는 것도 바른 참회의 태도가 아닙니다. 용서하심을 바라고 하나님께 부르짖으십시오. 인자하심과 풍성한 속량이 있으신 하나님은 자기 백성을 모든 죄악에서 속량하여 주십니다.

기도:
여호와 하나님, 저의 죄를 용서하여 주옵소서. 제가 고통 중에 부르짖습니다. 하나님은 인자하심이 크시며 진실하심이 영원하시니 그리스도 안에서 말씀하신 대로 저의 모든 죄악을 속량하십니다. 저를 정죄하지 않으십니다. 하나님을 사랑과 기쁨으로 더욱 경외하게 하옵소서. 예수 그리스도의 이름으로 기도합니다. 아멘.

시편 131편 어머니 품에 있는 젖 뗀 아이 같이

[다윗의 시 곧 성전에 올라가는 노래]
¹ 여호와여 내 마음이 교만하지 아니하고
내 눈이 오만하지 아니하오며
내가 큰 일과 감당하지 못할 놀라운 일을 하려고
힘쓰지 아니하나이다
² 실로 내가 내 영혼으로 고요하고 평온하게 하기를
젖 뗀 아이가 그의 어머니 품에 있음 같게 하였나니
내 영혼이 젖 뗀 아이와 같도다
³ 이스라엘아 지금부터 영원까지
여호와를 바랄지어다

시편 131편은 하나님께 속량하심을 받은 신자의 삶이 어떠해야 하는지 다윗의 고백을 통해 보여줍니다. 다윗은 선지자요 왕으로, 그리고 그리스도의 모형으로 중대한 역할을 했습니다. 그런데 그의 마음은 교만하지 아니하고 오만하지 않았다고 합니다. 그 일들이 자기가 잘 나서 맡게 된 것이 아니며 오로지 하나님께서 부르시고 맡기신 것을 순종함으로 감당한 것이라는 고백입니다. 그러면서도 스스로 "큰 일과 감당하지 못할 놀라운 일"을 하려고 힘쓰지 않았다고 합니다. 이것은 대개 하나님께서 하시는 일을 표현할 때 쓰는 말입니다. 자기가 부르심을 받은 한계 이상을 넘지 않으려고 조심했던 겁니다.

그것으로 다윗은 2절에 비유한 것처럼 평온한 상태를 유지할 수 있었습니다. "젖 뗀 아이가 그의 어머니 품에 있음"은 두 가지 의미로 해석됩니다. 하나는 젖 뗄 만큼 성장한 아이가 젖을 달라고 매달리지 않고 어머니의 따뜻한 포옹과 애정 때문에 그 품에 안기는 안정된 상태를 말하는 것이고, 다른 하나는, 어머니의 품 안에서 배불리 먹고 만족스러워하며 평화롭게 자는 모습을 의미하기도 합니다. 둘 다 아이의 평안과 고요함을 보여줍니다. 이것은 하나님을 바라보고 그 앞에 나오는 자가 하나님의 공급하심으로 누리는 평안함입니다.

신자들이 이러한 평안을 누리지 못하는 이유는 무엇일까요? 하나님의 뜻과 섭리에 자신을 맡기지 못하기 때문입니다. 하나님께서 사람마다 다르게 지으셨고 각각 다른 일을 맡기셨습니다. 하나님의 선하시고 기뻐하시고 온전하신 뜻이 무엇인지 분별하지 못하고 다른 사람들과 비교하며 욕망을 따라 살아갈 때 사람은 쉼을 얻지 못합니다. 비전을 가져라, 큰 꿈을 꾸라, 자기의 한계를 극복하라는 등의 시대의 메시지는 우리를 부르신 소명을 발견하게 하는 것이어야지 탐욕을 부추기는 것이어서는 안 됩니다.

하나님께서는 먼저 그의 나라와 의를 구하는 자에게 있어야 할 것을 주신다고 약속하셨습니다. 하나님께서 공급해 주시는 것에 자족하며 감사할 줄 모른다면 그 어떤 것으로도 배부르지 않을 겁니다.

다윗은 3절에서 "여호와를 바라라"고 합니다. 바란다는 것은 기대하고 기다린다는 겁니다. 겸손하게 여호와를 기대하고 기다리며 그 안에서 평안하고 감사하십시오.

기도:

여호와여, 하나님은 우리에게 선하십니다. 선한 아버지가 자식에게 있어야 할 것을 알고 필요에 따라 제공하듯이 하나님은 우리에게 그렇게 하십니다. 그러하기에 염려하지 말고 감사함으로 아뢰게 하옵소서. 하나님을 믿는 마음을 주옵소서. 하나님과 하나님의 뜻을 아는 지혜를 주옵소서. 아들을 주신 이가 아들과 함께 모든 것을 은사로 주신다는 믿음으로 기대하며 기다리게 하옵소서. 겸손하게 인내하게 하옵소서. 예수 그리스도의 이름으로 기도합니다. 아멘.

시편 132:1~10 여호와의 처소를 발견하기까지

[성전에 올라가는 노래]
1 여호와여 다윗을 위하여 그의 모든 겸손을 기억하소서
2 그가 여호와께 맹세하며 야곱의 전능자에게 서원하기를
3 내가 내 장막 집에 들어가지 아니하며
내 침상에 오르지 아니하고
4 내 눈으로 잠들게 하지 아니하며
내 눈꺼풀로 졸게 하지 아니하기를
5 여호와의 처소 곧 야곱의 전능자의 성막을
발견하기까지 하리라 하였나이다
6 우리가 그것이 에브라다에 있다 함을 들었더니
나무 밭에서 찾았도다
7 우리가 그의 계신 곳으로 들어가서
그의 발등상 앞에서 엎드려 예배하리로다
8 여호와여 일어나사 주의 권능의 궤와 함께
평안한 곳으로 들어가소서
9 주의 제사장들은 의를 옷 입고
주의 성도들은 즐거이 외칠지어다
10 주의 종 다윗을 위하여
주의 기름 부음 받은 자의 얼굴을 외면하지 마옵소서

시편 132편은 성전에 올라가는 노래 중 왕의 시로 분류됩니다. 하나님께서 예루살렘에 두신 다윗 왕의 보좌를 영원히 하시겠다는 언약에 관한 내용입니다. 성전에 올라간 성도들은 하나님의 언약대로 다윗왕의 통치와 예루살렘과 성전이 영원히 지속할 것을 확신하였을 겁니다.

첫 번째 단락인 1~10절은 예루살렘에 성전이 자리 잡게 된 연유를 그 배경으로 합니다. 가나안에 정착한 후 성소와 언약궤는 실로에 있었습니다. 엘리 제사장 말년에 이스라엘은 블레셋과의 전장에 언약궤를 가져갔다가 빼앗깁니다. 몇 년 후 언약궤는 하나님의 능력으로 돌아오게 되지만 기럇여아림 아비나답의 집에 있게 됩니다(삼상 4:1~7:2). 6절에 나오는 "에브라다"는 그곳의 지명인듯합니다. 다윗이 왕이 되고 예루살렘을 차지하여 왕의 성으로 삼은 뒤에 그는 언약궤를 예루살렘으로 모셔옵니다(삼하 6장). 그 당시 여호와의 궤를 향한 다윗의 마음이 이 시편에 담겨 있습니다.

다윗은 그동안 언약궤가 없는 곳에서 하나님을 예배하였습니다. 그러다 그가 정치적으로 안정되고 하나님의 언약궤를 예루살렘에 성으로 모셔올 마음을 가졌습니다. 이 일이 마치기 전에 다윗은 집에 들어가거나 침상에서 편히 잠을 자는 것까지 거부하였다고 말합니다. 그것이 에브라함에 있다는 말을 듣고는 언약궤를 옮겨왔습니다. 말씀에 기록된 방식대로 하지 않아서 웃사가 죽는 일이 있었습니다. 다윗은 석 달 후 제사장들 어깨에 메어 옮기도록 하여 언약궤가 예루살렘의 성소로 들어오게 되었습니다.

언약궤는 여호와의 임재하심을 상징합니다. 여기서는 언약궤를 "여호와의 처소 곧 야곱의 전능자의 성막"(5) 이라고 했습니다. 다윗은 언약궤를 옮겨오면서 여호와의 처소 곧 여호와의 임재가 예루살렘 성에 있기를 바랐던 겁니다. 여호와의 임재에 대한 열망이 그에게 있었습니다.

기도:
여호와여, 다윗이 여호와의 임재를 열망했던 것을 본받아 겸손히 여호와를 바라고 바라는 자로 살게 하옵소서. 성령으로 그리스도와 아버지께서 우리를 거처 삼으시니 그 임재하심의 의식을 가지고 살게 하옵소서. 하나님을 가까이함과 하나님이 제 안에 계심이 제게 복입니다. 겸손히 하나님과 동행하게 하옵소서. 예수 그리스도의 이름으로 기도합니다. 아멘.

시편 132:11~18 다윗에게 성실히 맹세하셨으니

¹¹ 여호와께서 다윗에게 성실히 맹세하셨으니
변하지 아니하실지라
이르시기를 네 몸의 소생을 네 왕위에 둘지라
¹² 네 자손이 내 언약과
그들에게 교훈하는 내 증거를 지킬진대
그들의 후손도 영원히 네 왕위에 앉으리라 하셨도다
¹³ 여호와께서 시온을 택하시고
자기 거처를 삼고자 하여 이르시기를
¹⁴ 이는 내가 영원히 쉴 곳이라
내가 여기 거주할 것은 이를 원하였음이로다
¹⁵ 내가 이 성의 식료품에 풍족히 복을 주고
떡으로 그 빈민을 만족하게 하리로다
¹⁶ 내가 그 제사장들에게 구원을 옷 입히리니
그 성도들은 즐거이 외치리로다
¹⁷ 내가 거기서 다윗에게 뿔이 나게 할 것이라
내가 내 기름 부음 받은 자를 위하여 등을 준비하였도다
¹⁸ 내가 그의 원수에게는 수치를 옷 입히고
그에게는 왕관이 빛나게 하리라 하셨도다

두 번째 연은 첫째 연에서 다윗이 드린 기도(1, 10)에 하나님께서 응답하신 내용입니다. 하나님께서 두 가지를 약속하셨습니다. 하나는 다윗왕권에 관한 것이고 다른 하나는 예루살렘 성의 평안에 대한 겁니다.

하나님의 첫 번째 응답은 다윗왕권에 관한 겁니다(11~12). '다윗의 소생을 통해 다윗왕권이 이어지게 할 것이다. 다윗의 자손이 하나님의 언약과 증거를 지킨다면 그들의 후손도 영원히 왕위에 앉을 것이다.' 이 내용은 다윗언약 일부로 사무엘하에는 이렇게 기록되어 있습니다. "내가 네 몸에서 날 씨를 네 뒤에 세워 그의 나라를 견고하게 하리라"(삼하 7:12) 그리고 이 말씀은 그리스도를 통해 완성됩니다. 그리스도는 다윗의 자손으로 오셔서 그의 왕권이 영원하게 하셨습니다.

하나님의 두 번째 응답은 예루살렘 성에 관한 겁니다(13~18). 하나님께서 그곳을 택하시고 하나님의 거처로 삼으시며 거기에서 영원히 쉬겠다고 하십니다. 그로 인해 그 성은 식료품이 풍족하여 빈민까지 만족하게 될 겁니다. 제사장과 성도들은 즐거움으로 하나님을 예배하게 될 겁니다. 하나님은 다윗에게 능력을 더하시고 그의 왕권이 계속되게 하실 것이고 원수에게는 수치를 입히실 겁니다.

다윗왕권과 예루살렘의 평안에 관한 말씀은 단지 다윗 왕조와 지리적인 예루살렘을 위한 말씀은 아닙니다. 다윗 왕조는 그리스도에게 이어지고 예루살렘은 그리스도가 머리이신 교회로 연결됩니다. 우리는 이 말씀을 그리스도의 왕권이 영원하며 그가 통치하시는 교회의 안녕을 약속하는 말씀으로 읽을 수 있습니다. 그리스도가 다스리시는 한 우리는 안전하며 평안할 겁니다.

기도:
여호와여, 하나님께서 다윗에게 언약하신 대로 예수 그리스도를 우리에게 보내주시니 감사합니다. 그리스도는 우리의 왕이요 우리에게 흔들리지 않는 요새요 거처가 됩니다. 그리스도가 영원히 하나님 나라를 다스리실 것이며 원수를 심판하실 겁니다. 또한, 성도들이 그리스도와 함께 영원히 왕 노릇 할 것을 믿습니다. 그리스도에 관한 지식과 은총의 너비와 길이와 높이와 깊이가 어떠한지 깨달아 알게 하시고 더욱 그리스도를 사랑하게 하옵소서. 예수 그리스도의 이름으로 기도합니다. 아멘.

시편 133편 선하고 아름다운 연합

[다윗의 시 곧 성전에 올라가는 노래]
¹ 보라 형제가 연합하여 동거함이
어찌 그리 선하고 아름다운고
² 머리에 있는 보배로운 기름이
수염 곧 아론의 수염에 흘러서
그의 옷깃까지 내림 같고
³ 헐몬의 이슬이 시온의 산들에 내림 같도다
거기서 여호와께서 복을 명령하셨나니
곧 영생이로다

시편 133편은 성전에 올라가는 노래 중 열네 번째 노래입니다. 이 노래는 예루살렘에 올라온 순례자들이 함께 연합하여 동거하는 것이 얼마나 선하고 아름다운지를 노래합니다.

노래하는 자는 1절에서 외칩니다. "보라, 형제가 연합하여 동거함이 어찌 그리 선하고 아름다운고" "형제"는 성전에 올라온 가족 공동체와 교회 공동체를 말합니다. 그들은 여호와 하나님의 언약 백성으로 부르심을 받았고 한 분 주님, 하나의 믿음으로 연합하여 있습니다. 그들은 절기를 지키는 짧은 기간 예루살렘에서 동거하고 절기 후에는 지역으로 흩어져 지내지만, 운명을 함께 하는 언약 공동체요 예배 공동체입니다. "선하다"라는 말은 하나님께서 세상을 창조하신 후 "보시기에 좋았다"라고 하신 표현과 같습니다. "아름답다"라는 말은 "즐거운, 사랑스러운, 매력적인, 기쁜" 등의 의미입니다. 여호와를 신앙하는 이들이 하나 되어 함께 머물러 거주하는 것은 하나님 보시기에 선하고 아름다운 일입니다.

노래하는 자는 형제가 연합하고 동거함의 선하고 아름다움을 두 가지에 비유합니다. 하나는 아론의 머리에서부터 옷깃까지 흘러내리는 기름입니다. 아론의 머리에 부어진 기름은 그를 대제사장으로 세우는 기름부음입니다. 기름은 머리에서 수염에 흘러서 그의 옷깃까지 타고 내려갑니다. 이것은 신앙 공동체 전체가 하나님께 기름부음 받은 것처럼 구별되었음을 의미합니다. 하나님이 구별하신 백성이라는 특별한 복을 누리는 방법이 연합입니다.

다른 비유는 헐몬의 이슬입니다. 헐몬산은 예루살렘에서 북쪽으로 200km가량 떨어져 있습니다. 그곳의 이슬이 샘을 이루고 작은 시내를 이루어 가나안 땅 전체에 물을 공급합니다. 말 그대로 생수의 근원입니다. 헐몬의 이슬이 온 지면에 생명을 공급하듯이 예배 공동체는 거기에 속한 지체들 모두를 풍요롭게 합니다.

"거기서 여호와께서 복을 명령"하셨습니다. 그 복은 곧 영생입니다. 형제가 연합하여 동거하는 시온산에서 여호와의 복이 거기 머무는 모든 이들에게 부어집니다. "영생"은 하나님의 풍성한 은혜, 최고의 복을 말합니다.

성도들은 그리스도와 연합하였을 뿐 아니라 그리스도 안에서 형제자매와 하나가 되었습니다. 우리의 연합은 선하고 아름답습니다. 연합은 하나님의 자녀, 하나님 나라의 상속자로 구별된 증거입니다(요 17:21). 연합된 공동체에 속할 때 이슬과 같이 생명을 주는 풍성한 복이 있습니다. 이 연합에 머물기를 힘쓰고 또한 하나님의 복을 기대하시길 바랍니다.

기도:
여호와 하나님, 선하고 아름다운 그리스도 공동체의 지체로 구별하여 주셔서 감사합니다. 그리스도 안에 연합하였다는 것을 이론으로만 아는 것이 아니라 실제로 누리게 하옵소서. 공동체에서 상처받고 두려워하는 마음을 치유하여 주옵소서, 공동체에 대해 마음의 회복이 있게 하옵소서, 말씀대로 선하고 아름다운 공동체를 이루게 하옵소서, 말씀을 믿음으로 연합과 동거에 힘쓰게 하옵소서. 예수 그리스도의 이름으로 기도합니다. 아멘.

시편 134편 네게 복을 주실지어다

[성전에 올라가는 노래]
[1] 보라 밤에 여호와의 성전에 서 있는
여호와의 모든 종들아 여호와를 송축하라
[2] 성소를 향하여
너희 손을 들고 여호와를 송축하라
[3] 천지를 지으신 여호와께서
시온에서 네게 복을 주실지어다

    시편 134편은 성전에 올라가는 노래의 마지막 노래입니다. 찬양하라는 명령과 축복의 말로 이루어져 있습니다.
    134편은 133편과 같이 "보라"라는 감탄사로 강조하며 시작합니다. 밤까지 계속된 예배와 축제에 참여하기 위해 성전에 있는 성도들에게 "여호와를 송축하라"고 명령합니다. 2절에서도 반복하여 말합니다. "송축하다"로 번역된 단어는 "무릎을 꿇다"는 기본의미가 있는데 사람에게는 "축복한다"이고 하나님께는 "찬양한다"는 뜻입니다.
    성전에서 예배하며 한 주간을 보낸 백성들은 이제 집으로 돌아가야 합니다. 그들은 이곳에서 여호와를 송축하였던 것처럼 일상에서 여호와를 찬양하며 여호와를 의지하여 살아가야 합니다. 그들에게 가장 필요한 것은 하나님의 복입니다. 생명과 안전에 대한 약속과 도우심입니다. 노래하는 자는 그들을 향해 하나님의 복을 선언합니다. "천지를 지으신 여호와께서 시온에서 네게 복을 주실지어다"

복은 하나님이 임재하시는 곳, 하나님이 세우신 다윗의 왕위가 있는 것으로부터 임할 것입니다. 백성들은 다윗의 왕위가 언제든지 견고하기를 바라고 또한 그들의 삶에 하나님의 임재가 항상 있기를 사모할 겁니다.

우리의 예배에서 목사는 예배를 마치고 돌아가는 성도들을 위해 복을 빕니다. "주 예수 그리스도의 은혜와 하나님의 사랑과 성령의 교통하심이 너희 무리와 함께 있을지어다"(고후 13:13)

이 축복은 형식적인 것이 아닙니다. 삼위일체 하나님은 예배에서 성도들을 만나셨고 성도들은 하나님의 임재 안에서 하나님을 예배합니다. 그리고 그들은 돌아갈 때 삼위일체 하나님의 임재와 동행이 있는 삶을 살게 될 겁니다. 목사는 축도를 통해 그것을 확신하여 선언하는 동시에 그러기를 비는 겁니다. 성도는 살아가는 모든 순간이 이 축도의 결과이며 은혜임을 인식하며 살아갈 필요가 있습니다. 그리스도의 은혜, 하나님의 사랑, 성령의 교통하심이 우리와 함께 계시지 않은 때는 한순간도 없습니다. 우리의 눈이 염려, 불신, 탐심과 두려움 등에 가려져 하나님의 임재하심을 의식하지 못하며 사는 시간이 많은 것 뿐입니다. 우리 하나님께서 그리스도 안에서 당신에게 복에 복을 더하시길 축복합니다.

기도:
여호와여, 천지를 지으신 하나님이시며 그리스도 안에서 우리를 구속하신 하나님께 영광을 돌립니다. 하나님을 예배하며 찬양하는 자로 살아가게 하시니 감사합니다. 모든 일에 하나님의 선하신 뜻을 믿고 영광을 돌리게 하시며 무슨 일이든지 하나님의 영광을 위하게 하옵소서. 그리스도 안에서 복 있는 자가 되게 하시고 영원토록 동행하심으로 행복하게 하심을 믿습니다. 세상의 염려와 탐심, 불신과 두려움을 버리게 하옵소서, 눈을 밝혀 주셔서 하나님 임재하심의 기쁨을 알게 하옵소서. 예수 그리스도의 이름으로 기도합니다. 아멘.

시편 135:1~9 선하시고 아름다운 여호와의 이름을 찬송하라

1 할렐루야 여호와의 이름을 찬송하라
여호와의 종들아 찬송하라
2 여호와의 집 우리 여호와의 성전
곧 우리 하나님의 성전 뜰에 서 있는 너희여
3 여호와를 찬송하라 여호와는 선하시며
그의 이름이 아름다우니 그의 이름을 찬양하라
4 여호와께서 자기를 위하여
야곱 곧 이스라엘을 자기의 특별한 소유로 택하셨음이로다
5 내가 알거니와 여호와께서는 위대하시며
우리 주는 모든 신들보다 위대하시도다
6 여호와께서 그가 기뻐하시는 모든 일을
천지와 바다와 모든 깊은 데서 다 행하셨도다
7 안개를 땅끝에서 일으키시며 비를 위하여 번개를 만드시며
바람을 그 곳간에서 내시는도다
8 그가 애굽의 처음 난 자를 사람부터 짐승까지 치셨도다
9 애굽이여 여호와께서 네게 행한 표적들과 징조들을
바로와 그의 모든 신하들에게 보내셨도다
10 그가 많은 나라를 치시고 강한 왕들을 죽이셨나니
11 곧 아모리인의 왕 시혼과 바산 왕 옥과
가나안의 모든 국왕이로다
12 그들의 땅을 기업으로 주시되
자기 백성 이스라엘에게 기업으로 주셨도다

시편 135편은 공동체 찬양시입니다. 여호와께 예배하기 위하여 성전 뜰에 서 있는 사람들에게 찬양하라고 권하는 내용입니다. 1~3절까지 여호와를 찬양하라는 권고는 19~21절에서 한 번 더 반복합니다. 하나님을 찬양해야 하는 이유는 그가 선하시며 그의 이름이 아름답기 때문입니다(3). 여호와가 선하시며 아름답다고 하는 이유가 다음에 따라옵니다.

이스라엘을 당신의 특별한 소유로 택하셨습니다. 여호와는 위대하시며 모든 신보다 뛰어나십니다. 천지와 바다와 모든 깊은 데서 기뻐하시는 일을 행하십니다. 애굽에서 처음 난 것을 죽이시고 애굽의 바로와 신하들에게 표적을 보이셨습니다. 광야와 가나안의 왕들을 치시고 그 땅을 자기 백성 이스라엘에게 기업으로 주셨습니다.

온 우주를 창조하시고 다스리실 뿐 아니라 이 땅에 있는 나라와 민족들이 흥하고 패하는 것에도 하나님의 기쁘신 뜻대로 행하십니다. 이 모든 일은 하나님의 백성을 위한 일입니다. 여호와는 선하시며 그의 이름이 아름답습니다.

하나님은 지금도 변함없으십니다. 그는 창조주시며 구속자이십니다. 하나님의 기뻐하시는 뜻대로 우리를 당신의 자녀로 택하셨습니다. 그리고 우리의 구원을 위해 기뻐하시는 모든 일을 역사 속에서 행하셨고 또한 행하십니다. 하나님은 아들과 함께 하나님 나라를 우리에게 기업으로 주셨습니다. 여호와는 선하시며 아름답습니다.

기도:
여호와 하나님, 하나님의 이름이 선하고 아름답습니다. 하나님은 위대하시며 위대하십니다. 하나님은 기뻐하시는 모든 일을 온 세상에서 행하십니다. 하나님의 뜻대로 부르심을 입은 자들에게 모든 것이 합력하여 선을 이루게 하십니다. 이러한 믿음으로 모든 말에나 일에나 항상 하나님께 감사하게 하시고 기뻐하게 하옵소서, 하나님의 선하심과 아름다움을 사랑하게 하옵소서. 하나님께 감사하며 찬양합니다. 예수 그리스도의 이름으로 기도합니다. 아멘.

시편 135:10~21 여호와를 송축하라

[13] 여호와여 주의 이름이 영원하시니이다
여호와여 주를 기념함이 대대에 이르리이다
[14] 여호와께서 자기 백성을 판단하시며
그의 종들로 말미암아 위로를 받으시리로다
[15] 열국의 우상은 은금이요
사람의 손으로 만든 것이라
[16] 입이 있어도 말하지 못하며
눈이 있어도 보지 못하며
[17] 귀가 있어도 듣지 못하며
그들의 입에는 아무 호흡도 없나니
[18] 그것을 만든 자와 그것을 의지하는 자가
다 그것과 같으리로다
[19] 이스라엘 족속아 여호와를 송축하라
아론의 족속아 여호와를 송축하라
[20] 레위 족속아 여호와를 송축하라
여호와를 경외하는 너희들아 여호와를 송축하라
[21] 예루살렘에 계시는 여호와는
시온에서 찬송을 받으실지어다 할렐루야

이 시편의 두 번째 부분에서는 여호와께서 다른 신들에 비하여 얼마나 탁월하신지 설명합니다. "이름"에는 그 이름으로 불리는 대상의 영광과 존재가 담겨 있습니다. 그러므로 '이름이 영원하시다'라고 하는 것은 곧 하나님이 영원하신 분이라고 말하는 것과 같습니다.

여호와께서는 자기 백성을 판단하십니다. 판단은 심판의 의미도 있지만 보호하시고 다스리신다는 의미로 사용됩니다. 그리고 위로를 받으십니다. 다른 번역 성경은 "위로하신다"로 되어있습니다. 하나님이 백성을 긍휼히 여기심으로 위로하십니다. "전 세계는 하나님의 선하심, 지혜, 공의 그리고 능력이 나타나는 극장이며, 교회는 그것이 눈에 보이도록 나타난 오케스트라입니다"(칼빈).

그에 비해 다른 신들은 어떤가요? 열국의 우상은 은금으로 사람이 만든 겁니다. 입, 눈, 귀가 있지만 아무런 소용이 없습니다. 만든 자와 그것을 의지하는 자가 우상과 같이 아무것도 아닙니다. 지금도 어떤 형상을 만들어놓고 절하고 의지하는 사람들이 있습니다. 하지만 그보다 더 교묘한 것은 무형의 우상을 섬기는 겁니다. 돈, 명예, 권력, 사회적인 배경, 사람들의 인정, 학력, 실력, 외모 등 그 어떤 것이 우리의 삶에 행복을 줄 수 있는 것으로 여기고 그것을 의지할 때 그것은 우리에게 우상이 됩니다. 형상으로 만든 것에 입, 눈, 귀가 있어도 듣지 못하는 것처럼, 그것들이 어떤 수단은 될 수 있더라도 절대 그것을 의지하는 자에게 구원과 행복을 줄 수는 없습니다.

시편은 "여호와를 송축하라"라고 반복하여 노래하며 오직 여호와 하나님께만 영광을 돌리고 오직 그분만을 의지하라고 권합니다. 여호와를 송축하는 것이 그를 의지하는 복을 받는 비결입니다.

기도:
여호와여, 하나님의 이름이 영원하십니다. 하나님은 우리를 보호하시고 다스리시며 위로하시는 분이십니다. 세상의 일시적인 화려함과 번영에 눈을 돌리고 사람들이 의지하는 것에 마음을 두게 하지 마옵소서. 그것들은 헛될 뿐입니다. 하나님을 의지하고 나오는 자에게 복을 주시니 오직 하나님만 바라고 하나님만 찬양하게 하옵소서. 예수 그리스도의 이름으로 기도합니다. 아멘.

시편 136:1~9 여호와의 인자하심이 영원함이로다

¹ 여호와께 감사하라
그는 선하시며 그 인자하심이 영원함이로다
² 신들 중에 뛰어난 하나님께 감사하라
그 인자하심이 영원함이로다
³ 주들 중에 뛰어난 주께 감사하라
그 인자하심이 영원함이로다
⁴ 홀로 큰 기이한 일들을 행하시는 이에게 감사하라
그 인자하심이 영원함이로다
⁵ 지혜로 하늘을 지으신 이에게 감사하라
그 인자하심이 영원함이로다
⁶ 땅을 물 위에 펴신 이에게 감사하라
그 인자하심이 영원함이로다
⁷ 큰 빛들을 지으신 이에게 감사하라
그 인자하심이 영원함이로다
⁸ 해로 낮을 주관하게 하신 이에게 감사하라
그 인자하심이 영원함이로다
⁹ 달과 별들로 밤을 주관하게 하신 이에게 감사하라
그 인자하심이 영원함이로다

　시편 136편은 여호와의 인자하심(헤세드)을 찬양하는 찬양시입니다. 모든 절에 "~이에게 감사하라 그 인자하심이 영원함이로다"가 반복됩니다. 1~3절은 신 중에 뛰어난 여호와께 감사하라고 서두를 엽니다. 4~9절까지는 창조하신 하나님께 감사하라는 내용입니다. 홀로 큰 기이한 일들을 행하신 하나님, 지혜로 하늘을 지으신 하나님, 땅을 물 위에 펴신 하나님, 큰 빛들을 지으신 하나님, 해로 낮을 주관하게 하신 하나님, 달과 별들로 밤을 주관하게 하신 하나님, 하나님은 온 우주를 창조하신 분이십니다. 시인은 하나님 창조의 동기가 하나님의 인자하심에 있다고 말합니다.

인자하심(헤세드)은 시편의 중요한 주제입니다. 구약 성경에 245회 가량 나타나는데, 시편에 127회 등장합니다. 어떤 이는 인자하심(헤세드)을 "제한을 모르고 자유롭게 흘러가는 사랑"이라고 정의합니다. 다른 정의는 "언약에 근거한 신실하신 사랑"입니다. 언약에 근거한 하나님의 사랑이 창조의 동기라고 한다면 창조보다 하나님의 언약이 먼저 있었다는 겁니다. 그렇습니다. 창조는 하나님 사랑의 발현이며 하나님의 기쁘신 뜻을 이루신 것입니다. 바울은 하나님께서 세상을 창조하시기 이전에 이미 우리를 아셨고 하나님의 아들들이 되도록 예정하셨다고 말합니다(엡 1:4~5). 성부 하나님께서 예수 그리스도와 언약을 맺으셨고 그 언약 안에서 우리를 향한 하나님의 사랑이 창조로 이어진 겁니다.

하나님의 인자하심은 영원합니다. 우리는 그리스도 안에서 여전히 그 언약 안에 있고 하나님의 인자하심(헤세드) 안에 붙들려 있습니다. 우리는 어쩌다 이 땅에 사는 것이 아닙니다. 하나님의 헤세드를 벗어난 신자는 없습니다. 그 사랑이 오늘 여기에 당신을 있게 한 겁니다.

기도:
여호와여 감사합니다. 주는 선하시며 그 인자하심이 영원합니다. 그리스도 안에서 우리를 아시고 그 기쁘신 뜻대로 예정하셔서 하나님의 자녀가 되게 하시니 감사합니다. 시작하신 이가 하나님이시니 저의 인생을 통해 하나님의 선하심과 영광을 나타내실 것을 믿습니다. 저의 생각이나 노력이나 결심이나 행위를 따라서가 아니라 오직 하나님의 헤세드를 바라봅니다. 예수 그리스도의 이름으로 기도합니다, 아멘.

시편 136:10~22 우리를 구원하신 여호와의 인자하심

¹⁰ 애굽의 장자를 치신 이에게 감사하라
그 인자하심이 영원함이로다
¹¹ 이스라엘을 그들 중에서 인도하여 내신 이에게 감사하라
그 인자하심이 영원함이로다
¹² 강한 손과 펴신 팔로 인도하여 내신 이에게 감사하라
그 인자하심이 영원함이로다
¹³ 홍해를 가르신 이에게 감사하라
그 인자하심이 영원함이로다
¹⁴ 이스라엘을 그 가운데로 통과하게 하신 이에게 감사하라
그 인자하심이 영원함이로다
¹⁵ 바로와 그의 군대를 홍해에 엎드러뜨리신 이에게 감사하라
그 인자하심이 영원함이로다
¹⁶ 그의 백성을 인도하여 광야를 통과하게 하신 이에게 감사하라
그 인자하심이 영원함이로다
¹⁷ 큰 왕들을 치신 이에게 감사하라
그 인자하심이 영원함이로다
¹⁸ 유명한 왕들을 죽이신 이에게 감사하라
그 인자하심이 영원함이로다
¹⁹ 아모리인의 왕 시혼을 죽이신 이에게 감사하라
그 인자하심이 영원함이로다
²⁰ 바산 왕 옥을 죽이신 이에게 감사하라
그 인자하심이 영원함이로다
²¹ 그들의 땅을 기업으로 주신 이에게 감사하라
그 인자하심이 영원함이로다
²² 곧 그 종 이스라엘에게 기업으로 주신 이에게 감사하라
그 인자하심이 영원함이로다

여호와의 헤세드를 찬양하는 시의 두 번째는 구원에 관한 내용입니다. 애굽의 노예 생활에서 벗어나 가나안 땅에 이르는 여정 중에 산봉우리에 해당하는 부분을 열거하며 감사하고 여호와의 인자하심을 노래합니다. 애굽 장자를 치시고 이스라엘을 그곳에서 인도하여 내신 하나님, 강한 손과 펴신 팔로 인도하여 내신 하나님, 홍해를 가르시고 그 가운데로 통과하게 하신 하나님, 바로와 그의 군대를 홍해에 엎드러뜨리시고 백성을 인도하여 광야를 통과하게 하신 하나님, 왕들을 치시되 유명한 왕들 곧 아모리인의 왕 시혼과 바산 왕 옥을 죽이시고 그들의 땅을 기업으로 이스라엘 백성에게 주신 하나님을 찬양합니다. 애굽에서 가나안 땅에 이르는 이스라엘의 구원 과정입니다.

구원은 하나님의 인자하심에 달려있습니다. 하나님께서 아브라함에게 찾아오셔서 그를 부르시고 언약을 맺으셨습니다. "[18] 그 날에 여호와께서 아브람과 더불어 언약을 세워 이르시되 내가 이 땅을 애굽 강에서부터 그 큰 강 유브라데까지 네 자손에게 주노니"(창 15:18) 또 말씀하시기를 "[7] 내가 내 언약을 나와 너 및 네 대대 후손 사이에 세워서 영원한 언약을 삼고 너와 네 후손의 하나님이 되리라 [8] 내가 너와 네 후손에게 네가 거류하는 이 땅 곧 가나안 온 땅을 주어 영원한 기업이 되게 하고 나는 그들의 하나님이 되리라"(창 17:7~8) 라고 하셨습니다. 그 언약을 이루기 위해 모세를 세우셨고 그를 통해 이스라엘을 인도하게 하셨습니다.

당신의 구원을 위해서는 어떤 일을 행하셨는지 기억하고 기록하고 감사하십시오.

기도:
여호와여, 하나님의 인자하심으로 우리를 구원하셨습니다. 이로써 누구도 자기가 구원받을만하다고 자랑할 수 없게 하셨습니다. 하나님의 언약 안에서 믿음으로 말미암아 구원에 이르게 하셨습니다. 우리가 자랑할 것은 하나님의 인자하심(헤세드)뿐입니다. 우리의 구원을 위해 행하신 큰일을 기억하고 감사하는 자로 살아가게 하옵소서. 예수 그리스도의 이름으로 기도합니다. 아멘.

시편 136:23~26 우리를 돌보신 여호와의 인자하심

²³ 우리를 비천한 가운데에서도 기억해 주신 이에게 감사하라
그 인자하심이 영원함이로다
²⁴ 우리를 우리의 대적에게서 건지신 이에게 감사하라
그 인자하심이 영원함이로다
²⁵ 모든 육체에게 먹을 것을 주신 이에게 감사하라
그 인자하심이 영원함이로다
²⁶ 하늘의 하나님께 감사하라
그 인자하심이 영원함이로다

시편 136편의 세 번째 부분은 앞의 내용을 종합합니다. 하나님은 이스라엘 백성이 노예로 비천한 가운데 있는 것을 기억하셨습니다. 그리고 대적에게서 건지셨습니다. 그뿐만 아니라 모든 육체에게 먹을 것을 주셨습니다. 여호와는 하늘의 하나님이십니다. 모든 것의 주권자이십니다. 크고 영원하신 하늘의 하나님께서 비천한 인생을 돌아보신 것은 그의 인자하심 때문입니다. 창조부터 이스라엘의 구속과 돌보심

에 이르기까지 여호와의 헤세드가 그들을 감싸고 있습니다.

시인은 23~24절에서 "우리에게"라고 하여 하나님의 인자하신 돌보심이 과거에만 있는 것이 아니라 이 시편으로 노래하는 지금 우리에게도 미치고 있음을 고백합니다. 25절에서는 "모든 육체"로 그 범위가 확대됩니다. 하나님은 모든 이들에게 자비와 사랑을 베푸시는 분이십니다. "모든 육체"는 모든 사람 개개인이 언약 안에 있는 하나님의 사랑 안에 있다는 말은 아닙니다. 하나님의 인자하심의 넓이의 크기를 말하려는 겁니다. 하나님께서는 구약에서 아브라함을 통해 언약으로 부르셨고, 신약에서는 그리스도를 믿음으로 언약의 백성이 되게 하셨습니다. 우리가 예수 안에서 아브라함의 자손이 되었고 아브라함에게 약속하신 영적 기업 곧 하나님 나라에 참여하는 자가 되게 하셨습니다. "29 너희가 그리스도의 것이면 곧 아브라함의 자손이요 약속대로 유업을 이을 자니라"(갈 3:29). 하나님의 헤세드에 의해 우리는 구원받았습니다.

우리는 모든 좋은 것을 그리스도 안에서 받았습니다. 우리의 의에 의한 것이 아니라 하나님의 헤세드에 의한 것입니다. 창조와 그리스도 안에서의 구속과 거룩함과 영화에 이르기까지 모든 것을 말입니다. "29 하나님이 미리 아신 자들을 또한 그 아들의 형상을 본받게 하기 위하여 미리 정하셨으니 이는 그로 많은 형제 중에서 맏아들이 되게 하려 하심이니라"(롬 8:29). 그러므로 모든 것이 합력하여 선을 이룰 것(롬 8:28)이라는 확신을 가지고 담대히 걸어갈 수 있습니다.

기도:
여호와여, 하나님의 인자하심은 영원하십니다. 하나님은 비천한 중에 있는 우리를 기억해 주셨습니다. 죄와 사망을 무기로 우리를 노예 삼으려는 대적에게서 건지셨습니다. 우리에게 필요한 것을 주시고 먹이셨습니다. 하나님 아들의 형상을 본받도록 우리를 이끌어 오셨습니다. 하나님은 어제나 오늘이나 한결같으십니다. 하나님께 감사하며 그 이름을 높입니다. 하나님의 헤세드가 영원합니다. 예수 그리스도의 이름으로 기도합니다. 아멘.

시편 137편 바벨론의 강변 거기에 앉아서

¹ 우리가 바벨론의 여러 강변 거기에 앉아서
시온을 기억하며 울었도다
² 그 중의 버드나무에 우리가 우리의 수금을 걸었나니
³ 이는 우리를 사로잡은 자 거기서 우리에게 노래를 청하며
우리를 황폐하게 한 자가 기쁨을 청하고
자기들을 위하여 시온의 노래 중 하나를 노래하라 함이로다
⁴ 우리가 이방 땅에서 어찌 여호와의 노래를 부를까
⁵ 예루살렘아 내가 너를 잊을진대
내 오른손이 그의 재주를 잊을지로다
⁶ 내가 예루살렘을 기억하지 아니하거나
내가 가장 즐거워하는 것보다 더 즐거워하지 아니할진대
내 혀가 내 입천장에 붙을지로다
⁷ 여호와여 예루살렘이 멸망하던 날을 기억하시고
에돔 자손을 치소서 그들의 말이 헐어 버리라 헐어 버리라
그 기초까지 헐어 버리라 하였나이다
⁸ 멸망할 딸 바벨론아 네가 우리에게 행한 대로
네게 갚는 자가 복이 있으리로다
⁹ 네 어린 것들을 바위에 메어치는 자는 복이 있으리로다

    이 시편의 배경은 바벨론 포로 기간이나 포로에서 돌아온 직후입니다. 바벨론에서 포로로 생활할 때의 괴로움을 회상하고 대적을 멸하여 달라는 간구의 노래입니다.
    노래하는 자들이 바벨론 여러 강변에 앉아서 시온을 기억하며 울었다는 말은 그들의 처지를 보여줍니다. 유대 백성인 그들은 하나님의 율법을 어기고 우상을 숭배하고 안식일을 지키지 않고 하나님께서 보내신 선지자들의 말을 듣지 않았습니다. 오래 참으시던 하나님께서 유대 자손을 바벨론에 포로가 되어 가게 하셨습니다. 백성들은 하나

님의 임재를 생각하며 탄식하는 세월을 보냈습니다. 수금을 버드나무에 걸었다는 말은 더는 기쁨으로 하나님을 찬양할 수 없게 된 것을 탄식하는 은유적인 표현입니다. 그런데 사로잡은 자, 황폐하게 한 사람이 거기서 시온의 노래 중 하나를 불러 자기들을 기쁘게 해달라고 요청하였습니다. 시온의 노래는 곧 여호와를 찬양하는 노래입니다. 대적들의 요청은 '너희의 하나님이 어디 있느냐?'고 묻는 것과 같습니다. 그것은 하나님에 대한 모독하는 것이며 백성들을 더욱 비참하게 하는 일입니다.

그런 괴로운 세월을 보낼 때 백성들은 다짐하였습니다. 예루살렘을 기억하고 예루살렘을 그 어떤 것보다 더 즐거워하겠다고. 예루살렘을 잃어버린 상황에서 이 말은 예루살렘의 회복을 간절히 바라는 것을 제 일 순위로 두겠다는 것으로 읽을 수 있습니다.

7~9절은 대적에 대한 심판으로, 예루살렘이 멸망할 때 도왔던 에돔과 바벨론에 하나님의 심판이 있기를 바라며 저주를 선언합니다.

여호와의 인자하심에 감사하는 시편인 136편과 138편 사이에 과거의 아픔을 기억하고 대적의 멸망을 구하는 시가 끼어 있습니다. 137편은 시온에서 하나님을 예배할 수 있는 것이 얼마나 복된 것인지 잊지 않게 합니다. 우리는 하나님의 인자하심을 힘입어 살고 있다는 것을 자주 잊습니다. 그러다 죄에 넘어져 깊이 탄식할 때나 고난의 때에 우리의 비천함을 발견하고 은혜를 사모하게 됩니다. 그런 이유에서 우리가 바벨론 강변에 앉아 울었던 때를 기억할 필요가 있습니다.

기도:
여호와 하나님, 우리가 죄로 인하여 하나님의 진노하심 가운데 있던 때를 기억하게 하옵소서. 하나님의 임재를 떠나 있을 때 탄식하게 하옵소서. 하나님을 예배하며 즐거워하는 것을 그 무엇보다 즐거워하게 하옵소서, 하나님 나라와 의를 먼저 구하게 하옵소서. 우리를 대적에게서 건져 주옵소서. 예수 그리스도의 이름으로 기도합니다. 아멘.

시편 138편 내 영혼에 힘을 주어 강하게 하셨나이다

[다윗의 시]
1 내가 전심으로 주께 감사하며
신들 앞에서 주께 찬송하리이다
2 내가 주의 성전을 향하여 예배하며
주의 인자하심과 성실하심으로 말미암아
주의 이름에 감사하오리니
이는 주께서 주의 말씀을 주의 모든 이름보다 높게 하셨음이라
3 내가 간구하는 날에 주께서 응답하시고
내 영혼에 힘을 주어 나를 강하게 하셨나이다
4 여호와여 세상의 모든 왕들이 주께 감사할 것은
그들이 주의 입의 말씀을 들음이오며
5 그들이 여호와의 도를 노래할 것은
여호와의 영광이 크심이니이다
6 여호와께서는 높이 계셔도 낮은 자를 굽어살피시며
멀리서도 교만한 자를 아심이니이다
7 내가 환난 중에 다닐지라도 주께서 나를 살아나게 하시고
주의 손을 펴사 내 원수들의 분노를 막으시며
주의 오른손이 나를 구원하시리이다
8 여호와께서 나를 위하여 보상해 주시리이다
여호와여 주의 인자하심이 영원하오니
주의 손으로 지으신 것을 버리지 마옵소서

　　시편 138편에서 다윗은 하나님께 특별한 도움을 받았던 일을 회상하면서 감사드립니다. 우선 이방 신들 앞에서 하나님의 인자하심과 성실하심으로 말미암아 감사드립니다(1~3). 하나님의 말씀이 주의 모든 이름보다 높게 되었다는 것은(2), 하나님의 어떠하심을 능가할 정

도로 하나님의 말씀을 통해 하나님의 선하심과 진실하심이 드러났다는 겁니다. 하나님은 전능하시다는 이름을 가지셨는데 참으로 하나님의 말씀이 그것을 증명했으며, 하나님이 선하시다는 이름을 가지셨는데 하나님의 말씀이 참으로 그 선하심을 탁월하게 나타내셨다는 강조로 보입니다. 하나님은 다윗이 간구하는 날에 응답하시고 그의 영혼에 힘을 주어 강하게 하셨습니다.

하나님께서 그에게 행하신 일들은 모든 왕에게 알려져서 세상의 왕들조차 하나님의 도를 노래하며 영광을 돌리게 되었습니다(4~6). 왕들이 놀란 한 가지 사실은 여호와께서 높이 계시는 하나님이시지만 낮은 자를 굽어살피시며 멀리서도 교만한 자를 아시고 심판하신다는 겁니다.

이러한 경험은 다윗에게 더욱 하나님을 의지하게 합니다(7~8). 다윗은 환난 중에 다닐지라도 살아나게 하시고 원수에게서 구원하실 것을 확신합니다. 또한, 여호와께서 보상하시고(완전하게 하시고) 영원토록 잊어버리는 일이 없을 것을 확신합니다.

이 시는 바벨론 포로기의 탄식을 다룬 137편 뒤에 있어 바벨론 포로에서 응답하시고 회복시키신 하나님의 인자하심과 성실하심을 감사하는 시로 읽을 수 있습니다. 신자에게도 고난의 날이 있습니다. 그렇지만 하나님은 우리를 잊어버리지 않으십니다. 우리가 간구할 때 우리의 영혼에 힘을 주시고 강하게 하십니다. 원수에게서 건지시고 완전하게 하십니다. 세상의 권세자들조차 하나님께서 우리에게 행하신 일을 보고 하나님께 영광을 돌리게 될 겁니다.

기도:
여호와여, 하나님은 은혜로우시며 자비와 긍휼이 무궁하십니다. 하나님이시여 그 이름에 합당하게 행하시옵소서. 제가 간구하는 기도에 응답하사 저의 영혼에 힘을 주어 강하게 하옵소서. 환난의 날에 살아나게 하시고 완전하게 하옵소서. 영원하신 사랑에 힘입어 담대하게 하나님을 의지하며 살게 하옵소서. 예수 그리스도의 이름으로 기도합니다. 아멘.

시편 139:1~12 나를 살펴보시고 아시나이다

[다윗의 시, 인도자를 따라 부르는 노래]
¹ 여호와여 주께서 나를 살펴보셨으므로 나를 아시나이다
² 주께서 내가 앉고 일어섬을 아시고
멀리서도 나의 생각을 밝히 아시오며
³ 나의 모든 길과 내가 눕는 것을 살펴보셨으므로
나의 모든 행위를 익히 아시오니
⁴ 여호와여 내 혀의 말을 알지 못하시는 것이
하나도 없으시니이다
⁵ 주께서 나의 앞뒤를 둘러싸시고 내게 안수하셨나이다
⁶ 이 지식이 내게 너무 기이하니 높아서
내가 능히 미치지 못하나이다
⁷ 내가 주의 영을 떠나 어디로 가며
주의 앞에서 어디로 피하리이까
⁸ 내가 하늘에 올라갈지라도 거기 계시며
스올에 내 자리를 펼지라도 거기 계시니이다
⁹ 내가 새벽 날개를 치며 바다 끝에 가서 거주할지라도
¹⁰ 거기서도 주의 손이 나를 인도하시며
주의 오른손이 나를 붙드시리이다
¹¹ 내가 혹시 말하기를 흑암이 반드시 나를 덮고
나를 두른 빛은 밤이 되리라 할지라도
¹² 주에게서는 흑암이 숨기지 못하며
밤이 낮과 같이 비추이나니
주에게는 흑암과 빛이 같음이니이다

하나님께서 사람을 아신다는 생각을 우리는 다윗에게서 배웁니다. "살펴보셨다"라는 말은 물줄기나 금속을 찾기 위해 땅을 파거나 뚫을 때처럼 하나님께서 땅을 파헤치고 드러내듯이 자세하고 정확하게 우리를 찾으셨다는 말입니다. 그렇게 하나님은 우리를 아십니다. 138:6에서 표현한 대로 하나님은 높이 계셔도 낮은 자를 굽어살피시며 멀

리서도 교만한 자를 아시는 분이십니다. 우리에게 이토록 관심을 보이시는 이유는 무엇인가요? 하나님의 인자하심(헤세드) 때문입니다. 하나님께서 우리를 아시는 동기가 그의 인자하심에 있다는 것을 염두에 두고 시를 읽어야 합니다. 그렇지 않으면 일거수일투족을 아시고 피할 곳이 없이 함께하신다는 것이 얼마나 두려운 일이겠습니까.

우리는 그리스도 안에서 다윗처럼 고백할 수 있습니다. 하나님은 나를 아십니다. 나의 앉고 일어섬과 내 생각과 모든 길과 눕는 것과 모든 행위와 혀의 모든 말을 아십니다. 하나님은 나의 앞뒤를 둘러싸시고 내게 손을 대시고 축복하십니다. 하나님의 전지하신 속성을 단순히 말하는 것이 아니라 우리와 인격적인 교제를 통해 아신다는 것을 말합니다.

7~12절은 하나님의 인격적인 임재를 말합니다. 하나님은 언약 안에 있는 자기 백성과 어디든지 함께 계십니다. 우리는 하나님의 임재가 있지 않은 곳에 머물 수 없습니다. 흑암 곧 우리가 불확실과 두려움의 영역이라고 생각하는 곳조차도 빛과 같이 하나님의 임재가 거기에 있습니다. 바울은 로마서에서 이렇게 고백합니다. "[38] 내가 확신하노니 사망이나 생명이나 천사들이나 권세자들이나 현재 일이나 장래 일이나 능력이나 [39] 높음이나 깊음이나 다른 어떤 피조물이라고 우리를 우리 주 그리스도 예수 안에 있는 하나님의 사랑에서 끊을 수 없으리라"(롬 8:38~39) 우리는 하나님이 살펴보시고 아시며 사랑으로 함께하시는 날을 사는 겁니다.

기도:
여호와여, 하나님은 사랑으로 저를 아십니다. 저는 하나님께 과장하거나 숨길 것이 없습니다. 그래서 쉼을 얻을 수 있습니다. 자유와 기쁨이 있습니다. 제가 어느 곳에 있든지 그곳에 계십니다. 지극히 높은 곳에 계신 분께서 가장 낮은 자리까지 오셨습니다. 그곳에서 저를 인도하시고 함께 하십니다. 저는 두려울 것이 없습니다. 하나님의 선하신 뜻이 이루어지길 바랍니다. 예수 그리스도의 이름으로 기도합니다. 아멘.

시편 139:13~24 내가 깰 때에도 여전히 주와 함께 있나이다

¹³ 주께서 내 내장을 지으시며
나의 모태에서 나를 만드셨나이다
¹⁴ 내가 주께 감사하옴은 나를 지으심이 심히 기묘하심이라
주께서 하시는 일이 기이함을 내 영혼이 잘 아나이다
¹⁵ 내가 은밀한 데서 지음을 받고
땅의 깊은 곳에서 기이하게 지음을 받은 때에
나의 형체가 주의 앞에 숨겨지지 못하였나이다
¹⁶ 내 형질이 이루어지기 전에 주의 눈이 보셨으며
나를 위하여 정한 날이 하루도 되기 전에
주의 책에 다 기록이 되었나이다
¹⁷ 하나님이여 주의 생각이 내게 어찌 그리 보배로우신지요
그 수가 어찌 그리 많은지요
¹⁸ 내가 세려고 할지라도 그 수가 모래보다 많도소이다
내가 깰 때에도 여전히 주와 함께 있나이다
¹⁹ 하나님이여 주께서 반드시 악인을 죽이시리이다
피 흘리기를 즐기는 자들아 나를 떠날지어다
²⁰ 그들이 주를 대하여 악하게 말하며
주의 원수들이 주의 이름으로 헛되이 맹세하나이다
²¹ 여호와여 내가 주를 미워하는 자들을 미워하지 아니하오며
주를 치러 일어나는 자들을 미워하지 아니하나이까
²² 내가 그들을 심히 미워하니
그들은 나의 원수들이니이다
²³ 하나님이여 나를 살피사 내 마음을 아시며
나를 시험하사 내 뜻을 아옵소서
²⁴ 내게 무슨 악한 행위가 있나 보시고
나를 영원한 길로 인도하소서

13~18절은 하나님께서 시인을 인격적으로 창조하신 것을 묘사합니다. 모태에서 지으시고 만드시되 은밀한 데서 땅의 깊은 곳에서 기이하게 지으셨습니다. 이러한 표현은 창조의 신비를 나타냅니다. 형질

이 이루어지기 전에 우리를 먼저 아셨고 태어나기도 전에 하나님의 책에 기록하셨습니다.

17~18절은 앞의 내용을 마무리하며 하나님을 찬양하는 내용입니다. 우리를 아시고 함께 하시며 창조하신 신비한 일을 생각할 때에 그것이 얼마나 보배로운지 그리고 그 수가 어찌 그리 많은지 기이할 뿐입니다. 우연히 세상에 나오게 된 사람은 없습니다. 수많은 다양함으로 사람들은 창조되었습니다. 한 사람 한 사람에 대한 하나님의 생각이 모래보다 많아 셀 수 없습니다. 우리는 하나님의 섭리하심을 믿으며 감사하며 나아갈 뿐입니다. 다윗은 "내가 깰 때에도 여전히 주와 함께 있나이다"(18) 라고 고백합니다. 우리의 모든 순간 하나님의 임재하심 아래 있습니다.

19~24절은 다윗이 어떤 배경에서 이런 고백을 하고 있는지 알 수 있습니다. 그는 악인 곧 피 흘리기를 즐기는 자들에게 둘러싸여 있습니다. 그들은 다윗뿐 아니라 하나님을 대하여 악하게 말하는 원수들입니다. 다윗은 평안하고 여유 있는 때가 아니라 대적의 위협 가운데 하나님 편에서 흔들리지 않고 하나님의 임재와 섭리를 고백한 겁니다. 23~24절에서 하나님께서 다윗을 살피고 아시기를 간구하는 것은 그가 의롭다고 자신하는 것이 아니라 하나님의 인자하심(헤세드)을 신뢰하는 고백입니다. 이렇게 간구할 수 있는 분은 그리스도뿐입니다. 그리고 우리가 그리스도 안에서 담대하게 나를 살피시고 아시기를 간구할 수 있는 것은 우리의 죄와 연약함을 그리스도의 피로 덮으시고 의의 길로 인도하셨기 때문입니다.

기도:
하나님 아버지, 나를 지으신 하나님의 생각이 많고 보배로워 헤아릴 수 없습니다. 하나님의 임재하심 아래 감사와 기쁨을 갖게 하옵소서. 평안할 때뿐 아니라 대적에 둘러싸여 있을 때도 하나님은 나와 함께 하시며 나의 길을 인도하십니다. 하나님의 사랑을 믿는 믿음으로 담대히 서게 하옵소서. 예수 그리스도의 이름으로 기도합니다. 아멘.

시편 140편 악에서 건지소서

[다윗의 시, 인도자를 따라 부르는 노래]
¹ 여호와여 악인에게서 나를 건지시며
포악한 자에게서 나를 보전하소서
² 그들이 마음속으로 악을 꾀하고
싸우기 위하여 매일 모이오며
³ 뱀 같이 그 혀를 날카롭게 하니
그 입술 아래에는 독사의 독이 있나이다 (셀라)
⁴ 여호와여 나를 지키사 악인의 손에 빠지지 않게 하시며
나를 보전하사 포악한 자에게서 벗어나게 하소서
그들은 나의 걸음을 밀치려 하나이다
⁵ 교만한 자가 나를 해하려고 올무와 줄을 놓으며
길 곁에 그물을 치며 함정을 두었나이다 (셀라)
⁶ 내가 여호와께 말하기를 주는 나의 하나님이시니
여호와여 나의 간구하는 소리에 귀를 기울이소서 하였나이다
⁷ 내 구원의 능력이신 주 여호와여
전쟁의 날에 주께서 내 머리를 가려 주셨나이다
⁸ 여호와여 악인의 소원을 허락하지 마시며
그의 악한 꾀를 이루지 못하게 하소서
그들이 스스로 높일까 하나이다 (셀라)
⁹ 나를 에워싸는 자들이 그들의 머리를 들 때에
그들의 입술의 재난이 그들을 덮게 하소서
¹⁰ 뜨거운 숯불이 그들 위에 떨어지게 하시며
불 가운데와 깊은 웅덩이에 그들로 하여금 빠져
다시 일어나지 못하게 하소서
¹¹ 악담하는 자는 세상에서 굳게 서지 못하며
포악한 자는 재앙이 따라서 패망하게 하리이다
¹² 내가 알거니와 여호와는 고난 당하는 자를 변호해 주시며
궁핍한 자에게 정의를 베푸시리이다
¹³ 진실로 의인들이 주의 이름에 감사하며
정직한 자들이 주의 앞에서 살리이다

시편 140~143편까지는 다윗의 애가시로 고난 당하는 중에 간구하는 내용입니다. 139편에서 하나님의 임재와 인격적인 교제를 고백한 후에 고난의 내용이 따라오는 것이 불편할 수 있습니다. 그런데 고난은 하나님과 우리의 관계를 깨뜨리지 못합니다. 야고보는 "여러 가지 시험을 당하거든 온전히 기쁘게 여기라 이는 너희 믿음의 시련이 인내를 만들어 내는 줄 너희가 앎이라"(약 1:2~3)라고 했습니다. 바울도 "우리가 환난 중에도 즐거워하나니 이는 환난은 인내를 인내는 연단을 연단은 소망을 이루는 줄 앎"(롬 5:3~4)이라고 했습니다. 고난은 우리를 우리 주 그리스도 예수 안에 있는 하나님의 사랑에서 끊을 수 없습니다.

다윗은 우선 포악한 자를 고발합니다(1~5). 원수는 악한 마음에서 혀로, 입술에서 손으로, 그리고 올무와 줄, 그물과 함정으로 악에 악을 더하여 공격합니다. 그렇지만 다윗은 여호와의 하나님 되심을 고백하며 신뢰를 표현합니다(6~7). 그리고 악인이 공격한 것들에 심판이 있기를 간구합니다(9~11). 그들의 입술에 재난이 있고 불과 깊은 웅덩이에 빠지고 재앙이 따라가서 패망하기를 구합니다. 다윗은 12~13절에서 다시 한번 여호와에 대한 신뢰를 고백합니다. 여호와는 고난 당하는 자를 위해 대신 싸우시는(변호) 분이시며 정의를 베푸시는 분이십니다.

고난과 시련이 있을 때 하나님의 사랑에 흔들림이 없음을 믿으십시오. 낙담하여 뒤로 물러서지 마십시오. 오히려 하나님을 붙드는 기회로 삼으십시오.

기도:
여호와여, 악이 공격할 때 그 원인을 저에게서 찾아 스스로 비난하고 좌절하지 않게 하옵소서. 하나님이 저의 상황을 모르시거나 저를 버리셨다고 생각하지 않게 하옵소서. 오직 하나님의 사랑을 붙들고 인내하게 하옵소서. 나의 능력이신 하나님께서 나를 변호하시며 하나님을 위하여 대적과 싸우소서. 예수 그리스도의 이름으로 기도합니다. 아멘.

시편 141편 내 입에 파수꾼을 세우소서

[다윗의 시]
¹ 여호와여 내가 주를 불렀사오니 속히 내게 오시옵소서
내가 주께 부르짖을 때에 내 음성에 귀를 기울이소서
² 나의 기도가 주의 앞에 분향함과 같이 되며
나의 손 드는 것이 저녁 제사 같이 되게 하소서
³ 여호와여 내 입에 파수꾼을 세우시고
내 입술의 문을 지키소서
⁴ 내 마음이 악한 일에 기울어
죄악을 행하는 자들과 함께 악을 행하지 말게 하시며
그들의 진수성찬을 먹지 말게 하소서
⁵ 의인이 나를 칠지라도 은혜로 여기며
책망할지라도 머리의 기름 같이 여겨서
내 머리가 이를 거절하지 아니할지라
그들의 재난 중에도 내가 항상 기도하리로다
⁶ 그들의 재판관들이 바위 곁에 내려 던져졌도다
내 말이 달므로 무리가 들으리로다
⁷ 사람이 밭 갈아 흙을 부스러뜨림 같이
우리의 해골이 스올 입구에 흩어졌도다
⁸ 주 여호와여 내 눈이 주께 향하며 내가 주께 피하오니
내 영혼을 빈궁한 대로 버려 두지 마옵소서
⁹ 나를 지키사 그들이 나를 잡으려고 놓은 올무와
악을 행하는 자들의 함정에서 벗어나게 하옵소서
¹⁰ 악인은 자기 그물에 걸리게 하시고
나만은 온전히 면하게 하소서

시편 140편이 악인의 공격으로부터 보호를 구하는 기도였다면 141편은 다윗 자신이 악의 편에 서지 않기를 간구하는 내용입니다. 다윗은 자기의 기도가 응답 되기를 간절히 바란 후에(1~2) 그의 간구의 내용이 무엇인지 말합니다(3~4). 다윗은 자기의 입이 죄를 범하지 않고 마음이 악한 일에 기울어지지 않기를 간구합니다. "여호와여 내

입에 파수꾼을 세우시고 … 내 마음이 악한 일에 기울어 … 악을 행하지 말게 하시며"(3~4). 다윗이 악한 일에 가담하게 될 상황에 있거나 아니면 악으로 악을 갚을 상황에 놓여 있는 것 같습니다. 그는 그 상황에서 벗어나게 해 달라고 간구합니다. 의인이 책망하는 것이라면 은혜로 여기고 머리의 기름 곧 영예로 생각하겠다고 합니다. "그들의 재난"(5)은 의인을 말하는지 악인을 말하는지 이해하기 어렵습니다. 그것이 누구이든 다윗은 항상 기도하는 것으로 하나님께 은혜를 구하겠다는 태도입니다. 악인의 재판관(통치자)들은 심판을 받고 비로소 백성들은 다윗의 의로운 말을 따르게 될 겁니다. 그 자신은 비록 죽음의 문 앞에 이르게 되더라도(7) 여호와께서 그에게 피하는 자를 버려두지 않으실 것을 믿고 악을 행하는 자의 함정에서 벗어나게 해 달라고 간구합니다. 악을 악으로 갚지 않고 악한 자의 편에 서지 않고 하나님을 의지하여 피하려는 다윗의 영적 투쟁이 담겨 있습니다.

사울 왕이 다윗을 죽이려 할 때 그는 정의를 내세워 복수하려 하지 않고 하나님께 맡겼습니다. 나발이라는 자가 무례하게 행동했을 때는 분노하여 갚으려 했지만, 하나님께서 그를 막으셨습니다. 우리가 악에서 건짐을 받는 것도 중요하지만 우리가 악한 자의 편에 서거나 악을 악으로 갚지 않는 것도 중요한 일입니다. 이 시의 정신이 "우리를 시험에 들게 하지 마옵시고 다만 악에서 구하옵소서"라는 기도에 들어있습니다. 다윗은 기도할 때 하나님께서 가까이 오시며 음성에 귀를 기울이시는 분으로 생각했습니다. 하나님은 우리와 함께 계십니다. 기도는 그것을 경험하는 자리입니다.

기도:
여호와여, 우리의 기도에 귀를 기울이소서. 우리의 입술과 마음이 악으로 기울어지지 않게 하옵소서. 우리를 위해 파놓은 함정에서 벗어나게 하옵소서. 하나님이 가까이 계시니 저의 눈도 하나님을 향하며 하나님께 피하여 가게 하옵소서. 예수 그리스도의 이름으로 기도합니다. 아멘.

시편 142편 여호와는 나의 피난처시오 나의 분깃이시라

[다윗이 굴에 있을 때에 지은 마스길 곧 기도]
¹ 내가 소리 내어 여호와께 부르짖으며
소리 내어 여호와께 간구하는도다
² 내가 내 원통함을 그의 앞에 토로하며
내 우환을 그의 앞에 진술하는도다
³ 내 영이 내 속에서 상할 때에도 주께서 내 길을 아셨나이다
내가 가는 길에 그들이 나를 잡으려고 올무를 숨겼나이다
⁴ 오른쪽을 살펴보소서 나를 아는 이도 없고
나의 피난처도 없고 내 영혼을 돌보는 이도 없나이다
⁵ 여호와여 내가 주께 부르짖어 말하기를 주는 나의 피난처시오
살아 있는 사람들의 땅에서 나의 분깃이시라 하였나이다
⁶ 나의 부르짖음을 들으소서 나는 심히 비천하니이다
나를 핍박하는 자들에게서 나를 건지소서
그들은 나보다 강하니이다
⁷ 내 영혼을 옥에서 이끌어 내사 주의 이름을 감사하게 하소서
주께서 나에게 갚아 주시리니 의인들이 나를 두르리이다

"마스길"이라는 말은 가르침 혹은 교훈의 노래라는 의미입니다. 교훈을 목적으로 지어진 겁니다. 1~2절이 이것을 뒷받침합니다. 1~2절은 노래를 듣는 사람들에게 말하는 내용입니다. 다윗이 사울에 쫓겨 굴에 갇혀 있을 때 소리내어 여호와께 부르짖었습니다. 그는 사울에게 쫓길만한 일을 하지 않았습니다. 이는 원통한 일입니다. 원통으로 번역한 단어는 불평의 의미도 있지만, 묵상의 의미도 있습니다. 다윗은 단순히 불평을 쏟아놓은 것이 아니라 이 상황을 묵상하고 깨달은

것을 하나님께 쏟아붓고 폭로했습니다. 3절 이하의 내용은 다윗이 하나님께 토로하고 간구한 내용입니다.

　다윗은 자기의 사정을 토로하는 중에도 여전히 하나님을 신뢰합니다(3~4). 그의 영이 속에서 상할 때에도 하나님이 그의 길을 아셨다고 말합니다. 그의 길에는 올무가 숨겨져 있는데 다윗과 동행하는 자나 그의 편이 되는 사람이 아무도 없습니다. 피난처도 없고 영혼을 돌보는 자도 없습니다. 다윗은 여호와께 부르짖어 하나님이 그의 피난처시오 분깃이라고 고백합니다. 비천한 데서와 핍박하는 자에게서 건지시기를 부르짖었습니다. 7절에서는 하나님께서 그의 부르짖음을 들으시어 주의 이름에 감사하게 하시고, 의인들 곧 그의 동료들과 함께 공동체를 이루게 될 것에 대한 기대를 표현하였습니다. 다윗이 여호와를 피난처 삼고 여호와만을 그의 분깃으로 삼은 것에 대하여 하나님께서 갚아 주셨습니다. 그를 고난에서 건지셔서 왕으로 세우셨습니다.

　이 시편은 그리스도의 노래이기도 합니다. 히브리서 기자는 그리스도에 대해 이렇게 말합니다. "그는 육체에 계실 때에 자기를 죽음에서 능히 구원하실 이에게 심한 통곡과 눈물로 간구와 소원을 올렸고 그의 경건하심으로 말미암아 들으심을 얻었느니라"(히브리서 5:7). 그리스도가 고난을 통해 온전하게 되심으로 자기에게 순종하는 모든 자에게 영원한 구원의 근원이 되셨습니다(히 5:9). 그러므로 우리가 고난의 때에 그리스도를 힘입어 하나님께 부르짖을 때 하나님은 우리의 피난처와 분깃이 되어 주십니다.

　기도:
　여호와여, 내 영이 속에서 상할 때도 하나님은 나를 아십니다. 나의 사정은 하나님께 숨겨지지 않습니다. 하나님 외에 저를 아는 자도 없고 저의 피난처도 없습니다. 하나님만 저의 피난처로 삼고 피합니다. 하나님만 저의 상급이며 분깃이십니다. 저를 고난 중에 건지시고 감사하게 하옵소서. 하나님께 피하고 따르는 사람들과 함께 걷게 하옵소서. 예수 그리스도의 이름으로 기도합니다. 아멘.

시편 143편 아침에 주의 인자한 말씀을 듣게 하소서

[다윗의 시]
1 여호와여 내 기도를 들으시며 내 간구에 귀를 기울이시고
주의 진실과 의로 내게 응답하소서
2 주의 종에게 심판을 행하지 마소서
주의 눈 앞에는 의로운 인생이 하나도 없나이다
3 원수가 내 영혼을 핍박하며 내 생명을 땅에 엎어서
나로 죽은 지 오랜 자 같이 나를 암흑 속에 두었나이다
4 그러므로 내 심령이 속에서 상하며
내 마음이 내 속에서 참담하니이다
5 내가 옛날을 기억하고 주의 모든 행하신 것을 읊조리며
주의 손이 행하는 일을 생각하고
6 주를 향하여 손을 펴고
내 영혼이 마른 땅 같이 주를 사모하나이다 (셀라)
7 여호와여 속히 내게 응답하소서 내 영이 피곤하니이다
주의 얼굴을 내게서 숨기지 마소서
내가 무덤에 내려가는 자 같을까 두려워하나이다
8 아침에 나로 하여금 주의 인자한 말씀을 듣게 하소서
내가 주를 의뢰함이니이다
내가 다닐 길을 알게 하소서 내가 내 영혼을 주께 드림이니이다
9 여호와여 나를 내 원수들에게서 건지소서
내가 주께 피하여 숨었나이다
10 주는 나의 하나님이시니 나를 가르쳐 주의 뜻을 행하게 하소서
주의 영은 선하시니 나를 공평한 땅에 인도하소서
11 여호와여 주의 이름을 위하여 나를 살리시고
주의 의로 내 영혼을 환난에서 끌어내소서
12 주의 인자하심으로 나의 원수들을 끊으시고
내 영혼을 괴롭게 하는 자를 다 멸하소서 나는 주의 종이니이다

다윗의 애가시입니다. 1~6절까지 다윗은 하나님께서 자기의 간구에 귀를 기울이시기를 요청하며 자기의 형편이 어떤지 토로합니다. 다윗은 원수의 박해로 생명의 위협을 받고 있습니다. 그의 심령이 상하고(쇠약해지고) 마음의 참담한(절망적인 놀라움으로 심장이 마비됨)

상태입니다. 다윗은 이러한 상황에서 하나님의 진실하시고 의로우신 성품에 의지합니다. 하나님이 의로우심으로 판단하신다면 의로운 인생이 하나도 없으니 심판하지 마시기를 구합니다. 다윗은 하나님이 진실하심과 의로우심으로 원수에게서 그를 건지실 것을 확신합니다. 그래서 옛날을 기억하고 하나님께서 행하신 일을 생각하며 주를 향하여 손을 펴고 그의 영혼이 마른 땅 같이 주를 사모한다고 고백합니다(6).

7~12절에서 다윗은 위급하고 숨 가쁜 호소를 이어갑니다. "주의 얼굴을 내게서 숨기지 마소서", "아침에 나로 하여금 주의 인자한 말씀을 듣게 하소서", "내가 다닐 길을 알게 하소서", "내 원수들에게서 건지소서", "나를 가르쳐 주의 뜻을 행하게 하소서", "나를 살리시고", "환난에서 끌어내소서", "나의 원수를 끊으시고", "괴롭게 하는 자를 다 멸하소서". 다윗이 이렇게 구할 수 있는 것은 하나님께서는 당신이 택하신 종(2, 12)을 버리지 않으실 것이란 확신 때문입니다.

다윗이 하나님을 신뢰하는 것처럼 우리가 위기의 때에 하나님께 담대히 간구할 수 있는 것은 우리의 의로움이나 헌신 때문이 아닙니다. 우리의 의가 되시는 그리스도께서 우리의 대제사장으로 계시기 때문입니다. 그리스도는 우리를 긍휼히 여기시고 우리의 죄를 대신 지고 하나님의 보좌 앞에 나가셨습니다. 그래서 하나님의 인자하심이 그리스도 안에서 우리에게 향하십니다.

기도:
여호와여, 저는 하나님께서 그리스도 안에서 택하신 성도이며 자녀입니다. 그리스도 안에서 언약하신 백성입니다. 저의 간구에 귀를 기울이시고 응답하옵소서. 주의 얼굴을 내게서 숨기지 마옵소서. 아침에 주의 인자한 말씀을 듣게 하소서. 제가 주를 의뢰합니다. 저의 다닐 길을 알게 하옵소서. 제 영혼을 주께 드립니다. 저를 가르쳐 주의 뜻을 행하게 하옵소서. 저를 공평한 땅에 인도하옵소서. 원수를 끊으시고 멸하여 주옵소서. 예수 그리스도의 이름으로 기도합니다. 아멘.

시편 144편 여호와를 자기 하나님으로 삼는 백성은 복이 있도다

[다윗의 시]
¹ 나의 반석이신 여호와를 찬송하리로다
그가 내 손을 가르쳐 싸우게 하시며
손가락을 가르쳐 전쟁하게 하시는도다
² 여호와는 나의 사랑이시요 나의 요새이시요 나의 산성이시오
나를 건지시는 이시요 나의 방패이시니
내가 그에게 피하였고 그가 내 백성을 내게 복종하게 하셨나이다
³ 여호와여 사람이 무엇이기에 주께서 그를 알아 주시며
인생이 무엇이기에 그를 생각하시나이까
⁴ 사람은 헛것 같고 그의 날은 지나가는 그림자 같으니이다
⁵ 여호와여 주의 하늘을 드리우고 강림하시며
산들에 접촉하사 연기를 내게 하소서
⁶ 번개를 번쩍이사 원수들을 흩으시며
주의 화살을 쏘아 그들을 무찌르소서
⁷ 위에서부터 주의 손을 펴사 나를 큰 물과
 이방인의 손에서 구하여 건지소서
⁸ 그들의 입은 거짓을 말하며 그의 오른손은 거짓의 오른손이니이다
⁹ 하나님이여 내가 주께 새 노래로 노래하며
열 줄 비파로 주를 찬양하리이다
¹⁰ 주는 왕들에게 구원을 베푸시는 자시오
그의 종 다윗을 그 해하려는 칼에서 구하시는 자시니이다
¹¹ 이방인의 손에서 나를 구하여 건지소서
그들의 입은 거짓을 말하며 그 오른손은 거짓의 오른손이니이다
¹² 우리 아들들은 어리다가 장성한 나무들과 같으며
우리 딸들은 궁전의 양식대로 아름답게 다듬은 모퉁잇돌들과 같으며
¹³ 우리의 곳간에는 백곡이 가득하며
우리의 양은 들에서 천천과 만만으로 번성하며
¹⁴ 우리 수소는 무겁게 실었으며
또 우리를 침노하는 일이나 우리가 나아가 막는 일이 없으며
우리 거리에는 슬피 부르짖음이 없을진대
¹⁵ 이러한 백성은 복이 있나니
여호와를 자기 하나님으로 삼는 백성은 복이 있도다

시편 144편은 왕의 시입니다. 시편 18편과 많은 구절이 겹칩니다. 가장 큰 차이는 18편은 완전한 승리로 나라가 견고하여지고 이후 계속 번영할 것을 말하고 있는 반면에 143편은 이방인의 손에서 구하여 달라는 기도를 포함하고 있습니다.

1~2절에서 왕을 도우시고 인도하시는 하나님을 찬양합니다. 3~4절은 하나님의 은혜가 절대적으로 필요한 인간의 상태를 담고 있습니다. 5~11절에서는 하나님께서 시내산에 강림하셨던 것과 같이(5) 임재하셔서 이방인의 손에서 건져달라고 반복하여 간구합니다. 12~15절에서 화자는 "우리"로 바뀝니다. 하나님께서 왕의 기도를 들으셔서 백성들이 누리게 될 복을 열거합니다. 건장하고 아름다운 아들딸들(12), 풍성한 수확과 번성하는 가축들(13~14a), 외교적인 평화와 안전(14) 등. "여호와를 자기 하나님으로 삼는 백성"(15)이 누리는 복입니다.

다윗왕과 백성들이 하나님의 다스리심과 보호 아래서 누리는 현세의 복은 우리가 그리스도 안에서 누리게 되는 구원과 영생을 보여줍니다. 현세의 복도 하나님의 은총이기에 감사함으로 누려야 합니다. 그리고 그것을 통해 하나님의 풍성하신 은혜와 하늘의 참된 안식을 더욱 소망하며 땅의 것에 길을 잃지 않도록 해야 합니다. 가난과 부족함으로 힘겨워하는 신자도 하나님이 그리스도 안에서 주시는 평안으로 위로를 얻으며 감사하고 장래의 하나님 나라를 소망하며 기쁨으로 살게 하십니다.

기도:
여호와여, 그리스도 우리 왕과 함께 싸우시고 승리하게 하시니 감사합니다. 하나님은 그리스도와 함께 한없는 은사를 주십니다. 오늘에 필요한 모든 것을 허락하옵소서. 함께 사는 사람들 사이의 화평, 일과 넉넉한 양식, 안전한 삶을 주옵소서. 무엇보다 하나님 나라와 의를 먼저 구하게 하옵소서. 어떤 환경에서도 하나님이 우리의 복이 되심을 기뻐하는 삶이 되게 하옵소서. 예수 그리스도의 이름으로 기도합니다. 아멘,

시편 145:1~9 여호와는 위대하시니 크게 찬양할 것이라

[다윗의 찬송시]
¹ 왕이신 나의 하나님이여
내가 주를 높이고 영원히 주의 이름을 송축하리이다
² 내가 날마다 주를 송축하며
영원히 주의 이름을 송축하리이다
³ 여호와는 위대하시니 크게 찬양할 것이라
그의 위대하심을 측량하지 못하리로다
⁴ 대대로 주께서 행하시는 일을 크게 찬양하며
주의 능한 일을 선포하리로다
⁵ 주의 존귀하고 영광스러운 위엄과
주의 기이한 일들을 나는 작은 소리로 읊조리리이다
⁶ 사람들은 주의 두려운 일의 권능을 말할 것이요
나도 주의 위대하심을 선포하리이다
⁷ 그들이 주의 크신 은혜를 기념하여 말하며
주의 의를 노래하리이다
⁸ 여호와는 은혜로우시며 긍휼이 많으시며
노하기를 더디 하시며 인자하심이 크시도다
⁹ 여호와께서는 모든 것을 선대하시며
그 지으신 모든 것에 긍휼을 베푸시는도다

다윗의 시로 제목이 붙은 마지막 시로 찬송시입니다. 경건한 유대인들이 회당에서 하루에 세 번 본 시편을 낭송했다고 할 정도로 중요하게 생각하는 시편입니다. 어떤 이는 146~150편까지의 찬양시들이 145편에서 여호와를 송축하라는 선포에 대한 응답이라고 합니다.

1~9절은 왕이신 하나님의 이름과 성품을 찬양하는 내용입니다. 10~21절은 다윗이 하나님 나라의 영광을 찬양하고 백성들이 하나님의 다스림을 받는 복에 대하여 선언합니다. 다윗은 하나님을 "왕이신 나의 하나님"으로 부릅니다. 시편에는 하나님이 왕이시다는 개념이

여러 곳에 등장합니다. 하지만 하나님을 "왕"으로 칭한 곳은 시편 98:6과 이곳뿐입니다.

다윗은 하나님이 어떤 분이신지 말합니다. 여호와는 위대하십니다(3~6). 그 위대하심은 다른 표현들로 열거됩니다. "주께서 행하시는 일", "주의 능한 일", "존귀하고 영광스러운 위엄", "기이한 일들", "두려운 일의 권능" 등. 그 구체적인 내용을 언급하고 있지 않지만, 앞의 시편들이 담고 있거나 역사에서 하나님께서 행하신 일들을 생각하게 합니다. 또한, 하나님은 선하시며 의로우시며(7) 은혜로우시며 긍휼이 많으시며 노하기를 더디 하시며 인자하심이 크십니다(8). 그는 모든 것을 선대하시며 지으신 모든 것에 긍휼을 베푸십니다(9). 특히 8절은 출애굽기 34:6에 여호와께서 모세에게 당신을 소개하신 내용입니다.

하나님의 이름은 곧 그분의 속성(본질)과 일치합니다. 이름을 송축하는 것은 곧 하나님을 높이는 것과 같습니다. 다윗이 고백하는 하나님의 성품은 다윗과 조상들 그리고 교회가 경험한 겁니다. 우리도 같은 내용으로 하나님을 높이고 찬양하는 것이 마땅합니다. 어떤 이들은 구약의 하나님은 두려운 분이고 신약의 하나님은 사랑의 하나님으로 오해합니다. 그 사람은 구약의 신자들 특히 시편으로 노래하고 기도했던 이들이 경험하고 고백하는 말을 들어본 일이 없는 사람입니다. 하나님이 악인에 대하여 의로 심판하시고 우상 숭배로 하나님을 거역한 자들에게 징계의 채찍을 드시는 일이 있습니다. 하지만 시편에서 시종 강조하는 것처럼 하나님은 선하시며 인자하심이 크십니다. 하나님께서 우리의 지혜와 총명에 하나님을 아는 지식을 더하시기를 바랍니다.

기도:

왕이신 나의 하나님이여, 내가 주를 높이고 영원히 주의 이름을 송축하리이다. 그리스도를 통해 나타내신 하나님의 선하심과 인자하심을 찬송합니다. 날마다 하나님을 높이며 찬양하게 하옵소서. 하나님을 아는 것이 영생이라고 하셨습니다. 글자와 개념만이 아니라 이름에 담겨 있는 하나님의 속성을 인격적 관계로 알게 하옵소서. 예수 그리스도의 이름으로 기도합니다, 아멘.

시편 145:10~21 하나님 나라는 영원하며 그의 통치는 대대에

¹⁰ 여호와여 주께서 지으신 모든 것들이 주께 감사하며
주의 성도들이 주를 송축하리이다
¹¹ 그들이 주의 나라의 영광을 말하며 주의 업적을 일러서
¹² 주의 업적과 주의 나라의 위엄 있는 영광을
인생들에게 알게 하리이다
¹³ 주의 나라는 영원한 나라이니
주의 통치는 대대에 이르리이다
¹⁴ 여호와께서는 모든 넘어지는 자들을 붙드시며
비굴한 자들을 일으키시는도다
¹⁵ 모든 사람의 눈이 주를 앙망하오니
주는 때를 따라 그들에게 먹을 것을 주시며
¹⁶ 손을 펴사 모든 생물의 소원을 만족하게 하시나이다
¹⁷ 여호와께서는 그 모든 행위에 의로우시며
그 모든 일에 은혜로우시도다
¹⁸ 여호와께서는 자기에게 간구하는 모든 자
곧 진실하게 간구하는 모든 자에게 가까이 하시는도다
¹⁹ 그는 자기를 경외하는 자들의 소원을 이루시며
또 그들의 부르짖음을 들으사 구원하시리로다
²⁰ 여호와께서 자기를 사랑하는 자들은 다 보호하시고
악인들은 다 멸하시리로다
²¹ 내 입이 여호와의 영예를 말하며
모든 육체가 그의 거룩하신 이름을 영원히 송축할지로다

하나님의 이름을 송축함이 이어집니다. 하나님을 찬양하는 이들은 "주께서 지으신 모든 것들"과 "성도들"입니다(10). 앞에서는 하나님의 속성이 찬양의 내용이었는데 여기서는 하나님의 다스림에 관한 겁니다. 하나님 나라의 영광과 그의 업적을 인생에 알게 한다고 선포합니다(12). 그 내용은 이렇습니다. 여호와께서는 모든 넘어지는 자들을 붙드시며 비굴한 자들을 일으키십니다(14). ("비굴한 자"라는 말은 "몸을 구부린 자"로 인생의 시련이나 의무 따위로 정신적으로 억눌려

있는 자를 말합니다) 때를 따라 먹을 것을 주시며(15) 모든 생물의 소원을 만족하게 하십니다(16). 모든 행위에 의로우시며(17) 간구하는 모든 자에게 가까이하십니다(18). 경외하는 자의 소원을 이루시며 부르짖음을 들으사 구원하여 주십니다(19). 자기 백성을 보호하시고 악인을 다 멸하십니다(20). 하나님께서 사랑하는 자기 백성을 어떻게 보호하시고 다스리시는지 보여주는 표현입니다. 그리고 21절에서 다윗은 여호와의 영예를 말하고 모든 육체 곧 모든 사람이 하나님의 거룩하신 이름을 영원히 송축하기를 기원합니다.

　다윗의 찬송은 그리스도와 교회의 찬송입니다. 여호와 하나님은 그리스도 안에서, 그리스도와 함께 우리를 다스리십니다. 하나님 나라는 우리 가운데 임하였습니다. 하나님은 죄와 허물로 죽은 가운데서 우리를 살리셨고 그리스도와 함께 하늘에 하나님의 우편에 앉히셨습니다. 하나님은 우리의 아버지가 되셔서 우리에게 있어야 할 것을 아시며 우리의 기도를 들으시고 응답하십니다. 하나님은 원수를 이기시고 그리스도의 발판이 되게 하셨으며 그리스도와 함께 모든 것을 우리에게 주십니다. 우리가 하나님의 영광의 찬송이 되게 하시고 모든 일에 하나님께 감사하게 하십니다. 이 찬송은 이미 우리에게 시작되었으며 택함 받은 모든 사람이 함께 찬송하는 그날에 온전히 이루어질 겁니다.

　기도:
　여호와 하나님, 다윗의 기도와 찬송이며 그리스도의 기도와 찬송이 우리에게 이루어지게 하셔서 감사합니다. 하나님의 다스리심과 보호하심이 우리 가운데 임하게 하시니 감사합니다. 하나님의 나라는 영원하며 그 통치는 대대에 이를 겁니다. 하나님께서 하시는 모든 일이 의로우시며 은혜로우십니다. 우리를 만족하게 하십니다. 우리의 기도를 들으시고 우리를 구원하십니다. 이미 우리 안에서 선한 일을 시작하신 하나님께서 그리스도 예수의 날까지 이루실 줄을 확신합니다. 하나님이 영광을 받으소서. 예수 그리스도의 이름으로 기도합니다. 아멘.

시편 146편 여호와는 영원히 다스리신다

¹ 할렐루야 내 영혼아 여호와를 찬양하라
² 나의 생전에 여호와를 찬양하며
나의 평생에 내 하나님을 찬송하리로다
³ 귀인들을 의지하지 말며
도울 힘이 없는 인생도 의지하지 말지니
⁴ 그의 호흡이 끊어지면 흙으로 돌아가서
그날에 그의 생각이 소멸하리로다
⁵ 야곱의 하나님을 자기의 도움으로 삼으며
여호와 자기 하나님에게 자기의 소망을 두는 자는 복이 있도다
⁶ 여호와는 천지와 바다와 그 중의 만물을 지으시며
영원히 진실함을 지키시며
⁷ 억눌린 사람들을 위해 정의로 심판하시며
주린 자들에게 먹을 것을 주시는 이시로다
여호와께서는 갇힌 자들에게 자유를 주시는도다
⁸ 여호와께서 맹인들의 눈을 여시며
여호와께서 비굴한 자들을 일으키시며
여호와께서 의인들을 사랑하시며
⁹ 여호와께서 나그네들을 보호하시며
고아와 과부를 붙드시고 악인들의 길은 굽게 하시는도다
¹⁰ 시온아 여호와는 영원히 다스리시고
네 하나님은 대대로 통치하시리로다 할렐루야

　　시편 146~150편은 시편 전체의 결말 찬송입니다. 할렐루야로 시작하고 할렐루야로 마칩니다. 146편은 개인 감사시로 분류됩니다. 노래하는 자는 평생에 여호와를 찬송하겠다고 다짐합니다(1~2). 그러면서 귀인들을 의지하는 것은 가치 없는 일이지만 여호와 하나님을 자

기 도움으로 삼는 것은 복이 있는 일이라고 선언합니다(3~5). 노래하는 자는 여호와 하나님을 의지하는 것이 어째서 복이 되는지 하나님이 행하시는 일을 설명합니다(6~9). 여호와는 천지와 바다와 그 중의 만물을 지으신 창조주이십니다. 영원히 진실함을 지키십니다. 진실함을 영원히 지키신다는 이 말씀은 하나님의 진리 곧 언약하신 것을 지키신다는 말씀입니다. 언약하시고 그 언약을 신실하게 지키시는 하나님의 성품에서 우리를 구속하시는 일이 나옵니다. 7~9절에 열거된 일들입니다. 억눌린 자들을 위해 정의로 심판하시며 주린 자들에게 먹을 것을 주십니다. 갇힌 자들에게 자유를 주십니다. 보지 못하는 자들의 눈을 여시며 비굴한 자들을 일으키십니다. 의인을 사랑하시며 나그네를 보호하시며 고아와 과부를 붙드십니다. 그리고 악인들을 의로 심판하십니다. 이것은 복음입니다. 이사야 61:1, 2에 메시아에 관한 예언에 담겨 있는 내용입니다. "[1] 주 여호와의 영이 내게 내리셨으니 이는 여호와께서 내게 기름을 부으사 가난한 자에게 아름다운 소식을 전하게 하려 하심이라 나를 보내사 마음이 상한 자를 고치며 포로된 자에게 자유를 갇힌 자에게 놓임을 선포하며 [2] 여호와의 은혜의 해와 우리 하나님의 보복의 날을 선포하여 모든 슬픈 자를 위로하되"

   시편 146편은 하나님이 그리스도를 보내심으로 하나님 나라 곧 하나님의 통치가 이루어질 때 일어날 일을 보여줍니다. 그 나라는 구약에는 그림자로 있었고 구약의 신자들은 하나님의 다스림 안에서 그 나라를 누렸습니다. 하나님 나라는 그리스도와 함께 이 땅에 임하였고 우리는 성령 안에서 누리고 있습니다. 하나님은 영원토록 우리의 왕으로 통치하십니다. 할렐루야!

기도:
   여호와여, 하나님은 영원토록 저의 왕이십니다. 하나님을 찬양하며 하나님을 저의 도움으로 삼고 오로지 하나님께 소망을 둡니다. 억눌린 자, 주린 자, 갇힌 자, 보지 못하는 자, 비굴한 자, 나그네, 고아와 과부에게 은혜를 베푸소서. 우리도 그들과 하나입니다. 그들을 외면하지 않게 하옵소서. 그리고 악인을 심판하소서. 하나님이 영원히 다스리십니다. 예수 그리스도의 이름으로 기도합니다. 아멘.

시편 147:1~11 하나님을 찬양하는 일이 선하고 아름답다

¹ 할렐루야 우리 하나님을 찬양하는 일이 선함이여
찬송하는 일이 아름답고 마땅하도다
² 여호와께서 예루살렘을 세우시며
이스라엘의 흩어진 자들을 모으시며
³ 상심한 자들을 고치시며
그들의 상처를 싸매시는도다
⁴ 그가 별들의 수효를 세시고
그것들을 다 이름대로 부르시는도다
⁵ 우리 주는 위대하시며 능력이 많으시며
그의 지혜가 무궁하시도다
⁶ 여호와께서 겸손한 자들은 붙드시고
악인들은 땅에 엎드러뜨리시는도다
⁷ 감사함으로 여호와께 노래하며
수금으로 하나님께 찬양할지어다
⁸ 그가 구름으로 하늘을 덮으시며
땅을 위하여 비를 준비하시며 산에 풀이 자라게 하시며
⁹ 들짐승과 우는 까마귀 새끼에게 먹을 것을 주시는도다
¹⁰ 여호와는 말의 힘이 세다 하여 기뻐하지 아니하시며
사람의 다리가 억세다 하여 기뻐하지 아니하시고
¹¹ 여호와는 자기를 경외하는 자들과
그의 인자하심을 바라는 자들을 기뻐하시는도다

시편 147편은 공동체에 하나님을 찬양하라고 초청하는 시입니다. 세 개의 단락으로 나누어지는데 1~6절, 7~11절, 12~20절입니다.

노래하는 자는 하나님을 찬양하는 일이 선하며 그 일이 아름답고 마땅하다고 선언합니다(1). 그 이유는 하나님의 성품과 행하신 일 때문인데 특별히 하나님이 이스라엘 공동체에 행하신 일 때문입니다.

여호와께서는 예루살렘을 세우시고 이스라엘의 흩어진 자들을 모으십니다. 상심한 자들을 고치시고 상처를 싸매십니다. 그 일을 창조에 빗대어 말합니다. 별들의 수효를 세시고 그것들을 다 이름대로 부르시듯이 이스라엘 백성을 아시고 그들을 불러내셨습니다. 하나님의 위대하심과 능력과 지혜가 두드러집니다.

7절로 시작하는 두 번째 단락에서도 감사하며 하나님께 찬양하라고 초청합니다. 하나님을 찬양해야 하는 이유는 하나님의 인자하심 때문입니다. 하나님은 구름으로 하늘을 덮으시며 비를 주시고 산에 풀이 자라게 하셔서 들짐승과 우는 까마귀 새끼에게 먹을 것을 주십니다. 그렇게 들의 짐승들도 살피시는 분께서 자기를 경외하는 자들과 그의 인자하심을 바라는 자들을 돌보지 않으시겠습니까. 하나님께서 말의 힘이 센 것이나 사람의 다리가 억센 것을 기뻐하지 않으신다는 말씀은 사람이 군사력이나 용사의 힘을 의지하여 교만한 것을 기뻐하지 않으신다는 비유입니다. 하나님은 당신께 피하여 가는 자, 그 언약하신 말씀에 의지하여 은혜 구하는 자를 기뻐하십니다.

그리스도는 언약대로 우리에게 오셨습니다. 선한 목자가 양들을 아는 것처럼 우리 한 사람 한 사람을 아시고 이름을 부르시고 모으셨습니다. 복음의 말씀으로 상심한 자들을 고치시고 상처받은 이들을 싸매셨습니다. 대제사장으로 오신 그리스도의 긍휼하심을 받고 우리는 때를 따라 돕는 은혜를 얻기 위하여 하나님 은혜의 보좌 앞에 담대히 나아갑니다. 우리 하나님을 찬양하는 일이 선하고 아름다우며 마땅하도다. 할렐루야!

기도:
여호와여, 하나님을 찬양하는 선하고 아름답고 마땅한 이 일을 멈추지 않게 하옵소서. 감사함으로 노래하며 찬양하게 하옵소서. 하나님은 위대하시며 능력이 많으시며 지혜가 무궁하십니다. 하나님이 우리를 아시며 사랑하십니다. 하나님을 경외함으로 피하여 가고 인자하심을 바랄 때 우리를 기뻐하시니 우리 또한 기뻐하며 하나님께 감사를 드립니다. 할렐루야!

시편 147:12~20 그의 말씀이 속히 달리는도다

¹² 예루살렘아 여호와를 찬송할지어다
시온아 네 하나님을 찬양할지어다
¹³ 그가 네 문빗장을 견고히 하시고
네 가운데에 있는 너의 자녀들에게 복을 주셨으며
¹⁴ 네 경내를 평안하게 하시고
아름다운 밀로 너를 배불리시며
¹⁵ 그의 명령을 땅에 보내시니
그의 말씀이 속히 달리는도다
¹⁶ 눈을 양털 같이 내리시며
서리를 재 같이 흩으시며
¹⁷ 우박을 떡 부스러기 같이 뿌리시나니
누가 능히 그의 추위를 감당하리요
¹⁸ 그의 말씀을 보내사 그것들을 녹이시고
바람을 불게 하신즉 물이 흐르는도다
¹⁹ 그가 그의 말씀을 야곱에게 보이시며
그의 율례와 규례를 이스라엘에게 보이시는도다
²⁰ 그는 어느 민족에게도 이와 같이 행하지 아니하셨나니
그들은 그의 법도를 알지 못하였도다 할렐루야

시편의 세 번째 단락도 하나님을 찬송하라는 초청입니다. 예루살렘과 거기에 속한 사람들에게 하나님을 찬송하라고 합니다(12). 찬송의 이유는 이렇습니다. 여호와께서 성의 문빗장을 견고히 하시고 그 가운데 있는 자녀들에게 복을 주셨습니다. 그 안에 있는 자들을 평안하게 하시고 기름진 밀로 배불리셨습니다. 하나님께서 백성에게 복을 주시는 능력과 위대함을 자연을 다스리시는 것으로 비유합니다. 눈을 양털같이 내리시며 서리를 재 같이 흩으십니다. 우박을 떡 부스러기 같이 뿌리시어 추위를 감당하지 못하게 하십니다. 또 그것들을 녹이시고 물이 흐르게 하십니다. 자연을 그 능력으로 다스리시듯이 하나님의 백성에게 복을 주십니다. 그리스도께서 공중의 새를 먹이시고

들의 백합화를 입히시는 하나님께서 자기 백성을 귀하게 여기고 돌보지 않으시겠느냐고 말씀하신 것처럼 창조주께서 우리를 돌보시고 다스리시니 마땅히 찬송해야 합니다.

그런데 노래하는 자는 이러한 일들이 하나님께서 말씀을 보내심으로 된 일로 말합니다. "그의 명령을 땅에 보내시니 그의 말씀이 속히 달리는도다"(15) 자연이 기계적으로 운행되는 것이 아니라 하나님의 말씀이 그것을 보존하고 다스리신다는 의미입니다. 그리스도는 그의 능력의 말씀으로 만물을 붙드십니다(히 1:3). "그의 말씀을 보내사 그것들을 녹이시고 바람을 불게 하신즉 물이 흐르는도다"(18) "바람"(18) 이라고 번역한 히브리어는 "루아흐"로 "영"으로도 번역됩니다. 루아흐는 "하나님의 영은 수면 위에 운행하시니라"(창 1:2)라고 할 때의 "하나님의 영"입니다. 말씀과 영으로 세상을 창조하신 하나님께서 이제 야곱(이스라엘)에게 율례와 규례를 보이심으로 그 말씀의 다스림을 받게 하십니다. 말씀과 성령으로 자연을 창조하시고 다스리는 하나님이 백성들을 보호하시고 다스리는 바로 그분입니다. 하나님께서 이같이 행하신 민족이 어디에 있습니까? 세상은 하나님의 말씀을 알지 못하며 그의 다스리심을 알지 못합니다. 말씀과 성령을 주셔서 우리를 다스리시는 창조주 하나님의 크고 위대하신 일을 찬양함이 선하고 아름답고 마땅합니다.

기도:
여호와여, 자연 만물의 현상을 볼 때 그것의 아름다움과 장엄함과 신비함을 고백하지 않을 수 없습니다. 이같이 하나님의 말씀과 성령을 우리에게 보내셔서 행하신 구속과 다스림이 놀랍고 아름답습니다. 하나님께서 행하신 일에 경탄하게 하옵소서. 말씀과 성령으로 우리를 안전하게 하시며 평안하게 하시며 풍족하게 먹이시니 감사합니다. 여호와를 영화롭게 하며 영원토록 즐거워하게 하옵소서. 예수 그리스도의 이름으로 기도합니다. 아멘.

시편 148편 하늘에서 땅에서 여호와를 찬양하라

¹ 할렐루야 하늘에서 여호와를 찬양하며
높은 데서 그를 찬양할지어다
² 그의 모든 천사여 찬양하며
모든 군대여 그를 찬양할지어다
³ 해와 달아 그를 찬양하며
밝은 별들아 다 그를 찬양할지어다
⁴ 하늘의 하늘도 그를 찬양하며
하늘 위에 있는 물들도 그를 찬양할지어다
⁵ 그것들이 여호와의 이름을 찬양함은
그가 명령하시므로 지음을 받았음이로다
⁶ 그가 또 그것들을 영원히 세우시고
폐하지 못할 명령을 정하셨도다
⁷ 너희 용들과 바다여 땅에서 여호와를 찬양하라
⁸ 불과 우박과 눈과 안개와 그의 말씀을 따르는 광풍이며
⁹ 산들과 모든 작은 산과 과수와 모든 백향목이며
¹⁰ 짐승과 모든 가축과 기는 것과 나는 새며
¹¹ 세상의 왕들과 모든 백성들과 고관들과 땅의 모든 재판관들이며
¹² 총각과 처녀와 노인과 아이들아
¹³ 여호와의 이름을 찬양할지어다
그의 이름이 홀로 높으시며
그의 영광이 땅과 하늘 위에 뛰어나심이로다
¹⁴ 그가 그의 백성의 뿔을 높이셨으니 그는 모든 성도
곧 그를 가까이 하는 백성 이스라엘 자손의 찬양 받을 이시로다
할렐루야

여호와를 찬양하라는 초청은 예루살렘을 떠나 이제 하늘과 땅으로 향합니다. 1~6절은 하늘에서 여호와를 찬양하라는 초청입니다. 하늘과 하늘의 존재들은 이방인들이 우상으로 섬기는 대상들입니다. 노래

하는 자는 그것들이 여호와께서 명령하시므로 지으신 피조물이기에 여호와를 찬양하라고 부릅니다. 여호와는 그것들을 영원히 세우셨으며 폐하지 못할 명령을 정하셨습니다. 그리스도가 다시 오실 때 만물이 새롭게 되겠지만 그렇다고 하나님께서 창조하신 만물이 사라지는 것이 아닙니다. 죄가 제거되고 회복될 겁니다. 창조된 것은 하나님 보시기에 선하며 그것들은 폐하지 못할 명령으로 정하여져 있습니다. 그러므로 우리는 창조된 세상을 대하는 방식을 진지하게 다시 생각해야 할 필요가 있습니다.

7~14절은 땅에서 여호와를 찬양하라고 초청합니다. "용들과 바다", "불과 우박과 눈과 안개와 광풍", "산들과 모든 작은 산과 과수와 모든 백향목", "짐승과 모든 가축과 기는 것과 나는 새", "세상의 왕들과 모든 백성들과 고관들과 땅의 모든 재판관들", "총각과 처녀와 노인과 아이들"을 불러 여호와의 이름을 찬양하라고 합니다. 여호와의 이름이 홀로 높으시며 그의 영광이 땅과 하늘 위에 뛰어나시기 때문입니다.

끝으로, 노래하는 자는 성도 곧 이스라엘 자손이야말로 여호와를 찬양해야 한다고 말합니다(14). 여호와께서 택성의 뿔을 높이시고 여호와를 가까이 하도록 부르셨기 때문입니다. 백성의 뿔을 높이셨다는 것은 백성에게 힘과 위엄을 주심으로 높이셨다는 의미입니다. 또한, 왕권을 상징하는 것으로 읽을 수 있습니다. 다윗을 왕으로 세우심으로 그리고 다윗의 자손으로 오시는 하나님의 아들 그리스도를 통해 신자들은 하나님의 백성이요 그의 나라요 제사장으로 영원히 높임을 받습니다. 그리고 하나님과 교제하는 친 백성이며 양자가 되었습니다.

기도:
여호와여, 하나님께서 말씀으로 지으신 모든 것이 하나님을 찬양합니다. 그리스도를 인하여 구속하신 은혜로 하나님을 가까이 하여 찬양합니다. 홀로 높임을 받으시옵소서, 땅과 하늘 위에 뛰어난 하나님의 영광을 찬양합니다. 그러나 사람들 중에는 하나님을 찬양하지 않는 이들이 많습니다. 모든 입술이 하나님을 찬양할 날이 이르게 하옵소서. 예수 그리스도의 이름으로 기도합니다. 아멘.

시편 149편 왕으로 말미암아 즐거워할지어다

1 할렐루야 새 노래로 여호와께 노래하며
성도의 모임 가운데에서 찬양할지어다
2 이스라엘은 자기를 지으신 이로 말미암아 즐거워하며
시온의 주민은 그들의 왕으로 말미암아 즐거워할지어다
3 춤추며 그의 이름을 찬양하며
소고와 수금으로 그를 찬양할지어다
4 여호와께서는 자기 백성을 기뻐하시며
겸손한 자를 구원으로 아름답게 하심이로다
5 성도들은 영광 중에 즐거워하며
그들의 침상에서 기쁨으로 노래할지어다
6 그들의 입에는 하나님에 대한 찬양이 있고
그들의 손에는 두 날 가진 칼이 있도다
7 이것으로 뭇 나라에 보수하며 민족들을 벌하며
8 그들의 왕들은 사슬로
그들의 귀인은 철고랑으로 결박하고
9 기록한 판결대로 그들에게 시행할지로다
이런 영광은 그의 모든 성도에게 있도다 할렐루야

    여호와를 찬양하라는 초청은 성도에게 향합니다. "새노래"는 새로운 노래가 아니라 새로운 역사의 사건 곧 구원을 노래하는 것을 말합니다. "성도", "이스라엘", "시온의 주민"은 모두 같은 대상입니다. 그들은 왕이신 하나님으로 말미암아 즐거워하며 춤추며 소고와 수금으로 찬양하도록 부름을 받습니다. 여호와께서 자기 백성을 기뻐하시며 겸손한 자를 구원으로 아름답게 하시기 때문입니다. "겸손한 자"는 성품이 겸손한 사람을 일컫는 것이 아니라 자기의 힘으로 구원받을 수 없음을 알고 하나님께 피하여 오는 하나님을 경외하고 믿는 사람을 말합니다. 성도는 하나님이 기뻐하시며 구원하시는 것을 인하여 영광 중에 즐거워하며 침상에서도 기쁨으로 노래합니다.

6절에서 분위기가 달라집니다. 성도들의 입에 하나님의 찬양이 있는데 그들의 손에는 두 날 가진 칼이 있습니다. 이것은 뭇 나라에 복수하며 민족들을 벌하는 칼입니다. 여호와를 찬양하는 노래에 원수를 복수하는 내용이 나와서 우리를 어리둥절하게 합니다. 하지만 이것은 당연한 전개입니다. 하나님의 백성이 구원을 받고 영원히 하나님을 높이기 위해서는 악을 심판해야 합니다. 원수는 하나님의 백성들을 박해하고 그들을 대상으로 불의를 행하며 하나님의 통치를 거절하고 반역합니다. 시편 2편에 등장하는 세상의 군왕들과 관원들이 이들입니다. 그들에 대한 심판은 반드시 있어야 합니다. 그들은 사슬과 철고랑으로 결박될 것이고 기록한 판결대로 시행될 겁니다.

노래하는 자는 성도가 복수하는 칼을 가지고 있다고 말함으로 악에 대한 심판에 참여하는 것을 보여주고 있습니다. 우리는 그리스도와 함께 하나님 우편에 앉았으며(엡 2:6), 그리스도와 왕노릇하게 될 겁니다(계 22:5). 우리가 "칼"로 악을 심판하지는 않을 겁니다. "어린양의 피와 자기들이 증언하는 말씀으로써 그를 이겼으니"(계 12:11)라는 말씀처럼 그리스도의 피를 믿고 그 피를 힘입어 하나님 앞에 담대히 서는 것과 복음의 말씀에 순종하여 사는 것으로 하나님을 거역하고 성도를 대적하는 이들이 틀렸다고 밝히게 될 겁니다. 성도는 이 영광된 길에 서 있습니다. 우리 왕이신 하나님을 찬양합니다.

기도:
여호와여, 하나님께서 우리를 지으시고 구원하셨습니다. 하나님이 우리의 왕이십니다. 하나님께서 우리를 기뻐하시니 우리도 하나님을 즐거워하며 영원토록 영화롭게 하게 하옵소서. 말씀하신 대로 악을 멸하소서. 악에 대하여 불평하지 말게 하시고 인내하게 하옵소서. 하나님의 나라가 임하고 그 뜻이 이루어지기를 바라며 살게 하옵소서. 예수 그리스도의 이름으로 기도합니다. 아멘.

시편 150편 호흡이 있는 자마다 여호와를 찬양하라

¹ 할렐루야 그의 성소에서 하나님을 찬양하며
그의 권능의 궁창에서 그를 찬양할지어다
² 그의 능하신 행동을 찬양하며
그의 지극히 위대하심을 따라 찬양할지어다
³ 나팔 소리로 찬양하며 비파와 수금으로 찬양할지어다
⁴ 소고치며 춤추어 찬양하며
현악과 통소로 찬양할지어다
⁵ 큰 소리 나는 제금으로 찬양하며
높은 소리 나는 제금으로 찬양할지어다
⁶ 호흡이 있는 자마다 여호와를 찬양할지어다
할렐루야

"할렐루야"는 "여호와를 찬양하라"는 의미입니다. "할랄"(찬양하다)이 기본형인데 이 시편에는 열세번 등장합니다. 하나님을 찬양하는 장소(1), 하나님을 찬양하는 이유(2), 하나님을 찬양하는 방법(3~5)을 제시하고 호흡이 있는 자마다 하나님을 찬양하라고 초대합니다(6).

"성소"는 "거룩한 곳"입니다. 이스라엘 백성은 예루살렘의 성전을 성소라고 생각했습니다. 성전이 거룩한 곳인 이유는 그곳에 하나님의 임재가 있기 때문입니다. 우리는 그리스도의 피를 힘입어 성소에 들어갈 담력을 얻었습니다(히 10:19). 이 성소는 예루살렘에 있는 성전을 말하는 것이 아닙니다. 하나님의 보좌가 있는 하늘의 성소를 말합니다. 하나님의 임재를 의식하고 예배하고 찬양할 때 우리는 거룩한 곳 곧 하늘의 성소에 있습니다. 우리의 일상의 공간과 시간이 거룩한 공간과 시간이 됩니다.

이 땅에 있는 성소에서 하나님을 찬양할 뿐 아니라 "궁창"(하늘)에서도 하나님을 찬양합니다. 노래하는 자는 땅과 하늘을 포함한 모든 곳에서 하나님을 찬양하도록 촉구합니다.

하나님의 "능하신 행동"은 창조하시고 구원하시고 보호하시고 다스리시는 모든 일을 통틀어서 말합니다. 하나님은 또한 "지극히 위대하십니다. 하나님의 권능과 위대하심을 묵상할 때 우리는 마음을 다하여 하나님을 찬양하게 됩니다.

하나님을 찬양하는 데에 모든 악기가 동원됩니다. 동원된 악기는 나팔(트럼펫), 비파, 수금(하프), 소고(탬버린), 춤과 현악과 통소(피리), 제금(심벌즈)들입니다. 모든 악기가 인간의 목소리와 결합하여 하나님을 높이게 됩니다. 호흡이 있는 자마다 여호와를 찬양하라는 초청은 장래의 완성된 하나님 나라를 보여주는 그림이기도 합니다. 바울의 표현으로 하자면 "[10] 하늘에 있는 자들과 땅에 있는 자들과 땅 아래에 있는 자들로 모든 무릎을 예수의 이름에 꿇게 하시고 [11] 모든 입으로 예수 그리스도를 주라 시인하여 하나님 아버지께 영광을 돌리게 하셨느니라"(빌 2:10~11)고 할 것입니다.

시편은 1편 여호와의 율법을 즐거워하고 묵상하는 자의 복됨에서 시작하여 하나님을 찬양하는 것으로 마칩니다. 그 사이에 하나님께서 자기 백성에게 보이신 인자하심(헤세드)이 자리를 잡고 있습니다. 시편은 하나님의 인자하심 이야기입니다. 하나님과 백성의 언약의 중보자이신 그리스도를 따라, 그리스도와 함께 우리는 시편으로 하나님의 보좌에 나아갑니다. 그곳에서 우리에게 부어주시는 은혜에 감사하며 온 마음과 힘을 다하여 하나님을 찬양합니다.

기도:
여호와 나의 하나님, 하나님의 능하신 행동과 지극히 위대하심을 묵상할 때 하나님을 찬양할 마음으로 가득하게 하옵소서. 하나님을 향한 사랑이 충만하게 하옵소서. 호흡이 있는 동안 하나님을 찬양하게 하시고 호흡이 끊어진 후에도 저의 영이 하나님을 찬양하게 하옵소서. 그리고 그리스도 안에서 부활하여 영원토록 하나님을 찬양하게 하옵소서. 나의 창조자시요 구속자시며 나의 왕이신 하나님을 내가 사랑하나이다. 예수 그리스도의 이름으로 기도합니다. 아멘.